Heike Kraft
Petra Widmayer (Hg.)

Hessen für Kinder

Familienausflüge, Tips und Treffs

HALLO! **hessen**»
Hier ist die Zukunft.

www.hessen.de

✻ Eichborn.

2 3 4 5   04 03 02

© Eichborn AG, Frankfurt am Main, Mai 2001
Umschlaggestaltung: Christina Hucke
Landkarten: Gesine von Loesch
Zeichnungen: Philip Waechter
Gesamtherstellung: Fuldaer Verlagsagentur, Fulda
ISBN 3-8218-1756-9

Verlagsverzeichnis schickt gern:
Eichborn Verlag, Kaiserstraße 66, D-60329 Frankfurt am Main
www.eichborn.de

Vorwort – Auf los geht's los 10

Hessens Süden 15
Am Neckar und im Odenwald 15
Märchenhafter Odenwald 16
Neckarsteinach: Vier Burgen auf einen Streich 17
Beerfelden: Der Galgen am Wege 18
Erbach: Bei den Elfenbeinschnitzern 19
Schloß Eulbach und Würzberg 21
Michelstadt: Bienen und Märkte 22
Der Böllstein und Burg Breuberg 23
Veste Otzberg: Amtsburg und Museum 25
An der Bergstraße 26
Heppenheim und die Starkenburg 26
Am Bruchsee und in Fürth-Erlenbach 27
Lorsch: Mönche und Tabakproduzenten 28
Das Auerbacher Schloß 30
Bensheim-Auerbach: Das Fürstenlager 31
Lautertal-Reichenbach: Das Felsenmeer 32
Die Nibelungen 33

Darmstadt und Umgebung 36
Von Dummstädtern und Armstädtern 36
Das Hessische Landesmuseum 37
Mathildenhöhe und Hundertwasserhaus 38
Kultur für Kinder 39
Vivarium und Kinderfarm 40
Burg Frankenstein und die Monster 41
Zum Kühkopf: Galgen und Naturparadies 42
Kranichstein: Reiten, Jagen und Dampflokfahren 44
Die Grube Messel 45

In und um Frankfurt 47
Die Stadt der Superlative 47
Bücher von Goethe und anderen 47
Einkaufen und Verreisen 49
Kaiser Karl und die Hirschkuh 50
Am Fluß mit Schiff und Dampflok 51
Frankfurter Museen: Entdecken und Staunen 53
Abenteuer im Dschungel: Zoo und Palmengarten 55
Essen und Trinken 56

Fassenacht in Klaa Paris 57
Kinderbüro und viel Kultur 58
Klettern, Schwimmen und Skaten 60
Abenteuer- und Waldspielplätze 61
Der Natur auf der Spur: Stadtwald und Lohrberg 62
Ausflug nach Offenbach und Rumpenheim 63

Wiesbaden und der Rheingau 67
Die hessische Landeshauptstadt 67
Kinderrechtedenkmal und Infomax 67
Der Hessische Landtag 69
Ökologie im Aukammtal und der Kinderbauernhof 70
Museen der besonderen Art 70
Im Nerotal: Räuberhöhle und Bergbahn 71
Drei Schlösser und Fasane 73
Der Rheingau: Burgen und Weinberge 75
Eltville und Kloster Eberbach 76
Rüdesheim und sein Denkmal 77

Der Taunus 81
Gute Luft und gesundes Wasser 81
Kriftel und Weilbach: Schule einmal anders 81
Oberursel und die Kinderautomobile 83
Großer Feldberg: Aussichtsturm und Brunhildisfelsen 84
Kleiner Feldberg, Fuchstanz und Altkönig 85
Kronberg und Königstein: Burgen und ein Zoo 86
Bad Homburg vor der Höhe: Stadt der Hüte 88
Die Saalburg: Vom römischen Leben 89
Hessenpark: Von Bauern und Schmieden 90
Eschbacher Klippen und die Erdfunkstelle 91
Pferdskopf: Aussicht vom Feinsten 92
Vogelburg Weilrod und das Apfeljahr 93

Wetterau und Vogelsberg 97
Flaches Land Vulkangestein 97
Friedberg mit Europas größter Burg 97
Bad Nauheim: Weißes Gold und Kulturbetrieb 98
Typ Bismarck auf Fahrt 100
Die Münzenberg, das Wetterauer Tintenfaß 100
Glauberg: Auf den Spuren unserer Vorfahren 102
Büdingen: Wo die Frösche quaken 102

Hirzenhain-Merkenfritz und der Vogelsberger Kasper 104
Das Vulkangestein des Vogelsbergs 105
Naturpark Vogelsberg: Taufstein und Hoherodskopf 106
Schotten: Zuckerbäcker und Streichelzoo 108
Herbstein: Fastnacht und Märchen 108
Lauterbach: Wo Zwerge und Hüte herkommen 109
Schlitz: Stadt der Burgen 112
Laubach: Märchenschloß und Silvesterwürfeln 112
Alsfeld mit Elle und Pranger 113

An Main und Kinzig 117
Von alten Handelsstraßen 117
Seligenstadt: Einhard und Emma 117
Der »Steife-Löffel-Orden« und die »Schlumber« 119
Klein-Auheim: Wildpark Fasanerie 120
Hanau: Bei Grafen und Goldschmieden 121
Hanau-Wilhelmsbad: Pyramide und Puppen 121
Hanau-Philippsruhe: Ein Schloß am Main 122
Die Ronneburg: Wie aus dem Bilderbuch 123
Gelnhausen: Die Stadt Barbarossas 125
Von Türmen und Hexen 126
Lehrmolkerei und Walderkundungen 127
Das Haseltal und das Kinderdorf 128
Steinau: Die Stadt der Grimms 129
Steinaus Umgebung: Teufelshöhle und Märchenpark 131

Die hessische Rhön 134
Bei Bibern und Fliegern 134
Fulda: Von Mönchen und Fürstäbten 135
Museen mit Herz 136
Fuldaaue und Schloß Fasanerie 138
Bei den Rittern und anderen Fossilien 139
Moorgründe und Heidekraut 141
Wasserkuppe und Milseburg 142
Brezeltag und Hutzelfeuer 143

An Lahn und Dill 147
Ein Paradies für Wasserfreunde 147
Gießen: Botanischer Garten und Klosterruinen 148
Museen zum Spielen und Staunen 149
Gießens Umgebung: Das Gleiberger Land 151

Wetzlar: Die Stadt mit dem Dom, der gar keiner ist 152
Lotte und die Leiden des jungen Goethe 154
Sinnespfad und Apfelmarkt 154
Solms: Unter Tage und im All 155
Braunfels: Märchenhaftes Schloß mit Ritterrüstungen 157
Weilburg: Grafen und Bergleute 158
Technisches Wunderwerk: Der Schiffstunnel 160
Weilburg-Hirschhausen: Im fürstlichen Tiergarten 160
Die Kubacher Kristallhöhle 161
Runkel: Burgberg und Kanutour 161
Limburg: Die Gottesstadt 162
Burg Greifenstein 163
Lied der Glocken: Die Gießerei Rincker 164
Herborn und die »Hohe Schule« 165
Dillenburg: Wilhelmsturm und Kasematten 166
Hessisches Landesgestüt und Kutschenmuseum 167

Marburg-Biedenkopf 170
Landkreis mit einer Heiligen 170
Marburg: Zeitreise in die Vergangenheit 171
Marktplatz und Landgrafenschloß 172
Spielearchiv und Kindheitsmuseum 173
Von Steinen und Skeletten 175
Marburger Ramba-Zamba 175
Planetenlehrpfad und Botanische Gärten 176
Wasser- und Wanderfreuden 177
Brauchtum im Marburger Land 178
Das Schweinsberger Moor 179
Amöneburg: Oppidum und Mühle 180
Jugendwaldheim und Schulbauernhof 181
Rapunzelturm und Christenberg 181
Im Maislabyrinth und im Freizeitbad Nautilust 183
Zum Grenzgang nach Biedenkopf 183
Auf der Sackpfeife 184

An Schwalm und Eder 187
Im Land der Rotkäppchen 187
So fest wie Ziegenhain 187
Treysa und der Buttermilchturm 188
Beim Türmer von Neukirchen 189
Der Berg der Hexen 190

Das Knüllköpfchen 191
Frielendorf und der Schatz am Silbersee 192
Homberg/Efze: Spuk auf der Burg Hohenberg 193
Borken: Froschlampe und Teufkübel 194
Fritzlar: Eine Stadt mit viel Geschichte 195
Felsberg: Burgen und Bienen 197
Melsungen: Bartenwetzer und Wilder Mann 198
Gedenkstätte Breitenau 199

Kreis Hersfeld-Rotenburg 201
Unterwegs in Waldhessen 201
Burg Herzberg 201
Bad Hersfeld: Die Mückenstürmer und Lullus 203
Die größte romanische Kirchenruine der Welt 204
Ein Stadtrundgang 205
Im Land der weißen Berge 205
Bebra: Stadt der Biber 206
Weiterode: Von Engeln und klugen Leuten 207
Die Rotenburger und ihr Spitzname 208
Fuldaböckchen und Biotope 209
Rotenburg und seine Feste 210

Werra-Meißner-Kreis 212
Flußschiffahrt und Schneebringer 212
Im Reich der Frau Holle 213
Germerode: Wildpark und Grubenfahrt 215
Bad Sooden-Allendorf: Am Brunnen vor dem Tore 216
Witzenhausen und die Kirschen 217
Jugendburg und Erlebnispark 218

Kreis Waldeck-Frankenberg 221
Wasser, Wald und Bodenschätze 221
Der Edersee: Blaues Auge im Waldecker Land 221
Edertal-Hemfurth: Geballte Energie 223
Waldeck: Das Schloß an der Waldecke 224
Bad Wildungen: Weltbad mit Schloß 225
Bergfreiheit: Kupfer und Edelsteine 226
Kloster Haina: Heimat der Familie Tischbein 227
Frankenberg: Sitzgelegenheiten unter Dampf 228
Korbach: Ein Rathaus mit zwei Eingängen 229
Willingen: Sportparadies und Bergwerksstadt 231

Naturpark Diemelsee: Talsperre und Besucherbergwerk 232
Bad Arolsen: Zu Besuch beim Fürsten 233
Der Twistesee: Treffpunkt der Ausdauersportler 234

Kassel 236
Spitzhacke und Himmelsstürmer 236
Bergpark Wilhelmshöhe: Kraftprotz Herkules 237
Berühmtes und Kurioses in Kasseler Museen 238
Die Karlsaue: Barockpark mit Kulturzelt 240
Theater, Filme und Bücher für Kinder 241
Freie Fahrt und Leinen los 242

Landkreis Kassel 244
Graf Reinhard und das Glück im Spiel 244
Oberkaufungen: Vom mühsamen Gang der Rösser 245
Weidelsburg: Orchideen und starke Frauen 246
Calden: Rokokoschloß und Sternwarte 247
Hofgeismar: Stutenwecken und Osterhasenumzug 247
Trendelburg: Rapunzel und Trendula 248
Sababurg: Dornröschenschloß und Tierpark 249
Bad Karlshafen: Die nördlichste Stadt Hessens 251
An der Weser: Mühlen und Wasserkraft 251

Feste und Veranstaltungen 253

Reiseziele 255

Orte 264

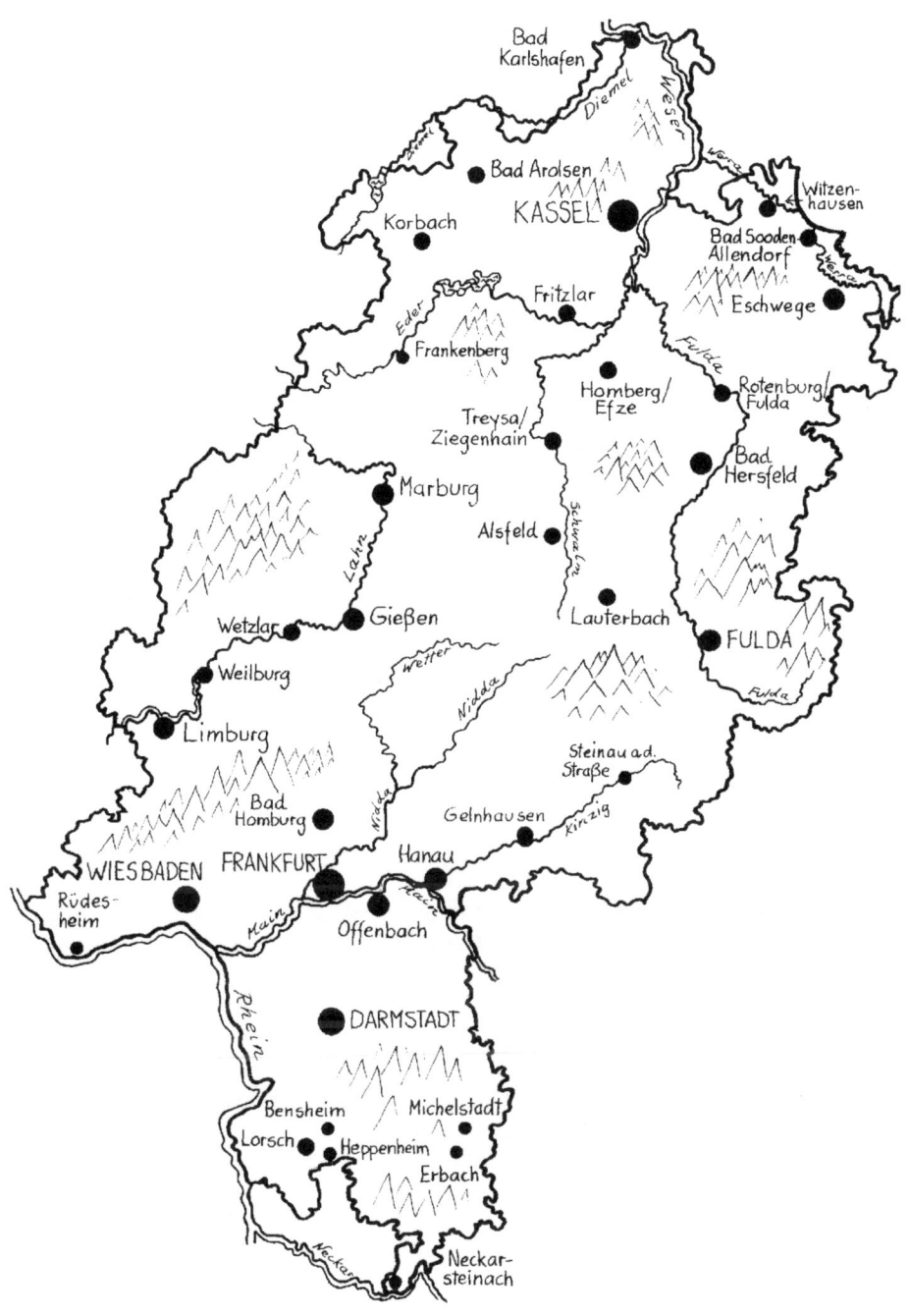

Vorwort – Auf los geht's los

Nehmt den hessischen Löwen an die Leine, um das Bundesland im Herzen Deutschlands zu erobern. Löwen sind stark und eigenwillig, sie gelten als die Könige der Tiere. Wer sich den Löwen zum Wappentier wählt, will genauso stark und frei sein wie er. Der erste an der Spitze des Landes mit dem Löwen im Wappen war ein Kind. 1248 wurde der vierjährige Heinrich in Marburg zum Herrn der neuen Landgrafschaft Hessen bestimmt. Damit ging's los. Seitdem hat sich viel verändert, auch die Grenzen sind andere. Das heutige Hessen liegt zwischen dem 51. und dem 49. Breiten- bzw. zwischen dem 7. bis 14. Längengrad. In der Nord-Süd-Richtung ist es an seiner längsten Stelle stolze 255 km lang, und seine größte Breite beträgt 210 km. Hessen mit den Gebirgszügen und Tälern von Vogelsberg, Rhön, Taunus und Odenwald ist das waldreichste deutsche Bundesland. Manch schönes Stück Natur gibt es hier zu entdecken. Zugleich haben Fortschritt und moderne Technologie Einzug gehalten. Wo einst Kelten, Römer und Germanen siedelten, sind Großstädte entstanden, gibt es Autobahnen, Trassen für superschnelle ICE-Züge, Flughäfen und Fabriken. Die höchsten Gebäude sind nicht mehr Kirchen, sondern Fernsehtürme, Bürohäuser und Banken. 6,1 Millionen Einwohner hat Hessen, 800.000 davon sind Kinder, die zur Schule gehen.

Hessen Touristic Service
Abraham-Lincoln-Str. 38-42
65189 Wiesbaden
Tel. 06 11 / 77 88 00
E-Mail:
Info@hessen-tourismus.de
www.hessen-tourismus.de

Berühmte Hessen

Bedeutsames gab es hier schon immer. Bereits in der Jungsteinzeit war die Region besiedelt, im Mittelalter entstanden Klöster, Burgen und Städte. Spuren aus grauer Vorzeit können vor Ort oder in den Museen besichtigt werden. Wichtige Leute erblickten in Hessen das Licht der Welt. Goethe beispielsweise oder die Brüder Grimm, die berühmt wurden durch ihre Märchensammlungen. Oder Philipp Reis, der das Telefon erfand.

In Hessen lebten schon immer kluge Kinder. Die Malerin und Naturkundlerin Maria Sibylla Merian zum Beispiel, die es sich schon als Dreizehnjährige zur Aufgabe machte, das Leben der Raupen zu erforschen. Oder der Chemiker Justus Liebig aus Darmstadt, der als Bub bereits alles über Chemie wußte. Oder das jüdische Mädchen Anne Frank aus Frankfurt, die, hätte sie überleben dürfen, bestimmt einmal eine große Schriftstellerin geworden wäre. Von den meisten Kindern früherer Epochen weiß man allerdings leider nichts, denn den Erwachsenen damals galten Kinder oft wenig. Sie sollten nur schnell groß und erwachsen werden. Daß ihnen besondere Achtung, Freiräume und Rechte eingeräumt werden müssen, entsprach nicht der allgemeinen Vorstellung. Daran hat sich inzwischen einiges geändert, und in Hessen hat man dabei kräftig mitgewirkt. In Frankfurt beispielsweise entstand 1973 das erste Kindermuseum der Bundesrepublik. Vorbildcharakter hat hier auch das 1991 eingerichtete Kinderbüro mit einer Rechtsberatung für Kinder. Um Kinderbelange kümmern sich inzwischen in Kassel, Oberursel und anderswo eigene Kinderbeauftragte, während in Gelnhausen zumindest am Rathaus ein extra Briefkasten angebracht ist, in dem die Kinder Beschwerden und Anregungen loswerden können. Wiesbaden entwickelte die Aktion »Kinderstadt«. Dort befassen sich Kinder mit Problemen in ihrem Stadtteil. Manches wurde aufgrund ihrer Vorschläge verändert. Bei Kinderforen und in Jugendparlamenten wie in Kiedrich, Lauterbach oder Offenbach hat die junge Generation inzwischen eine feste Interessenvertretung.

Zum Umgang mit diesem Buch

Die Ausflugstips in diesem Buch führen von Süden nach Norden und sind nach Regionen geordnet. Dabei werden in erster Linie die Belange von Kindern berücksichtigt, deshalb mag aus der Sicht der Großen vielleicht die eine oder andere historisch oder kulturell bedeutsame Attraktion fehlen. Dafür gibt es Städteporträts und ausreichend Hinweise auf interessante Museen, Burgen, Tierparks, Höhlen, Badeseen, Spielplätze und Kinderkulturaktionen. Stichwortverzeichnisse am Ende des Bandes sind geeignet, die Übersicht zu erleichtern. Auch einige Firmenbesichtigungen haben wir mit aufgenommen. So kann beim Technik-Live-Museum in Gieselwerder moderne Technologie oder traditionsreiches Handwerk in der Glockengießerei Rincker bei Sinn bewundert werden. Wichtig war uns bei der Auswahl, daß auch Ziele dabei sind, deren Besuch wenig oder gar nichts kostet, und solche, die bequem mit öffentlichen Verkehrsmitteln zu errei-

chen sind. Zu Anfang jedes Kapitels findet sich die Adresse des zuständigen Fremdenverkehrsamtes, und zu allen Reisezielen, die im Text in kursiv gedruckt sind, stehen am Rand die Adresse, Telefonnummern, Öffnungszeiten und Eintrittspreise. Sie entsprechen dem Stand vom Frühjahr 2001. Mit der Umstellung auf den Euro sind die Preise dementsprechend umzurechnen. Zusätzlich sollten Landkarten und – je nach Jahreszeit – eventuell ein Vogel- oder Pilzbestimmungsbuch mitgenommen werden. Vielleicht auch das jeweilige Buch mit Märchen oder Geschichten, auf das wir neben Bastelanleitungen und Kochrezepten in unserem Extra-Tip für Kinder verweisen. Natürlich gehört auch gute Laune ins Gepäck. So vorbereitet, wird der Ausflug mit »Hessen für Kinder« garantiert ein Erfolg.

Wer alles mitgemacht hat

Der vorliegende Band ging aus einer Sendereihe von *hr-Radio für Kinder* unter der Leitung von Heike Kraft hervor. Die Reihe bestand aus Ausflugstips für die ganze Familie, die Norbert Interwies und Martin Lauer gestalteten. In Folge kam die Idee zu einem Buch auf, für das Rüdiger Bischoff, Thomas Korte, Kerstin Müller, Anke Neuzerling, Tanja Rösner, Gudrun Rothaug, Cornelia Schwarz-Mager und Waia Stavrianos Beiträge lieferten. Es wurde 1995 zum ersten Mal von Heike Kraft und Petra Widmayer herausgegeben. Nun liegt es, komplett im Text- und Serviceteil aktualisiert und um viele Ziele erweitert, in seiner dritten Fassung vor. Die Aktualisierung erfolgte im Serviceteil durch Friedrich Edinger, Heike Kraft überarbeitete und ergänzte das Buch, Gudrun Rothaug redigierte den Text. Die Fotos überließen uns wiederum freundlicherweise weitgehend die Fremdenverkehrsämter und -verbände und die hessische Staatskanzlei. Außerdem fotografierten Heike Kraft, Gudrun Rothaug, Cornelia Schwarz-Mager, Alfred und Petra Widmayer.

hr-Radio für Kinder
Sendezeiten:
Mo.-Fr. 14.00-14.30 Uhr, hr2
Sa. 14.05-15 Uhr, hr2, So. 8.05-
9 Uhr, hr2 und
10.05-11 Uhr, hr1
www.hr-online.de

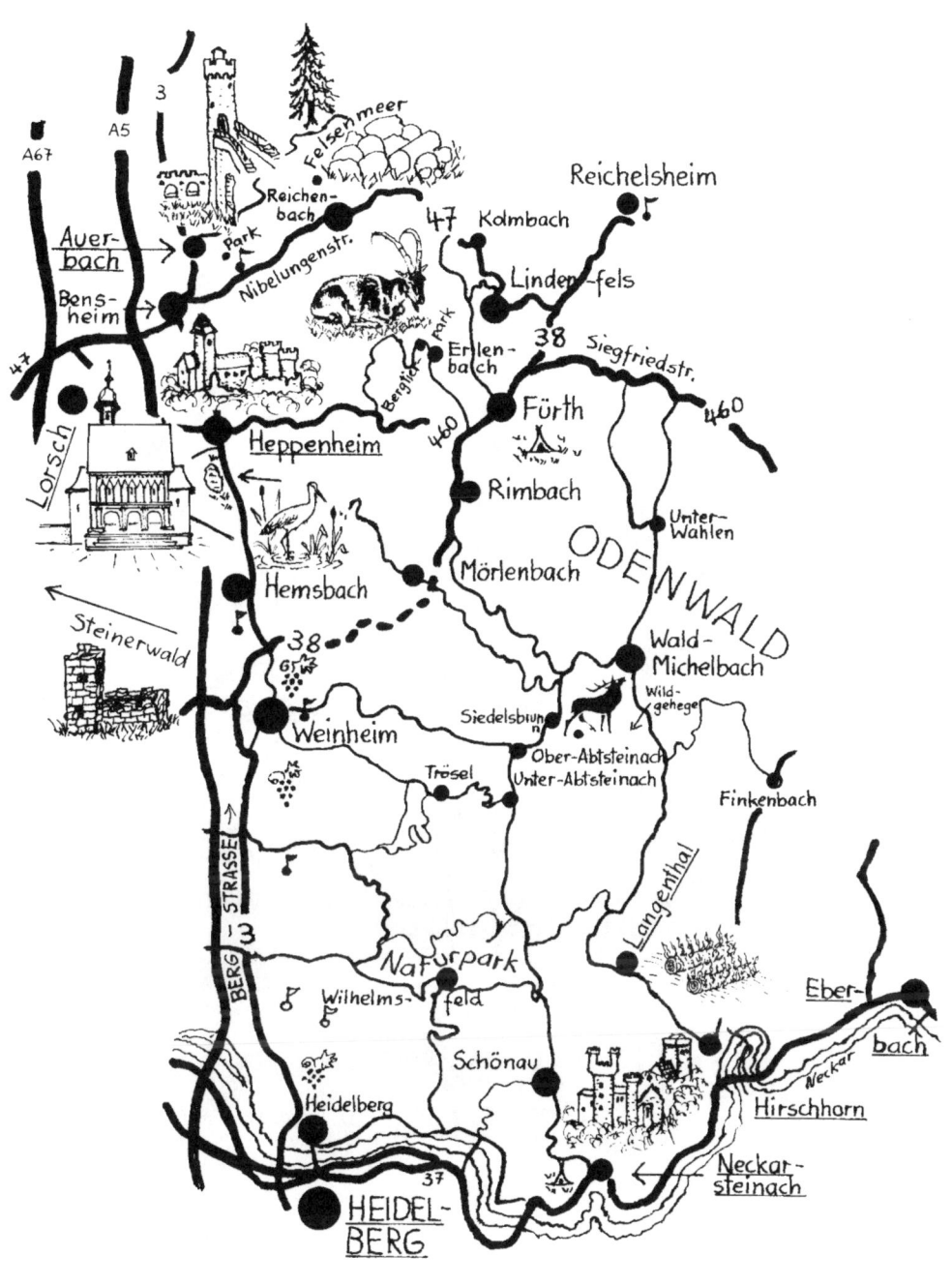

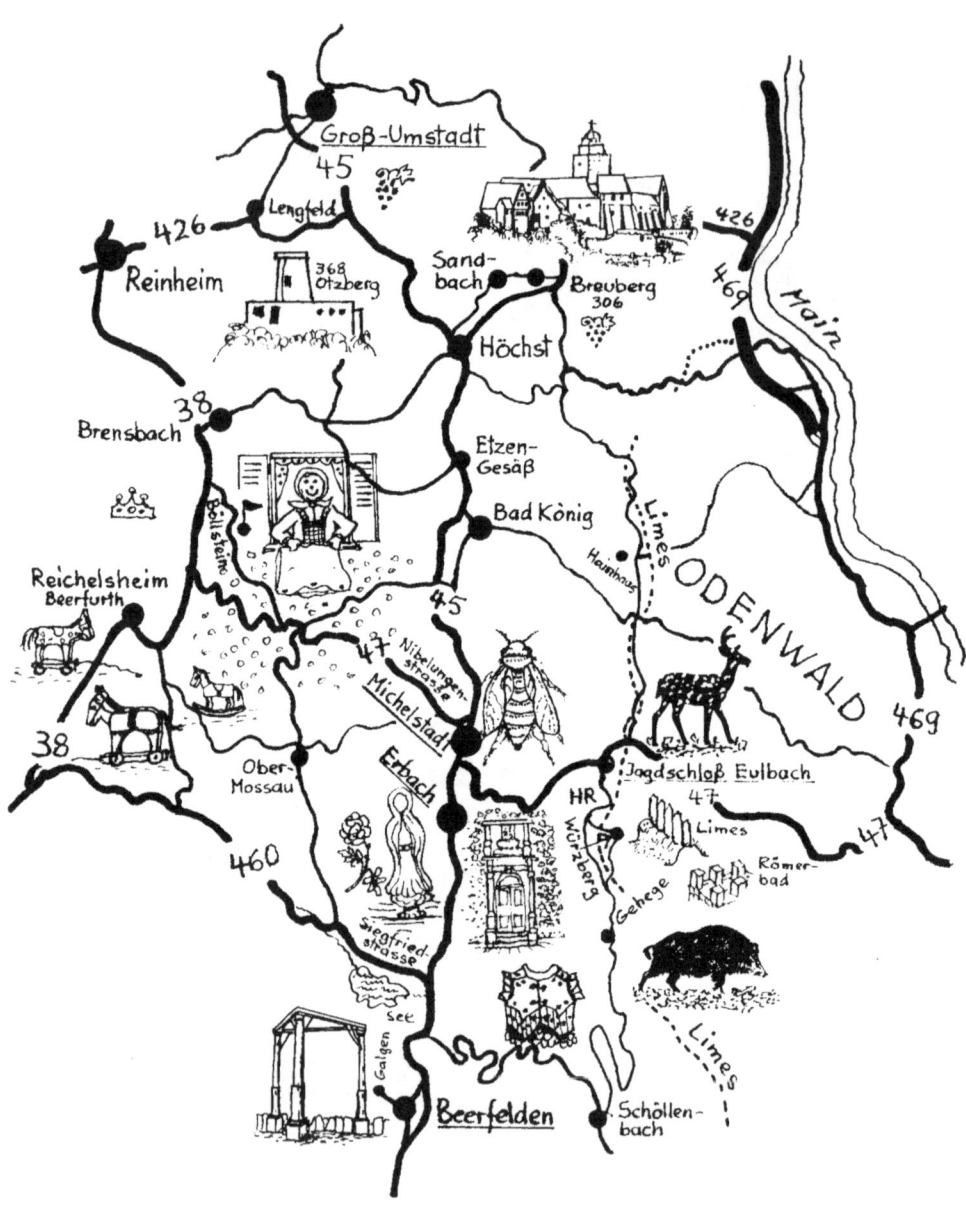

Hessens Süden

Am Neckar und im Odenwald

Hirschhorn am Neckar markiert den südlichsten Punkt der Region, Darmstadt den nördlichsten. Die Natur gibt hier in Hessens Süden ihr Bestes. Zahlreiche Höhenzüge und Wälder laden ein, ausgiebige Wanderungen zu unternehmen. Täler mit Wiesen verlocken zum Ausruhen und Picknicken, Flüsse und Bäche bieten sich zum Spiel mit Papierschiffchen an, Parks zur Beobachtung und Fütterung von Tieren. Aber auch Geschichte ist überall mit den Händen zu greifen. So präsentiert beispielsweise die Zinnfigurensammlung im *Museum Schloß Lichtenberg* die Welt im Kleinen. Das Schloß selbst ist ein prächtiger, hoch über dem schönen Fischbachtal gelegener Renaissance-Bau.

In Hessens Süden gilt es Ausgrabungen aus der Römerzeit zu bestaunen und mittelalterliche Städtchen und Burgen zu erobern. An vielen Orten wird noch altes Handwerk ausgeübt. In den dichten Buchen- und Eichenwäldern bei Wald-Michelbach gibt es noch Köhlermeiler zur Herstellung von Holzkohle. Über Jahrhunderte hinweg wurde in dieser Region Eisen abgebaut. Im *Besucherbergwerk Grube Ludwig*, ebenfalls in der Nähe von Wald-Michelbach, spürt man noch etwas von der harten Arbeit im Stollen. Im Odenwald werden Körbe geflochten und *Gäulsches* geschnitzt. Das sind aus Holz gedrechselte und farbig bemalte Spielzeugpferdchen. Fast vierzig Handwerker waren es früher einmal, die diese Kunst beherrschten. Heute werden die Pferdchen im Betrieb der Familie Kramer in Reichelsheim-Beerfurth hergestellt. Es kann bei der Produktion zugeschaut werden.

In diesem Landstrich findet der Reisende Unterkunft auf Bauernhöfen, hier spielt die traditionelle Landwirtschaft noch eine große Rolle. Manche der Höfe bieten Obst, Gemüse und deftige Odenwälder Fleischwaren zum Kauf an, und das Brot kommt vielerorts nicht aus der Fabrik, sondern direkt vom Bäcker. Schleckermäuler sollten sich den Besuch der kleinen *Schokoladenfabrik Eberhardt* in Reichelsheim nicht entgehen lassen. Im Verkaufsraum mit den ausgestellten leckeren Lebkuchen, den Weihnachtsmännern oder Osterhasen läuft einem das Wasser im Munde zusammen!

Fremdenverkehrsverband
Odenwald-Bergstraße-
Neckartal e.V.

Marktplatz 1, 64711 Erbach
Tel. 0 60 62 / 9 43 30
Fax 0 60 62 / 94 33 17
E-Mail: Odenwald@Oreg.de
www.odenwald.de/oreg

Museum Schloß Lichtenberg
64405 Fischbachtal-Lichten-
berg
Tel. 0 61 66 / 4 04
geöffnet: Mitte März-
Anf. Nov.
Mi.-Fr. 14-17,
Sa., So. 10-17 Uhr
Schüler 2 DM, Erw. 3 DM

Besucherbergwerk
Grube Ludwig
Infos Dr. Peter Sattler
0 62 07 / 94 70
Führungen nach Vereinbarung

Holzspielwaren Kramer
(Gäulschesmacher)
Siegfriedstr. 60
64385 Reichelsheim-Beerfurth
Tel. 0 61 64 / 15 11
Gruppen ab 10 Personen nach
Voranmeldung

Firma Eberhardt
Back- und Schokoladenwaren
Schwimmbadstr. 3
64385 Reichelsheim
Tel. 0 61 64 / 22 31
geöffnet: Mo.-Fr. 8-12,
13.30-18, Sa. 8-15 Uhr

Infos zu Langenthal:
Verkehrsamt Hirschhorn
Postfach 1151
Alleeweg 2
69430 Hirschhorn
Tel. 0 62 72 / 92 31 40

Auch besondere Bräuche haben sich erhalten. An vielen Stellen wird das Osterfeuer angezündet. In *Langenthal*, nahe bei Hirschhorn, knüpft man noch an die vorchristliche Tradition des »Winteraustreibens« an. Am Faschingsdienstag werden mit Stroh umwickelte Fichtenstämme angezündet und als riesige brennende Fackeln den Hügel hinuntergerollt – begleitet vom Gesang der Dorfkinder. Ein Erlebnis der besonderen Art! Apropos Winter. Zum Skifahren und Rodeln lädt das Gebiet um Grasellenbach, Beerfelden und die Neunkirchner-Höhe nicht weit von Reichelsheim ein. Auch bei Würzberg in 500 m Höhe treffen sich Wintersportler.

Märchenhafter Odenwald

Ein Besuch der nahe bei Reichelsheim gelegenen *Burg Rodenstein* vermag die Phantasie ordentlich zu beflügeln. Sie war der Stammsitz eines Geschlechtes, das 1635 durch die Pest dahingerafft wurde. In der Abgeschiedenheit der mächtigen Burgruine ist es leicht, sich den sagenhaften Rodensteiner aus dem 15. Jahrhundert vorzustellen, der ein unbändiger Haudegen gewesen ist. Er soll noch heute in Zeiten des Krieges als Phantomgestalt mit großem Gebrause durch die Luft reiten. Das Hofgut Rodenstein mit dem netten Gartenrestaurant ist nach dem Burgbesuch und einer möglichen Wanderung eine gute Adresse, um auszuruhen und zu genießen.

Der Legende nach spielte sich auch ein Teil der Nibelun-

Burg und Hofgut Rodenstein
bei Fränkisch-Crumbach
Postanschrift:
64385 Reichelsheim
Tel. 0 61 64 / 10 87

*Reichelsheimer Märchen-
und Sagentage*

gensage in den einst dichten Wäldern des Odenwaldes ab. Nach diesem im 12. Jahrhundert aufgeschriebenen Epos werden hier gleich zwei Touristik-Straßen benannt: die Nibelungen- und die Siegfriedstraße. Sie beginnen beide in Worms und führen durch den Odenwald ins fränkische Würzburg. Reichelsheim, an der Nibelungenstraße gelegen, veranstaltet im Oktober die *Reichelsheimer Märchen- und Sagentage*. Sie stehen jeweils unter einem anderen Motto. Mit Märchenmarkt und Märchenerzählern, Kindertheater, Zauberern und Jongleuren ist eine Menge los. Bei den Märchen- und Sagentagen hat unter anderen der Kinder- und Jugendbuchautor Michail Krausnick einen Preis bekommen. Er schrieb über Leute wie den Hölzerlips und den Mannefriedrich, zwei berühmte Räuber aus dem Odenwald.

Reichelsheimer Märchen- und Sagentage
letztes Oktoberwochenende
Infos beim
Fremdenverkehrsamt
Bismarckstr. 43
64385 Reichelsheim
Tel. 0 61 64 / 5 08 26

Extra-Tip: Michail Krausnicks Kinderbuch mit dem Titel »Von Beruf Räuber« aus dem Beltz-Verlag erzählt vom harten Leben der Schnapphähne und Wegelagerer im Odenwald. Wie wäre es zur Einstimmung mit der Lektüre des Taschenbuches?

Neckarsteinach: Vier Burgen auf einen Streich

Zwischen Hirschhorn und Neckarsteinach folgt die hessische Landesgrenze ein Stückchen dem Lauf des Neckars. Als wäre der Fluß sich seiner bedeutungsvollen Rolle bewußt, setzt er alles daran, mit breiten Uferböschungen, geschwungenem Flußlauf und der Aussicht auf die Odenwaldhänge richtig schön romantisch auszusehen. Für den Spaziergang am Neckar bei regem Schiffsverkehr und mancher Schleuse sollten sich Mann, Frau und Kind Zeit lassen. Wasserstandsmarken für das Hochwasser müssen kontrolliert, die großen alten Anker bestaunt und bei Neckarsteinach ein Blick in das Häuschen des Fährmanns von anno dazumal geworfen werden. Es wurde wieder so hergerichtet, wie es früher einmal ausgesehen haben mag. In dem Ort, bei dem die Steinach in den Neckar fließt, sind schöne Fachwerkhäuser aus dem 16. und 18. Jahrhundert und ein Teil der alten Wehrmauer erhalten. Für die jüngeren Kinder dürfte dagegen der Spielplatz am Bachweg unterhalb der Kirche ein verlockendes Ziel sein. Wenn dann Hunger oder Durst aufkommt – es gibt genü-

gend gemütliche Lokale, manche mit Garten und Blick auf das Wasser!

Zu erstürmen sind die waldreichen Höhen um Neckarsteinach. Sie haben neben den üblichen Wanderwegen etwas, das kaum ein anderer Ort vorweisen kann: nicht etwa eine, sondern gleich vier Burgen. Sie stammen aus dem 12. bis 14. Jahrhundert und gehörten den Herren von Steinach. Zwei davon sind Ruinen: die Hinterburg und die Burg Schadeck. Letztere wird auch »Schwalbennest« genannt, weil sie so am Felshang »klebt«. Die Vorder- und die Mittelburg sind noch bewohnt. Der Aufstieg lohnt, und die Besichtigung ist kostenlos. Das echte Rittergefühl kommt mit Sicherheit auf, und die Aussicht über die Stadt und den Fluß auf den gegenüberliegenden Dilsberg verdient nicht vier, sondern fünf Sterne. Zum Fluß oder zum nahen Hirschhorn, das ähnlich schön ist, lockt ein weiterer Ausflug, vielleicht sogar mit dem Boot oder dem Fahrrad, immer den Weg am Neckar entlang.

Städtisches Verkehrsamt
Hauptstr. 7
69239 Neckarsteinach
Tel. 0 62 29 / 9 20 00

*Blick auf
Neckarsteinach*

Beerfelden: Der Galgen am Wege

Die nächsten Touren führen in den östlichen Odenwald. Vom Neckar im südlichsten Zipfel Hessens führt die B 45 nach Beerfelden. Etwas Schauerliches hat den Ort berühmt gemacht: sein *Galgen*. Der Platz, auf dem das Martergerät errichtet wurde, war seinerzeit Gerichtsplatz der Grafschaft Erbach. Hier steht auch noch eine rund 120 Jahre alte Gerichtslinde. Der Galgen war schon immer von weitem sichtbar, ein vielbefahrener Handelsweg führte an ihm vorbei. Das sollte auf mögliche Täter abschreckend wirken. Ende des 16. Jahrhunderts wurde er als »dreischläfriger« Galgen errichtet: Mehrere Leute konnten gleichzeitig daran gehenkt, also in den »ewigen Schlaf« gebracht werden. Er besteht aus drei etwa fünf Meter hohen Sandsteinsäulen, die über Eck stehen und in der Höhe durch Eisenstäbe miteinander verbunden sind. Zuletzt wurde dort 1804 eine Zigeunerin aufgeknüpft, weil sie für ihre hungernden Kinder einen Laib Brot und ein Hühnchen gestohlen hatte.

Am Pferdemarkt-Montag im Juli findet in Beerfelden die größte und vielseitigste Zuchtviehschau Hessens statt. Dabei kommen rund 600 Pferde, Ponys, Rinder, Schafe und Ziegen verschiedener Rassen zur Prämiierung zusammen.

Im Winter aber heißt es in Beerfelden und Umgebung: Die Skier anschnallen, ab auf die Loipe und hoch zum Lift »Buchenhelle«, direkt an der B 45. Schülergruppen bekommen hier unter der Woche am Vormittag günstigere Tarife.

Verkehrsbüro Beerfelder Land
Metzkeil 1
64743 Beerfelden
Tel. 0 60 68 / 93 03 20
E-Mail:
Beerfelder-Land@t-online.de
www.beerfelden.de

Erbach: Bei den Elfenbeinschnitzern

Es war einmal ein Graf mit einem besonderen Hobby. Zu seinem Vergnügen hatte Graf Franz I. zu Erbach-Erbach nämlich das Schnitzen und Drechseln mit Holz gelernt. Weil es aber schlecht um die Verdienstmöglichkeiten für die Untertanen in seinem kleinen Land stand, richtete er, ein begeisterter und weitgereister Jäger, 1783 eine Musterwerkstatt in seinem Schloß ein. Verarbeitet wurde hier allerdings nicht Holz, sondern ein viel kostbareres Material, das Elfenbein. Davon, so heißt es, soll er einiges von einer Elefantenjagd aus Afrika mitgebracht haben. So wurde hier vor mehr als 200 Jahren ein in diesen Breitengraden bisher unbekanntes Handwerk heimisch: die Elfenbeinschnitzerei. Anfangs fertigten die Schnitzer nur Kästchen, Dosen und Leuchter, später auch Schmuck und Figuren. Weil das Elfenbein, das »weiße Gold«, so wichtig für Erbach und seine Bürger war, wurde 1966 das *Deutsche Elfenbeinmuseum* gegründet, das mit seinen ca. 2000 Objekten einzigartig in Europa ist. Das älteste ausgestellte Stück ist ein etwa 30.000 Jahre alter Mädchenkopf, doch wird auch Zeitgenössisches gesammelt. Vieles stammt aus der heimischen Produktion, andere Stücke kommen aus Frankreich, Italien und sogar aus Afrika und Asien. Einmal

19

am Tag führt ein Schnitzer sein Handwerk vor, allerdings nicht mehr mit Elfenbein, das steht unter Artenschutz, sondern mit Knochen vom sibirischen Mammut.

In Erbach mit der Mümling, die sich durch den Ort schlängelt, lebt immer noch ein Stück der feudalen Vergangenheit weiter. Die stattlichen Fachwerkbauten der »Burgmannen«, jener meist höhergestellten Leute, die ihren Dienst am Hofe taten, prägen noch heute das Bild des Städtchens. Das *Schloß* mit seinem Park und den Figuren darin ist ein Barockbau. Innen sind die gräflichen Sammlungen zu bewundern: antike Büsten, Statuen, Mosaiken und Gemälde. Ein Saal beeindruckt durch seine vielen aufgestellten Ritterrüstungen, das Treppenhaus dagegen durch Hunderte von Rehbockgehörnen. Zusätzlich gibt es noch eine Hirschgalerie mit vielen riesigen Geweihen.

Noch ein Hinweis für Tierfreunde: Ein schönes Naherholungsziel ist der idyllisch im Wald gelegene *Wildpark Brudergrund*, bei dem auch auf einem kleinen See zahlreiche Enten leben. Der Wildpark liegt etwa 3 Kilometer von Erbach entfernt in Richtung Mossautal und ist ausgeschildert. Für das Schwimmvergnügen von Kindern und Erwachsenen ist allerdings das *Freibad* in Erbach besser geeignet.

Das bekannteste Fest der Region ist der »Eulbacher-« oder »Wiesenmarkt«, der seit 1802 in Erbach gefeiert wird. Es gilt als das drittgrößte Südhessens und findet jedes Jahr am letzten Juliwochenende mit Kirmes, Landwirtschafts- und Verkaufsschau statt. Doch auch sonst kommen viele Besucher nach Erbach, besonders viele aber in der Adventszeit. Der Weihnachtsmarkt macht sich sehr hübsch vor der stimmungsvollen Kulisse von Schloß und Städtchen. Ähnlich sehenswert ist auch der Weihnachtsmarkt in Michelbach (s. dort). Hier geht es auch um altes Odenwälder Brauchtum. Zu kaufen gibt es beispielsweise die berühmten Odenwälder Lebkuchen oder deftige Wurstspezialitäten. Ein schönes Souvenir sind die Schneekugeln mit ihrem durchsichtigen Halbrund und dem bunten Motiv im Innern, auf das nach dem Schütteln weiße Flocken fallen. Sie werden wie viele andere peppigbunte, von bekannten Designern entworfene Haushaltsgegenstände aus Kunststoff in Erbach bei der Firma *Koziol* hergestellt. Bei der Produktion der Schneekugeln kann man nach telefonischer Anmeldung zuschauen.

Touristic-Zentrum Odenwald
Marktplatz 1
64711 Erbach
Tel. 0 60 62 / 9 43 30
Fax 0 60 62 / 94 33 17
E-Mail: Odenwald@oreg.de
www.odenwald.de.oreg

Deutsches Elfenbeinmuseum
Otto-Glenz-Str. 1
64711 Erbach
Tel. 0 60 62 / 64 64
geöffnet: tägl. 10-17 Uhr,
Nov.-Feb., Mo. geschlossen
Kinder 5 DM, Erw. 8 DM

Schloß Erbach
Marktplatz
64711 Erbach
Tel. 0 60 62 / 9 43 30
geöffnet: 1. März-31. Okt.
tägl. 10, 11, 14, 15, 16 Uhr
Nov.-Feb., nach Anmeldung
Kinder 5 DM, Erw. 8 DM

Wildpark Brudergrund Erbach
geöffnet: jederzeit
Eintritt frei

Alexanderbad (Freibad)
Werner-von-Siemens-Str.
64711 Erbach
Tel. 0 60 62 / 64 67
geöffnet: 15. Mai-17. Sept.
tägl. 9-20 Uhr
(je nach Witterung)
Kinder 2,50 DM, Erw. 5 DM

Geschenkartikel Koziol
Werner-von-Siemens-Str. 90
64711 Erbach
Tel. 0 60 62 / 60 40

Schloß Eulbach: Wildschweine und Würzberg

Seit 1802 verbrachte Graf Franz I. seine Mußestunden in seinem kleinen *Jagdschloß Eulbach*. Er hatte drum herum einen Park im modernen »englischen Stil« anlegen lassen. Jetzt spenden die Bäume im Park Schatten für alle. Es laden ein See, eine künstliche Burgruine, ein Obelisk und ein Römertor zum Verweilen und Bestaunen ein. Die archäologischen Fundstücke stammen von den römischen Stätten der Umgebung, die auf Veranlassung des Grafen freigelegt wurden. Zum Park gehören Freigehege, in denen Wildschweine, Rehe, Hirsche und sogar Wisente leben. Für eine Mark ist an Automaten Futter zu bekommen. Auch ein Spielplatz und ein Kiosk sind vorhanden. Gegenüber vom Park liegt die dienstags geschlossene Wildparkschänke mit Garten. Das Restaurant im alten Haus bringt Erholung nach den Wanderungen durch das Grün des Odenwaldes.

Jagdschloß Eulbach
Englischer Garten Eulbach
Tel. 0 60 61 / 25 90
geöffnet: tägl. 9-18 Uhr,
im Winter 9-17 Uhr
Kinder 3 DM, Erw. 6 DM

Schwarzwildfütterung
Würzberg
Infos: Tel. 0 62 52 / 1 53 77
geöffnet: 15. März-15. Nov.
tägl.14-17,
sonst 15-17 Uhr,
Fütterung 15 Uhr
Kinder 1 DM, Erw. 2 DM

Auch im Wald beim nahegelegenen Würzberg können bei der *Schwarzwildfütterung* die Tiere selbst gefüttert werden. Die Futtertüten gibt es am Eingang.

Mitten im Wald sind die Reste eines Römerkastells zu sehen, das zum Odenwald-Limes gehörte. Umwallung, Graben und die alte Steinstraße des Kastells bei Würzberg sind mit etwas Vorstellungskraft noch zu erkennen. Besser sichtbar sind die Mauern eines Bades mit fünf Räumen. Bis ins dritte Jahrhundert sicherte der Limes die von den Römern besetzten Gebiete östlich des Rheins und nördlich der Donau. Ein

*Schwarzwildfütterung
Würzberg*

21

Abschnitt davon verlief ein Stück am Main entlang und führte dann durch den Odenwald bis zum Neckar. Ein Wanderweg folgt dem Verlauf des Odenwald-Limes. Er führt von Wörth am Main nach Wimpfen am Neckar und weist an seiner Strecke verschiedene Ausgrabungsstätten auf. Freunde der Archäologie können so im Odenwald auf historisch-bedeutsamen Pfaden wandern. Bei Hainburg beispielsweise ist an der Straße in Richtung Wörth/Laudenbach das grüne Schild »Hainhaus« zu sehen. Es verweist auf die Funde, die zum Römerkastell Hainburg gehören. Hier sind auch sechs steinerne Gerichtsstühle aus dem Mittelalter zu bestaunen.

Michelstadt: Bienen und Märkte

Auf den Gassen von Michelstadt herrschte im Mittelalter an Markttagen schon reges Treiben. In die für damalige Verhältnisse große Stadt (»michel« heißt groß) kamen Käufer aus dem ganzen Odenwald. Vieh wurde versteigert, Hanf, Linsen, Bohnen abgewogen, Tuche vermessen. Den Beginn eines jeden Markttages kündigte ein Ausrufer mit Trommelschlag an, und ein Marktmeister wachte über allem. Daran erinnert das große Odenwälder Frühlingsfest, der »Bienenmarkt«. Es wird zu Pfingsten gefeiert, und zum Abschluß findet ein Kinderfestzug statt. Absoluter Höhepunkt ist die Versteigerung echter Bienen. Mit diesen Tierchen hat es eine besondere Bewandtnis. Vor vielen, vielen Jahren soll der Sage nach der Ort einmal von Feinden bedroht gewesen sein. Dummerweise waren die Stadtwächter, die eigentlich Gefahren melden sollten, eingeschlafen. Doch zum Glück kam eine Biene vorbeigesummt und stach einen von ihnen. Er, wach geworden, gab Meldung, und die Angreifer mußten unverrichteter Dinge wieder abziehen!

Zu jeder Jahreszeit ist ein Stadtrundgang in Michelstadt empfehlenswert. Am besten beginnt man jenseits der alten Stadtmauern, geht durch den Durchgang beim runden Diebesturm und steht dann bald beim Marktplatz mit seinem achteckigen Brunnen. Ein Schmuckstück ist das 1484 erbaute Rathaus mit seinen spitzen Ecktürmen und einer offenen Halle im Untergeschoß. Hier sind noch Tuchpresse, Elle und Stadtwaage zu sehen, die einheitlich und für alle gültig Maß und Gewicht vorschrieben. Danach führt der Weg vorbei am privaten Elfenbeinmuseum zu den hübschen Elefantenfigu-

Tourist-Information
Marktplatz 1
64720 Michelstadt
Tel. 0 60 61 / 7 41 46
Fax 0 60 61 / 7 41 30
E-mail: stadtverwaltung@
michelstadt.de
www.michelstadt.de
Stadtrallye für Kinder,
mindestens 20 Teilnehmer,
pro Person 3 DM

ren. In der Nähe liegt auch das *Odenwaldmuseum*, ein 1517 errichteter sehenswerter Speicher. Wir erfahren hier Wichtiges über die Römerkastelle im Odenwald. Früheres Arbeitsgerät und Einrichtungsgegenstände von Bauern, Bürgern und Handwerkern sind da, und natürlich wird der Odenwälder Imkerei und damit den Bienen auch ein Platz eingeräumt. In der anderen Haushälfte befindet sich das *Spielzeugmuseum Michelstadt*. Puppenküchen und -stuben, Puppen und Puppenkleidung zeigen die Welt der Puppenmütterchen von einst, während den Jungen das Spiel mit Kaufmannsläden und Soldaten vorbehalten war.

Die Michelstädter Synagoge hat das Pogrom vom 9. November 1938 überlebt. Sie beherbergt heute ein kleines Museum zur jüdischen Kulturgeschichte.

In Michelstadts Umgebung lohnt der Besuch von Schloß Fürstenau bei Michelstadt-Steinbach. Erbaut als Wasserburg an der Mümling, wurde daraus in der Renaissance ein Residenzschloß. Der Innenhof ist in der Zeit zwischen 9 und 16 Uhr zu besichtigen. Von Michelstadt aus führt die B 47 Richtung Worms dorthin. Am Dorfrand von Steinbach steht die *Einhardsbasilika*, die am besten erhaltene karolingische Kirche nördlich der Alpen. Ihr Gründer war Einhard, Berater und Biograph Karls des Großen, der für die Stadtgeschichte von Seligenstadt (s. dort) bedeutsam war. Im Sommer bietet sich an den Wochenenden im gleichen Stadtteil ein Besuch im Motorrad-Museum an. 100 schnelle Maschinen warten dort auf staunende Fans.

Spielzeugmuseum und Odenwaldmuseum
Amtshaus in der Kellerei
64720 Michelstadt
Tel. 0 60 61 / 70 61 39
geöffnet: Ostern bis 1. Nov.
Di.-So. 10-12.30 u.14-17 Uhr
beim Weihnachtsmarkt u.
nach Vereinbarung
Kinder 1 DM, Erw. 2 DM

Einhardsbasilika Michelstadt-Steinbach
Tel. 0 60 61 / 24 47
geöffnet: 1. März-31. Okt.
Di.-So. 10-12 u. 13-17 Uhr
Kinder 2 DM, Erw. 3 DM,
mit Führung 5 DM

Motorrad-Museum
Hans-Jürgen Künzel
Walther-Rathenau-Allee 17
64720 Michelstadt
Tel. 0 60 61 / 7 37 07
geöffnet: März-Nov.
Sa. und So.10-18 Uhr
ab Juni-Okt. auch werktags
10-18 Uhr
Schüler ab 10 Jahre 3 DM,
Erw. 5 DM

Der Böllstein und Burg Breuberg

Westlich von Bad König trifft man auf eine Landschaft, die so richtig für Märchen geschaffen ist. Ein dunkelglänzender Berg, der Böllstein, soll im Innern das Zuhause von Frau Holle bergen. Frau Holle ist jene liebenswerte alte Dame, die ihre Betten ausschüttelt und es auf diese Weise auf der Erde schneien läßt. Sie hatte einmal einen ganz besonderen Gast beherbergt: das Christkind. Zusammen mit Knecht Ruprecht zogen sie dann um die Weihnachtszeit los, um brave Kinder zu beglücken. Auch am Meißner, dem »König der nordhessischen Berge« (s. dort), soll Frau Holle gesichtet worden sein.

Nach diesem märchenhaften Ausflug geht es weiter zur *Burg Breuberg* und dem kleinen Ort Neustadt. Auf der Burg wohnten die einflußreichen Herren, im Ort Breuberg die kleinen Adligen und Handwerker. Das Städtchen mit seinen hübschen Fachwerkhäusern, dem gotischen Brunnen und der Kapelle erhielt 1378 das Stadtrecht. Daß hier Märkte abgehalten werden durften, davon zeugt das große Marktkreuz aus Holz. Es ist das einzige seiner Art, das noch an seinem ursprünglichen Platz steht. Die Rosen darauf stammen aus dem Wappen der Grafen zu Wertheim, den damaligen Herren auf der Burg, die Kreuzesform aber verhieß Händlern und Käufern Frieden. Während das Schwert für Gerechtigkeit steht, bedeutet die erhobene Hand, daß der König über allen schützend wacht und Räuber, Diebe und Betrüger streng bestraft. Beinahe wie im Mittelalter ist es beim alle zwei Jahre stattfindenden »Historischen Markt«. Alte Handwerkstechniken werden hier vorgeführt, und leckere Sachen zum Essen gibt es auch.

Zur Burg Breuberg hinauf geht es am besten zu Fuß, nur 150 m Steigung sind zu überwinden. Im 12. Jahrhundert waren die ersten Mauern der Burg aufgeschichtet worden. Später ist sie erweitert, aus- und umgebaut worden. So entstand mit Festungsgräben, Wällen, Bergfried, Rittersaal und Kapelle eine der mächtigsten und besonders gut erhaltenen Burgen Deutschlands. Empfehlenswert sind die Innenräume mit dem *Museum*. Zur Erholung lädt das burgeigene Restaurant ein. Wer länger bleiben will, kann im alten Gemäuer in der modern eingerichteten *Jugendherberge* übernachten.

Verkehrsamt der
Stadt Breuberg
Ernst-Ludwig-Str. 2-4
64747 Breuberg/Odenwald
Tel. 0 61 63 / 70 91
Fax 0 61 63 / 7 09 55

Burg Breuberg und Breuberg
Museum
64747 Breuberg
Tel. 0 61 65 / 13 09
geöffnet: März-Okt. tägl. 9-12,
13-17 Uhr
im Winter nur Gruppen: nach
Anmeldung
Kinder 1 DM, Erw. 2 DM

Jugendherberge Breuberg
64747 Breuberg
Tel. 0 61 65 / 34 03

Blick auf Breuberg

Veste Otzberg: Amtsburg und Museum

Vor vielen Tausenden von Jahren rumpelte es bei einem Vulkanausbruch überaus heftig. Als die Gesteinsmassen erkalteten, war der 368 m hohe Basaltkegel des Otzberg entstanden. Auf ihm wurde um 1200 eine das Land weithin beherrschende Burg errichtet. Später vergrößert und befestigt, wurde daraus die Festung oder *Veste Otzberg* mit Ringmauern, Torburg, tiefem Brunnen und Kommandantenhaus.

Die Veste hat viel mitgemacht. Noch vor zwei Jahrhunderten diente sie als Gefängnis, und ehemalige Soldaten schoben dort Wachdienst. Festgehalten wurden nicht nur die kleinen Diebe, sondern auch etwas feinere Herren, die verbotenerweise ein Duell ausgetragen hatten. Natürlich gab es nicht nur Wasser und Brot. Die Frau des Burgkommandanten bekochte sie, und besonders gut sollen einem Herren ihre süßen Rübchen geschmeckt haben. Vielleicht hängt mit dieser Geschichte zusammen, daß der mächtige runde Bergfried der Burg noch heute spöttisch »dicke Rübe« genannt wird. Zum anderen war die Veste Otzberg eine Amtsburg. »Beamte« taten hier im Auftrag des pfälzischen Kurfürsten auch als Steuereintreiber ihren Dienst.

Vom ritterlichen Burgleben selbst ist nicht mehr viel zu sehen. Die Räume im *Museum Veste Otzberg* zeigen, wie die einfachen Leute dieser Gegend lebten und arbeiteten. Lebensgroße Puppen tragen die Trachten von damals. Es gibt eine Schuster-, eine Schreinerwerkstatt und einen richtig schönen alten Tante-Emma-Laden. Der Besucher erfährt etwas über die Berufe der Rechen- oder Schindelmacher und über die Keramikherstellung in Hessen. Am besten hat uns neben der Wohnstube die Küche mit offenem Herd und altmodischem Küchengerät gefallen. Sogar eine Mausefalle gibt es hier! Zusätzlich werden oft interessante Sonderausstellungen gezeigt. Auch zu Festen ist viel los auf dem Otzberg. Zu Ostern gibt es einen Ostermarkt, in der Nacht vom 30. April auf den 1. Mai tanzen die Hexen um das Walpurgisfeuer, und in der Adventszeit wird ein Weihnachtsmarkt ausgerichtet. Das ganze Jahr über lädt eine Gaststätte zur Rast ein. Die Speisen sind deftig, und manchmal wird Musik oder Theater geboten.

Die Veste liegt über dem Ort Hering und ist nur wenige Kilometer von Höchst im Odenwald bzw. Groß-Umstadt ent-

Tourist-Information
Verkehrsverein
64853 Otzberg-Hering
Tel. 0 61 62 / 7 12 98

Veste Otzberg
Amtsburg und Museum
64853 Otzberg
Tel. 0 61 62 / 7 11 14
geöffnet: Mi.-Sa. 14-17 Uhr
So. 10-17 Uhr
Kinder frei, Erw. 3 DM

fernt. Hier wurde in den letzten Jahren viel zur Verschönerung der Stadt mit ihren Adelshöfen getan, eine Rast lohnt
sich also. Zur Veste Otzberg gelangt man übrigens auch mit
dem Zug. Von der Haltestelle in Wiebelsbach-Heubach aus
sind es dann noch ca. 30 Minuten Fußweg.

An der Bergstraße

Fremdenverkehrsverband
Odenwald-Bergstraße-
Neckartal e.V.
Marktplatz 1
64711 Erbach
Tel. 0 60 62 / 94 33-30 (-31,-32)
Fax 0 60 62 / 94 33 33
E-Mail:
Odenwald-FVV@t-online.de
www.odenwald.de

Tourist-Information Bensheim
Tel. 0 62 51 / 1 41 17
E-Mail:
touristinfo@bensheim.de
www.bensheim.de

Badesee Bensheim
Am Berliner Ring
geöffnet: im Sommer bei
gutem Wetter tägl. 9-21 Uhr
Kinder 1,50 DM, Erw. 3 DM

Vogelpark Bensheim
Berliner Ring 120
64625 Bensheim-Auerbach
Tel. 0 62 54 / 94 24 59
geöffnet: Frühjahr-Herbst
So. 9-18,
Winter So. 9.30-12 Uhr
und nach Vereinbarung
Eintritt frei

Mildes Klima herrscht an der Bergstraße am westlichen Rande des Odenwaldes. Der Frühling scheint es besonders gut
mit der Region zu meinen; früher als anderswo blühen hier
die Mandelbäume üppig rosa. Auch der Wein gedeiht gut.
Ein 28 km langer Weinlagenweg führt von Alsbach über Auerbach, Hemsberg bis nach Heppenheim durch die Weinberge. Er informiert über die Beschaffenheit des Bodens, Lagen,
Sorten und die mühsame Arbeit des Weinbauern und weist
hier und da ein nettes Gasthaus auf.

Die Bergstraße führt bis nach Darmstadt. Wie der Limes,
die alte Grenzlinie, die den östlichen Odenwald durchzieht,
wurde die Bergstraße von den Römern angelegt und »strata
montana« genannt. Sie war einst ein Handelsweg. Ihr gegen-
wärtiges Bild wird von den im Kern noch mittelalterlichen
Ortschaften bestimmt. Zwingenberg ist das älteste Städtchen, Birkenau vielleicht das originellste. Hier richtet sich alles nach der Sonne. Über 80 verschiedene Sonnenuhren sind
an den Häusern zu bewundern. *Bensheim* wartet nicht nur
mit einem hübschen Stadtbild auf, sondern bietet zusätzlich

*Im Vogelpark
Heppenheim*

einen *Vogelpark* und einen *Badesee*. Besonderer Anziehungspunkt sind aber die Burgen auf den Hügeln. Höchster Berg ist der Melibokus, der es auf stolze 517 m bringt. Neben den Wanderschuhen sind Abenteuerlust und Entdeckerfreude mitzunehmen!

Heppenheim und die Starkenburg

Buckliges Kopfsteinpflaster liegt auf dem Marktplatz der Kreisstadt Heppenheim mit seinem Rathaus, das mit reichem Fachwerk, Erkern und einem Glockenspiel im Uhrturm ausgestattet ist. Gleich daneben, nicht weniger schön, steht das ehrwürdige »Gasthaus zum Engel« und gegenüber davon die alte Apotheke. Hier war der in Darmstadt geborene Chemiker Justus Liebig Lehrjunge. Seine Ausbildung nahm allerdings ein unvorhergesehenes Ende. Beim heimlichen Experimentieren in seiner Dachkammer brach Feuer aus. Der halbe Dachstuhl brannte ab, und Justus Liebig mußte Heppenheim verlassen (s. Gießen).

In der südlichsten Stadt an der Bergstraße finden im Sommer regelmäßig Festspiele statt. Der Marktplatz sieht wie die Kulisse zu einem Theaterstück aus, in dem römische Legionäre, Handwerker, Weinbauern und vor allem Mönche auftreten könnten. Erstmals wird der Ort mit Sitz eines Königshofes und einer Burg 755 erwähnt, 773 schenkte Karl der Große dann Grund und Boden dem Kloster Lorsch (s. dort). Um 1300 erhielt die Ansiedlung Stadtrechte, sie wurde erweitert und von festen Mauern umgeben.

Der Aufstieg zur *Starkenburg*, die weithin sichtbar auf dem gegenüberliegenden Hügel thront, ist durch die Weinberge zwar etwas mühsam, aber lohnend. Sie gilt als älteste Höhenburg an der Bergstraße und wurde von den Lorscher Äbten gegründet. Früher soll sogar ein geheimer unterirdischer Gang von der Burg nach Lorsch geführt haben. Der Brunnen, durch den man damals in den Geheimgang einstieg, ist noch im Hof zu besichtigen. Die Grundmauern der Starkenburg gehen auf das Jahr 1065 zurück, der Kern der Anlage stammt aus dem 12. Jahrhundert. 500 Jahre später wurde dann modernisiert, Schanzen und Bastionen kamen hinzu. In der Burg selbst spürt man von den Amtmännern, die im Auftrag des reichen Lorscher Stiftes ihren Dienst versahen, nur noch wenig. Von dort aus ist die Aussicht in die Rheinebene zu ge-

Städtisches Verkehrsbüro
Großer Markt 1
64646 Heppenheim
Tel. 0 62 52 / 1 31 71 73
Fax 0 62 52 / 1 31 23
E-Mail: Stadt-Heppenheim@t-online.de
www.heppenheim.de

Starkenburg
Aussichtsturm geöffnet:
Ostern-Okt., Sa. und
So. 14-18 Uhr
Eintritt: Kinder 0,50 DM,
Erwachsene 1 DM,
Gruppen ab 10 Personen
pro Person 0,30 DM

Jugendherberge Starkenburg
Tel. 0 62 52 / 7 73 23

Sternwarte Starkenburg
Tel. 0 62 52 / 42 47
Besuch nach Voranmeldung
Kinder 3 DM, Erw. 4 DM

nießen, kann im Schloßrestaurant etwas gegessen oder in der burgeigenen *Jugendherberge*, dem früheren Palas, übernachtet werden. Einen besonders schönen Blick bieten die Zimmer im Aussichtsturm, die bis in den siebten Stock reichen.

Wer bis zu fernen Planeten schauen will, kann die *Sternwarte* besuchen. Sie liegt nur etwa 5 Minuten von der Starkenburg entfernt. Bitte vorher anmelden. Hier kann auch bei schlechtem Wetter eine »Planetenreise« gemacht werden, extra für Kinder.

Am Bruchsee und in Fürth-Erlenbach

Fans von Flamingos, schwarzen Schwänen, Beos und anderen exotischen oder einheimischen Vögeln sind im *Vogelpark* am Südufer des Bruchsees bei Heppenheim am richtigen Ort. Dort gibt es auch eine kleine Gaststätte mit Grillhütte, Spielplatz und Möglichkeiten zum Draußensitzen. Für Schulklassen werden nach Anmeldung fachkundige Führungen angeboten. Der Bruchsee gehört zu einem Naherholungsgebiet und kann auf einem schönen Spazierweg umrundet werden. An seinem Nordufer befindet sich ein großer Spielplatz.

Von Heppenheim aus über die B 460, die Siegfriedstraße, gelangt man in Richtung Fürth zum *Bergtierpark Fürth-Erlenbach*. Er liegt in einem Seitental zwischen Lörzenbach und Fürth, wurde 1950 eingerichtet und verfügt über ein großes Gelände. Die weiten Gehege liegen alle an recht steilen Hängen. Deshalb kam man auf die Idee, hier rund 200 Gebirgstiere aus Afrika, Asien, Australien, Südamerika und Europa heimisch werden zu lassen. So stehen Schafe aus Kamerun nicht weit von Alpakas, Känguruhs und den vietnamesischen Hängebauchschweinen. Lamas, Mufflons, Esel, Känguruhs, Hirsche, Ziegen und Nasenbären dürfen gefüttert werden. Das Futter gibt es für 2 DM am Eingang zu kaufen.

Lorsch: Mönche und Tabakproduzenten

Heute wirkt der Ort Lorsch an der Nibelungenstraße sehr beschaulich. Kaum zu glauben, daß hier einmal die Fäden der Macht zusammenliefen. Zum Kloster Lorsch gehörten eine große Anzahl Ländereien. Der Besitz reichte bis in die heutigen Niederlande und in die Schweiz. 764 gegründet, stand es hoch in der Gunst der Mächtigen. Von Karl dem Großen üppig

Vogelpark Heppenheim
Am hinteren Bruchsee
6148 Heppenheim
Tel. 0 62 52 / 7 66 30
geöffnet: täglich von 14 Uhr bis zum Einbruch der Dunkelheit, So. ab 10 Uhr
Kinder 1 DM, Erw. 2 DM

Bergtierpark Fürth-Erlenbach
64658 Erlenbach
Tierparkstr. 20
Tel. 0 62 53 / 2 13 26 oder 33 89 (Gemeinde)
geöffnet: von 10 Uhr bis zum Einbruch der Dunkelheit
Kinder 2 DM, Erw. 5 DM

Im Bergtierpark Fürth-Erlenbach

ausgestattet, war es das bedeutendste Kloster am Niederrhein und Grabstätte mehrerer deutscher Kaiser. Von der alten Anlage steht nur noch wenig. Kloster und Kirche wurden im Dreißigjährigen Krieg zerstört, danach nutzte man die Gemäuer als Steinbruch. Nur die um 780 erbaute *Königshalle* mit ihrem strengen geometrischen Schmuck, der an römische Formen erinnert, vermag noch eine Vorstellung vom einstigen Glanz zu vermitteln. Sie ist eine der ganz wenigen erhaltenen karolingischen Bauten. 1991 ist die Königshalle als bislang einziges hessisches Baudenkmal in die Liste der UNESCO als besonders schützenswertes »Weltkulturerbe« aufgenommen worden. Wozu sie diente, ist bei den Wissenschaftlern umstritten. Einige vermuten, sie habe eine Bibliothek beherbergt. Wahrscheinlich aber war es ein Tor, ähnlich den mittelalterlichen Stadt- oder den römischen Triumphtoren.

Bei einem Besuch in Lorsch darf der Abstecher in den Park hinter der Königshalle nicht vergessen werden. Dort wurde in den letzten Jahren ein Klostergarten nach altem Vorbild angelegt. Die Mönche des Klosters bezogen einst ihre Kenntnisse im Umgang mit Heilpflanzen aus dem 795 entstandenen »Lorscher Arzneibuch«, das mehr als 200 Pflanzen verzeichnet.

In Lorsch sollte ein Besuch im *Museumszentrum* eingeplant werden. Von hier aus geht es auch ins Innere von Königshalle und Kirche. In der ersten Abteilung des Museumszentrums wird über das Kloster informiert. Mit Hilfe von Computersimulation, Modellen, Nachbauten und alten, ech-

Magistrat der Stadt Lorsch
Fremdenverkehrsabteilung
Markplatz 1
64647 Lorsch
Tel. 0 62 51 / 59 67 40 00
E-Mail: magistrat.lorsch@
t-online.de
www.hessennet.de

Museumszentrum Lorsch
Nibelungenstr. 35
64653 Lorsch
Tel. 0 62 51 / 59 67 73
geöffnet: Di.-So. 10-17 Uhr
Kinder u. Schüler 2 DM,
Erw. 6 DM
Führungen u. spez. Aktivitäten
für Kinder auf Anfrage

Königshalle Lorsch
Nibelungenstr. 32

Königshalle Lorsch

ten Stücken wird ein anschauliches Bild vom Reichskloster, seinen Mönchen und ihrer Schreibwerkstatt vermittelt. In der zweiten Abteilung geht es um den blauen Dunst und alles, was damit zusammenhängt. Zu bestaunen ist unter anderem die größte Tabakspfeife der Welt. Schwedische Soldaten des Dreißigjährigen Krieges hatten die Mode des Pfeiferauchens mitgebracht. Früher lebte die ganze Gegend von der Tabakindustrie, Kinderarbeit war selbstverständlich. In der dritten Abteilung»Wohnen und Wirtschaften« ist unter anderem zu sehen, was sich sonst niemand zu zeigen traut: Dinge der persönlichen Hygiene, Badewannen, Wassertoiletten und richtige Plumpsklos.

Zur Erholung im Freien geht es danach in eines der Restaurants auf dem Platz vor dem Museum oder zum wenige Schritte entfernt liegenden hübschen Rathaus. Entspannung bieten auch ein Matsch- und Abenteuerspielplatz mit Spielgeräten, Tischtennisplatten, ein kleiner See, das beheizte *Waldschwimmbad*, der *Vogelpark Birkengarten* und der *Waldlehrpfad*. Alle liegen dicht beieinander am Waldrand, dort, wo die Mannheimer Straße aus dem Ort herausführt.

Ein weiterer Ausflug führt in den Steinerwald am Rhein. Einst befand sich dort, wo das Flüßchen Weschnitz in den Rhein mündet, ein römischer Hafen. Seine Reste kamen beim Bau des Atomkraftwerks Biblis zum Vorschein. Über den antiken Mauern hatten schon Franken und Karolinger ihre Bauten errichtet. Zu den Ausgrabungen geht es erst in Richtung Nordheim, dann weiter auf einer Stichstraße zum Rhein. Kurz vor dem Flußufer dann das Auto stehenlassen, den Weg oben auf einem Deich durch den Wald nehmen, und nach einer Dreiviertelstunde liegen in einer Lichtung die gut beschrifteten Baureste aus der Zeit der Römer und der fränkischen Könige. Der Gasthof *Forsthaus Jägersburg* an der L 3261, fünf Kilometer von Biblis entfernt, ist einen Besuch wert. Es war das ehemalige Forsthaus der Darmstädter Kurfürsten. Im Garten gibt es einen Spielplatz und eine Wasserpumpe, an der die Kleinen planschen dürfen.

Das Auerbacher Schloß

Mit dem Auto, dem Bus oder der Bahn ist es inzwischen ein Katzensprung, doch in der Zeit der Postkutschen brauchte der Reisende fünf Stunden, um von Darmstadt zu dem hüb-

---

Waldschwimmbad Lorsch
Am Birkengarten
64653 Lorsch
Tel. 0 62 51 / 5 73 68
geöffnet: Mitte Mai-Mitte
Sept. 8-19, im Hochsommer bis
20 Uhr
Kinder u. Jugendl. 2,50 DM,
Erw. 4,50 DM

Vogelpark Birkengarten
Mannheimer Str.
64653 Lorsch
Tel. 0 62 51 / 5 17 14
geöffnet: Ende April-Mitte
Okt. tägl. ab 14 Uhr
Eintritt frei

Gasthaus Forsthaus Jägersburg
Außerhalb 6
64683 Einhausen-Jägersburg
Tel. 0 62 51 / 7 85 13
geöffnet: täglich 11-23 Uhr

schen Örtchen Auerbach zu gelangen. Es verdankt seinen Namen dem Bach, der durch ihn hindurchfließt, begradigt wurde und nur noch zum kleinen Teil oberirdisch verläuft. Ihm zu Ehren findet im Sommer das »Bachgassenfest« mit Wein, Bratwurst und Kinderüberraschungen statt. Das ganze Jahr über lohnt der Besuch in dem Gasthof *Alte Dorfmühle*, der neben kulinarischen Köstlichkeiten wie Quiche und selbstgebackenem Kuchen auch eine Spielecke und Malsachen für Kinder bereithält. Das Anwesen beherbergte einst eine der ältesten und größten in der an Mühlen reichen Gegend. Im sogenannten Mühltal südlich von Darmstadt sollen hundert gestanden haben!

Auerbacher Schloß

Hoch oben über dem kleinen Ort, der sich mit Bensheim zusammentat und zu Bensheim-Auerbach wurde, liegen auf einem Bergkegel die Ruinen des *Auerbacher Schlosses*. Von der Ferne her grüßen schon die beiden stolzen Türme aus dem 14. Jahrhundert. Einst war dies die bedeutendste Burg an der Bergstraße. Sie gehörte den Grafen von Katzenelnbogen, 1257 wird sie erstmalig genannt. Später ausgebaut, ist sie im Dreißigjährigen Krieg zerstört worden und verfiel. Zu Beginn des 20. Jahrhunderts wurde sie erneuert und ergänzt. Der Rest des Bergfrieds, die Wehrmauern, die mittelalterlichen Bollwerke zeugen von der ehemaligen Größe und militärischen Bedeutung der Anlage. Das Wohngebäude hatte stattliche Ausmaße, und bis in stolze 75 m Tiefe reicht der Brunnenschacht. Der Aufstieg lohnt sich also!

Ein Restaurant hält Erfrischungen bereit. An manchen Abenden wird dort sogar ein Rittermahl nach altem Brauch veranstaltet. Wer erleben möchte, wie Ritter sich, umgeben von Gauklern, Musikanten und mittelalterlichem Handwerksmarkt, bei einem richtigen Turnier gegenseitig aus dem Sattel heben, der besucht das Auerbacher Schloß an Pfingsten oder an einem von zwei Wochenenden in den Sommerferien. Schaulustige kommen aber auch an den übrigen Tagen auf ihre Kosten. Der Blick reicht über die Odenwaldhänge bis in die Rheinsenke. Für Wanderungen und Spaziergänge ist das Schloß ein günstiger Ausgangspunkt, es geht von hier aus auf den Melibokus, den höchsten Berg des Odenwaldes. Vom Fürstenlager (s. dort) im Tal führt ein schöner Weg zum Felsenmeer (s. dort).

Kur- und Verkehrsverein
Auerbach
Darmstädter Str. 166
4625 Bensheim-Auerbach
Tel. 0 62 51 / 7 84 00

Gasthof Alte Dorfmühle
Bachgasse 71
Tel. 0 62 51 / 7 94 42
geöffnet: Mo.-Sa. ab 18 Uhr,
So. ab 15 Uhr

Schloß Auerbach
64625 Bensheim-Auerbach
Tel. 0 62 51 / 7 29 23
Für Besichtigungen geöffnet:
März-Okt. Fr.-So. 11-24 Uhr,
Nov.-Dez. Fr.-So. 12-18 Uhr
Eintritt frei

Staatspark Fürstenlager
64625 Bensheim-Auerbach
Tel. 0 62 51 / 9 34 60
geöffnet: jederzeit
Führungen auf Anfrage

Öffnungszeiten
der Ausstellungen
Mo.-Fr. 14-17 Uhr, Sa.,
So. 10-17 Uhr
Kinder 3 DM, Erw. 5 DM

Bensheim-Auerbach: Das Fürstenlager

Das *Fürstenlager* diente den Landgrafen von Darmstadt zur Sommerfrische. Die Damen nippten, der Gesundheit wegen, vom heilenden Quellwasser und erfreuten sich am Gesang der Nachtigallen. Die Herren erholten sich vom Soldatenleben und den strengen Vorschriften des Hoflebens. Zum Vergnügen gab es beispielsweise die »Eierwiese«, die an Ostern Schauplatz von Wettkämpfen war. Gewonnen hatte, wer hartgekochte Eier am weitesten warf! Die fürstliche Familie trug dann Kleider wie die einfachen Leute, die Diener kleideten sich wie Bauernknechte und Mägde. Vor mehr als 200 Jahren entstand hier ein fürstliches Dorf, das aussieht, als hätte jemand in eine riesengroße Spielzeugschachtel gegriffen und ihren Inhalt auf die Hügel und im Tal verteilt. So entstanden ein Herrenhaus, heute Hotel und Restaurant, ein Verwalterbau, das Fremdenhaus, das Wachhaus mit Uhrtürmchen. Im Stallbau waren die Kutscherwohnungen und Platz für Pferde. Im Weißzeughäuschen wurde die Wäsche gewaschen und gemangelt, im Konditoreibau für das leibliche Wohl gesorgt. Heute sind in einigen Gebäuden *Ausstellungen* untergebracht. Eine informiert über die Entstehung des Fürstenlagers und über den Naturpark Bergstraße-Odenwald, den größten in der Bundesrepublik. In einer anderen ist eine Sammlung mit feinstem Porzellan zu besichtigen.

Der Park ist ein Schmuckstück der Landschaftsgärtnerei. Er ist 42 Hektar groß und verfügt über viele Wanderwege, und nur diese sollten auch benutzt werden. Denn der Staatspark Fürstenlager ist ein offener Park, das gesamte Wild der umliegenden Wälder lebt auch hier. Wer früh kommt, kann Rehe und Füchse beobachten, im Sommer auch Ringelnattern und viele Blindschleichen. Ab April seht ihr Schafe mit ihren Lämmern auf den Wiesen. Schwäne wohnen auf dem Teich, und die vielen Enten fühlen sich sehr wohl dort. Ähnlich vielfältig ist die Botanik. Wirklich prächtig ist der über 50 m hohe, um 1860 gepflanzte Mammutbaum. Er hat einen Umfang von 5,5 Metern und ist der älteste in Deutschland. Im Park des Fürstenlagers blühen im Frühjahr auf den Hängen Millionen von Veilchen, später folgen die Magnolien, dann die Tulpenbäume, und im Sommer stehen Kübel mit Oleander und Fuchsien an den Wegen.

Im Felsenmeer

Lautertal-Reichenbach: Das Felsenmeer

Das Felsenmeer soll der Sage nach so entstanden sein: Vor langer Zeit wohnte einmal ein Riese auf dem Felsberg, ein anderer auf dem gegenüberliegenden Hohenstein. Eines Tages bekamen sie Streit miteinander und bewarfen sich mit mächtigen Felsblöcken. Der Riese von Hohenstein schleuderte auf seinen Gegner so viele Blöcke, daß der sich nicht mehr wehren konnte und von den Gesteinsmassen förmlich zugedeckt wurde. Einige Menschen meinen deshalb noch heute ein merkwürdiges Stöhnen im Wald von Reichenbach zu vernehmen. Es soll von dem armen Kerl herrühren! Wahrscheinlich ist aber die Existenz des Felsenmeers auf einen unendlich langsamen Verwitterungsprozeß zurückzuführen. Eine einst geschlossene Granitdecke wurde dabei im Verlauf von Jahrtausenden zerstört, daraus entstand ein Meer von Felsen.

Das Felsenmeer ist allemal einen Ausflug wert. Viel Spaß gibt es beim Rumkraxeln auf den unterschiedlich großen und dicken Blöcken. Im oberen Teil des ansteigenden Geländes lagern viele römische Werkstücke. Insgesamt sind noch rund 300 vorhanden, die alle aus der Römerzeit stammen. Die Römer nutzten das Felsenmeer als Steinbruch und unterhielten hier Steinmetzwerkstätten. Bis nach Trier an der Mosel wurden die hier gefertigten Stücke geschickt. Übriggeblieben sind eine Pyramide, ein Altar und die mehr als neun Meter lange und 570 Zentner schwere Riesensäule. Sie konnte beim Einfall der Germanen um das Jahr 250 herum nicht mehr fertiggestellt oder fortgeschafft werden. Der Wanderweg 3 führt dorthin, und in der Nähe befindet sich ein Kiosk, der Erfrischungen, Andenken und Informationsmaterial verkauft.

Wißbegierige erfahren einiges über das Felsenmeer auf einem geologisch-historischen Lehrpfad. Wanderfreunde klettern noch ein wenig höher, um auf dem Berggipfel vom Aussichtsturm herab die schöne Aussicht zu genießen. Ein Restaurant gibt es dort auch. Weitere Infos hält das kleine, ehrenamtlich betriebene *Felsberg-Museum* in Beedenkirchen bereit. Das ist eine halbe Stunde zu Fuß vom Felsenmeer entfernt.

Gemeindeverwaltung
Lautertal
Tel. 0 62 54 / 30 70

Felsberg-Museum
Reichenbacher Str.
64686 Lautertal-
Beedenkirchen
Voranmeldung
unter: Tel. 0 62 54 / 22 34
Spendenbüchse

33

Die Nibelungen

Am Fuße des Felsberges beim Felsenmeer soll jene Stelle sein, wo der mißgünstige Hagen dem Helden Siegfried auflauerte. Siegfried hatte in Worms am Rhein die Schwester des Burgunderkönigs Gunther geheiratet. Er war durch ein Bad in Drachenblut nahezu unverwundbar geworden. Nur eine kleine Stelle an der Schulter, auf die ein Lindenblatt herabgefallen war, blieb vom Blut unberührt – Siegfrieds wunder Punkt. Durch eine List hatte Hagen das in Erfahrung bringen können. Als Siegfried nun an einer Quelle trank, um sich für den kommenden Wettkampf mit seinem Gegenspieler zu stärken, brachte ihn jener hinterrücks um. Ein Krimi, der sich vor vielen hundert Jahren abgespielt haben soll. Ein Brunnen steht heute an dieser Stelle. Um die Ehre allerdings, den echten Siegfried-Brunnen aufweisen zu können, streiten sich mehrere Orte. Wo sich die Untat letztendlich ereignet hat, werden wir wahrscheinlich nie herausbekommen.

Zum Thema Nibelungen noch ein **Extra-Tip**: Pit und Paula machen eine Reise zum Drachenfelsen am Rhein. Für sie eine recht langweilige Angelegenheit. Doch dann erscheint der Götterbote Loki, und ab geht es zu den germanischen Helden und ihren Sagen. Dies ist die Geschichte des Kinderhörspiels von Karlheinz Koinegg: Der Schatz der Nibelungen. Erschienen ist es als CD und MC bei Igel Records. Beim Hören vergeht die Fahrt zum Felsenmeer dann wie im Fluge.

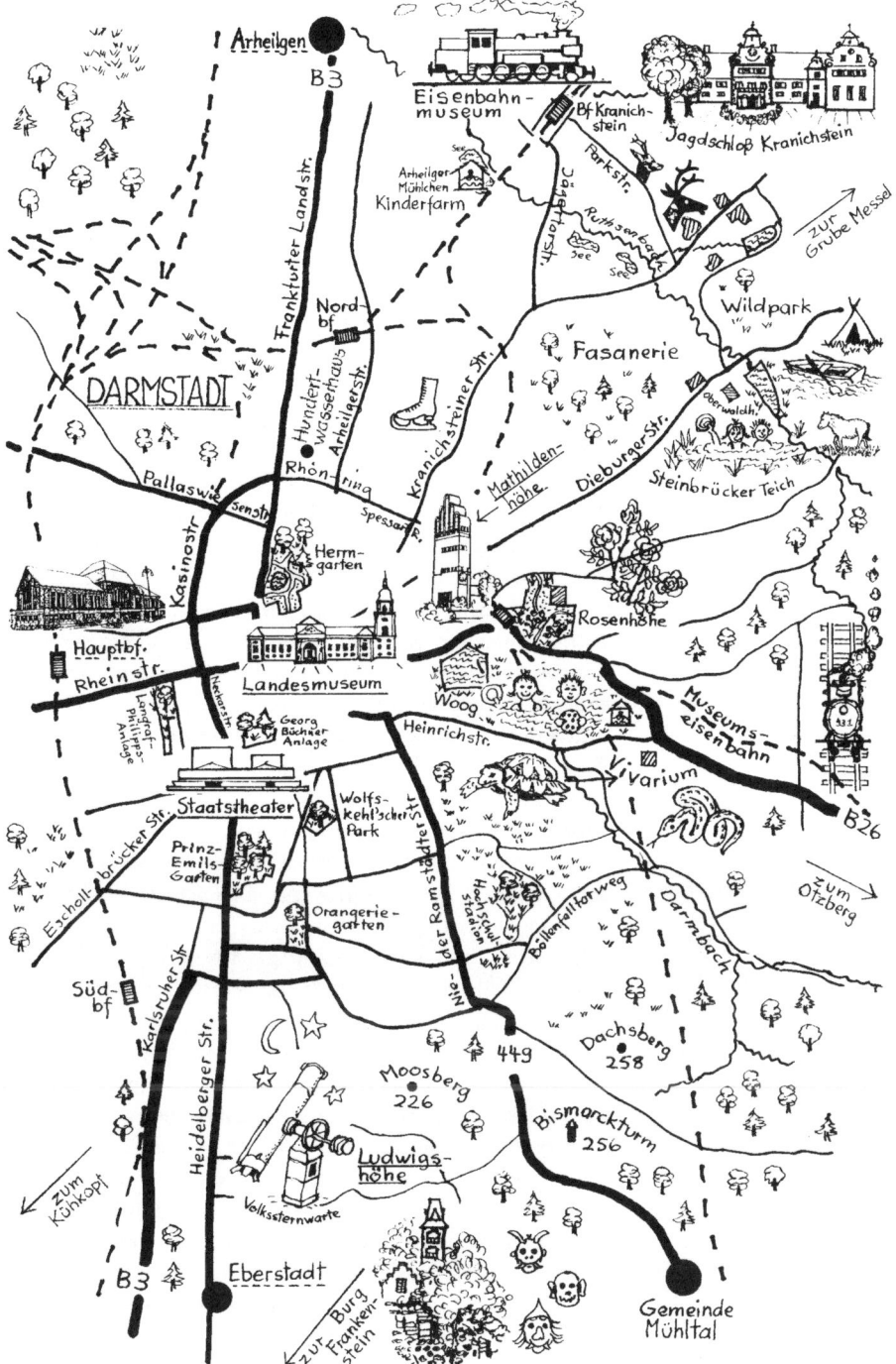

Darmstadt und Umgebung

Von Dummstädtern und Armstädtern

Eine Sage erzählt, Umstadt habe früher einmal Dummstadt und Darmstadt Armstadt geheißen. Weil aber die Dummstädter nicht als Dumme und die Armstädter nicht als Arme gelten wollten, grübelten sie, wie Abhilfe geschaffen werden könnte. Ein Narr hatte die rettende Idee, unterbreitete sie dem Landgrafen, und der verfügte seinem Vorschlag gemäß: Die Dummstädter sollten ihr »D« an die Armstädter abgeben. So wäre beiden geholfen.

Aus Darmstadt, das auf diese Weise zu seinem Namen gekommen sein könnte, stammen berühmte Leute wie der Dichter Georg Büchner und der Chemiker Justus Liebig (s. Gießen). Georg Büchner drückte im »Pädagog«, der alten Lateinschule Darmstadts hinter der Stadtkirche, die Schulbank. Eine Tafel erinnert daran. Doch für seine Schwester Luise fehlt leider in der Stadt eine Ehrung. Dabei schrieb auch sie Bücher, darunter Märchen für Kinder. Außerdem setzte sie sich für die Rechte von Frauen und Mädchen ein. Nach einer anderen Luise, der Frau des ersten hessischen Großherzogs Ludwig I., ist der Luisenplatz im Zentrum benannt. Der Platz dient heute vor allem als Verkehrsknotenpunkt. Auf ihm steht das Wahrzeichen Darmstadts, das über 30 m hohe Denkmal für den Großherzog Ludewig I., den »Langen Ludwig«. Er gab 1820 seinen Bürgern eine Verfassung, für die damalige Zeit etwas Besonderes. Die Schriftrolle in seiner Hand spielt darauf an. In der Säule des Denkmals führt eine Wendeltreppe zu einer Aussichtsplattform.

Große Teile der Innenstadt Darmstadts wurden im Zweiten Weltkrieg zerstört. Das Schloß aber gibt es noch. Ursprünglich war es einmal eine Wasserburg und gehörte den Herren mit dem interessanten Namen Katzenelnbogen. Die Darmstädter Fürsten setzten dann später alles daran, es einer großen Renaissance- und Barockanlage auszubauen. In einigen der Räume halten nun Studenten ihre Seminare ab, und auch die Polizei verfügt hier über Büros. Aber ein Stück von der alten Herrlichkeit ist mit den Statuen der Landgrafen im Hof und im *Schloßmuseum* noch zu finden. Besucht werden kann es nur in Verbindung mit einer Führung, die etwa eine Stunde dauert. Der Eingang ist beim Glockenhof, in dem

Tourcongress – Verkehrsverein Darmstadt e.V.
Luisenplatz 5
64283 Darmstadt
Tel. 0 61 51 / 13 27 81
Fax 0 61 81 / 13 27 83
E-Mail: tourco@stadt.darm-stadt.de
www.darmstadt.de

Schloßmuseum
Residenzschloß Darmstadt, Glockenbau
Tel. 0 61 51 / 2 40 35
geöffnet: Mo.-Do. 10-13, und 14-17,
Sa. und So. 10-13 Uhr
Kinder 2 DM, Erw. 3,50 DM
Bus 3, 9, Halt: Am Schloß

sich eines der ältesten Glockenspiele Deutschlands befindet. Drinnen sind Gemälde, Möbel, Geschirr, Kleider, Orden und Uniformen ausgestellt. Pferdefans werden begeistert sein von den vielen Kutschen und dem prächtigen Geschirr für die Tiere!

Individuelle Stadtführungen, auch für Familien und Schulklassen, bietet der *Darmstädter Verkehrsverein* an. Er hat Infostellen am Luisenplatz 5 und vor dem Hauptbahnhof.

Das Hessische Landesmuseum

Vielerlei kostbare Dinge beherbergt das *Hessische Landesmuseum* unter seinem Dach: Römerfunde, mittelalterliche Gemälde und Skulpturen und Malerei der Moderne. Zu sehen ist auch eine wichtige Sammlung mit Objekten aus Fett und Filz von Josef Beuys, der von den einen hochgelobt, von anderen vehement abgelehnt wird. Neben einer naturkundlichen Abteilung, in der der Lebensraum der Lebewesen weitgehend naturgetreu gestaltet ist, gibt es eine Mineralien- und Gesteinssammlung. Sie ist neu und hat einen »begehbaren« Edelstein. Die Informationen sind dort in Kinderhöhe angebracht und können durch Gucklöcher abgefragt werden, was Spaß macht! Zu den wertvollsten Beständen gehören weiterhin die Platten aus Ölschieferstein. Sie stammen aus Messel (s. dort), einem Ausgrabungsort in der Nähe, und enthalten Abdrücke von Lebewesen, die 50 Millionen Jahre alt sind! Das berühmteste Stück ist ein Urpferdchen, das ein Junges im Leib hat, von dem man Köpfchen und Beine erkennen kann. Künftiger Star wird die Figur des keltischen Fürsten sein, die 1997 beim Glauberg (s. dort) in der Wetterau geborgen wurde. Der Fund kam in der archäologischen Welt einer Sensation gleich. Einige Museen stritten sich um die lebensgroße Statue, doch Darmstadt erhielt den Zuschlag.

Der museumspädagogische Dienst des Hauses richtet viele Aktionen auch für kleinere Kinder aus. Im Staatsarchiv Darmstadt werden größere Schüler unter fachkundiger Leitung in das Abenteuer des Studiums mit historischen Originalen eingeführt.

Zum Ausgleich für die trockene Luft im Musentempel empfiehlt sich der Spielplatz gleich hinter dem Museum. Auch der Herrengarten hinter dem Museum ist schön. Er ist die größte und älteste Grünanlage in der Innenstadt, war

Hessisches Landesmuseum
(mit Cafeteria)
Friedensplatz 1
64283 Darmstadt
Tel. 0 61 51 / 16 57 03
geöffnet: Di.-Sa. 10-17,
Mi. auch 19-21, So. 11-17 Uhr
Kinder 1 DM, Erw. 5 DM,
Sonderausstellungen sind teurer
Bus D, Straßenbahn 3, 9,
Halt: Am Schloß

37

einst Schloßpark und ist nun mit dem Prinz-Georg-Garten zu einem großen grünen Ganzen zusammengewachsen, mit Brunnen, Denkmälern und dem kleinen Schlößchen für den Prinzen.

Gut verweilen ist auch im barocken Orangeriegarten im Stadtteil Bessungen. Die Orangenbäume kamen damals aus Sizilien, die Orangerie war ihr Winterquartier. Heute finden dort Kulturveranstaltungen statt.

Mathildenhöhe und Hundertwasserhaus

Auf der *Mathildenhöhe* mit ihrem Platanenhain steht Darmstadts zweites Wahrzeichen: der 48,5 m hohe *Hochzeitsturm.* Er wurde 1908 zur Vermählung von Großherzog Ernst Ludwig mit seiner Leonore, einer Bürgerlichen, von den Bürgern gestiftet. Die Idee zu der eigenwilligen Gestaltung des Daches soll der Herzog selbst gehabt haben. Es erinnert an eine Hand mit erhobenen Fingern, die versinnbildlicht, daß der Herrscher seine Hand schützend über die Stadt hält. Der Turm ist zugänglich, die Aussicht oben gut. Oft fährt der Fahrstuhl auch Paare hinauf, die sich im Hochzeitszimmer das Jawort geben wollen.

Mit einer Hochzeit hat auch die 1899 gebaute *Russische Kapelle* auf der Mathildenhöhe zu tun. Sie wurde zur Vermählung einer Darmstädter Prinzessin mit Zar Nikolaus II. von einem Petersburger Architekten entworfen und gebaut.

Ernst Ludwig war es auch, der den zu Ehren der Landgrä-

Russische Kapelle
Mathildenhöhe
Tel. 0 61 51 / 42 42 35
geöffnet: April-Sept. tägl.
8.30-18, Okt.-März 8.30-17 Uhr
Kinder 0,50 DM, Erw. 1,50 DM

Ausstellungsgebäude auf der
Mathildenhöhe
Tel. 0 61 51 / 13 27 78
geöffnet: Di.-So. 10-18 Uhr
Di. Kinder 3 DM, Erw. 5 DM,
Mi.-Fr. Kinder 4 DM,
Erw. 8 DM
Sa., So., Kinder 5 DM,
Erw. 10 DM
Bus S, Halt: Lukasweg

Museum Künstlerkolonie
Darmstadt
Mathildenhöhe
Tel. 0 61 51 / 13 33 85
geöffnet: Di.-So. 10-17 Uhr
Kinder 3 DM, Erw. 5 DM

Hochzeitsturm
Mathildenhöhe
Tel. 0 61 51 / 70 19 29
geöffnet: März-Okt.
Di.-So. 10-18 Uhr
Kinder 1 DM, Erw. 3 DM

Der Hochzeitsturm auf der Mathildenhöhe

fin Mathilde angelegten Park zu einer Künstlerkolonie des Jugendstils machte. Jugendstil: Der Name ist Programm. Die Künstler waren jung und wollten Neues schaffen, mit dem sie sich von dem Alten und Überholten absetzen konnten. Ab 1900 wurde auf der Mathildenhöhe kräftig weiter gebaut. Die besten Architekten der Zeit lieferten die Entwürfe für die Künstlerateliers und die große Ausstellungshalle. Sie gestalteten alles einheitlich im neuen Stil: die Innenräume, die Möbel, die Brunnen und die Skulpturen im Park.

Ähnlich berühmt wie die Mathildenhöhe wird vielleicht in zukünftigen Zeiten die »Waldspirale« sein. Entworfen von dem österreichischen Künstler Friedensreich Hundertwasser, entstand in den letzten Jahren in Darmstadt ein bunter hufeisenförmiger Wohnkomplex, halb einer mittelalterlichen Burg, halb einem orientalischen Bazar nachempfunden. Bunte Säulen, Kugeln und goldene Kuppeln setzen phantasievolle Akzente. Das begehbare Grasdach, wie auch der Innenhof, ist bepflanzt. Mit Wasserfall, Bach und einem Kinderspielplatz soll er einer grünen Insel gleichen. Hundertwasser will, daß auch die Menschen in der Stadt in Harmonie mit der Umwelt leben und wiedergutmachen, was an anderer Stelle willkürlich zerstört wurde. Das Hundertwasserhaus ist auch für weniger Architekturbegeisterte sehenswert.

Hundertwasserhaus
Waldspirale
Friedberger/Ecke Büdinger Str.
Linie 5, 7, 8, Halt: Rhönring

Kultur für Kinder

In Darmstadt gibt es mitten in der Innenstadt ein ehemaliges Straßenbahndepot, das heute dem Kulturzentrum *Centralstation* Raum bietet. Weil Kultur für die Kleinen in den letzten Jahren zunehmend groß geschrieben wird, ist es nur logisch, daß dort auch Konzerte und Lesungen für Kinder stattfinden. Auch im Stadttheater Darmstadt geht der Vorhang für Kindertheaterstücke auf. Intimer sind die Räume des ehemaligen Schlößchens im *Prinz-Emil-Garten* an der Heidelberger Straße im Stadtteil Bessungen. Dort findet Puppen-, Clowns- oder Kindertheater statt, manchmal auch Kinderkino und Opernaufführungen für die Kleinen. In den hessischen Herbstferien wird ein Puppenspiel-Festival ausgerichtet. Außerdem ist Rasen da, der betreten werden darf, Minigolfen ist angesagt. Müsli, Salate, Kuchen, der Nichtraucherraum und die Spielecke im Kulturcafé an der Herrmannstraße gleich nebenan machen den Park zu einer guten Adresse

Kulturzentrum Centralstation
Im Caree
64283 Darmstadt
Tel. 0 61 51 / 3 66 88 99
Fax 0 61 51 / 80 94 80
E-Mail: cs@centralticket.de
www.centralticket.de

Kulturprogramm im Prinz-Emil-Schlößchen:
Infos: Nachbarschaftsheim Darmstadt e.V.
Tel. 0 61 51 / 6 32 78
Bürozeiten: Mo.-Fr. 8-12 Uhr
Straßenbahn 1, 7, 8, Halt: Prinz-Emil-Garten

Kikeriki-Kindertheater
Bessunger Str. 88
64285 Darmstadt
Tel. 0 61 51 / 6 55 93

Magistrat/Jugendamt
Frankfurter Str. 71
64291 Darmstadt
Tel. 0 6151 / 13 24 85

Vivarium
Schnampelweg 4
64287 Darmstadt
Tel. 0 61 51 / 13 33 94
geöffnet: April-Sept. tägl. 9-
19, Okt.-März 9-17 Uhr
Kinder 2 DM, Erw. 6 DM
Bus L, Halt: Endstation

Volkssternwarte Darmstadt
Ludwigshöhe
Tel. 0 61 51 / 6 11 08
geöffnet: So. 10-12.30 Uhr u.
nach Vereinbarung
Vorträge: einmal im Monat
samstags u. nach
Vereinbarung
Bus 3

Naturfreibad Großer Woog
Landgraf-Georg-Str. 121
64287 Darmstadt
Tel. 0 61 51 / 13 23 93
geöffnet: 15. Mai-15. Sept.
Di.-Fr. 8-20, Sa.-Mo. 9-20 Uhr
Kinder 2 DM, Erw. 3,50 DM
Bus D, Halt: Woog

Eissporthalle Darmstadt
Alsfelder Str. 45
64289 Darmstadt
Tel. 0 61 51 / 7 77 90
geöffnet: Ende Sept.-Ende
März
am Vor- und Nachmittag, an
manchen Tagen auch abends
Kinder 6 DM, Erw. 8,50 DM,
Schlittschuhverleih 6,50 DM
Bus L

auch außerhalb der Vorstellungstage. Montag ist Ruhetag im Café. Weit über Darmstadt hinaus bekannt ist das *Kikeriki-Kindertheater*, das sich mit seinen lustigen Spielpuppen an die jüngsten Theaterbesucher wendet. Die Termine für all diese Veranstaltungen, für die Kinderfilme im Helia-Kino, für Kinderflohmärkte oder Feste wie das Heinerfest, Darmstadts größte Kirmes, erfahren Kids aus »Lakritz«. Das ist ein Magazin, das kostenlos beim Verkehrsverein (Adresse s. oben) zu bekommen ist. Zusätzlich dürfte die Broschüre »Da mach ich mit« interessant sein, die das *Jugendamt* herausgibt. Sie informiert über Kinder- und Jugendtreffs, Kurse und Freizeiten.

Vivarium und Kinderfarm

Vasa-Papageien, Riesensalamander, Luchse, Kamele, Lungenfische und viele andere Tiere haben im *Vivarium*, Darmstadts Tiergarten, eine zweite Heimat gefunden. 250 Tierarten beherbergt das Vivarium. Die meisten stammen aus fernen Ländern wie Australien, Madagaskar und Neuguinea. Führungen werden außerhalb der hessischen Schulferien angeboten.

Interessant ist auch die *Volkssternwarte*. Ferne Gestirne und Planeten sind dort zu erkunden, und der Blick durch das große Fernrohr ermöglicht Einblicke in fremde Welten. Voraussetzung für das Gelingen sind allerdings Wissensdurst und ein wolkenloser Himmel.

Im Winter lädt die *Eissporthalle* ein, im Sommer lockt das Naturfreibad, *Großer Woog* genannt. Das ist innerhalb des Stadtgebiets ein herrlicher Badesee mit Spielplatz und Bootsverleih. An seinem Ufer liegt auch die Jugendherberge. Außerhalb der Stadt verdient das *Freizeitzentrum am Steinbrücker Teich* eine Auszeichnung. Dort am See, neben dem Ausflugslokal »Oberwaldhaus«, gibt es große Spielplätze. Groß und Klein können aber auch auf dem Pony reiten, Kutsche fahren, rudern, minigolfen, grillen oder einfach gemütlich im Biergarten verweilen.

Reiten ist der Traum der meisten Mädchen. Tiere umsorgen und pflegen mögen alle Kinder. Beides ist möglich auf der in Hessen einzigen *Kinder- und Jugendfarm* in Darmstadt-Arheiligen. Möglich wurde sie durch die Initiative eines Vereins. Rund 50 Tiere leben hier, kleinere wie Hasen und

Hühner, größere wie Schafe und Ziegen und noch größere wie Ponys und Pferde, auf denen auch geritten werden kann. Ansonsten gibt es, je nach Jahreszeit, immer etwas zu tun – vom Schafescheren über das Marmeladekochen bis hin zum Adventskränzebinden. Die Kinderfarm kann auch von Nichtmitgliedern besucht werden. Es werden Kindergeburtstage oder eine Weihnachtsfeier im Stall ausgerichtet.

Freizeitzentrum am
Steinbrücker Teich
Dieburger Str.
64287 Darmstadt
Tel. 0 61 51 / 13 20 70
Bus F, Halt: Oberwaldhaus

Burg Frankenstein und die Monster

Einen hübschen Wanderweg hoch hinauf, trutzige Mauern, einen schönen Blick von oben, ein Restaurant mit Speis und Trank, das bietet so manche Burgruine. Doch bei der *Burg Frankenstein* südlich von Darmstadt am nördlichen Ende der Bergstraße geht es um mehr. Es geht ums Gruseln. Dort soll sich gewöhnlich in der Nacht zum 1. Mai, in der Walpurgisnacht, der Teufel auf dem Torturm niederlassen. Ende Oktober und Anfang November ziehen dann Geister und Monster in das alte Gemäuer ein. Dann wird dort Halloween gefeiert. Jedes Kind darf zur Gespenstershow kostümiert erscheinen und muß mächtig aufpassen, nicht von der einen oder anderen Geisterhand erwischt zu werden. Halloween ist ein Fest, das sich inzwischen auch bei uns großer Beliebtheit erfreut. Amerikanische Soldaten, die nach dem Zweiten Weltkrieg in der Umgebung von Darmstadt stationiert waren, haben es bekannt gemacht. In Amerika wird es schon gefeiert, seit irische Einwanderer es aus ihrer Heimat mitbrachten. Ihre Vorfahren, die Kelten, begingen die Tage um den ersten November be-

Kinder- und Jugendfarm
Darmstadt-Arheiligen
Maulbeerallee 59
Tel. 0 61 51 / 71 87 81
Mo., Mi., Fr., Sa. 15-18 Uhr
Nichtmitglieder: 2 DM,
Gruppen bitte anmelden
Bus 6, 7, Halt: Maulbeerallee

Burg Frankenstein

41

Restaurant Burg Frankenstein
Tel. 0 61 51 / 5 46 18
Mo. geschlossen
Halloween-Fest auf
Burg Frankenstein
Infos im Restaurant
Preise ab 15 DM, Vorbestellung: Tel. 0 61 51 / 5 46 18

Märchenführungen
Burgschreiber Walter Scheele
Kontakt: Restaurant Burg
Frankenstein
Termine: Mitte März-Mitte
Okt., So. 11-18 Uhr,
Sondertermine auf Anfrage
2 DM pro Person

sonders feierlich. Halloween dürfte dementsprechend von »all hallow even« kommen, was so viel bedeuten soll wie »Allerheiligen-Vorabend«. Mit Umzügen und Beschwörungen wurden die Geister vertrieben. Die katholische Kirche gedenkt an diesem Tag der Toten. Es ist es dann Brauch, die Gräber auf dem Friedhof aufzusuchen und mit Kerzen zu schmücken.

Wie kam Burg Frankenstein zu der Ehre, Heimat der Geister zu werden? 1818 veröffentlichte die Engländerin Mary Shelley den Roman »Frankenstein«, Vorlage für viele Gruselfilme. Das Vorbild dazu, so wird vermutet, fand sie in Johann Konrad Dippel von Frankenstein, Arzt und Alchimist, 1673 auf der Burg geboren. Wie es heißt, hat er nicht nur Chemikalien gemixt, um ein Rezept für Gold zu finden, sondern trieb sich heimlich nachts auf Friedhöfen herum. Dort suchte er nach Leichen für seine Forschungen. Vielleicht wußte Mary Shelley von ihm durch Jacob Grimm, dem Märchensammler, denn er korrespondierte mit Marys Stiefmutter. Die übersetzte nämlich die Grimmschen Märchen ins Englische. Vielleicht aber war Mary sogar einmal selbst Gast auf der Burg gewesen. Ihr Held kam zu Weltruhm, und ein wenig davon fiel auf die Burg Frankenstein an der Bergstraße. Die Burg, deren wehrhafte Mauern auf das 13. Jh. zurückgehen, hat heute einen Burgschreiber. Der weiß eine Menge Geschichten und erzählt diese bei speziellen *Märchenführungen*. Sondertermine für Schulklassen und Kindergartengruppen werden ausgerichtet.

Unser **Extra-Tip** zu Halloween: ein selbstgebastelter Monsterkopf! Dazu einen großen Kürbis nehmen, diesen vorsichtig aushöhlen, Löcher für Mund, Nase und Augen hineinschneiden. Eine Kerze hineinstellen, dann wirft er im dunklen Raum gruselige Schatten!

Zum Kühkopf: Galgen und Naturparadies

Auf dem Weg zum Kühkopf wird zunächst einmal ein nicht gerade heimeliges Ziel angesteuert: ein dreischläfriger Galgen. Drei Kilometer vor Pfungstadt stehen im Industriegebiet, direkt an der Straße, die 500 Jahre alten Steinsäulen. Daran konnten wie in Beerfelden (s. dort) gleichzeitig drei Verurteilte gehängt werden. Der Galgen stand draußen vor dem Ort, denn es hätte Unglück bedeutet, wenn sein Schatten auf Grundstücke der Gemeinde gefallen wäre. Unter dem Galgen verscharrt liegt der Posträuber Katzof, der im Darmstädter Gefängnis buchstäblich von den Läusen aufgefressen wurde. Unerschrockene können heute direkt neben der Richtstätte am Picknicktisch Platz nehmen und sich Gruselgeschichten ausdenken.

Der Kühkopf ist in jeder Hinsicht mit seinen Blumenwiesen und dem dichten urwaldartigen Baum- und Schilfbestand ein Naturparadies. Einst war er ein ausgedehntes Jagdgebiet. Seine heutige Form als Insel, umflossen vom Altrhein und Rhein, erhielt er, als vor bald 180 Jahren dem Rhein ein neues gerades Bett gegraben wurde. In manchen Jahren steigt der Rhein zwei- bis dreimal an. Das Hochwasser ist wichtig für die Auenlandschaft und ihre Bewohner. Ohne diese Überschwemmungen könnten beispielsweise die Wildkarpfen nicht überleben, die ihre Eier in den überfluteten Wiesen ablegen. Nirgendwo sonst in Europa gibt es so viele brütende Schwarzmilane, die sich mühelos ihr Futter aus dem Altrhein holen, und Hunderte von Vogelschwärmen steuern auf ihren langen Flügen das Gelände als Rastplatz an. Sie finden hier Insekten in Hülle und Fülle. Leider bedeutet das auch paradiesische Zustände für Stechmücken! Die Biester können zur richtigen Plage werden. Dennoch: Wer in Hessen durch den Dschungel laufen, lange Lianen bestaunen, seltene Schmetterlinge entdecken und einem Froschkonzert lauschen will, für den ist der Kühkopf genau richtig. Lehrpfade und einen Erlebnispfad mit Tast- und Riechrätseln gibt es auch. Die gemütliche Gaststätte Forsthaus Kühkopf, montags geschlossen, lädt bei leckerem Kuchen oder selbstgemachten Klößen zum Ausruhen ein. Wettergott spielen dürfen die Kids an einem riesigen Modell vom Kühkopf. Es steht im *Informationszentrum* in der Nähe der Stockstädter Brücke. Einfach auf den großen roten Knopf drücken, und im Nu wird die gesamte Insel überflutet. Infomaterial und Gruppenführungen sind kostenlos. Sie können auch mit Erlebnisspielen für Kinder vorab telefonisch vereinbart werden. Erforschen läßt sich der Kühkopf auch per mitgebrachtem Paddelboot vom Altrhein aus. Zugang in das Naturschutzgebiet Kühkopf ist bei der Stockstädter Brücke, die nur 5 Minuten vom Bahnhof entfernt liegt. Einen weiteren Einlaß gibt es bei Erfelden über den Fußgängersteg. Von Frühjahr bis Herbst verkehrt an Sonn- und Feiertagen auch ein Fährboot.

Naturschutz-Informationszentrum Kühkopf-Knoblochsaue
Hofgut Guntershausen
64589 Stockstadt am Rhein
Tel. 0 61 58 / 8 69 80
geöffnet: Okt.-Feb. Sa., So. 9-17, März-Okt. ggf. auch Di., Do. 9-17 Uhr
Eintritt frei

*Pferde am Reiterhof
Kranichstein*

Kranichstein: Reiten, Jagen und Dampflok-Fahren

Nach Kranichstein zog sich Landgraf Ludwig VIII. zurück, wenn ihn das Jagdfieber packte. Dort hatte er alles, was er brauchte: ein schön eingerichtetes Schloß aus dem späten 16. Jahrhundert, ein großes Haus für Jagdwaffen, einen Teich mit Seerosen, ausgedehnte Wälder, einen weitläufigen Hirschgarten und eine Fasanerie. Fertig war das Jägerglück. Die Damen der Hofgesellschaft mit weniger starken Nerven hatten die Möglichkeit, aus der Ferne dem Jagdtreiben zuzuschauen. Im sogenannten Rondellsaal des Schlosses gab es extra für sie eine Art Aussichtsposten. Das Schloß ist heute *Jagdmuseum* und beherbergt neben vielen Trophäen die größte Wildbüchsensammlung der Welt. Hinter dem Schloß beginnt ein Jagdlehrpfad, der ins Wildschutzgebiet Kranichstein führt. Seine Schautafeln informieren über die Tiere, die dort leben. Manchmal sind sogar welche zu sehen.

Ab und zu zischt, dampft und dröhnt es auch in Kranichstein. Rote Funken fliegen, der Heizer wuchtet Kohle in den Kessel der Lok. Eine Szene aus einem Film? Nein, eine Vorführung im *Eisenbahnmuseum* Kranichstein. Auf dem 1898 erbauten Bahnbetriebswerk ist noch der halbkreisförmige Schuppen mit der Drehscheibe in der Mitte erhalten sowie Gleise, Wasser- und Kohlekräne aus der Dampflok-Zeit. Mitglieder eines Vereins kümmern sich um all dies, warten und reparieren die teilweise über 100 Jahre alten Dampfrösser und das Zubehör. 30 Lokomotiven und noch viel mehr Waggons sind auf diese Weise erhalten geblieben. Die engagierten Vereinsmitglieder machen auch Führungen über das Gelände und beantworten alle Fragen. An manchen Tagen werden die Loks angeheizt und in Fahrt gesetzt. Wer Glück

Jagdmuseum Jagdschloß
Kranichstein
Kranichsteiner Str. 261
Tel. 0 61 51 / 71 86 13
geöffnet: April-Nov.
Mi.-Sa. 13-18, So. 10-18 Uhr
im Winter nur bis 17 Uhr
Eintritt Kinder 3 DM,
Erw. 5 DM
Schülergruppen:
1,50 DM pro Kind

Eisenbahnmuseum
Kranichstein
Steinstr. 7
64291 Darmstadt
Tel. 0 61 51 / 37 64 01
Info-Telefon: 0 61 51 / 37 76 00
Kinder 2,50 DM, Erw. 5 DM
www.museumsbahn.de

hat, erwischt einen Vorzugsplatz auf der offenen Plattform, wo einem der Fahrtwind kräftig um die Nase weht.

Die Grube Messel

Hobbyarchäologen schlägt beim Anblick der *Grube Messel* das Herz höher. Kaum zu glauben, daß in der Erde Versteinerungen längst verstorbener Lebewesen liegen, die existierten, lange bevor es Menschen gab. Wo heute die Grube Messel ist, befand sich in der Frühzeit der Erde ein großer See. Die Temperaturen waren tropisch; Palmen, Krokodile, Halbaffen, viele Insekten, Vögel und Salamander hatten hier ihren Lebensraum. Vor knapp 50 Millionen Jahren veränderte sich das Landschaftsbild grundlegend. Tiere und Pflanzen starben aus, blieben aber in ungewöhnlich vielfältiger und selten guter Form als Versteinerung im neu gebildeten Ölschiefer erhalten. Etwa einen Quadratkilometer groß und circa 200 m tief ist die Grube Messel. Hier wurde einst Ölschiefer zur Herstellung von Öl, Paraffin und anderen Dingen im Tagebau gewonnen. Als sich dann der Abbau des Ölschiefers nicht mehr rentierte, sollte hier eine Müllhalde entstehen. Doch dagegen gab es Proteste, und so blieb die Grube Messel als wichtiges Objekt für die Forscher erhalten. Sie wurde 1995 zum ersten und bislang einzigen UNESCO-Weltnaturerbe in Deutschland erklärt. Wenn man auf der Besucherplattform steht, erscheint die Grube Messel wie eine große geöffnete Muschel. Eine neue Vegetation hat sich angesiedelt, bislang unbekannte Pflanzen und Tiere wurden heimisch, auch ein kleiner Teich bildete sich neu. Fähnchen, Planen und rotweiß gestreifte Bänder zeigen auf dem Gelände an, daß hier Fachleute Grabungen vornehmen. Ein Teil der geborgenen Schätze ist im *Fossilien- und Heimatmuseum Messel*, im Landesmuseum Darmstadt (s. dort) und im Frankfurter Senckenbergmuseum (s. dort) zu besichtigen. Vieles ruht noch in der Erde. Wer das Gelände besuchen und mehr erfahren möchte, der sollte an einer Führung des Museumsvereins Messel e.V. teilnehmen. Die Grube Messel liegt rund acht Kilometer hinter Darmstadt-Kranichstein an der L 3094. Die Zufahrten zum Ort und zur außerhalb liegenden Grube sind ausgeschildert.

Grube Messel, frei zugänglich
Führungen: Museumsverein
Messel e.V.
Tel. 0 61 59 / 51 19

Fossilien- u. Heimatmuseum
Messel
Langgasse 2
64409 Messel
Tel. 0 61 59 / 2 56 und 50 64
geöffnet: Di.-Sa. 14-17,
So. 10-12, 14-17 Uhr und
nach Vereinbarung
Eintritt frei

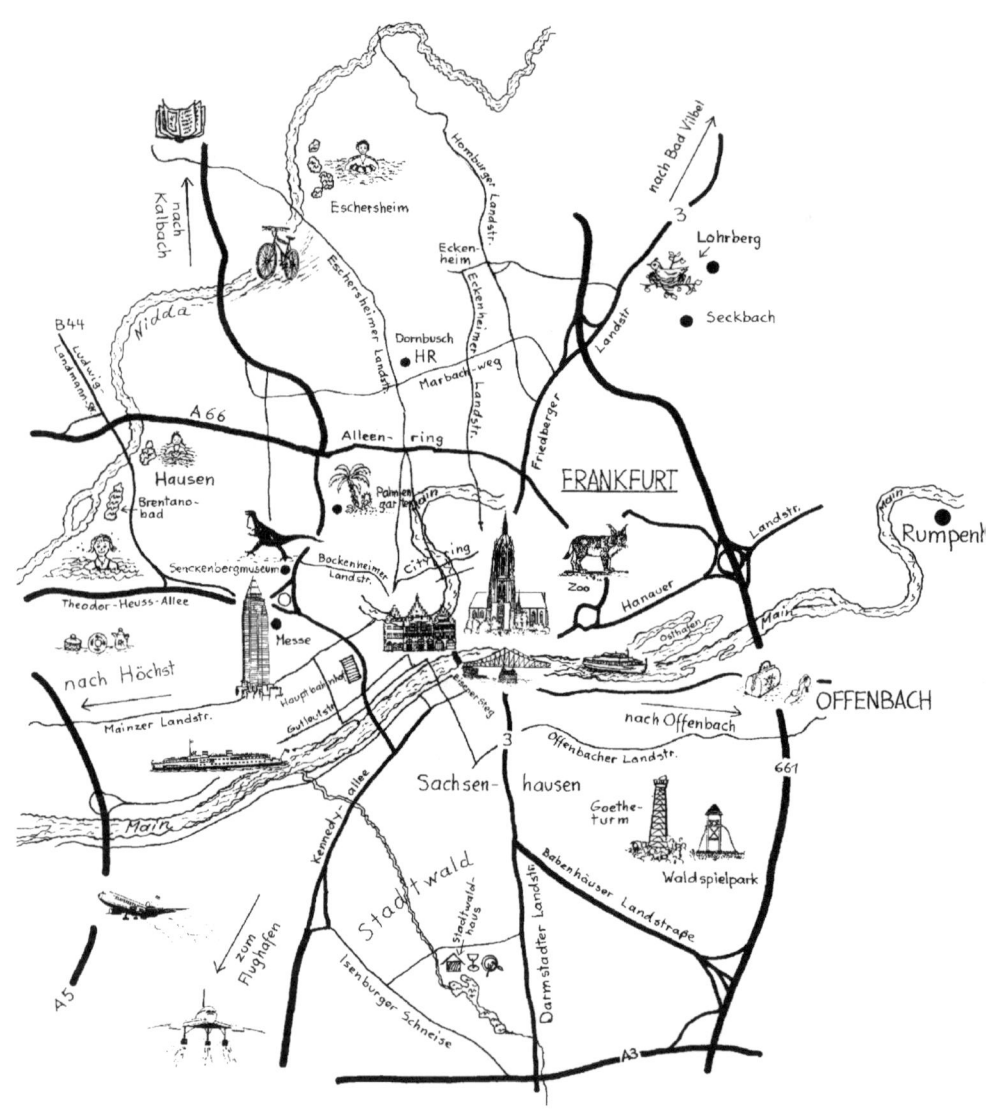

In und um Frankfurt

Die Stadt der Superlative

Frankfurt war schon immer eine weltoffene Stadt. Sie ist die größte in Hessen und die mit dem höchsten Ausländeranteil: 43 % der Schüler sind Ausländer. Frankfurt ist die Bankenstadt schlechthin und Sitz der europäischen Zentralbank. Wolkenkratzer aus Spiegelglas und Beton machen das Bild der City aus. Alle Rekorde schlägt das Gebäude der Commerzbank mit dem Café Plaza in der Lobby, das mit seinen knapp 300 m das zur Zeit höchste Bürohaus Europas ist. Abends angestrahlt, sieht es sehr beeindruckend aus und gleicht einer Kathedrale, nur eben einer supermodernen weltlichen. Zweithöchstes Bürohaus ist der 256,5 m hohe Messeturm. Von weither sichtbar ist er das zentrale Wahrzeichen Frankfurts. Nachts beleuchtet ebenfalls eine Lichterkette seine pyramidenförmige Spitze.

Für das Publikum vielleicht am interessantesten, weil man hinauffahren kann, ist der *Maintower* mit 199 m Höhe. Im Foyer ist eine Video-Installation des amerikanischen Künstlers Bill Viola anzuschauen. An der Spitze hat der *Maintower*, neben einem Hörfunk- und Fernsehstudio des Hessischen Rundfunks, ein Restaurant und im 55. Stockwerk eine Aussichtsterrasse, natürlich mit allerbestem Fernblick über Stadt

Tourismus- und Congress GmbH
Kaiserstr. 56
60329 Frankfurt am Main
Tel. 0 69 / 21 23 88 00
Fax 0 69 / 21 23 78 80
E-Mail: info@tcf.frankfurt.de
www.frankfurt-tourismus.de

zusätzl. Tourist Informations:
Hauptbahnhof, Empfangshalle
Römerberg 27
Zeil 94a, City-Info am Brockhaus-Brunnen

Maintower, Landesbank
Hessen-Thüringen
Neue Mainzer Str. 52
60311 Frankfurt am Main
Tel. 0 69 / 3 65 04 77 77
www.maintower.helaba.de
Fahrstuhl Kinder 3 DM,
Erw. 6 DM
geöffnet: tägl. ab 10 Uhr
U 1, 2, 3, Halt: Willy-Brandt-Platz

Bistro Hennigerturm
Hainer Weg 60-64
60599 Frankfurt
Tel. 0 69 / 6 06 36 01
geöffnet: tägl. 9-23 Uhr
Fahrstuhl: Kinder 3 DM,
Erw. 5 DM

Frankfurter Skyline

und Land. In 45 Sekunden meistert der Fahrstuhl 190 m Höhe, der Rest muß zu Fuß erklommen werden.

Einen guten Blick auf Frankfurt und seine faszinierende Skyline hat man von der anderen Mainseite vom *Henningerturm* aus. Der steht in Sachsenhausen, und das Besondere ist neben seiner Aussicht auf die Hochhaustürme sein Drehrestaurant in etwa 100 m Höhe.

Bücher von Goethe und anderen

Frankfurt am Main war schon seit dem Mittelalter Handels- und Messestadt. Heute sind die bedeutendsten Messen die Automobil- und die Buchmesse. Jedes Jahr im Oktober kommen 1.500 Aussteller mit insgesamt 7.000 neuen Titeln zur größten Bücherschau der Welt. Im Rahmen der Messe wird auch der Kinder- und Jugendbuchpreis verliehen, die höchste Auszeichnung dieser Art in Deutschland. An den Wochenenden ist die Messe für das Publikum geöffnet. Dann finden auch Lesungen und Diskussionen für Kinder statt. Im November wird im Frankfurter Stadtteil Kalbach eine eigene *Kinderbuchmesse* vom dortigen Kinderverein ausgerichtet. Eine Jury, in der Kinder kräftig mitmischen, vergibt den Preis »Kalbacher Klapperschlange« an eine Autorin oder einen Autor.

An den größten deutschen Dichter erinnert das *Goethe-Haus* am Großen Hirschgraben, der hier 1749 das Licht der Welt erblickte. Zu sehen sind neben Küche, Garten und Stuben auch die Bibliothek des Vaters und das Marionettentheater des kleinen Wolfgang und seiner Schwester Cornelia. Das Goethe-Haus wurde im Zweiten Weltkrieg zerstört und war eines der ersten Häuser, das wiederaufgebaut wurde.

Kinderbuchmesse Kalbach
Infos: Christine Pfeiffer
An der Wellenburg 5
60437 Frankfurt
Tel. 0 69 / 95 04 90 91

Goethe-Haus und
Goethe-Museum
Großer Hirschgraben 23-25
60311 Frankfurt am Main
Tel. 0 69 / 13 88 00
geöffnet: Okt.-März
Mo.-Fr. 9-16,
Sa., So. 10-16 Uhr
April-Sept. Mo.-Fr. 9-18,
So. 10-16 Uhr
Schüler 2 DM, Erw. 7 DM

Extra-Tip: Das Buch »Goethe ist gut« von Dagmar Matten-Gohdes eignet sich hervorragend für junge Leser, die sich mit dem großen Poeten vertraut machen wollen. Das Lesebuch enthält neben Gedichten auch Auszüge aus Goethes Biographie »Dichtung und Wahrheit«, in der er auch seine Kinder- und Jugendzeit in Frankfurt beschreibt.

Einkaufen und Verreisen

Frankfurts Fußgängerzone, die »Zeil«, gilt als die umsatzträchtigste Einkaufsmeile Deutschlands. Dicht an dicht stehen hier die Kaufhäuser und Geschäfte. Eine ihrer Attraktionen ist das Einkaufszentrum »Les Facettes«. Man fährt dort auf Roll-treppen hinauf, genießt von oben die Aussicht oder geht ins *IMAX*-Kino mit der riesigen Leinwand und 3D-Effekten. Auch der Frankfurter Hauptbahnhof ist riesig und weit über 100 Jahre alt. Mit seinen 24 Gleisen ist er der größte Kopfbahnhof Europas. Auf keinem Bahnhof der Welt kommt richtige Gemütlichkeit auf, in Frankfurt schon gar nicht. Hier halten sich viele Obdachlose und Drogenabhängige auf. Für die jüngsten Reisenden, die auf Anschluß warten müssen, gibt es im Obergeschoß der DB-Lounge eine Kinderecke mit Spielgeräten. Für den Zugang wird eine gültige Fahrkarte oder eine Bahncard benötigt.

Auf dem Flohmarkt

Der *Frankfurter Flughafen* ist der größte Deutschlands und international gesehen einer der wichtigsten. Rund 62.000 Menschen arbeiten hier, und wenn, wie geplant, eine vierte Landebahn gebaut wird, werden es noch mehr sein. Zu Stoßzeiten startet und landet schon jetzt jede Minute ein Flugzeug. Fast 300 Ziele werden pro Woche angeflogen, run-de 45 Mio. Passagiere im Jahr befördert. Die Besucherterras-se gibt den Blick frei auf Oldtimer-Flugzeuge und auf Start und Landung der Maschinen. Hit für Kinder ist das große Spielflugzeug am westlichen Fingerkopf B von Terminal 1 und die große Spielrakete in Terminal 2. Man gelangt dort-hin mit der supermodernen, automatisch gesteuerten Elek-trobahn »Skyline«, deren Benutzung kostenlos ist.

Nicht weit vom Flughafen entfernt gibt es in Zeppelinheim ein spannendes Stück Technikgeschichte zu besichtigen. In Zeppelinheim wohnten früher die Luftschiffer, die die von Graf Zeppelin erfundenen Luftschiffe »gefahren« haben. Im *Zeppelinmuseum* sind Modelle, Einrichtungsgegenstände der Passagierräume, Uniformen und technisches Gerät ausgestellt.

IMAX Kino
Zeil 112 /114
60313 Frankfurt
Tel. 0 69 / 13 38 48 21
Fax 0 69 / 13 38 48 16
www.imax-filmtheater.de
Kinder 10 DM, 3-D-Filme
13 DM
Erw. 15 DM, 3-D-Filme 17 DM
Di. reduzierte Preise

Flughafen Frankfurt Main AG
Besucherservice, Führungen:
Tel. 0 69 / 69 07 02 91
(8-15.30 Uhr)
Terrasse: Kinder 3 DM, Erw. 5
DM, Rundfahrten ab 20 Perso-
nen
Kinder 5 DM, Erw. 7 DM
S 14, S 15, Halt: Flughafen

Zeppelinmuseum
Kapitän-Lehmann-Str. 2
63263 Neu-Isenburg/Zeppelin-
heim
Tel. 0 69 / 69 43 90
geöffnet: Fr.-So. u. Feiertage
9-17 Uhr
Eintritt frei

Kaiser Karl und die Hirschkuh

Auf eine reiche und glanzvolle Vergangenheit blickt die Stadt zurück. Schon 6000 vor Christi Geburt lebten Leute auf dem Hügel oberhalb des Flusses. Reste eines römischen Ka-stells und einer karolingischen Pfalz können noch heute auf dem Domberg ausgemacht werden, doch die erste urkundli-che Erwähnung verdankt Frankfurt Karl dem Großen. Die Gründungssage der Stadt überliefert, daß Kaiser Karl einst an der Spitze eines Frankenheeres die heidnischen Sachsen ver-

Paulskirche
Paulsplatz
geöffnet: täglich 10-17 Uhr
Eintritt frei
Straßenbahn 11, 12, U 4, 5,
Halt: Römer

Römer mit Kaisersaal
Römerberg
60311 Frankfurt
geöffnet: tägl. 10-13 u. 14-17
Uhr außer bei
Veranstaltungen
Kinder 1,50 DM, Erw. 3 DM

folgte. Die Nacht kam, und er verirrte sich in einem unwegsamen sumpfigen Gelände. Da erschien eine Hirschkuh und wies ihm eine Furt durch den Main. Er war gerettet. Voller Dankbarkeit gründete er eine Ansiedlung, die den Namen »Franconofurd« oder »Furt der Franken« erhielt. Die besagte Furt soll sich da befunden haben, wo noch heute bei der »Alten Brücke« eine Insel im Main ist. Wo die Sachsen lagerten, entstand Sachsenhausen.

Ein Wahrzeichen Frankfurts ist die *Paulskirche*. Hier tagten 1848/49 die Abgeordneten der Nationalversammlung. Sie stellten das erste bürgerliche Parlament Deutschlands und bereiteten den Weg für unsere moderne Demokratie. Texttafeln informieren über die Paulskirche, auf den zeitgenössischen Wandmalereien des Berliner Malers Johannes Grützke sind die Abgeordneten des Paulskirchenparlamentes und Szenen der Geschichte dargestellt.

Nicht weit von der Paulskirche entfernt liegt der Römerberg, der zentrale Platz der Stadt. *Römer* heißt auch Frankfurts altes Rathaus. Als die Stadt 1356 die ehrenvolle Aufgabe bekam, die Krönungsfeierlichkeiten für die Kaiser auszurichten, sollte dafür ein passender Rahmen geschaffen werden. Doch die Stadtkasse war leer, also erwarb der Rat 1405 mehrere vornehme Bürgerhäuser und baute sie um. Kaiser, Könige und bedeutende Staatsmänner waren hier seitdem zu Gast. Der *Kaisersaal* im Obergeschoß des Römers ist geschmückt mit Bildnissen von Herrschern aus vielen Jahrhunderten. Bis ins 18. Jahrhundert hinein wurde hier bei Kaiserkrönungen getafelt. Dann trat der frischgekrönte Kaiser auf den Balkon und ließ sich feiern. Es gab Feuerwerk, und aus dem Gerechtigkeitsbrunnen auf der

Römer mit Gerechtigkeitsbrunnen

Mitte des Platzes flossen Rot- und Weißwein. Ochsen wurden am Spieß gebraten und Münzen unter das Volk verteilt.

Die Fachwerkhäuser gegenüber dem Römer sind nach altem Vorbild neu entstanden. Hinter ihnen befinden sich die Ausstellungshalle »Schirn« und der »Historische Garten« mit Funden aus der Römerzeit und den Überresten der kleinen karolingischen Pfalz. Wer Lust hat, kann weiter den Spuren der Kaiser folgen und den *Dom,* den Ort der Kaiserwahlen, besuchen. Von 1562 bis zur letzten Kaiserkrönung im Jahr 1792 wurden die Herrscher hier auch gekrönt.

Zum Main hin, vor dem *Historischen Museum* mit dem Kindermuseum (s. Kap. Museen), steht Kaiser Karl in Überlebensgröße. Sechzig Tonnen schwer ist sein Standbild, das sich ursprünglich auf der »Alten Brücke« befand. Im Eingangsbereich des Museums sind Stadtmodelle von Frankfurt ausgestellt. Vor dem größeren, an dem die Brüder Treuner jahrzehntelang gearbeitet haben, sollte man am besten in die Hocke gehen, um eine Idee davon zu bekommen, wie schmal die Gassen im alten Frankfurt waren und wie dicht die Menschen früher beieinander gewohnt haben. Ein anderes Modell zeigt Frankfurt unmittelbar nach der Zerstörung im Zweiten Weltkrieg. Nahezu die ganze Innenstadt lag in Schutt und Asche. Viel über die Geschichte Frankfurts können Kinder erfahren, wenn die *Kulturothek* eine Rallye über den Römerberg veranstaltet.

Am Fluß mit Schiff und Dampflok

Der »Eiserne Steg«, die Fußgängerbrücke mit dem kühnen Schwung, führt über den Main hinüber nach Sachsenhausen. Samstags ist auf dieser Seite des Mainufers Flohmarkt. Sachsenhausen ist ein hübsches Viertel mit viel Grün, Museen und Gaststätten, in denen der Apfelwein oder »Ebbelwoi« ausgeschenkt wird. Auf eine lustige Art kann man Frankfurt bei einer Fahrt mit dem *Ebbelwoi-Express* kennenlernen, einer mit Frankfurter Originalen bunt angemalten Oldtimer-Straßenbahn, die an den Wochenenden über Bornheim, Zoo und die Innenstadt nach Sachsenhausen tourt. Im Waggon herrscht bei Oldie-Musik gute Stimmung, es wird Saft, Limo und eben auch Ebbelwoi ausgeschenkt. Die Haltestellen vom Ebbelwoi-Express sind besonders gekennzeichnet.

Beim Eisernen Steg gegenüber vom Historischen Museum sind die Anlegestellen für die Ausflugsdampfer. Die Reise

Frankfurter Dom mit Dommuseum
Tel. 0 69 / 29 70 32
Führungen: tägl. 15 Uhr
Kinder u. Erw. 3 DM

Historisches Museum und Kindermuseum
Saalgasse 19
60311 Frankfurt am Main
Tel. 0 69 / 21 23 55 99
geöffnet: Di., Do.-So. 10-17, Mi.10-20 Uhr
Kinder 4 DM, Erw. 8 DM, nur Modelle 1 DM, Mi. Eintritt frei

Kulturothek
An der Kleinmarkthalle
60311 Frankfurt
Tel. 0 69 / 28 10 10
Preis f. die Gruppe: ca. 170 DM

Karl der Große

51

Ebbelwoi-Express
Stadtwerke Verkehrsgesell-
schaft
Kurt-Schumacher-Str.10
60276 Frankfurt
Tel. 0 69 / 21 32 24 25
Fax 0 69 / 21 32 27 27
Kinder 3 DM, Erw. 6 DM
Der Express kann gemietet
werden

Main- und Rheinfahrten
Primus + Wikinger Linie:
Tel. 0 69 / 13 38 37 -0
Fax 0 69 / 28 47 98

Städtische Hafenbahn
Infos: Historische Eisenbahn
Frankfurt e.V.
Tel. 0 69 / 43 60 93
Fahrzeiten: am letzten Wo-
chenende im Monat
einf. Fahrt: Kinder 4 DM,
Erw. 7 DM
zusätzliche Fahrten:
Frankfurter Feldbahnmuseum
Am Römerhof 15 a
(neben TÜV)
60486 Frankfurt
Tel. 0 69 / 70 92 92
geöffnet: am 1. Sonntag
im Monat 14-17 Uhr
Eintritt inkl. Fahrt:
Kinder 3 DM, Erw. 6 DM

Stadtwerke-Verkehrsmuseum
Rheinlandstr. 133
60529 Frankfurt-Schwanheim
Tel: 0 69 / 21 32 62 51
geöffnet: Sa., So., 10-18 Uhr
Führungen nach Vereinbarung
Kinder 2 DM, Erw. 3 DM
Straßenbahn 12,
Haltestelle: Endstation

Kobelt-Zoo
Schwanheimer Bahnstr.
geöffnet: Mai-Sept. Sa. 14-19,
So. 9-19 Uhr

geht einmal nach Mainz und weiter zum Rhein oder main-
aufwärts über Offenbach und Hanau (s. dort) nach Seligenstadt (s. dort). Schön ist auch der Kurztrip vorbei am Osthafen zur »Gerbermühle«, einem Ausflugslokal direkt am Main
mit guten Spielmöglichkeiten. Schon Goethe, der berühmteste Sohn der Stadt, soll dort gern gewesen sein.

An alte Zeiten erinnert die *Städtische Hafenbahn*, die mit
viel Geschnauf vom Eisernen Steg aus am Mainufer entlang-
dampft. Sie fährt jeweils bis Griesheim und an Pfingsten auch
von Höchst nach Königstein.

Das Postschiff brauchte früher vier Stunden, um bei gutem
Wetter von Frankfurt nach Mainz zu kommen. Radler oder
Fußgänger brauchen entschieden länger auf dem gut ausgeschilderten Weg am Main entlang. Er ist 38 km lang und
führt über Höchst, Schwanheim und Flörsheim nach Wiesbaden und Mainz. Oft geht es unten am Fluß entlang, manchmal oben auf einem Deich. Spiel- und Grillplätze sind in der
Nähe der einzelnen Stadtteile vorhanden. In Schwanheim
lohnt ein Besuch des *Stadtwerke-Verkehrsmuseums*. Es ist in
einem ehemaligen Depot untergebracht. Zu bestaunen ist
die Geschichte des Personenverkehrs seit der Zeit der Pferde-
bahnen. Dampfloks und die erste elektrische Straßenbahn
von 1884 sind ebenso dabei wie ausgediente moderne Busse.
Gleich nebenan befindet sich der hübsche *Kobelt-Zoo*, in
dem vor allem kleinere Tiere zu Hause sind. Zum Main, zum
Stadtwald mit vielen Wanderwegen oder dem Naturschutzgebiet Schwanheimer Düne ist es auch nicht weit.

Weiter den Weg am Main entlang muß bei Höchst ein
großer Bogen um das Gelände der Farbwerke gemacht werden. Vor der Fabrik kann man mit der Fähre übersetzen und
sich die Zeit nehmen für die karolingische Justinuskirche und
die hübsche Altstadt. In Höchst mündet in den Main das
Flüßchen Nidda. An ihm entlang verläuft, vorbei an großen
Wiesen und Spielplätzen, ein schöner Spazier- und Radfahr-
weg, der auch zurück nach Frankfurt führt.

Frankfurter Museen: Endecken und Staunen

Frankfurt hat viele Museen: Das »Museum für moderne
Kunst« zeigt zeitgenössische Malerei und Plastik, während im
»Städel« auch die alten Meister und im »Liebieghaus« Plasti-
ken vergangener Epochen zu bewundern sind. Es gibt ein

»Museum für Völkerkunde«, eines für Architektur und gleich zwei, die sich mit dem Leben der Juden in der Stadt beschäftigen. Wieder ein anderes ist der Geschichte der Werbung vorbehalten, eines dreht sich rund um das Geld. Es gibt eine Erinnerungsstätte für den Mundartdichter Friedrich Stoltze, und im *Chaplin-Archiv* wird alles über den berühmten Star der Stummfilmzeit gesammelt. Viele dieser Museen bieten Kinderführungen, Kurse und besondere Veranstaltungen für Kinder und Familien an. Mittwochs haben alle städtischen Museen freien Eintritt und sind bis in die Abendstunden hinein geöffnet. Montags, wenn alle anderen Museen geschlossen sind, haben das Goethe- und das Senckenbergmuseum geöffnet. Schöne Cafés im Grünen findet man am Museumsufer im Liebieghaus und im »Museum für Angewandte Kunst«.

Eine bemerkenswerte Einrichtung ist das *Kindermuseum* des Historischen Museums. Nur in Berlin, Karlsruhe und Fulda mit seiner »Kinderakademie« (s. dort) findet es seinesgleichen. Seit 1976 werden dort spezifische Ausstellungen zu Themen realisiert, die für Kinder von Interesse sind, unter anderem zum Thema Schule und zur Geschichte der Kindheit. Das Museum bewahrt außerdem Beispiele der Kinderkultur der Gegenwart, um kommenden Epochen eine angemessene Vorstellung von heute lebenden Kindern geben zu können.

Das *Museum für Vor- und Frühgeschichte* ist nicht weit vom Römer in einem alten Kloster mit einem modernen Anbau zu finden. Ausgestellt sind Funde aus der Stein-, Bronze- und Eisenzeit. Die wichtigsten Stücke stammen von den Römern und vermitteln anhand der originalen Fundstücke und Rekonstruktionen eine Vorstellung, wie ihr Alltag in Germanien in der Zeit vom 1. bis zum 3. Jahrhundert nach Christus aussah.

Die meisten Museen liegen in Sachsenhausen am Museumsufer, dem Schaumainkai. Das *Deutsche Filmmuseum* berichtet mit Guckkästen, Lebensrädern und Zauberlaternen von einer Zeit ohne Kino, nachgebaute Studios davon, wie Kinohelden »gemacht« wurden. Viele Tricks und Effekte können selbst ausprobiert werden. Das Museum hat ein Café und ein eigenes Kino, in dem auch Kinderfilme gezeigt werden. Hier wird auch das internationale Kinderfilmfestival ausgerichtet. In seiner Jury sitzen genauso viele Kinder wie Erwachsene, gemeinsam vergeben sie einen Preis, den Lucas, für den besten Film.

Chaplin-Archiv
Klarastr. 5
60433 Frankfurt
Tel. 0 69 / 95 29 44 77
geöffnet: Fr. 17-19 Uhr (nach Voranmeldung)
Kinderführungen u. Filme nach Vereinbarung
U1, 2, 3, Halt: Lindenbaum

Kindermuseum und
Historisches Museum
Saalgasse 19
60311 Frankfurt
Tel. 0 69 / 21 23 51 54
geöffnet: Di.-So. 10-17,
Mi. bis 20 Uhr
Kinder 4 DM, Erw. 8 DM
Straßenbahn 11, 12, U 4, 5,
Halt: Römer

Museum für Vor- und
Frühgeschichte
Karmelitergasse 1
60311 Frankfurt
Tel. 0 69 / 21 23 58 96
geöffnet: Di., Do.-So. 10-17,
Mi. 10-20 Uhr
Kinder 2,50 DM, Erw. 5 DM
So. freie Führung 14 Uhr
U 4, 5,
Straßenbahn 11, 12,
Halt: Römer

53

Deutsches Filmmuseum
Schaumainkai 41
60596 Frankfurt am Main
Tel. 0 69 / 21 23 88 30
geöffnet: Di., Do., Fr., So. 10-17, Mi. 10-20, Sa. 14-20 Uhr
Kinder 2,50 DM, Erw. 5 DM
U 1, 2, 3, Halt: Schweizer Straße

Museum für Kommunikation
Schaumainkai 53
60596 Frankfurt
Tel. 0 69 / 60 60-0
geöffnet: Di.-Fr. 9-17, Sa ., So. 11 -19 Uhr
E-Mail: mk.frankfurt@t-online.de
www.mk.museumsstiftung.de
Eintritt frei,
Kinderwerkstatt 3 DM
U 1, 2, 3, Halt: Schweizer Straße, Straßenbahn 16, Halt: Otto-Hahn-Platz

Naturmuseum Senckenberg
Senckenberganlage 25
60325 Frankfurt
Tel. 0 69 / 7 54 20
geöffnet: Mo., Di., Do., Fr. 9-17, Mi. 9-20, Sa., So. 9-18 Uhr
Kinder 3 DM, Erw. 7 DM
U 6, 7, Halt: Bockenheimer Warte, Bus 32

Heinrich-Hoffmann-Museum
Schubertstr. 20
60325 Frankfurt am Main
Tel. 0 69 / 74 79 69
geöffnet: Di.-So. 10-17 Uhr
Kinder frei, Erw. 2 DM
Ausrichtung von Geburtstagsfeiern
U 6,7, Halt: Bockenheimer Warte

Vorbei am Architekturmuseum kommt man zum *Museum für Kommunikation*. Es zeigt vom Apparat des Philipp Reis bis zum modernen Handy alles, was mit der Geschichte des Telefons, der Post und der Kommunikation zu tun hat. Auch Briefmarkenfreunde kommen in der Präsentation der gezackten Kostbarkeiten voll auf ihre Kosten. Vieles hier darf selbst ausprobiert werden, für Schulklassen und Gruppen stehen Räume zur Verfügung. Hit aber ist die bunte Kinderwerkstatt, in der nach Herzenslust gefaxt, gechattet und gesurft werden und in der Erfinderecke Neues ausgeheckt werden darf.

Zwei weitere sehenswerte Museen befinden sich in der Nähe der Universität im Stadtteil Bockenheim. Das *Naturmuseum Senckenberg* führt ein in die abenteuerliche Welt der Natur. Dokumentiert wird die Geschichte der Erde, die Entwicklung von Tier und Mensch und die Bedeutung des Sonnensystems und der Planeten. Absoluter Star der Ausstellung ist der Dino Tyrannosaurus Rex mit seinen knapp 20 m Länge. Entschieden kleiner, aber nicht minder beeindruckend ist das Skelett eines Urpferdchens und die Versteinerung des Urvogels Archäopterix. Aber auch Riesenschildkröten, ägyptische Mumien und die Netzpython mit ihren 377 Wirbeln vermögen den Besucher zu faszinieren.

An den Vater des Stuwwelpeter und sein Werk erinnert mit Texten und Büchern in vielen Sprachen das *Heinrich-Hoffmann-Museum*, das eher die jüngeren Kinder anspricht. Sie können sich dort verkleiden und im Spiel die Geschichten von Paulinchen, vom Daumenlutscher oder dem fliegenden Robert neu erfinden.

In einem ehemaligen Bunker im Nordend ist das *Explora* untergebracht. Hier heißt es: Erforschen, Entdecken und seine Sinne erproben. Spielend wird die Wirkungsweise physikalischer Gesetzmäßigkeiten erklärt. Vorhanden sind Klangelemente und Geschicklichkeitsspiele, dreidimensionale Bilder, ein Spiegeltunnel, Lamellenbilder und Guckkästen, mit denen die Gesetze des Sehens und der Wahrnehmung getestet werden.

Abenteuer im Dschungel: Zoo und Palmengarten

Der *Zoologische Garten Frankfurt* ist der zweitälteste Zoo in Deutschland und zugleich einer der modernsten. Fast die ganze Arche Noah hat mit Löwen, Zebras, Affen und Giraffen hier ein neues Zuhause gefunden. Einige von ihnen sind in besonderen Quartieren untergebracht. Im Nachttierhaus leben Tiere, die in der freien Natur tagsüber schlafen. Durch künstliches Mondlicht am Tag und helles Licht bei Nacht werden sie getäuscht. So können Fledermäuse und Springmäuse auch tagsüber in Aktion beobachtet werden. Ein nicht minder interessantes Tierhaus ist das »Exotarium«. Dort leben Pinguine, und es schwimmen Fische in großen Aquarien. Hier sind auch Tiere, bei denen es manchen etwas gruseln mag: Riesenschlangen, Echsen, Krokodile, Spinnen, Insekten und sogar Krokodile. Zur Fütterungszeit ist das Gehege mit den Seelöwen besonders umlagert. Kinder können bei Laune gehalten werden mit Spielplätzen, einem Irrgarten, Limoständen und Waffelverkäufern. Am See gibt es einen Biergarten, im Zoogesellschaftshaus eine Cafete-ria.

Ameisen- und Kautschukbäume, Palmen, Baumfarne, Bananenstauden, Feigenbäume, fleischfressende Pflanzen und Kakteen wachsen im *Palmengarten* mitten in Frankfurt. Entsprechend feucht und heiß ist es in den großen alten Gewächshäusern. Draußen blühen je nach Jahreszeit üppig gelb die Osterglocken oder rot wie Feuer die Azaleen. Der Palmengarten ist eine grüne Oase im Großstadtgetriebe. Der phantasievolle Wasserspielplatz aus Recycling-Materialien,

Explora, Glauburgplatz 1
60318 Frankfurt
Tel. 0 69 / 78 88 88
Fax 0 69 / 78 77 77
geöffnet: Di.-Sa.11-18 Uhr
und nach tel. Anmeldung
Kinder 8 DM, Erw.12 DM
E-Mail: webmaster@explora-museum.de
www.exploramuseum.de
Straßenbahn 12, Bus 30, Halt:
Rohrbachstraße, U 5, Halt:
Glauburgstraße

Zoologischer Garten
Alfred-Brehm-Platz 16
60316 Frankfurt
Tel. 0 69 / 21 23 37 31
geöffnet: April-Sept. Mo.-Fr. 9-19, Sa., So. 8-19, Okt.-März
Mo.-So. 9-17 Uhr
Eintritt: Kinder 5 DM,
Erw. 11 DM
U 6, 7, Straßenbahn 14,
Halt: Zoo

Palmengarten
Siesmayerstr. 61
60323 Frankfurt
Tel. 0 69 / 21 23 66 89 u.
21 23 39 39
geöffnet: Nov.-Jan. 9-16, Febr.
9-17, März u. Okt. 9-18 Uhr
Kinder 3 DM, Erw. 7 DM,
Klassen: pro Kind 2 DM
Grüne Schule Palmengarten
Tel. 21 23 33 91
www.stadt-frankfurt.de/Palmengarten
U 6, 7, Bus 32, 33, 36,
Halt: Westend

Im Palmengarten

55

Holz, Naturstein und Rindenmulch wurde für die jüngsten Palmengarten-Liebhaber gebaut. Auch ein hübscher Weiher ist vorhanden, im Sommer können Boote ausgeliehen werden, und natürlich sind auch ein Café und eine Minigolfbahn da. Für Schulklassen werden in der »Grünen Schule Palmengarten« Führungen angeboten, und mit Sonderausstellungen, Theater und Aktionen ist rundum im Jahr immer etwas los.

Essen und Trinken

Berühmt ist Frankfurt für seine Würstchen, die »Frankfurter«, die in Neu-Isenburg hergestellt werden. Bevorzugtes Gericht ist auch die Grüne Soße, »Grie Soß« genannt, die sieben Kräuter enthält. Die Erwachsenen genehmigen sich dazu das »Stöffche« oder den »Ebbelwoi«, gemeint ist der Apfelwein, der ziemlich sauer schmeckt. Aufgetischt wird all dies in den Gartenlokalen vor allem in Sachsenhausen und Alt Bornheim.

Eine Frankfurter Spezialität, die nicht nur köstlich schmeckt, sondern auch etwas mit Kindern zu tun hat, sind die Bethmännchen. Erfunden hat sie ein französischer Konditor im Hause des Bankiers Bethmann. Zur Erinnerung an die drei Bethmann-Söhne, so sagt man, zieren jedes Konfektstück drei Mandelhälften.

Wir verraten in unserem **Extra-Tip**, wie Bethmännchen selbstgemacht werden: Man braucht dazu 250 g Mandeln, 250 g Puderzucker, 3 Eßlöffel Mehl, 2 Eiweiß und etwas Rosenwasser. Die Mandeln abziehen, mahlen und mit dem Puderzucker mischen, danach Mehl und Eischnee dazugeben. Aus der Masse kleine Kugeln formen, mit Eigelb bestreichen und 3 Mandelhälften dagegendrücken. Einen Tag stehenlassen, dann kurz im heißen Ofen hellbraun backen. Fertig ist das allerfeinste selbstgemachte Frankfurt-Souvenir.

Spielcafé Zebulon
Grempstr. 23
60487 Frankfurt
Tel. 0 69 / 77 35 54
geöffnet: Mo.-Fr. 15-19 Uhr
Kinder 2 DM
U 6, 7, Halt: Kirchgasse

Kantina im Kinder-
und Jugendhaus Bornheim
Ortenberger Str. 40
60385 Frankfurt
Tel. 0 69 / 45 42 81
geöffnet: Mo.-Fr. 12-15 Uhr
Menü: Kinder 5 DM,
Erw. 9 DM
U 7, Halt: Eissporthalle

Zu erwähnen sind zwei Frankfurter Cafés der besonderen Art: Das Spielcafé Zebulon in Bockenheim macht es Eltern möglich, einmal ganz in Ruhe zu plaudern und dabei den Kaffee zu genießen. Ihre Jüngsten spielen zur gleichen Zeit quietschvergnügt im Hinterzimmer. Für sie gibt es Saft, Brei und Smartiestorte. Unser zweiter kulinarischer Vorschlag wendet sich an größere Kinder. Im Kinder- und Jugendhaus Bornheim gibt es die *Kantina*. Hier wird unter der Woche jeden Mittag ein preiswertes und leckeres Menü für Kinder und SeniorInnen angeboten mit Suppe und Salat, Hauptspeise und Nachtisch. Das Essen ist vielseitig, vollwertig und in der Hauptsache vegetarisch. Tee gibt es umsonst dazu.

Fassenacht in Klaa Paris

Karneval heißt in Frankfurt »Fassenacht« und wird am Fastnachtssonntag neben dem allgemeinen Faschingsumzug mit einem speziellen Umzug für Kinder durch die Frankfurter Innenstadt gefeiert. Am Fastnachtsdienstag geht es dann besonders bunt zu im Stadtteil Heddernheim, der zur närrischen Zeit »Klaa Paris« heißt.

Jede Menge Trubel ist auf der »Dippemess« angesagt, die im April und September auf dem Festplatz beim Ostpark stattfindet. Früher einmal ein Töpfermarkt, ist sie inzwischen ein großer Rummel mit Karussells, Achterbahn, Autoscootern und Riesenrad. Beim wichtigsten Frankfurter Fest, dem »Wäldchestag«, heißt es: ab ins Wäldche – damit ist der Stadtwald gemeint. Am Dienstag nach Pfingsten versorgten sich früher die Frankfurter Bürger dort mit kostenlosem Brennholz für den heimischen Herd. Heute wird dort gefeiert – in der City läuft an diesem Tag nichts. Geschäfte und Büros sind nachmittags geschlossen, Mann, Frau und Kind amüsieren sich auf dem Festplatz im Wald.

Das »Mainfest« im August war einmal das Fest der Mainfischer, die ihre Kräfte und ihre Geschicklichkeit beim »Fischerstechen« maßen. Als Schaukampf wird das Fischerstechen noch heute ausgetragen. Jeder Schiffer hat eine lange Stange und versucht damit, auf dem Bug seines Schiffes stehend, den Gegner möglichst schnell ins Wasser zu stoßen. Zum Abschluß der vier Tage dauernden Kirmes gibt es ein Feuerwerk. Es wird von der alten Brücke aus gezündet. Ein Drachenbootrennen auf dem Main findet im Spätsommer zum Museumsuferfest statt, wenn alle Museen am Museumsufer ihre Pforten mit vielen Aktionen auch für Kinder öffnen. Es wird ein Openair-Kino, Musikbühnen und viel zum Essen und Trinken geboten. Den krönenden Abschluß bildet auch hier ein Feuerwerk.

Kinderbüro und viel Kultur

Das *Frankfurter Kinderbüro* hilft bei Problemen, unterstützt gute Ideen und wendet sich auch an Erwachsene, um ihnen in Sachen »Kinder« auf die Sprünge zu helfen. Das Kinderbüro hat Kinderstadtpläne entwickelt, zu jedem Frankfurter Stadtteil sind alle für Kinder interessanten Dinge verzeichnet. Ebenfalls gemeinsam mit Kindern hat es vorhandene Spielplätze zu wirklich kinderfreundlichen umgestaltet. Die Leute vom Kinderbüro bieten Computer-Workshops und eine Erfinderwerkstatt an. Wenn ein Kind zu Hause oder in der Schule Knatsch hat, dann weiß das Kinderbüro Rat. Ein kostenloser Wochenend-Notdienst ist eingerichtet, außerdem eine Schuldner- und Rechtsberatung.

Im Kinderbüro liegt auch das aktuelle Kinder-Kultur-Programm mit zusätzlichen Informationen zu Ferienfreizeiten aus. Es heißt »Frankfurter Flöhe«, ist kostenlos und wird zweimal im Jahr vom Jugendamt herausgegeben. Also die »Flöhe« besorgen und nachlesen, was im *Kindertheater* im Gallus, am Zoo, im Theaterhaus oder in der Nordweststadt läuft. Eine Gruppe ist in Frankfurt heimisch, die sich der kleine Theaterfan nicht entgehen lassen sollte: das Klappmaul-Theater mit seinen lustigen Spielfiguren und Stücken für Kinder ab 4 Jahren. Sie spielen häufig in Bürgerhäusern. Oder darf es ein wenig Klassik mit Singspiel und Konzert oder eine Oper sein? Die *Oper Frankfurt* gibt mit der »Werkstatt für Kinder« in spielerischer Form Einblicke in die Welt der Opernaufführungen. Zu Gast sind Sänger, Requisite, Masken- und Kostümbildner, die ihre Arbeit vorstellen. Auch die *Alte Oper Frankfurt* bietet spezielle Konzerte und Veranstaltungen für Kinder an. Eher Lust auf *Kino*? Das *Berger Kinderkino*, das *Kinderkino in der Harmonie* oder das *Kino im Filmmuseum* zeigen Spitzenfilme für Leute ab 6 Jahren. Dagegen wenden sich Leseratten an die *Kinder- und Jugendbibliothek* im Bürgerhaus Bornheim oder an die örtlichen Kinderbibliotheken. Hier ist neben der üblichen Ausleihe von Zeit zu Zeit »Äktschen« angesagt. Dann wird vorgelesen, dazu gebastelt, gemalt oder Theater gespielt.

Moderator sein, Musik ansagen, witzige Werbegags produzieren, davon träumen viele. Mal schauen und selbst ausprobieren, wie Radio gemacht wird, dürfen junge Radiofans

Frankfurter Kinderbüro
Schleiermacherstr. 7
60316 Frankfurt am Main
Tel. 0 69 / 21 23 90 03
geöffnet: Mo.-Fr. 9-17 Uhr,
Notdienst: Fr.-So. 14-22 Uhr
U 4, Halt: Höhenstraße

Theaterhaus
Schützenstr. 12
60311 Frankfurt
Tel. 0 69 / 29 98 61 10
Vorstellungen lt. Programm

Gallus Theater
Kleyerstr. 15
Tel. 0 69 / 7 58 00 60 20
Kindertheater Samstag
oder Sonntag 15 Uhr
Kinder 7 DM, Erw. 10 DM
Straßenbahn 11, S-Bahn 3, 4,
6, 8, Halt: Gallus

Theater für Kinder am Zoo
(Katakombe)
Pfingstweidstr. 2
60316 Frankfurt
Tel. 0 69 / 49 17 25
Termine und Preise erfragen

Kinder- und Jugendtheater
Nordweststadt
Walter-Möller-Platz
60439 Frankfurt
Tel. 0 69 / 74 60 50
Termine und Preise erfragen
U 1, Halt: Nordweststadt

Oper Frankfurt
Werkstatt für Kinder
Willy-Brandt-Platz
60311 Frankfurt
Tel. 0 69 / 1 34 04 00
U 1-5, Straßenbahn 11 ,12,
Halt: Willy-Brandt-Platz

bei speziellen *Kinderführungen im Hessischen Rundfunk*. Kinder können dort einen Blick in die Studios werfen, nehmen selbst ein Mikrofon in die Hand, machen Aufnahmen und treffen vielleicht auch den einen oder anderen prominenten Moderator.

Bei diesen Führungen lernen die Kinder auch die Mitarbeiter der Kinderredaktion in hr2 kennen. Das Radioprogramm für Kinder wird werktags ab 14 Uhr jeweils eine halbe Stunde lang gesendet. Am Sonnabend ab 14 Uhr beträgt die Sendezeit sogar 55 Minuten, und am Sonntagmorgen werden zwei Sendungen ausgestrahlt: um 8 Uhr eine klassische Musiksendung in hr2; für die ganze Familie gibt es dann ab 10.05 Uhr noch eine Sendung in hr1.

Wer sich für das Radio interessiert, kann mehr in dem Buch »Spurensuche, wo steckt Radio Rita X 2000?« von Burckhard Garbe erfahren.

In enger Kooperation mit dem Hessischen Rundfunk ist der Verein Zuhören e.V. entstanden. Er fördert *Radioclubs der Schüler* an Grundschulen. Zum Einstieg in die Arbeit der Hörclubs stellt der Verein ein Materialpaket mit Hörkassetten und CDs zur Verfügung. In den Hörclubs werden dann eigene Sendungen und kleine Hörspiele produziert.

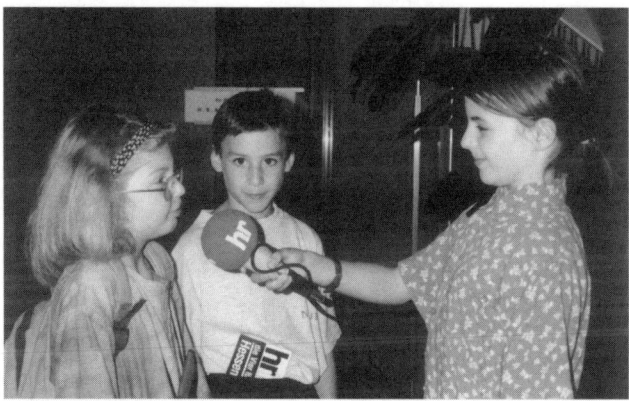

Extra-Tip: Geräuschemachen für fünf Personen. Gebraucht werden ein Kassettenrekorder mit Mikrofon und eine Tüte Reis, eine Pappschachtel, eine Blechdose, Haselnüsse oder Murmeln, ein Luftballon, eine Kleiderbürste, ein Stück Pappe. Regen: Reis in die Pappschachtel prasseln lassen, das Mi-

Berger Kinderkino
Tel. 0 69 / 45 64 05
Mo.-Sa. 13.30-15.30,
So. 11 Uhr
Kinder 7 DM, Erw. 12 DM
U 4, Halt: Bornheim Mitte

Kinderkino in der Harmonie
Tel. 0 69 / 66 37 18 36
Do.-So. 15 Uhr
Kinder 8 DM, Erw. 12 DM
Straßenbahn 14, S-Bahn,
Halt: Lokalbahnhof

Kinderkino im Deutschen
Filmmuseum
So. 16 Uhr
Tel. 0 69 / 21 23 88 30
Kinder 7 DM, Erw. 9 DM
U 1, 2, 3,
Halt: Schweizer Straße

Kinder- und Jugendbibliothek
Arnsburger Str. 24
60385 Frankfurt
Tel. 0 69 / 21 23 36 31
Fax 0 69 / 21 23 15 01
geöffnet: Di.-Fr.13-19, Mi., Do.
13-17, Sa. 10-13 Uhr
»Äktschen« für Kinder u.
Hausaufgabenhilfe
U 4, Halt: Höhenstraße oder
Bornheim Mitte

Alte Oper Frankfurt
Opernplatz
60318 Frankfurt
Tel. 0 69 / 13 40 01
Vorverkauf und Info: Tel. 0 69 /
13 40-4 00
U 6, 7, Halt: Alte Oper

*Kinderführung
beim Hessischen Rundfunk*

Hessischer Rundfunk
Bertramstr. 8
60320 Frankfurt
Tel. 0 69 / 15 51
Anmeldung für Kinderführungen: 0 69 / 1 55 31 19
Redaktion Kinderfunk:
0 69 / 1 55 22 25
U 1-3, Halt: Dornbusch
www.hr-online.de

kro ein bißchen weghalten. Hagel: Reis in die leere Dose schütten. Donner: Murmeln oder Haselnüsse in einen Luftballon füllen, dann aufblasen und schütteln. Wind: Eine Kleiderbürste über Pappe reiben. Alle Geräusche zusammen als Gewitter aufnehmen.

Klettern, Schwimmen und Skaten

Sport wird in Frankfurt auf vielerlei Art getrieben. Im Winter ist die *Eissporthalle* eine echte Attraktion, im Sommer locken Grüneburg-, Günthersburg- und Ostpark. In »Stuck's Indoor Kart« können es Motorsportbegeisterte den Großen gleichtun und sich auf einer 800 m langen Bahn kräftig ins Zeug legen. Eine weitere Bahn gibt es in der Nähe des Hessencenters. Klettern ist zur Zeit absolut in. Im Kinder- und Jugendhaus Sindlingen steht ein mobiler sechs Meter hoher Kletterturm. Klettern mit dem Seil an einer 11 m hohen Wand ist schon für Kinder ab sechs Jahren in der *T-Hall* im Stadtteil Fechenheim möglich. Auch Schulklassen sind willkommen, Gurte und Seile werden gestellt. Skateboardfahrer treffen sich an der Hauptwache beim »Struwwelpeterbrunnen«.

In früheren Zeiten konnte man noch im Main baden, heute sind Rudern und Tretbootfahren dem Schwimmen vorzuziehen. Boote können beim Eisernen Steg gleich neben den schwimmenden Restaurants auf der Sachsenhäuser Seite gemietet werden.

Frei- und Hallenbäder gibt es in Frankfurt natürlich mehrere. Schön sind die Freibäder am Flüßchen Nidda wie das *Hausener Schwimmbad*. Beim *Eschersheimer Schwimmbad* und dem *Brentanobad* sind die Becken dem ursprünglichen Flußlauf nachempfunden. Dem *Rebstockbad* mit Riesenrutsche, Wellen und Hüpfburgen auf dem Wasser wird allerdings von Frankfurter Kindern eindeutig vor allen anderen Bädern der Vorzug gegeben.

Wer Badeseen dem Schwimmbad vorzieht: Beliebt bei Leuten aus dem ganzen Umland ist vor allem das *Strandbad Langener Waldsee*. Er ist der größte See in der Rhein-Main-Region und an schönen Tagen immer gut besucht; ein 900 m langer Sandstrand und Kinderspielplätze sind vorhanden. Der Langener Waldsee ist mit dem Auto oder vom Bahnhof Dreieich-Buchschlag mit einem Pendelbus bzw. mit dem

Eissporthalle
Am Bornheimer Hang
60386 Frankfurt
Tel. 0 69 / 21 23 08 25
geöffnet: Nov.-März 9-23 Uhr
Kinder ab 6 Jahren 8 DM, Erw. 10 DM, Schlittschuhverleih 6 DM
U7, Halt: Eissporthalle, Straßenbahn 12, Bus 43

T-Hall Kletteranlage
Vilbeler Landstr. 7
60386 Frankfurt
Tel. 0 69 / 94 21 93 81
geöffnet: 1.6.-30.9. Di. 10-13, Mi.-Fr.13-23, Sa., So. 11-21 Uhr
11.10.-31.5. Mo., Mi., Do., Fr. 13-23, Di., Sa. u. So. 11-21 Uhr
Einweisungskurs für Kinder (1,5 Std.): 49 DM incl. Gurt/Schuhe
Straßenbahn 11, Halt: Mainkur

Hausener Schwimmbad
Ludwig-Landmann-Straße 341
60487 Frankfurt
Tel. 0 69 / 21 23 41 05
geöffnet: April-Okt., tägl. 7-19, Hauptsaison bis 20 Uhr
Kinder 3,50 DM, Erw. 5 DM
U 6, Halt: Fischstein

Eschersheimer Schwimmbad
Im Uhrig
60433 Frankfurt
Tel. 0 69 / 21 23 21 53
geöffnet: Mai-Aug. (je nach Wetterlage), tägl. 10-20 Uhr
Kinder 3,50 DM, Erw. 5 DM
U 1, 2, 3, Halt: Heddernheim, Bus 60, 63, Halt: Im Uhrig/Weißer Stein

Brentanobad
Rödelheimer Parkweg
60489 Frankfurt
Tel. 0 69 / 21 23 90 20
geöffnet: Mai-Aug. (je nach Wetterlage), Mo.-So. 10-20 Uhr
Kinder 3,50 DM, Erw. 5 DM
U 6, Halt: Fischstein

Fahrrad auf markiertem Weg zu erreichen. Ein ausgeschilderter Radweg führt von der Höchster Mainfähre über die Schwanheimer Wiesen und den Flughafen dorthin.

Abenteuer- und Waldspielplätze

In Frankfurt gibt es in den Stadtteilen eine ganze Reihe schöner Spielplätze und Abenteuerspielplätze. Eine Übersicht geben die Stadtpläne für Kinder, die das Kinderbüro (s. o.) herausgibt. Auf ihnen sind Fahrradwege, Schwimmbäder, Rollschuhbahnen und andere interessante Ziele in Frankfurt genau verzeichnet.

Zwei Spielplätze wollen wir besonders empfehlen: Der eine liegt im Holzhausenviertel in unmittelbarer Nähe eines alten Wasserschlößchens, in dem es gelegentlich auch Kulturveranstaltungen für Kinder gibt. Der andere Spielplatz ist im Günthersburgpark in Bornheim. Im Sommer lohnt sich ein Besuch dort besonders wegen des schönen Brunnens mit den Wasserspielen.

Anders als die Spielplätze, die rund um die Uhr öffentlich zugänglich sind, werden die *Abenteuerspielplätze* von Pädagogen betreut und haben deshalb feste Öffnungszeiten. Es darf selbst gehämmert und gewerkelt werden, so daß hier immer neue Bauten entstehen und die Spielplätze sich ständig verändern. Material und Werkzeug werden gestellt, Hilfe und Anleitung geboten. Jeder Platz hat seine Besonderheiten, die von der Scateboardbahn bis zur Westernstadt reichen. Der bekannteste unter ihnen ist der *Abenteuerspielplatz Riederwald*.

Saison ist in den Waldspielparks von Beginn der Osterferien bis Ende der Herbstferien. Der *Waldspielpark Goetheturm* ist nicht nur ein guter Spielplatz, sondern auch Ausgangspunkt für Wanderungen in den nahegelegenen Frankfurter Stadtwald. Wer hier ist, sollte noch hinauf auf den hölzernen Goetheturm aus den dreißiger Jahren steigen. Bei schönem Wetter reicht die Aussicht bis zum Taunus und zum Odenwald.

Der *Heinrich-Kraft-Park* in Fechenheim und der *Waldspielplatz Louisa* sind besonders geeignet für das gemeinsame Spielen behinderter und nichtbehinderter Kinder. In Louisa kann eine mittelalterliche Burg erstürmt werden. Tafeln mit Blindschrift, Klangelemente und ein großes, senkrecht

Rebstockbad
August-Euler-Str. 7
60486 Frankfurt
Tel. 0 69 / 70 80 78
geöffnet: Mo. 14-20, Di. 9-18,
Mi.-So. 9-22 Uhr
Kinder Einzelkarte ab 7 DM,
Erw. ab 13 DM
Bus 33, 34, 50, Halt: Rebstockbad

Strandbad Langener Waldsee
Tel. 0 69 / 69 26 88
geöffnet: im Sommer
tägl. 8-20.30 Uhr

Holzhausenschlößchen
Nordend
U 1, 2, 3, Halt: Holzhausenstraße

Abenteuerspielplatz
Günthersburg
Bornheim, Wetteraustraße
Straßenbahn 12, Halt:
Hartmann-Ibach-Straße

Abenteuerspielplatz
Riederwald
neben dem Licht- und Luftbad, Tel. 0 69 / 42 10 50
Öffnungszeiten erfragen
U 7, Halt: Schäfflestraße

Waldspielpark Goetheturm
Bus 30, 36, Halt: Hainer Weg

Heinrich-Kraft-Park
Fechenheim
Straßenbahn 11,12, Halt:
Mainkur

Waldspielpark Louisa
Straßenbahn 14, Halt: Louisa

61

Riesen-Xylophon im Waldspielpark Louisa

Mainova
Schulinformation
60312 Frankfurt
Tel. 0 69 / 2 12 32 28 74 oder
2 12 32 51 67
Fax 0 69 / 21 22 51 71

Feuerwehr, Branddirektion
Hanauer Landstr. 77
60314 Frankfurt
Tel. 0 69 / 21 27 22 06
Info: Herr Kohnert

Beratungsgarten Lohrberg
Klingenweg 90
60389 Frankfurt
Tel. 0 69 / 47 99 94
Bus 30, 69, Halt: Heiligenstock

Vogelschutzwarte
Steinauer Str. 44
60386 Frankfurt
Tel. 0 69 / 41 15 32
U 7, Halt: Gwinnerstraße

Volkssternwarte Frankfurt
Robert-Mayer-Str. 2
60325 Frankfurt
Tel. 0 69 / 70 46 30
aktuelles Programm
und Kinderworkshops:
Tel. 0 69 / 97 98 13 41
U 6, 7, Halt: Bockenheimer
Warte, Bus 32, Halt: Sencken-
bergmuseum

gehängtes Holzxylophon bringen Spaß auch für blinde oder hörgeschädigte Kinder.

Der Natur auf der Spur: Stadtwald und Lohrberg

Die *Mainova* liefert Strom, Erdgas, Wärme und Wasser. Im Rahmen einer Aktion für Lehrer und Schüler können Pump- und Heizkraftwerke oder Photovoltaikanlagen besucht werden. Einen ähnlichen Service bietet auch die *Feuerwehr*. Die Feuerwachen und sogar das Feuerlöschboot werden bei einer fachkundigen Führung vorgestellt, inklusive der drei automatisch zu steuernden Wasserkanonen am Boot, das im Osthafen liegt.

Der 180 m hohe Lohrberg ist zu jeder Jahreszeit schön. Im Winter zum Rodeln, im Frühling und Sommer zum Fußballspielen und Spazierengehen, im Herbst für das Drachensteigenlassen. Ganz Frankfurt liegt einem dann zu Füßen. Ein Restaurant und ein Kiosk sorgen nach dem Spazierengehen für das leibliche Wohl und stärken für anschließende Wanderungen, zum Beispiel in das zwei Kilometer entfernte Bergen. Der Lohrberg, auf dessen Südhang sogar Wein wächst, war ursprünglich als Volkspark angelegt. Nach dem Krieg kam eine Versuchsanlage hinzu, in der Obst und Gemüse für den Bedarf der Großstadt gezüchtet werden sollte. Der Weg zum heutigen *Beratungsgarten Lohrberg* ist mit einem grünen Schild markiert. Hier gibt es Tips für den richtigen Anbau und die Pflege von Pflanzen. Für Kindergartengruppen und Schulklassen werden nach Anmeldung auch Führungen angeboten. Sie sind vor allem zur Erntezeit begehrt, wenn unter anderem die Erdbeeren oder Himbeeren reif sind.

Für Vogelfreunde hat die *Vogelschutzwarte* in Fechenheim seit vielen Jahren ein offenes Ohr. Sie berät insbesondere bei solchen Fragen: Wie und wann darf gefüttert werden? Welche Arten sind bedroht? Was können wir tun, um sie zu schützen? Die Vogelschutzwarte organisiert neben Ferienkursen auch »Vogelkurse für Kids«. Dort lernen die jungen Ornithologen Vogelarten zu unterscheiden und werden über die Geheimnisse der Thermik beim Vogelflug aufgeklärt.

Sternengucker sind gut aufgehoben bei der *Volkssternwarte Frankfurt* gleich neben dem Senckenbergmuseum. Bei klarem Himmel wird der Besucher selbst zum Sterngucker: In der Regel wird freitags durchs Fernrohr geschaut. Vorträge über Sterne und Planeten sind ebenfalls am Freitag zu hören. Wer Lust hat, wie ein echter Forscher den Waldboden, Blätter, Früchte oder Pflanzen unter einem Mikroskop zu untersuchen, der darf dies im ökologischen Informationszentrum *StadtWaldHaus* tun. Es liegt im Frankfurter Stadtwald im Süden Frankfurts und ist von der Haltestelle »Oberschweinstiege« nach 10 Minuten Fußweg durch den Wald bequem zu erreichen. Das StadtWaldHaus gehört zu einer ehemaligen Fasanerie, dementsprechend sind Vögel und Wildschweine zu bestaunen, Pfauen und Perlhühner laufen frei herum. Ein Erlebnispfad im Freien lädt ein, die Sinne zu erproben. Das Haus selbst ist um einen alten Eichenbaum herum gebaut. Es hat ein begrüntes Dach, das auch erklommen werden kann. Drinnen gibt es wechselnde Sonderausstellungen, bei denen vieles selbst ausprobiert werden kann. Eine Dauerausstellung beschäftigt sich mit dem Thema Wald und seiner Gefährdung. Durch eine Glasscheibe hindurch kann das Leben unter der Wasseroberfläche eines kleinen Teiches beobachtet werden. Ein besonderer Nachtraum veranschaulicht das Leben im Dunkeln. Wegen der großen Nachfrage müssen Führungen frühzeitig angemeldet werden, es gibt Gruppenräume und eine Cafeteria. Zusätzlich bietet sich ein Spaziergang zum nahegelegenen See und zum Gasthaus »Oberschweinstiege« an. Leider liegt der Stadtwald in der Einflugschneise des Flughafens. Deshalb herrscht häufig ziemliche Lärmbelästigung.

StadtWaldHaus
Tel. 0 69 / 68 32 39
geöffnet: April-Okt. Mo.-Mi.
9-15 Uhr, Do. 9-17 Uhr,
Sa. 12-18, So. 10-18 Uhr
Nov.-März Mo.-Do. 9-15,
Sa., So. 10-16 Uhr
Eintritt frei, Führungen und
Exkursionen 30 bis 50 DM
Straßenbahn 14, Halt: Oberschweinstiege

Ausflug nach Offenbach und Rumpenheim

Von Frankfurt aus führt ein Radweg am Main entlang nach Offenbach, die Stadt der Lederindustrie. Hier gibt es eine Hochschule für Gestaltung; außerdem wurde hier die erste Jugendkunstschule Hessens gegründet. Seit kurzem gibt es hier auch ein Kinder- und Jugendparlament. Das Offenbacher *Klingspormuseum* hat einen besonderen Sammlungsschwerpunkt, zu bewundern ist eine umfangreiche Sammlung historischer und neuer Bilderbücher. Jedes Jahr im Advent erfolgt die Ausstellung »Bunte Kinderwelt« mit Kinderbüchern aus aller Welt. Im *Deutschen Schuhmuseum* ist alles zu sehen, was den Fuß schmückt: Ledersandalen der alten Römer, mittelalterliche Schnabelschuhe und moderne

Offenbach Information
Stadthof 17
63065 Offenbach
Tel. 0 69 / 80 65-29 46
www.offenbach.de

Klingspormuseum
Herrnstr. 80
63012 Offenbach
Tel. 0 69 / 80 65 29 54
geöffnet: Mo.-Fr. 10-17, Sa.,
So. 10-13, 14-17 Uhr
bei Sonderausstellungen
Schulklassen freier Eintritt
Schüler 2 DM, Erw. 5 DM,
Familie 10 DM

63

Deutsches Ledermuseum
und Deutsches Schuhmuseum
Frankfurter Str. 86
63067 Offenbach am Main
Tel. 0 69 / 8 29 79 80
geöffnet: Mo.-So.10-17 Uhr
Kinder 2,50 DM, Erw. 5 DM
S 1, S 8, Halt: Ledermuseum

Autofähre
1.4.-30.9. Mo.-Sa. 6-21,
So. 8-21 Uhr
1.10.-30.3. Mo.-Sa. 6-20.30,
So. 8-20.30 Uhr
Auto mit Fahrer 1,50 DM, jede
weitere Person 0,50 DM

Restaurant
Am Grünen See Eck
Dietesheimer Steinbrüche
Tel. 0 61 08 / 7 55 31
S 8 von Frankfurt oder Hanau,
Halt: Dietesheim

Designermodelle. Das Schuhmuseum ging aus einer Sammlung zu Lehr- und Ausbildungszwecken hervor. Im selben Haus ist außerdem noch das *Deutsche Ledermuseum* untergebracht. Der Besucher ist zu Gast in der Fremde. Zelte und kleine Märkte der Wüstengebiete Afrikas sind in den Vitrinen aufgeschlagen, hier stehen die Tipis der Indianer, Hundeschlitten der Inuit oder Eskimos und die Utensilien der Cowboys aus Amerika. Auch Tanzfiguren mit dämonischen Augen aus Bali und Schattenfiguren aus China sind ausgestellt.

Von Offenbach aus führt ein schöner Ausflug nach Rumpenheim am Main. Das idyllisch am Fluß gelegene Schloß wurde im Zweiten Weltkrieg zur Ruine, ist aber deswegen nicht minder beeindruckend. Zum Schloß gehört ein Park, im Ort Rumpenheim stehen noch hübsche kleine Fachwerkhäuser. Eine Attraktion ist die Fahrt mit der *Autofähre* auf die andere Mainseite.

Ein zweiter Ausflug führt zum »Grand Canyon« bei Dietesheim. Er vermittelt einen Hauch von Amerika in Hessen. Zwar ist er entschieden kleiner als sein berühmtes Vorbild, aber auch eindrucksvoll. Die Landschaft dort mit den bizarr geformten Steinhängen über baumumstandenen Seen, in denen seltene Tiere und Pflanzen heimisch werden konnten, entstand, als in den 80er Jahren die Steinbrüche in Dietesheim stillgelegt wurden. Es gab kaum noch Bedarf für das Basaltgestein, das sich hier vor vielen Millionen Jahren bei Vulkanausbrüchen bildete. Die Aushublöcher füllten sich mit Wasser, eine Seenplatte entstand. Baden und Bootfahren ist in den Seen wegen der gefährlichen Basaltklippen verboten. Auch sollten die Wege nicht verlassen werden, damit die Natur sich ungestört entfalten kann. Besonders gut gefallen hat es uns hier im Herbst und Winter. Dann sieht das Wasser tiefschwarz und sehr geheimnisvoll aus, das Gestein schimmert dunkel, und außer den Lauten der Vögel herrscht Stille. Im Sommer lädt das Gartenlokal *Am Grünen See Eck* mit Seeterrasse, Hof und speziellem Kinderteller zur Erfrischung ein.

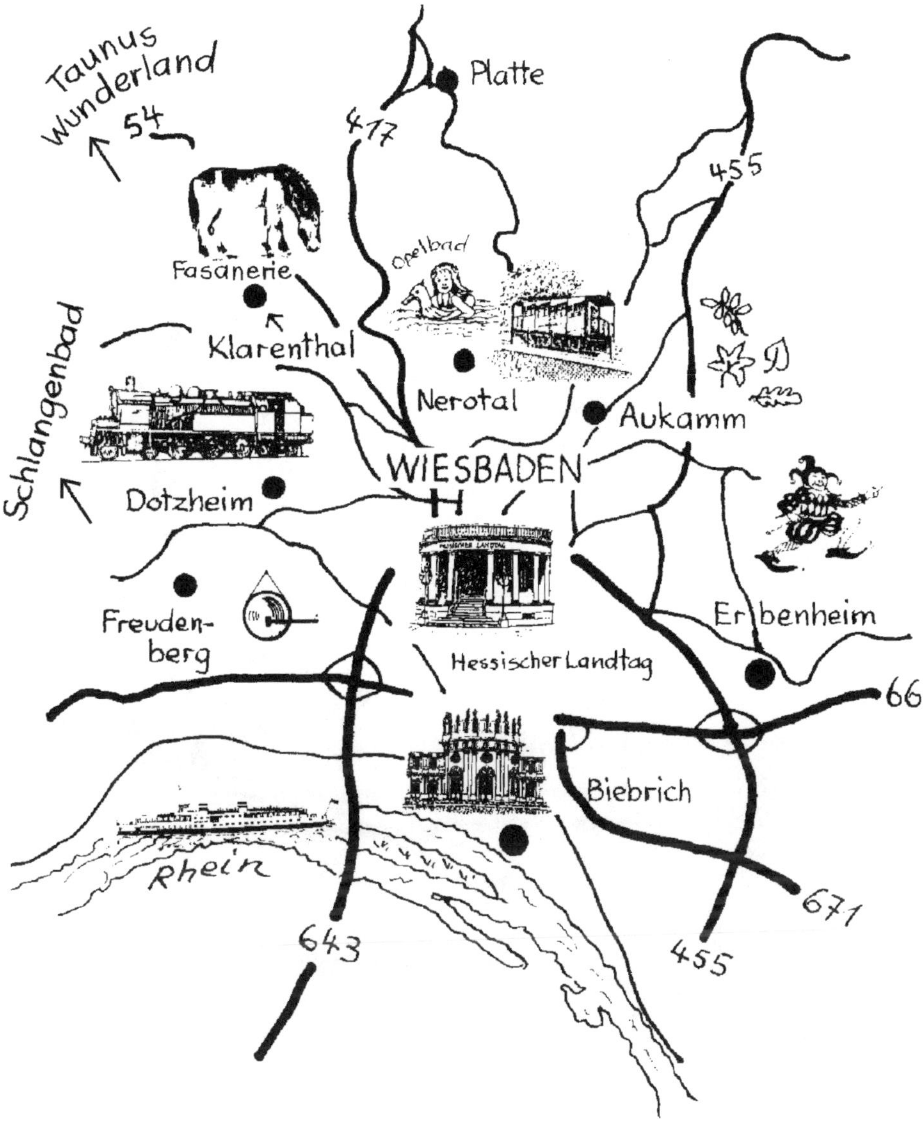

Taunus Wunderland 54

Platte

417

455

Opelbad

Fasanerie

Klarenthal

Schlangenbad

Nerotal

Aukamm

WIESBADEN

Dotzheim

Freuden-berg

Hessischer Landtag

Erbenheim

66

Biebrich

Rhein

643

455

671

Bad Schwalbach

275

260

Rauenthal

66

Kiedrich

Eberbach

Eltville

Johannisberg

Oestrich

42

Winkel

Geisenheim

Rüdesheim

Rhein

Mäuseturm

Wiesbaden und der Rheingau

Die hessische Landeshauptstadt

Hessens Landeshauptstadt am Fuße des Taunus hat mit ihren Villen und Prachtbauten aus dem 19. Jahrhundert die Vornehmheit für sich gepachtet. Das Kurhaus, die Spielbank, das Theater und die vielen großbürgerlichen Wohnbauten entstanden, als es in besseren Kreisen chic war, in Wiesbaden zu kuren. Dabei wurde vom Heilwasser genippt, dem die Stadt ihren Ruf als Kurstadt verdankt. Wiesbaden ist ein Ort mit sehr viel Grün. Der Kurpark und die Wälder ringsherum sind eine echte Herausforderung für Spaziergänger und Wanderfreunde.

Die Stadt hat eine lange Geschichte. Gesiedelt wurde seit der Steinzeit, und die Römer errichteten bereits im ersten Jahrhundert nach Christus Kastellbauten mit Badeanlagen, denn sie wußten schon die Heilkraft der insgesamt 26 Quellen zu nutzen. Zwei Millionen Liter Thermalwasser sprudeln noch heute täglich aus der Erde. Die wärmste Quelle ist der Kochbrunnen, er bringt es auf stolze 66 Grad Celsius, das Wasser ist also fast kochend heiß.

Das Stadtwappen schmücken drei goldene Lilien auf blauem Grund. Deshalb heißen die Wiesbadener auch Lilienstädter. Die Bezeichnung »Wisibada« taucht erstmals im Jahr 829 auf, 1348 erhält die Ansiedlung mit einer mittelalterlichen Burg das Stadtrecht. 400 Jahre später verlegten dann die Fürsten aus der Linie Nassau-Usingen ihre Residenz nach Schloß Biebrich (s. dort), und damit kam der Aufschwung. Seitdem ist die Stadt in der Rhein-Taunus-Senke, die seit 1945 die Hauptstadt des Landes Hessen ist, mächtig gewachsen. Über eine Viertelmillion Menschen leben inzwischen hier. Wiesbaden ist Sitz von Ämtern und Behörden wie dem Bundeskriminalamt, bei dem rund 5.000 Menschen tätig sind und das zu Ermittlungszwecken eine 5.000 Stück umfassende eigene Waffensammlung unterhält.

Tourist Information
Wiesbaden
Marktstr. 6
Postfach 38 40
65183 Wiesbaden
Tel. 06 11 / 1 72 97 80
Fax 06 11 / 1 72 97 98

Kinderrechtedenkmal und Infomax

Wiesbaden hat ein Denkmal, das seinesgleichen sucht. Es ist das jüngste Wahrzeichen der Stadt, stammt aus dem Jahr 2000, ist bunt, ziemlich groß und soll vor dem Jugendamt in der Dotzheimer Straße einen festen Platz finden. Gebaut

67

wurde es in einem Workshop von Kindern und dem Künstler Alexander Lihl zum Thema »Kinderrechte«. 1989 wurden sie in der UN-Kinderrechts-Konvention formuliert, doch gelebt und eingehalten werden die Rechte noch lange nicht.

Hessens Hauptstadt hat für junge Leute eine moderne Informationsmöglichkeit eingerichtet. Nicht weit vom Jugendamt trifft man an der Haltestelle Loreleyring rund um die Uhr auf »Infomax«. Das ist ein Bildschirm, der Wiesbaden als interaktive Kinderstadt zeigt und von den Mitarbeitern des Jugendamtes mit Informationen gefüttert wird. Infomax verrät, was für junge Leute in Wiesbaden los ist, welche Museen für Kinder spannend sind und wann in der Filmbühne Caligari Kinderfilme gezeigt werden. Er weiß auch, daß Kindertheater im Staatstheater ein besonderes Erlebnis ist. Infomax informiert über die Aktionen am Nachmittag im *Kinderhaus* am Elsässer Platz und im Kinderhaus in der Reduite in Mainz-Kostheim. Er macht die »Kinderstadtprojekte« bekannt, bei denen Mitbestimmung, Phantasie und Power gefragt sind und regionale Kinderkonferenzen und Anhörungen ausgerichtet werden. Infomax kennt auch die Termine der Kinderkulturtage im Juni im Schloßpark Freudenberg, vom Spielefest in den Sommerferien und dem Puppenspiel-Festival im November. Infos zu all diesen Veranstaltungen gibt es übrigens auch in der Broschüre »Da & Dort: Kultur vor Ort« vom Jugendamt. Sie erscheint fünfmal im Jahr und wird auf Anfrage gerne zugeschickt.

Der *Freizeitpark Alter Friedhof* ist eine Besonderheit; früher war er tatsächlich einmal ein Friedhof. Mit seinen alten Bäumen, Wiesen und Spiel- und Grillplätzen ist er heute ein vorzüglicher Ort, um einen sonnigen Tag zu verbringen. Das ganze Jahr über verspricht das *Frei- und Hallenbad Kleinfeldchen* viel Vergnügen, eines der beliebtesten Bäder bei Kinder. Gleich nebenan läßt sich im Winter auf der Henkelkunsteisbahn gut Pirouetten drehen; in wärmeren Jahreszeiten verwandelt sie sich in eine Rollschuhsportbahn.

Wer eine andere Art von Unterhaltung außerhalb der Stadt sucht, dem empfehlen wir einen Ausflug ins *Taunus-Wunderland* bei Schlangenbad. Von April bis September ist der Freizeitpark geöffnet. Spaß gibt es hier mit Geisterhöhle, Papageien-Dschungel, mit Märchenfiguren und Gestalten aus der Vorzeit, Rutschen, Streichelzoo und vielem mehr.

Kultur vor Ort
Jugendamt
Dotzheimer Str. 97-99
65197 Wiesbaden
Tel. 06 11 / 31 35 19
www.kulturvorortweb.de

Aktion Kinderstadt
Jugendamt
Infos: Heike Münker,
Tel. 06 11 / 31 35 10

Kinderhaus Elsässer Platz
Klarenthaler Str. 25
65197 Wiesbaden
Tel. 06 11 / 7 31 31 27
geöffnet: Mo.-Fr. 15-17 Uhr

Freizeitgelände Alter Friedhof
Platter Str.
65193 Wiesbaden
Tel. 06 11 / 31 32 49
Eintritt frei
Bus 1, 3, Halt: Nordfriedhof

Frei- und Hallenbad
Kleinfeldchen
Hollerbornstr. 3a
65197 Wiesbaden
Tel. 06 11 / 7 80 22 22
Bus 4, 7,12, 23, 24,
Halt: Kleinfeldchen

Taunus-Wunderland
65388 Schlangenbad
Tel. 0 61 24 / 40 81
geöffnet: 1. April-30. Sept.
tägl. 10-18 Uhr
Bus ab Wiesbaden,
Hotline: 01 80 / 23 51 45 1
Halt: Schlangenbad-Wambach
Eintritt:
Besucher ab 85 cm 22 DM
www.taunuswunderland.de

Der Hessische Landtag

Anders als Frankfurt am Main, Darmstadt oder Kassel blieb Wiesbaden im Zweiten Weltkrieg von Bombenangriffen weitgehend verschont, und so schlugen die Amerikaner ihr Hauptquartier in der schönen Kur- und Beamtenstadt auf. Sie waren es, die Wiesbaden zur Hauptstadt des neu entstandenen Landes Hessen machten. Das Stadtschloß am Marktplatz wurde Sitz des Landtags, der dort im Dezember 1946 zum ersten Mal tagte.

Der *Hessische Landtag* liegt mitten im Zentrum am Marktplatz. Sesam-öffne-dich! Die schwere Tür zum Landtag geht auf. Der Eingangsbereich des ehemaligen Stadtschlosses der Herzöge von Nassau aus dem 19. Jahrhundert erscheint erst etwas düster, doch dann gelangt der Besucher über die Marmorstufen des Treppenhauses zum spiegelblanken Parkettsaal. Wesentlich nüchterner wirkt dann nach Musikzimmer und Festsaal der Fürsten der Bereich, der heute von den Politikern genutzt wird. An der Stelle der Reithalle des Schlosses entstand 1961 der Sitzungssaal des Landtages. Grau und in Beton gegossen erscheint an der Rückwand der hessische Löwe, davor befinden sich die Bänke des Präsidenten, des Schriftführers und aller Minister. 110 Abgeordnete haben hier Platz, auf der Empore noch einmal genauso viele Besucher. Einmal dort zu sein, wo Politik gemacht wird, ist ein spannendes Erlebnis.

Hessischer Landtag
Schloßplatz 1-3
65183 Wiesbaden
Besucherdienst:
Tel. 06 11 / 35 02 92
Führungen anmelden

Der Hessische Landtag

69

Ökologie im Aukammtal und der Kinderbauernhof

Im Aukamm-Naturerlebnistal, einem ehemaligen Gartenbaugelände am Rande von Wiesbaden, bietet das *Ökologiezentrum Aukammtal* Exkursionen zu den Themen an: »Was wächst und krabbelt auf der Wiese«,»Leben im Bach« oder »Wetterspaziergang«. Natur wird auf diese Weise spielerisch entdeckt, und es wird deutlich, wie wichtig die Ökologie für das Fortbestehen der Arten ist. Die Exkursionen dauern in der Regel zwei Stunden und finden auch bei leichtem Regen statt, Gruppen und Schulklassen können extra Termine vereinbaren. Das Aukammtal schließt sich an den Kurpark und das Thermalbad an. Ausführliche Informationen sind bei der Geschäftsstelle zu bekommen, das aktuelle Programm wird gegen einen frankierten Rückumschlag zugeschickt.

Für Wiesbadener Schulklassen und Kindertagesstätten stehen die Tore des *Kinderbauernhofs* offen. Er bietet mit seinem Haus, den Werkstätten und dem großen Bauerngarten viele Möglichkeiten. Andere Städte sollten sich ihn zum Vorbild nehmen und etwas Ähnliches einrichten. Zu ihm gehören Enten, Hühner, Schafe und Ponys. Auf dem Kinderbauernhof dürfen die Kinder eine ganze Woche lang leben wie auf einem richtigen Bauernhof. Sie lernen Tierpflege, Säen, Ernten, Brotbacken und Körbeflechten. Bitte frühzeitig anmelden, denn die Plätze sind begehrt, und die Warteliste ist lang.

Aukamm, Naturerlebnistal e.V.
Kapellenstr. 99
65193 Wiesbaden
Tel. 06 11 / 31 20 20
Teilnehmerbeitrag: Spende, bei Gruppen ca. 5 DM pro Person, Kindergartenkinder weniger
Bus 8, Halt: Freseniusstraße
E-Mail:
Aukamm.NET@t-online.de

Kinderbauernhof
Daimlerstr.
65197 Wiesbaden
Tel. 06 11 / 9 49 07 89
Bus 4, 12, Halt: Flachstraße

Museen der besonderen Art

Mit seinen Mosaiken wird im *Museum Wiesbaden* im wahrsten Sinne des Wortes etwas vom alten Glanz und Anspruch der Kurstadt spürbar. Die ältesten Museumsbestände gehen auf die Sammlertätigkeit der nassauischen Herzöge zurück. Heute beherbergt das Museum eine Galerie mit Kunst des 20. Jahrhunderts, darunter auch Bilder des expressionistischen Malers Alexej von Jawlenski. Es gibt eine naturwissenschaftliche Abteilung sowie Funde aus der Frühgeschichte und der Römerzeit. Diesen Teil möchten wir unseren Lesern besonders ans Herz legen. Er wurde neu gestaltet, ist schön und informativ zugleich und regt zum Vergleichen und Nachdenken an.

Mitten in einem Park in Wiesbadens Stadtteil Freuden-

Museum Wiesbaden
Friedrich-Ebert-Allee 2
Wiesbaden
Tel. 06 11 / 3 35 21 70
Di. 12-20, Mi.-Fr. 10-16 , Sa., So. 10-17 Uhr
Kinder 1 DM, Erw. 5 DM, freier Eintritt Di. 16-20 Uhr
E-Mail:
info@museum-wiesbaden.de
www.museum-wiesbaden.de

berg liegt eine Villa, so groß wie ein kleines Schlößchen, die sich einst ein Künstler und seine reiche Frau bauen ließen. Sie hatte eine wechselvolle Geschichte, stand lange leer, der Schwamm nistete sich ein. Vor ein paar Jahren fand hier das *Erfahrungsfeld Freudenberg* sein Quartier. Eine Gruppe von Künstlern, Pädagogen und Handwerkern hat dort ein »museum in progress« eingerichtet, in dem man mit allen Sinnen Außergewöhnliches wahrnehmen kann. Das Erfahrungsfeld Freudenberg finanziert sich ausschließlich über seine Einnahmen. Eintritt und Führungen kosten deshalb etwas mehr. Eine Vielzahl von Geräten, Spielzeugen und Objekten lädt zum Experimentieren ein. Man kann ausprobieren, wie beim Summen im Loch des Summsteins alles zu vibrieren beginnt, erfahren, wie sich beim Barfußpfad mit Matschfeld unterschiedliche Materialien an Haut und Füßen anfühlen. Das nachdrücklichste Erlebnis aber dürfte der Besuch in der Dunkelbar sein, wo der Gast in vollkommener Dunkelheit seine Bestellung aufgibt und auch im Finstern ißt und trinkt. Auch das Schloßcafé bietet leckere Dinge an. Im Park ist nicht nur Platz zum Spielen, auf dem Lagerplatz kann man mitgebrachtes Picknick verspeisen, backen und grillen. In Freudenberg ist mit Lesungen und Theaterspiel immer etwas los. Besonders bunt geht es zu, wenn im Juni die Kulturtage für Kinder stattfinden.

Ein Museum mit Witz im wahrsten Sinne des Wortes ist in Wiesbaden-Erbenheim zu finden. Gemeint ist das *Harlekinäum*, das Firmenmuseum der Scherzartikelfirma mit dem Werbespruch »Harlekin schenkt Humor«. Das Museum spiegelt über 30 Jahre Firmengeschichte, in denen sich die Mitarbeiter immer wieder Dinge ausgedacht haben, die Menschen zum Lachen oder Schmunzeln bringen sollen. Genauso ungewöhnlich wie die Artikel ist auch die Ausstellung: Der Besucher betritt zum Beispiel einen Raum, in dem alles auf dem Kopf steht, oder einen anderen, bei dem sich der Boden bewegt. Aber am besten selber schauen, mehr wird nicht verraten.

Erfahrungsfeld Freudenberg
Schloß Freudenberg
65201 Wiesbaden-Dotzheim
Tel. 06 11 / 9 41 07 25
geöffnet: Di.-Fr. 9-18, Sa., So. 12-18 Uhr
Kinder 6 DM, Schüler 10 DM, Erw. 15 DM
Gruppen ab 5 Personen anmelden
Bus 23, 25, Halt: Märchenland
E-Mail: schloss.freudenberg@ t-online.de
www.schlossfreudenberg.de

Harlekinäum
Wandersmannstr. 39
65205 Wiesbaden-Erbenheim
Tel. 06 11 / 7 40 01
geöffnet: 1. April-1. Aug., So 11.11-17.17 Uhr
Sondertermine für Gruppen nach Absprache
Kinder 1,99 DM, Erw. 4,99 DM
Bus 15

Im Nerotal: Räuberhöhle und Bergbahn

Auf den Spuren eines Mannes, den das Jagen und Wildern teuer zu stehen kam, führt der Ausflug zur *Leichtweishöhle* im Nerotal am Rande der Stadt. Dazu geht es von der End-

Leichtweishöhle
Wiesbaden Nerotal
Tel. 06 11 / 5 45 39
geöffnet: Karfreitag bis
31. Okt. Mo.-Sa. 10-14,
So. 13-18 Uhr
Eintritt frei
Bus 1, Halt: Endhaltestelle

Nerobergbahn
Wiesbaden Nerotal, Auskunft
über ESWE,
Tel. 06 11 / 7 80 22 22
April bis Okt. alle 15 min., Mi.,
Sa. 12-19, So. 10-19 Uhr,
Mai bis Aug. tägl. 9.30-19 Uhr
Preise einfach:
Kinder 1,20 DM, Erw. 2,50 DM
Hin und Rück: Kinder 1,70 DM,
Erw. 3,50 DM, Familie 7 DM
Bus 1, Halt: Endhaltestelle
E-Mail:
d.SAHM@nerobergbahn.de

haltestelle des Busses an der Gaststätte vorbei in den Wald. Der Weg ist beschildert. Heinrich Anton Leichtweis, 1723 geboren, lernte ein Handwerk in Wiesbaden, erwarb später das Gasthaus »Zum Engel«, war verheiratet, hatte sieben Kinder und galt als angesehener Bürger. Doch beging er heimlich Wilddieberei und einen Einbruch. Er wurde erwischt, verurteilt und kam ins Zuchthaus. Nach seiner Entlassung versteckte er sich in einer Waldeshöhle. Ob es nun genau die am Schwarzbach war, die heute seinen Namen trägt, ist nicht sicher. Als sie vor weit mehr als hundert Jahren entdeckt wurde, brachte man sie mit Anton Leichtweis und seiner Geschichte in Verbindung. Sie wurde vergrößert, erhielt vom Verschönerungsverein eine Räuberausstattung, und schon kamen die Besucher.

Zum Spielen danach ist ein großer Spielplatz mit guten Klettermöglichkeiten vorhanden. Im Naturschutzgebiet Rabengrund in Richtung Norden läßt es sich am Bach gut planschen, es gibt Wiesen und Picknickplätze.

Wie wäre es bei diesem Ausflug noch mit einer Fahrt mit der *Nerobergbahn* zum Neroberg, dem Hausberg Wiesbadens? Gelb-blau gestrichen, befördert die Standseilbahn seit September 1888 die Ausflügler. Die Strecke von etwa 440 m schafft sie in etwas mehr als drei Minuten. Sie überwindet dabei eine Höhe von 83 m und eine Steigung von bis zu 26 Prozent. Absolut umweltfreundlich ist sie, als Antriebsart

Nerobergbahn Wiesbaden

dient Wasserballast. In der Bergstation wird der Tank des zur Talfahrt bereitstehenden Wagens mit 7000 Litern Wasser gefüllt. Er ist mit dem in der Talstation stehenden Wagen durch ein Stahlseil verbunden und kann durch das Gewicht des Wassers und der Fahrgäste dann den Wagen hinaufziehen. Am Ende der Fahrt fließt das als Ballast wirkende Wasser nicht einfach ab, sondern wird zur Bergstation zurückgepumpt. Ein kleines Museum informiert über das technische Wunder Nerobergbahn.

Wein wächst an den Hängen des Neroberges, der ganze 245 m hoch ist. Ob sein Name wirklich vom römischen Kaiser Nero herrührt, ist fraglich. Auf seinem Gipfel angekommen, liegt einem die Stadt zu Füßen. Der Besucher hat die Wahl zwischen reiner Erholung in einem Gartenrestaurant oder einer eher sportlich-aktiven Betätigung. Dazu laden die zahlreichen Wanderwege durch den Forst oder das *Opel-Schwimmbad* ein, das zusätzlich einen wunderschönen Blick über ganz Wiesbaden bietet.

Die *Russische Kapelle* mit ihren fünf goldenen Kuppeln hält noch ein weiteres stimmungsvolles Ambiente bereit. Sie wird auch »griechische« Kapelle genannt. Gebaut wurde sie nach 1847 für die russische Großfürstin Elisabeth, die mit Adolf von Nassau verheiratet war. Sie starb bei der Geburt ihres ersten Kindes. Ihr Marmorgrabmal im Innern der Kirche beeindruckt besonders. Gleich neben der Kapelle liegt der russische Friedhof, wo sich auch das Grabmal des Malers Jawlenski befindet (s. Kapitel Museen). Den Schlüssel zum Tor gibt es auf Anfrage in der Kirche.

Opelbad
Neroberg
65193 Wiesbaden
Tel. 06 11 / 71 72 98 85
geöffnet: Mai-Sept.
tägl. 9-20 Uhr
Mehrfachkarten gelten auch für die Nerobahn

Russische Kapelle
Neroberg
Tel. 06 11 / 52 84 94
geöffnet: Sa. u. So. 11-16 Uhr
und nach Anfrage

Drei Schlösser und Fasane

Wenn es die Fürsten mit ihren Schlössern und Anlagen nicht so gut mit sich gemeint hätten, wären wir heute ärmer an Möglichkeiten, die Freizeit im Grünen zu verbringen. Der *Biebricher Schloßpark* ist mit seinem alten Baumbestand, den grünen Rasenflächen, der barocken Fontäne, dem Weiher und der Ruine Mosburg ein äußerst angenehmer Aufenthaltsort für alle. Das Schloß Biebrich war früher mit seiner rotweißen, zum Rhein hin gewandten Fassade die Sommerresidenz der nassauischen Fürsten. Die Gebäude werden nun vom Landesdenkmalamt genutzt, im großen Festsaal in der Rotunde gibt es Empfänge. Im Park finden an Pfingsten die

Schloßpark Biebrich
Bus 4, Halt: Rheinufer

Rheinfahrten:
Köln-Düsseldorfer
Rheingaustr. 145
65203 Wiesbaden-Biebrich
Tel. 06 11 / 60 09 95
Fahrzeiten: April bis 31. Okt.

Tierpark Fasanerie
Aarstr.
65195 Wiesbaden
Tel. 06 11 / 46 73 23
geöffnet: tägl. 7-18, im Winter
bis 17 Uhr
Eintritt frei
Bus 33, Halt Fasanerie
Führungen für Schulklassen
anmelden

Platte
Bus 5473, 5474,
sonntags auch 50

berühmten Reitturniere statt, und am Rheinufer sind Anlege-stellen für *Ausflugsdampfer.*

Im heutigen Stadtteil Klarenthal besaß einst Fürst Karl von Nassau-Usingen ein Jagdschloß mit einem Tiergehege. Weil dort Fasane gehalten wurden, bekam die Anlage den Namen *Fasanerie.* Heute ist sie ein öffentlich zugänglicher Tierpark mit Kiosk und Gaststätte, dessen besondere Attraktion das 500 qm große Luchsfreigehege darstellt. Über 140 Tiere oder 50 Arten haben mit ihrem Nachwuchs in der Fasanerie ihr Zu-hause: Steinmarder, Hirsche, Rehe, Wisente, Wölfe, Fischot-ter, Waschbären und die inzwischen in Deutschland selten gewordenen Störche. Es gibt einen Wasserspielplatz mit Pumpe, Röhren und Sand zum Matschen und zum Beobach-ten des Wildes einen speziellen Kinderhochsitz. Wer den Tie-ren beim Fressen zuschauen will, muß sich um 15 Uhr zur Füt-terungstour einfinden. Freitags gilt das nicht, denn da wird ein Hungertag eingelegt.

Ein Jagdschloß der nassauischen Herzöge steht auf der *Platte*, gut erreichbar auch vom Neroberg aus (s. dort). Auf dem Kegel eines immerhin 521 m hohen Berges sorgen im Wald nördlich von Wiesbaden beste Aussicht, viele Wander-wege, der Abenteuerspielplatz, Minigolf und Liegewiese, ein Picknickplatz, Kiosk und Restaurant für Unterhaltung und Entspannung. Das wußten wohl auch die Herzöge, die sich dort um 1820 das Schlößchen bauen ließen. In seinen Ruinen – es wurde 1945 bei Bombenangriffen zerstört – finden gele-gentlich Kunstausstellungen statt.

Rheindampfer

Der Rheingau: Burgen und Weinberge

Der Rhein ist der meistbefahrene Strom unter den europäischen Flüssen, und am schönsten ist es wohl, den Rheingau zu Wasser zu erkunden. Fahrten auf Ausflugsschiffen bis nach Rüdesheim und weiter werden von Frankfurt und Wiesbaden-Biebrich aus angeboten (s. dort). Von Wiesbaden/ Bahnhof aus fährt aber auch wochentags der Bahnbus 5480 am Rhein entlang, und alle größeren Orte haben Bahnanschluß. Doch am bequemsten ist es vielleicht mit dem eigenen Auto. Der Reisende sieht Städte, Burgen, Schlösser auf den mit Wein bewachsenen Hügeln an sich vorbeiziehen. Auf dem Rhein begegnen ihm Motor-, Container- und Schubschiffe, Schleppkähne und Fähren. Rheingau heißt der ganze Landstrich zwischen Wiesbaden und dem Rheinbogen bei Rüdesheim. Das sind rund 45 km Fluß, Lorchhausen ist der letzte hessische Ort. Hier wird der Fluß schmaler und ist mühsamer für die Schiffer zu befahren. Bis zum Felsen der Dame Loreley, die ihr goldenes Haar kämmte und damit einst die Schiffer verwirrte, ist es dann nicht mehr weit. Manche vermuten hier in der Nähe auch die Stelle, an der Hagen den Goldschatz der Nibelungen versenkt haben soll. Eine andere Sage berichtet vom Mäuseturm auf einer Rheininsel bei Rüdesheim. Das war ein Zoll- oder Mautturm. Die Schiffer hatten hier Mautgebühren oder »Mäuse«, eine noch heute umgangssprachlich übliche Bezeichnung für Geld, zu entrichten. Die Sage weiß, wie es zum Namen »Mauseturm« kam: Ein habgieriger Herr kaufte während einer Hungersnot alles Eßbare auf, verbarg sich selbst und seine Schätze in einem Turm, während die übrige Bevölkerung Not litt. Doch das nützte ihm nichts. Mäuse folgten ihm über den Strom, drangen in den Turm ein und bissen ihn tot.

Zum Thema Märchen unser **Extra-Tip:** Wir empfehlen als Lektüre für den Ausflug in den Rheingau die Rheinmärchen von Clemens Brentano. Sie sind etwa zur gleichen Zeit entstanden wie die Märchensammlung der Brüder Grimm, sind aber weit weniger bekannt. Sie handeln vom Müller Radlauf, der Frau Mondenschein und natürlich vom Vater Rhein. Clemens Brentano kannte den Rheingau sehr gut. In Winkel steht das *Brentanohaus*, in dem er und seine Schwester Bettine vor mehr als 200 Jahren in den Sommermona-

75

ten ihre Kindheit verbrachten. In dem Haus mit dem schönen Garten befindet sich heute ein Restaurant.

Rheingau-Taunus Kultur- u.
Tourismus GmbH
An der Basilika 11a
65375 Oestrich-Winkel
Tel. 0 67 23 / 9 95 50
E-Mail:tourist@rheingau-taunus-info.de
www.rheingau-taunus.de

Brentanohaus
Lindenplatz 2
65375 Winkel
Tel. 0 67 23 / 72 26
Fax 0 67 23 / 8 74 96

Apropos Essen und Trinken. Wegen seines milden Klimas gedeihen Obst und Wein im Rheingau besonders gut. Das wußten schon die alten Römer, die mit dem Weinanbau auf dem Tonschieferboden begannen. Im Herbst kann beim Ernten der Trauben an den steilen Hängen zugeschaut und der frische, süße Traubensaft probiert werden. In den Wäldern sind dann auch die Eßkastanien reif. Viel Spaß beim Sammeln und Vorsicht mit den stacheligen Schalen. Die Eßkastanien werden einfach wie Kartoffeln in Wasser gekocht oder im Ofen gebacken. So zubereitet, schmecken sie besonders prima. Dabei die Schalen vorher über Kreuz einritzen.

Eltville und Kloster Eberbach

Kultur- und Gästeamt Eltville
Schmittstr.2
65334 Eltville
Tel. 0 61 23 / 90 98 20
E-Mail: touristic@eltville.de
www.eltville.de

Weingut Koegler
65334 Eltville
Kirchgasse 5
Tel. 0 61 23 / 24 37

Kurfürstliche Burg Eltville
geöffnet: Mai-Okt. 9.30-19,
Okt.-April Di.-So. 10.30-17 Uhr
Burgturm: Mai-Okt. Sa.,
So. 11-18 Uhr
Kinder frei, Erw. 2,50 DM
ab Weihnachten bis Febr.
geschlossen

Schwimmbad Eltville
Erbacher Str. 22
65334 Eltville
Tel. 0 61 23 / 8 12 76
geöffnet: Mitte Mai-Mitte
Sept. tägl. 9-20 Uhr
bis 18 Jahre 3 DM, Erw. 6 DM

Eltville, der Rosenort oder das römische Alta Villa (dt. hohe Stadt), ist die älteste Stadt des Rheingaus. Unter Johannes Gutenberg war Eltville im 15. Jahrhundert eine der frühesten Stätten des Buchdrucks. Seine Werkstatt befand sich in dem heutigen *Weingut Koegler* in der Kirchgasse, dessen gemütliche Gaststube mit großem Garten zu einer Rast einlädt. In der mächtigen mittelalterlichen *Burg*, in der die Erzbischöfe aus Mainz Hof hielten, ist eine Gedächtnisstätte für den Erfinder des Buchdrucks mit beweglichen Lettern eingerichtet.

Außer der Burgbesichtigung empfehlen wir natürlich noch einen Rundgang durch die Stadt mit ihren alten Häusern, Türmen und schönen Höfen. Beim Spaziergang am Rheinufer unter den Platanen macht es Vergnügen, Kieselsteine über das Wasser hüpfen zu lassen und den Enten und Schwänen zuzusehen. Ein wenig weiter am Fluß entlang in Richtung Rüdesheim gibt es ein *Freibad* mit großen, baumbestandenen Liegewiesen.

Nur etwa sechs Kilometer von Eltville entfernt liegt *Kloster Eberbach*. Die Straße dorthin führt über Kiedrich mit seinem hübschen Marktplatz und der reich ausgestatteten gotischen Kirche. Danach geht es weiter in kurvenreicher Fahrt hinauf durch die Weinberge. Wenn dann in einer Talsenke aus dem vielen Grün die romanische Klosterkirche mit ihrem mächtigen Turm auftaucht, ist noch etwas spürbar von der

Abgeschiedenheit, die die Mönche im 12. Jahrhundert für ihre großartige Niederlassung suchten. Die Kirche, der Kreuzgang mit dem schönen Brunnen, in dem sich die Mönche zum Gebet versammelten, und der 72 m lange Schlafsaal sind zu besichtigen. Außerdem wird ein Gewölbe mit Weinpresse und vielen alten Fässern gezeigt, denn die Mönche waren Winzer und unterhielten einen regen Handel mit dem edlen Tropfen. Seit dem Beginn des vorigen Jahrhunderts leben allerdings keine Mönche mehr hier, heute ist die Hessische Staatsweinkellerei in einigen der Räume untergebracht. Auf einem kleinen Weinberg seitlich vom Kloster sind verschiedene Zuchtreben zu sehen. Es gibt auch einen Weinlehrpfad, und den Wanderlustigen wird das Herz höher schlagen: Durch die waldigen Höhen führen viele gut ausgeschilderte Wege.

Kloster Eberbach
Besichtigung u. Weinverkauf:
April-Okt. tägl. 10-18 Uhr
Nov.-31. März Mo.-Fr. 10-16,
Sa., So. 11-16 Uhr
Kinder frei, Schüler ab
12 Jahre 3 DM, Erw. 5 DM
Führungen: April-Okt. 11 und
15 Uhr, 2 DM Aufpreis
Gruppen anmelden:
Tel. 0 61 23 / 90 98 20
Weinproben anmelden:
Tel. 0 67 23 / 42 28

Rüdesheim und sein Denkmal

15 km von Eltville rheinaufwärts liegt Rüdesheim. Auf dem Weg dorthin lohnt es sich, manchmal einen Zwischenstop einzulegen. Beispielsweise in Oestrich mit seinem Wahrzeichen, dem alten Kran aus dem Jahr 1743, mit dem früher die Schiffe be- und entladen wurden, oder in Winkel mit dem Brentanohaus. Den besten Blick auf den Rhein hat man von dem zwei Kilometer von der B 42 entfernten Schloß Johannisberg. Der große Bau ist schon von weitem sichtbar. Aussichtsterrasse und Gaststätte laden zum Kommen und Bleiben ein.

Grabdenkmal
im Kloster Eberbach

77

Verkehrsamt
der Stadt Rüdesheim
Rheinstr. 16
65385 Rüdesheim
Tel. 0 67 22 / 29 62
E-Mail: touristicinfot.online.de
www.ruedesheim.de

Mittelalterliches
Foltermuseum
Grabenstr.13
65385 Rüdesheim
Tel. 0 67 22 / 4 75 10
geöffnet: April-Nov.
tägl. 10-18 Uhr
Kinder ab 6 Jahre 6 DM,
Erw. 7 DM

Siegfrieds Mechanisches
Musikkabinett
Oberstr. 29
65385 Rüdesheim
Tel. 0 67 22 / 4 92 17
geöffnet: 15. März-Mitte Nov.,
tägl. 10-20 Uhr,
auch an Advent Fr.-So.
Kinder 5 DM, Erw. 9 DM
Bitte anmelden

Weinmuseum Brömserburg
Rheinstr. 2
65385 Rüdesheim
geöffnet: März-Nov., tägl. 9-18
Uhr, auch an Advent Fr.-So.
Kinder 3 DM, Erw. 5 DM

Zurück auf der Hauptstraße in Richtung Rüdesheim gelangt man nach *Geisenheim*. Hier kann in der Ortsmitte am Marktplatz die mehrere hundert Jahre alte Linde bestaunt werden. Ihr zu Ehren wird am zweiten Juliwochenende das Lindenfest veranstaltet.

Von hier aus ist es nicht mehr weit bis Rüdesheim. Im bekanntesten Ort des Rheingaus wälzen sich zur Sommerzeit Massen von Touristen durch die berühmte Drosselgasse, in der eine Weinschänke neben der anderen zu finden ist.

In Rüdesheim gibt es drei interessante Museen. Einen Schauer des Schreckens packt den Besucher im *Mittelalterlichen Foltermuseum* angesichts der hier ausgestellten Werkzeuge zur Marter der Verurteilten. Im schönen Brömserhof mit seinem hübschen Fachwerkturm hat *Siegfrieds mechanisches Musikkabinett* sein Zuhause gefunden. Dort ist von der kleinen Dreh- bis zur großen Jahrmarktsorgel alles zu besichtigen, was mechanisch Töne erzeugt. Am Ortsrand liegt die stattliche *Brömserburg* aus dem 12. Jahrhundert, die das *Weinmuseum* beherbergt. Gezeigt werden Handwerksgeräte

*Sesselbahn
zum Niederwalddenkmal*

des Winzers, Trinkgefäße, Krüge und ein 600 Liter fassendes riesiges Weinfaß.

Oben auf dem Berg befindet sich das Wahrzeichen von Rüdesheim, das *Niederwalddenkmal* mit der Germania, auch »Dickmadam« genannt. Sie ist fast 12 m hoch und wiegt über 600 Tonnen! Errichtet wurde das Denkmal zur Erinnerung an den Krieg von 1870/71. Knapp eine Stunde zu Fuß braucht der Wanderer durch die Weinberge hinauf, von Ostern bis Ende Oktober kann aber auch die *Kabinenseilbahn* genommen werden. In der Umgebung des Denkmals gibt es ein Café, mehrere Aussichtspunkte und Liegewiesen, eine *Pflegestation für Adler*, Schnee-Eulen, Geier und andere große Vögel. Ein Weg in Richtung Norden geht zum *Landgut Ebental* mit dem »Ponyland«, wo sich die Pferdefans als Reiter auf einem etwa zwei Kilometer langen Rund-Parcours durch Wald und Wiesen vergnügen können. Auch Kutschfahrten sind möglich. Der Tempelweg in Richtung Assmannshausen führt, vorbei an einem Grillplatz, noch zu einem Wildgehege und weist schöne Ausblicke auf den Fluß aus. Wer Lust am Fahren mit vielen verschiedenen Verkehrsmitteln hat, kann hier mit dem Sessellift den steilen Hang nach Assmannshausen herunterschweben. Im Ort fährt auch ein Schiff zurück nach Rüdesheim.

Kabinenseilbahn
zum Niederwalddenkmal
Oberstr. 37
65385 Rüdesheim
Tel. 0 67 22 / 24 02
Fahrbetrieb: Ostern–Mitte Nov.
tägl. 10-17 Uhr
(wetterabhängig)
Hin- und Rückfahrt 10 DM, einfache Fahrt 6,50 DM, Gruppen- und Kinderermäßigung einfache Fahrt 3,50 DM, Hin- und Rückfahrt 5 DM

Adlerwarte
Tel. 0 67 22 / 4 73 39
geöffnet: März–Okt.,
tägl. 10-18 Uhr
bei Regen geschlossen
Kinder 3 DM, Erw. 5 DM,
Familien bis 2 Kinder 12 DM

Landgut Ebental, Ponyland
65385 Rüdesheim
Tel. 0 67 22 / 25 18
im Winter auf Anfrage

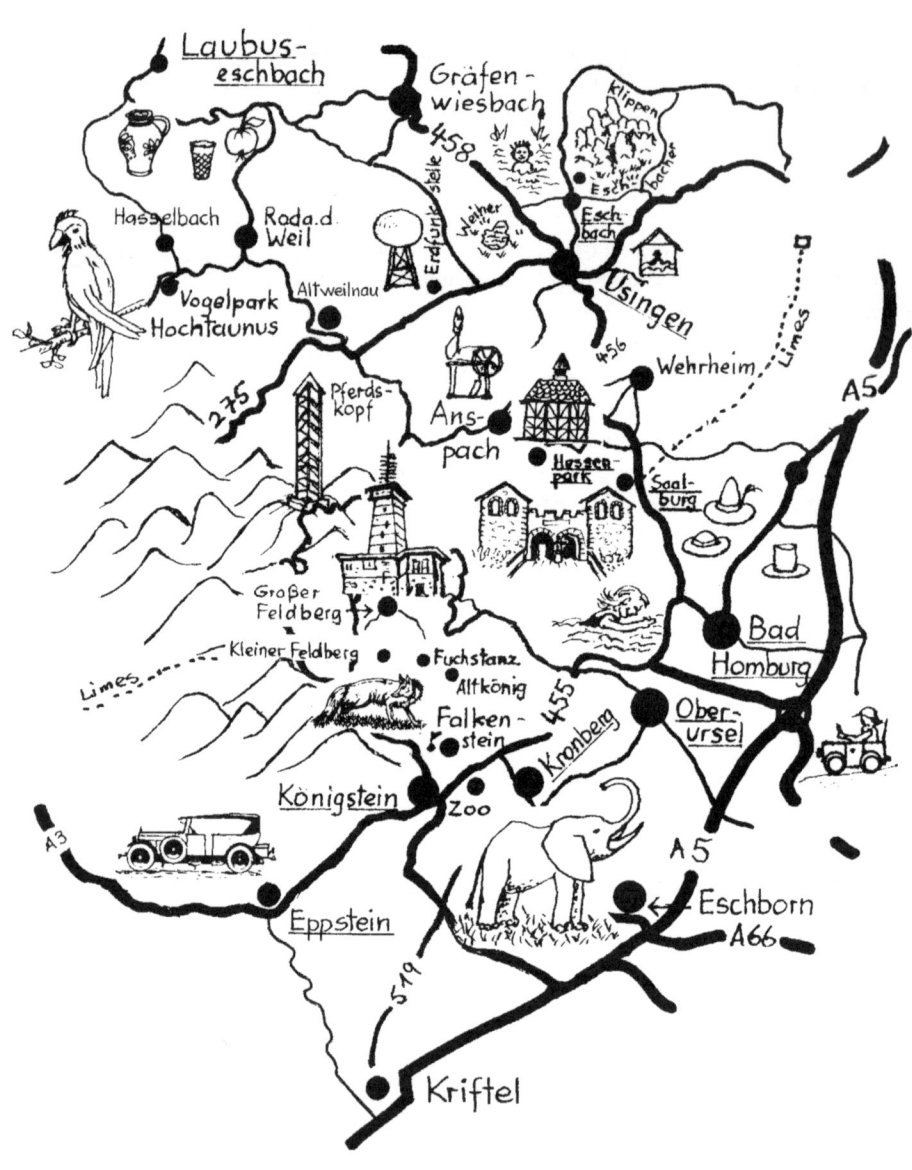

Laubus-
eschbach

Gräfen-
wiesbach

458

Erdfunk-Stelle

Weiher

Klippen

Eschbach

Eschbach

Hasselbach

Roda.d.
Weil

Altweilnau

Usingen

Vogelpark
Hochtaunus

456

Wehrheim

Limes

A5

275

Pferds-
kopf

Ans-
pach

Hessen-
park

Saal-
burg

Großer
Feldberg

Kleiner Feldberg

Limes

Fuchstanz

Altkönig

455

Bad
Homburg

Falken-
stein

Kronberg

Ober-
ursel

A3

Königstein

Zoo

A5

Eppstein

Eschborn

A66

519

Kriftel

Der Taunus

Gute Luft und gesundes Wasser

Die Höhenzüge und Täler des Taunus mit Schieferablagerungen und Marmorgestein entstanden im Erdmittelalter. Die ersten Spuren menschlichen Lebens gab es in der Jungsteinzeit. Aus keltischer Zeit sind die Ringmauern großer Ansiedlungen und Fluchtburgen erhalten. Von den Römern stammen die Ruinen des Limes und seiner Kastelle. Im Mittelalter führte ein ausgebautes Straßen- und Handelsnetz durch den Taunus.

Die Region stand in dem Ruf, rauh und unwegsam zu sein. Reisende mieden sie besser. Räuber trieben in den dichten Wäldern ihr Unwesen, in denen Wölfe, Bären und Auerochsen heimisch waren und Adler, Bussard und Milan die Höhen umkreisten. Die Täler waren wenig besiedelt, ihre Bewohner galten als Eigenbrötler und Hinterwäldler. Der Landstrich, reich an Thermal- und Mineralquellen, weist Blei-, Eisen-, Kupfer- und Silbervorkommen auf. In den Bergwerken wurde geschürft, Nagelschmiede, Weber, Besenbinder und Strumpfwirker betrieben hier ihr Handwerk. Am Urselbach bei Oberursel oder im Weiltal klapperte das Rad des Müllers. Im 19. Jahrhundert mußten viele Menschen aus diesem Gebiet auswandern, da Armut herrschte und nicht alle satt wurden. Viele suchten ihr Glück in Amerika. Heute sind die Städtchen nett anzuschauen, wir genießen die gute Luft und erfreuen uns am üppigen Grün. Angeln, Campen, Radfahren, Reiten sind im Taunus möglich. Die Wanderfreunde lieben ihn, Wintersportler ebenso. Rodeln und Skifahren machen Spaß beim Hohen Feldberg, in Schmitten und in Oberreifenberg. Insgesamt stehen im gesamten Gebiet des Hochtaunuskreises 16 Loipen zur Verfügung.

Taunus-Touristic-Service
Kisseleffstr. 7
61348 Bad Homburg
Tel. 0 61 72 / 9 99 80 02
E-Mail: ti@taunus-info.de
www.taunus-info.de
Schneetelefon: 0 60 82 / 27 27

Kriftel und Weilbach: Schule einmal anders

Eine Schule aus Zeiten der Urgroßeltern ist in Kriftel in der modernen Weingartenschule untergebracht. Mit seiner komplett eingerichteten alten Schulstube ist das *Schulmuseum* einmalig in Hessen. Wolfgang Janecke, selbst Lehrer, hat alles aus alten Schulhäusern, von Flohmärkten und aus Privatbesitz zusammengetragen. Klassen können dort eine Unterrichtsstunde im Stil vergangener Zeiten erleben. Dazu wird ein Matrosenkragen umgelegt, die Hände brav auf dem Schultisch ausgestreckt. Tuscheln mit dem Nachbarn ist verboten. Dann geht es los mit den Schreibübungen in Sütterlinschrift, mit und ohne Griffel.

Schulmuseum Kriftel

Schulmuseum der
Weingartenschule
Staufenstr. 14-20
65830 Kriftel
Tel. 0 61 90 / 89 21 76
Fax 0 61 96 / 6 11 87
E-Mail:
info@schulmuseumkriftel.de
www.schulmuseum
kriftel.de
geöffnet nach tel. Anmeldung

Schwarzbach Planetenweg
www.planetenweg.de

Naturschutzhaus Weilbacher
Kiesgruben
Frankfurter Str. 74
65439 Flörsheim-Weilbach
Tel. 0 61 45 / 93 63 60
geöffnet: Mo.-Do. 9-16,
Di. 9-18, Fr. 9-12 Uhr
Eintritt frei, Kosten für Lernangebote erfragen
E-Mail:
naturschutzhaus@gmx.de

Von der Weingartenschule ging auch die Initiative zum *Schwarzbach Planetenweg* aus. Er ist vor Jahren von einer Astronomie-Arbeitsgemeinschaft mit Schülern einer 9. und 10. Klasse entwickelt worden. Ähnlich dem Planetenlehrpfad in Marburg (s. dort) richteten sie einen sechs Kilometer langen Weg entlang des heimischen Schwarzbaches ein. Ausgehend von der großen Sonnenkugel aus Beton im Freizeitpark Kriftel führt er vorbei an Merkur, Venus, Erde bis zu Pluto, dem neunten Planeten unseres Sonnensystems an der Mainuferanlage in Hattersheim-Okriftel. Mit seinen Infotafeln und den aus Bronze gegossenen Modellen, die auch Informationen in Blindenschrift enthalten, macht der Schwarzbach Planetenweg deutlich, wie winzig klein unsere Erde im Sonnensystem ist.

Mitten in einer ehemaligen Kiesgrubenlandschaft liegt das *Naturschutzhaus Weilbacher Kiesgruben*. Einblicke in die Zusammenhänge von Natur und Umweltschutz werden hier spielerisch an Wasser, Wiesen, Hecken und Garten vermittelt. Es gibt ein Labor, ein Gewächshaus, einen Naturerlebnis- und einen Ausstellungsraum.

Oberursel und die Kinderautomobile

In Oberursel schlug die Geburtsstunde der Minicar-Rennen für Kinder. Man schreibt das Jahr 1904. Kaiser Wilhelm ist aus dem großen Berlin zur Sommerfrische gekommen und genießt die gute Taunusluft. Zu seiner Unterhaltung werden Autorennen organisiert, die Fahrer haben in Oberursel Quartier bezogen. Alle sind vom Rennfieber angesteckt. Zwei Jungen konstruieren aus vier Rädern, einem Brett und einem Kasten, der einer Motorhaube ähneln soll, das erste Kinderautomobil der Welt. Ein Vater findet die Idee toll, er baut einen Mini-Flitzer für seinen Jüngsten, andere tun es ihm nach. Parallel zum Rennen der Profis wird eines für die Jungen ausgerichtet. Lange bevor in Amerika in den 30er Jahren die ersten rollenden kleinen Fahrzeuge aus Seifenkisten entstanden, hatte sich die Idee der Kinderautomobil-Rennen in Oberursel also schon durchgesetzt. Heute finden in dem Taunusstädtchen Rennen mit selbstgebauten Seifenkisten statt. Die Termine erfährt man bei der Stadtverwaltung.

18 Kinderautomobile, liebevoll erstellte Kopien damals gängiger Rennautos, stehen im Oberurseler *Vortaunusmuseum* am Marktplatz. Falls der Raum mit den flotten Kisten geschlossen ist, die Aufsicht an der Pforte schließt auf. Das Museum informiert außerdem anschaulich über Buchdruckerkunst, Handwerkstraditionen und die Mühlwerke am Urselbach. Eine große Ölmühle aus dem Jahr 1650 ist original-

Fremdenverkehrsinformation
Stadt Oberursel
Rathausplatz 1
61440 Oberursel
Tel. 0 61 71 / 50 23 05
E-mail: info@oberursel.de
www.oberursel.de

Vortaunusmuseum
61440 Oberursel
Marktplatz 1
Tel. 0 61 71 / 58 14 34
geöffnet: Mi. 10-17, Sa. 10-16,
So. 10-13 Uhr
Eintritt frei, Ferienspiele

Ursulakirche
Turmführungen:
0 61 71 / 5 27 31
Mai-Okt., jeweils 1. Sa. im
Monat 15-16 Uhr
3 DM

Kinderbeauftragte
Frau Kornelia Benner
Tel. 0 61 71 / 58 01 01
Kindersprechstunden i.d.
Kinderbibliothek:
Di.-Do. 15-18 Uhr, 1. Samstag
im Monat 10-13 Uhr

Kinderautomobil von 1907

83

getreu wieder aufgestellt. Mit echten Fundstücken gut dokumentiert sind die Ringwallanlagen der Kelten im Taunus (s. Altkönig).

Vom Museum aus geht es in die Oberstadt mit dem Fachwerkrathaus und der spätmittelalterlichen *Ursulakirche*. Wie die Stadt hat auch sie ihren Namen von der Heiligen Ursula, die im 5. Jahrhundert gelebt haben und für ihren christlichen Glauben gestorben sein soll. Im spitzen Turm der Kirche hatte in früheren Zeiten der Türmer seine Wohnung. Der Turm kann bei einer Führung besichtigt werden.

Oberursel hat eine *Kinderbeauftragte*, an die sich die Kinder mit ihren Sorgen und Vorschlägen wenden können. Kinderkultur, wie das »Kulturkarussell« mit Theateraufführungen oder die »Schultheatertage«, wird auf den Infotafeln einer bunten Holzskulptur im Park an der Adenauerallee angezeigt. Sie wurde vom Oberurseler Künstler Eberhard Müller-Fries gemeinsam mit Kindern gestaltet.

Eisenbahnfreunde kommen ins Städtchen, um die Mini-Eisenbahnen zu bewundern oder auch selbst mitzufahren. Die Mitglieder vom *Dampfbahnclub Taunus* investieren viel Zeit und Fingerfertigkeit in den Nachbau von Dampf- und D-sselloks, Personen- und Güterwagen.

Auch ein Besuch beim *Institut für Bienenkunde* ist informativ und interessant. Die Wissenschaftler erforschen das Leben der fleißigen Völkchen. Es darf auch mal aus der Wabe Honig genascht werden.

Oberursel eignet sich gut als Ausgangspunkt für Taunuswanderungen, u.a. auf den Großen Feldberg (s. dort). Auch der archäologische Wanderweg kann von hier aus erreicht werden. Der Weg beginnt im Wald jenseits der Straße bei der Endhaltestelle der Linie U3. Er ist mit einem antiken Kopf bezeichnet und führt zu Resten der Ringwälle im Gebiet des keltischen »Heidetränk Oppidum«.

Großer Feldberg: Aussichtsturm und Brunhildisfelsen

Der Große Feldberg ist mit 881 m der zweithöchste Berg Hessens. Feldberg heißt er, weil die Fläche oben auf seinem Gipfel so groß wie ein Feld ist. Dort oben stehen neben dem 40 m hohen *Aussichtsturm* Gebäude, die vom Hessischen Rundfunk und der Telekom genutzt werden. Auch Hessens älteste *Falknerei* ist hier zu finden; sie ist Zucht- und Krankenstation

Infos zum Dampfbahnclub
Taunus e.V.:
Herr Kabbe
Weinbergstr. 60
61440 Oberursel
Tel. 0 61 73 / 64 04 43
Fahrzeiten: April-Okt. jeweils
am 2. So. 10-17 Uhr

Institut für Bienenkunde
61440 Oberursel
Karl-von-Frisch-Weg 2
Tel. 0 61 71 / 2 12 78
kostenlose Führungen
rechtzeitige Anmeldung nötig

zugleich. Über 60 verschiedene Arten, darunter auch Adler, Milane und Eulen, sind hier untergebracht. Am Rand des Gipfelplateaus vom Großen Feldberg befindet sich eine Felszacke, der sogenannte Brunhildisfelsen. Von hier ist die Aussicht über Wälder, Täler und Hügel herrlich. Welche Brunhilde gemeint ist, ob die aus der Nibelungensage oder eine grausame Königin gleichen Namens, ist nicht sicher. Letztere soll diesen Platz besonders geliebt haben. Es heißt auch, unter dem Felsen befinde sich ihr Grab. Überhaupt sind einige Legenden mit dem Berg verknüpft. Manche erzählen vom Toben der »Wilden Jagd«, die in den rauhen Nächten zwischen Weihnachten und Neujahr ihr Unwesen treibt. Dämonen und Geister sollen dann pfeifend und johlend die Wanderer genarrt und in die Irre geführt haben, weshalb in früheren Zeiten die Menschen den Berg dann mieden.

Der Aufstieg zum Großen Feldberg kann von vielen Stellen erfolgen. Von Oberursel aus dauert er mehrere Stunden. Drei Vegetationszonen werden dabei passiert: Nach Laubwald folgt eine Zone mit Fichten, noch höher wachsen Buchen, Eichen und Ebereschen, die oft verwittert sind. Sie gehören zur ursprünglichen Vegetation und haben sich dem häufig strengen Klima hier oben angepaßt. Weniger beschwerlich ist der Weg hinauf auf der Hochtaunusstraße mit dem Auto oder dem Bus. Parkplätze sind reichlich vorhanden, die in Gipfelnähe sind kostenpflichtig.

Aussichtsturm
geöffnet: So. ab 8,
Mo.-Sa. 9 Uhr
bis zum Einbruch der
Dunkelheit
Kinder 1 DM, Erw. 3 DM
Nov. Betriebsferien
Imbiß: Tel. 0 61 74 / 2 22 19

Falknerei Großer Feldberg
Tel. 0 61 74 / 75 45
1. Mai -15.Okt. 10-18 Uhr
Kinder 2 DM, Erw. 4 DM
Buslinie 505 ab Bad Homburg,
Halt: Sandplacken,
dann Bus 511

Kleiner Feldberg, Fuchstanz und Altkönig

Der Kleine Feldberg mit 825 m Höhe liegt nicht weit vom Großen Feldberg entfernt. Auf ihm wurde 1913 eine Station zur Beobachtung des Sternenhimmels eingerichtet, außerdem unterhält die Universität Frankfurt hier eine Erdbeben- und Wetterwarte. Besonders beliebt ist bei der Wandertour zum Großen oder Kleinen Feldberg ein Besuch auf der nicht weit entfernten Hochebene *Fuchstanz*. Der Weg dorthin ist ausgeschildert. Auf dem Fuchstanz waren früher die Köhler zu Hause, die in ihren Meilern Holzkohle herstellten. Vor über 100 Jahren wurde auf ihm die erste Schutzhütte des Taunus-Wanderclubs gebaut. Inzwischen laden gleich zwei Gartenrestaurants zum Ausruhen und Speisen ein.

Auf dem 798 m hohen *Altkönig*, nahe beim Fuchstanz, sind Spuren von Ringwällen zu entdecken. Altkönig – der

Älteste Fuchstanz-Gaststätte
Tel. 0 61 74 / 2 12 81
geöffnet: Mo.-Mi. 9-18, Do.,
Sa., So. 8.30-22 Uhr

Name kommt vom keltischen Wort »alkin« und bedeutet Höhe. Die Kelten errichteten hier die wohl beeindruckendste Befestigungsanlage im Taunus, wahrscheinlich eine Fluchtburg, deren doppelter Mauerring bis zu sechs Meter dick und hoch war. Der innere Ring umfaßte eine Länge von fast 1.000 m, der äußere von beinahe 1.400 m. Im hellen Gestein am Boden sind ihre Reste noch gut erkennbar. Vom Berg mit den Überbleibseln der jahrtausendealten Ringwälle, seiner Grasnarbe und den knorrigen Eichen auf dem Gipfel geht eine besondere Faszination aus. Fachleute vergleichen die Bauleistung der Kelten mit dem Bau der Pyramiden in Ägypten.

Restaurant Fuchstanz
Tel. 0 61 74 / 2 12 23
Di.-So. 10-18 Uhr

Unser Extra-Tip: 2500 Jahre vor Christus vollbrachten die Kelten schon großartige Kulturleistungen. Das Kinderbuch »Gabriele Beyerlein erzählt von den Keltenfürsten« bietet neben einer spannenden Geschichte auch einen Informationsteil, der über die Handelszüge der Kelten, ihre Burgbauten und ihr hohes handwerkliches Können berichtet.

Kronberg und Königstein: Burgen und ein Zoo

Ritterliche Herren saßen in Eppstein und Falkenstein auf Burgen, zu deren Füßen hübsche kleine Orte entstanden. Heute wird das alte Gemäuer der Burgen vielfach mit neuem Leben gefüllt. In der beeindruckenden Ruine der früheren Eppsteiner Reichsburg aus dem 11. Jahrhundert ist beispielsweise nicht nur ein interessantes Museum eingerichtet, dort werden auch Feste und Konzerte veranstaltet.

Tourist-Info südlicher Taunus
Bezirksstr.2
65817 Eppstein-Niederjosbach
Tel. 0 61 98 / 28 63
Fax 0 61 98 / 70 02

Burg Kronberg
geöffnet: 1. April-30. Okt.
Sa. 13.30-17,
Führung 15 u.16 Uhr
So. 11-17, Führung 15.30 u.
16.30 Uhr
Kinder 3 DM, Erw. 4 DM
Gruppen mindestens 50 DM
zusätzl. Termine nach
Vereinbarung
Burgfeste u. Veranstaltungen

Wie einflußreich die Herren von Kronberg einst gewesen sind, davon kündet die *Burg Kronberg*. Rund 800 Jahre ist es her, daß mit dem Bau der hochgelegenen Oberburg begonnen wurde. Der Bergfried mit den Resten von Türmerwohnung und Verlies stammt noch aus dieser Epoche. Später kam dann die Mittelburg mit dem hohen Renaissancegiebel, den Sälen und der großen Küche hinzu. Das Städtchen gleichen Namens weist mit Fachwerkbauten und gotischer, sehenswerter Kirche ein idyllisches Ortsbild auf.

Unterhalb der Burg beginnt der Philosophenweg. Auf dem Weg nach Königstein führt er mitten durch den Opelzoo, Kronbergs zweiter Sehenswürdigkeit. Viele der Tiere sind von diesem Weg aus schon kostenlos zu bestaunen.

Im *Tierfreigehege Opelzoo* leben über 1.000 einheimische und exotische Tiere wie Elefanten, Wisente, Giraffen, Flußpferde, Kamele, Zebras und Affen. Wasserläufe und Teiche, alter Baumbestand und Ausblicke in die hügelige Taunuslandschaft machen den Opelzoo zu einem angenehmen Aufenthaltsort. Dazu kommen Spielplätze mit Riesenrutsche und Ball-Pool, Grill- und Picknickplätze. Heiß begehrt sind Kamel- und Ponyritte, im Streichelzoo dürfen Esel, Schafe und andere zahme Tiere angefaßt und gefüttert werden. Über die Vierbeiner, Wald und Umwelt, Wolken und Wetter können sich Wißbegierige dort auf dem Naturlehrpfad, im Geo-Garten, in der Wetterstation oder im Taunus-Naturkundemuseum informieren. Seinen Namen und seine Entstehung verdankt der Opelzoo dem 1971 verstorbenen Dr. Georg von Opel, der einen Teil der Tiere von seinen Reisen aus Afrika mitbrachte. Georg ist der Enkel von Adam Opel, dem Gründer der Opel-Werke in Rüsselsheim.

Wer auf dem Philosophenweg weiter nach Königstein läuft, kann sich schon auf die *Burg Königstein* freuen. Sie ist eine Ruine, die mehr beeindruckt als manches vollständig erhaltene Gebäude. Die Burg Königstein ist die zweitgrößte Festungsruine Deutschlands und gilt als eindrucksvollste Wehranlage des Taunusraumes. Im 12. Jahrhundert begonnen, wechselte sie die Besitzer und wurde großzügig erweitert. Kasematten und Bastionen kamen im 16. Jahrhundert hinzu. 1796 wurde sie von den Franzosen gesprengt. Seitdem halten ihre imposanten Mauerreste Wacht über den kleinen Ort Königstein.

Georg-von-Opel Freigehege für Tierforschung
Königsteiner Str. 31
61476 Kronberg
Tel. 0 61 73 / 7 97 49
Fax 0 61 73 / 7 89 94
Zoopädagogik:
Tel. und Fax 0 61 73 / 7 86 70
E-Mail: OPEL-ZOO-Kronberg@t-online.de
www.opelzoo.de
geöffnet:
April-Sept. tägl. 8.30-18,
Okt.-März tägl. 9-17 Uhr
Kinder 7 DM, Erw. 10 DM
S 4 nach Kronberg, zum Opelzoo: Bus 917

Burgruine Königstein
geöffnet:
Nov.-Feb. 9.30-15 Uhr
März u. Okt. 9.30-16.30 Uhr
April-Sept. 9.00-19.00 Uhr
Kinder 1,50 DM, Erw. 3 DM

Kamelreiten im Opelzoo

87

Bad Homburg vor der Höhe: Stadt der Hüte

Ein Hut machte Homburg berühmt, der Homburger mit seiner breiten Krempe. Der Prinz von Wales ließ ihn für sich anfertigen, als er hier zur Kur war. Sein Beispiel machte Schule. Herren, die etwas auf sich hielten, trugen den Homburger gerne. Seit 1834, als die heilenden Quellen in Homburg entdeckt wurden, gab es genug Anlässe zum Hüteziehen. Es kamen die russische Zarenfamilie und der König von Siam zur Kur und um im 44 Hektar großen Kurpark auf und ab zu spazieren. Die Spielbank, der Siamesische Tempel, die Russische Kapelle, die aufwendig gestalteten Brunnen, alle legen sie Zeugnis vom einstigen Luxus ab. Auch nicht gerade billig ist heute ein Besuch in der Taunustherme mit warmen Wasserbecken, Whirlpools, Sauna, Solarien, Kino und Restaurant. Sie liegt am Ende des Kurparks. Nur ein Stück weiter finden Familien im *Seedammbad* ein wesentlich preiswerteres Vergnügen. Es ist ebenfalls mit Innen-, Außen- und Saunabereich ausgestattet, hat eine Riesenrutsche, Kletternetz, Wasserkarussell, Wipp-Inseln und Spielplatz. Im Sommer wird im Kurpark ein kostenloses Kulturprogramm geboten: der *Bad Homburger Sommer* mit Clowns- und Kindertheater, Karussells, Opern-Workshop und vielem mehr. Was sonst noch für Kinder in Bad Homburg los ist, steht im Faltblatt »Lakritz«, erhältlich beim Verkehrsamt.

Homburg war früher Residenzstadt. Als berühmtester Bewohner vom *Schloß* gilt Friedrich II., als »Prinz von Homburg« ging er in die Geschichte ein. Im Krieg verwundet, wurde ihm ein Bein amputiert. Die für ihn angefertigte Prothese ist neben dem Thron der Landgrafen das berühmteste Ausstellungsstück im Schloß. Kaiser Wilhelm II. liebte das Städtchen vor den Höhen des Taunus, und er nutzte es in den Sommermonaten als Residenz. Von seiner Einrichtung ist der Schreibtischstuhl in Form eines Ledersattels am auffälligsten. Sehenswert ist auch die private Telefonzelle, ein alter, damals hochmoderner Apparat, untergebracht in einem Schrank.

Sehr schön ist es im Schloß am 30. und 31. August beim Homburger Laternenfest und auch während des Weihnachtsmarktes. Dann sind alle Räume mit Kerzen geschmückt, jeder darf kostenlos und ohne Führung hinein. Lohnend ist auch, auf den weißen Turm zu steigen. Er ist das Wahrzeichen Homburgs. Immer schön ist der Besuch des Schloßparks mit

Verkehrsamt im Kurhaus
Louisenstr. 58
61348 Bad Homburg
Tel. 0 61 72 / 6 75-1 10
oder 1 11
Fax 0 61 72 / 67 51 27
E-Mail: info@bad-homburg.de
www.badhomburg.de

Seedammbad
Seedammweg 7
61352 Bad Homburg
Tel. 0 61 72 / 4 01 32 40
geöffnet: Mo. 14-21, Di.-Fr.
7-21, Sa., So. 8.30-20 Uhr
Kinder ab 5 DM, Erw. 10 DM,
Familie 16 DM

Bad Homburger Schloß
Tel. 0 61 72 / 92 62-1 47
oder 1 48
Führungen: stündlich
1. Nov.-28. Feb. Di.-So. 10-16,
sonst Di.-So. 10-17 Uhr
Mo. nur in den hessischen
Sommerferien
Kinder 4 DM, Erw. 6 DM
Turmbesteigung: Schlüssel an
der Kasse

seinen Blumenbeeten, den alten Bäumen und dem Weiher. Vor Zeiten erstreckte er sich sogar bis nach Dornholzhausen. Dort ist heute im *Gotischen Haus,* dem einstigen Jagdschlößchen, ein Stadtmuseum und das *Hutmuseum* eingerichtet. Gleich hinter dem Gotischen Haus beginnt der Wald, einst fürstliches Jagdrevier mit vielen Wanderwegen. Es lohnt der Weg zum nahegelegenen *Hirschgarten* mit einem Freigehege für Tiere, Kiosk und Minigolfplatz. Ein weiterer Spazierweg führt zum Forellengut Oberursel-Oberstedten. An den Wochenenden hat hier die gemütliche Gaststätte mit dem schönen Garten von 11 bis 18 Uhr geöffnet. Von Bad Homburg aus sind weiterhin die meisten Reiseziele im Taunus mit der Buslinie 505 zu erreichen, der Bus fährt im Zwei-Stunden-Takt.

Hutmuseum
im Museum Gotisches Haus
61350 Bad Homburg-Dorn-
holzhausen
Tel. 0 61 72 / 3 76 18
geöffnet: Di. Do.-Sa. 14-17, Mi.
14-19, So. 10-18 Uhr
ab 14 Jahren 2 DM
Bus 1, 11, Halt: Gotisches Haus

Hirschgarten
Elisabethenschneise
61350 Bad Homburg
Bus 1, 11, Halt: Hirschgarten

Die Saalburg: Vom römischen Leben

Der römische Grenzwall Limes führte 150 km lang durch das heutige Hessen. Die Römer hatten ihn einst mit Graben, Mauern und Kastellen gesichert. Eines der Kastelle, das beim Germaneneinfall um 260 n. Chr. zerstört wurde, ist die *Saalburg.* Sie wurde vor 100 Jahren mit Wehrmauern, Gräben, Speichern, Kommandantenwohnung und Resten von Badeanlagen wieder rekonstruiert und vermag heute eine lebendige Vorstellung vom Leben der römischen Legionäre zu vermitteln. Dazu dienten unter anderem die Nachbildung des Fahnenheiligtums und die Baracken aus Holz für die einfachen Soldaten. Im Saalburg-Museum sind Dinge der alten Römer ausgestellt, die gut konserviert im feuchten Boden hier

Die Saalburg

89

Saalburg mit Museum
61350 Bad Homburg
Tel. 0 61 75 / 9 37 40
geöffnet: tägl. 8-17 Uhr
Kinder 3 DM, Erw. 5 DM
Sonderführungen u. Aktivpro-
gramme für Kinder
Voranmeldung: 0 61 75 / 93 74
20 oder 9 37 40
Fax 0 61 75 / 93 74 11
E-Mail: Info.Saalburg@
Saalburgmuseum.de

und in anderen Kastellen gefunden wurden: Äxte, Hämmer, Hobel, Gläser, Waffen, Münzen und Schuhe, die vor knapp 2.000 Jahren hergestellt und benutzt wurden. Sie zeugen unter anderem davon, daß hier außer den Soldaten auch Schuster, Schreiner, Schneider und Bauleute lebten. Insgesamt müssen es gut 500 bis 1.000 Menschen gewesen sein. Echtes Leben kommt in die Saalburg, wenn dort römisch gekocht oder Brot gebacken wird.

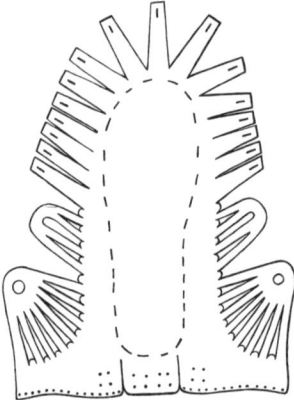

Extra-Tip: Besondere Attraktion in der Saalburg sind die römischen Schuhe. Mit etwas Geschick sind sie nachzumachen. Gebraucht wird nicht zu dünnes Leder, kräftiges Garn, Lederband zum Schnüren und eine Schere. Nach der vorliegenden Skizze ein Muster machen, dieses vergrößern, danach das Leder zuschneiden. An der Ferse beim Zusammennähen die Schnittkanten nach außen nehmen, aneinanderheften. Zum Abschluß das Lederband durch die Einschnitte ziehen. Viel Spaß beim Tragen!

Freizeitpark Lochmühle
61273 Wehrheim/Taunus
Tel. 0 61 75 / 79 00 60
Fax 0 61 75 / 79 00 75
www.lochmuehle.de
geöffnet: ab Oster- bis Herbstferien tägl. 9-18 Uhr
ab 90 cm Körpergröße 12 DM
Schulklasse pro Schüler 11 DM

Die Saalburg ist mit dem Bus ab Bad Homburg zu erreichen. Möglich ist auch die Fahrt mit der Bahn bis zum Bahnhof Saalburg/Lochmühle, von dort führt in ca. 45 Minuten ein Fußweg zum Kastell. Von der Haltestelle geht es auch zum nahen *Freizeitpark Lochmühle*. Mit Spiel- und Picknickplätzen, Tierkinderstube, Streichelzoo, Seilbahn, Riesenrutsche, Wasserbob, Pony- und Kutschenverleih und einem Restaurant ist dieses Ausflugsziel für viele ein kleines Paradies. Grillplätze sollten vorher reserviert werden.

Freizeitpark Lochmühle

Hessenpark: Von Bauern und Schmieden

Im *Freilichtmuseum Hessenpark* bei Neu-Anspach im Taunus scheint die Zeit stehengeblieben zu sein. Dieses Museum ist mit Dutzenden von alten Fachwerkhäusern als großes Dorf

*Freilichtmuseum
Hessenpark*

unter freiem Himmel angelegt, für das die Gebäude aus ganz Hessen zusammengetragen wurden. Die Straßen haben altes Kopfsteinpflaster, es gibt einen Marktplatz, Kirchen, eine Schule, Mühlen und Scheunen. Sehr stattliche Häuser sind darunter, aber auch kleine, enge. Neben den Wohnräumen sind auch Werkstätten zu besichtigen. Wenn im Hessenpark Vorführungen stattfinden, sieht es aus, als ob frühere Epochen wieder lebendig würden. Dann zeigt zum Beispiel ein Korbflechter, wie Eimer und Körbe aus Weiden entstehen. Im alten Backhaus wird Brot gebacken, und auch der Weberin, dem Blaufärber und dem Zinngießer darf über die Schulter geschaut werden. Zum Museumsdorf Hessenpark gehören Tiere, Felder und Bauerngärtchen. Auf schmalen Äckern wird wie anno dazumal Hirse, Dinkel und Buchweizen angebaut und im Sommer die Wiese gemäht. Der Spielplatz beim Hessenpark liegt beim alten Gasthof »Zum Adler«. In dem gemütlichen Restaurant kann »typisch hessisch« gegessen und im Museumsladen können Erinnerungsstücke eingekauft werden.

Freilichtmuseum Hessenpark
Laubweg
61267 Neu-Anspach
Tel. 0 60 81 / 58 80
geöffnet: März-Okt
tägl. 9-20 Uhr
Eintritt: Kinder 5 DM,
Erw. 7 DM, Familien 20 DM
Pädagogische Materialien u.
besondere Aktionen

Eschbacher Klippen und die Erdfunkstelle

Wie ein kleiner Alpengipfel ragen die steilen Felszacken der *Eschbacher Klippen* aus dem Boden. Vor Hunderten von Millionen Jahren, als sich der Taunus in der Karbonzeit auffaltete, ist diese Gesteinsformation entstanden. Die Klippen sind »Höhepunkt« eines unter der Erde versteckten, etwa sechs

Die Eschbacher Klippen

Kilometer langen Quarzganges. An den Eschbacher Klippen testen Kletterfans ihr Können. Für den Anfang reicht festes Schuhwerk. An den schwierigen Stellen aber lehren Sportvereine das An- und Abseilen wie im Hochgebirge.

Die *Erdfunkstelle Usingen* wirkt atmosphärisch außerordentlich außerirdisch: ein weites grünes Feld, Antennen und silbrig-glänzende Parabolspiegel mit fast 20 m Durchmesser, die ins All gerichtet sind. Während des Krieges wurde das fünf Kilometer westlich von Usingen liegende Gelände als Feldflugplatz genutzt. Später ging es an die Deutsche Bundespost, die eine Kurzwellenstation für den weltweiten Telefonverkehr in Betrieb nahm. Heute dient sie auch zur Abstrahlung von Fernsehprogrammen zu den Satelliten, die in einem Abstand von 36.000 km die Erde begleiten. Auf diese Weise werden die Signale verstärkt und gelangen über ein Funknetz an den Empfänger.

Badelustige machen bei schönem Wetter einen Ausflug zum ausgeschilderten Hattsteinweiher. Der kleine See bietet Anglern und Badegästen viele Vergnügungen mit Sandbucht, Holzstegen, Kiosk und Gartencafé. Hunde dürfen nicht mitgebracht werden.

Eschbacher Klippen
Bus 509 ab Usingen

Erdfunkstelle Usingen (DT-Sat)
Anmeldung:
Tel. 0 60 81 / 1 00 12 12
Gruppen bis 50 Personen,
bevorzugt mittwochs
freier Eintritt
B 275 Richtung
Bad Schwalbach,
dann nach 3 km
rechts abbiegen
oder Bus 508 ab Usingen

Pferdskopf: Aussicht vom Feinsten

Sehr nahe kommt man dem Gefühl des Fliegens beim Blick vom 663 m hohen »Pferdskopf« bei Treisberg. Er heißt so, weil seine Form dem Kopf eines Pferdes ähnelt, was deutlich bei Sonnenuntergang zu erkennen sein soll. Vom Parkplatz am Ortsausgang sind es 1.000 m in den Wald hinein, dann steht der dreieckige Holzturm vor dem Wanderer. 34 m ist er hoch, er hat 178 Stufen. Oben sieht man bei gutem Wetter über die Taunuskämme zum Großen Feldberg oder in die andere Richtung bis zum Hoherodskopf im Vogelsberg. Näher ist die *Burgruine* von *Altweilnau* bei Weilrod, die besichtigt werden kann. Sie gibt den stimmungsvollen Rahmen ab für Märchenstunden, Puppen- und Erzähltheater für Kinder.

Einer der vielen Wanderwege führt vom Pferdskopf zum nahegelegenen Brombachtal mit dem Naturfreundehaus Brombacher Hütte. Dort warten eine große Wiese, ein Spielplatz, Lagerfeuerplatz und Grillhütte. Das *Naturfreundehaus* ist von April bis Oktober an den Wochenenden geöffnet. Dann werden Getränke ausgeschenkt, und Kindergruppen sind gerngesehene Übernachtungsgäste.

Kultur- u. Förderkreis Burg
Altweilnau
Tel. 0 60 83 / 94 02 80
www.altweilnau.de

Naturfreundehaus
Brombacher Hütte
Kontakt: Frau Wolf, Tel. 0 69 /
76 56 84

Vogelburg Weilrod und das Apfeljahr

Die *Vogelburg-Hochtaunus* liegt etwas abseits vom schönen Weiltal im Wald versteckt. An die 500 Papageien haben hier ihr Zuhause gefunden. Die Vögel sind in großen Gehegen aus Naturstein untergebracht, die mit ihren Zinnen und Türmen einer richtigen Burg gleichen. Da in der Vogelburg die Papageien an Heimtierhaltung gewöhnt oder sogar hier geboren wurden, sind sie handzahm und dürfen mit dem vor Ort gekauften Futter gefüttert werden. Wer etwas über sie und ihre Artgenossen erfahren will, studiere die Informationen

Vogelburg-Hochtaunus
61276 Weilrod-Hasselbach
Tel. 0 60 83 / 10 40
geöffnet: 15. März-15. Nov.
tägl. 10-19 Uhr, im Winter nur
an Sonn- u. Feiertagen
Kinder u. Jugendliche 5 DM,
Erw. 10 DM
Anfahrt: L 3030 nach Camberg

Eichelbacher Hof
61276 Weilrod
Tel. 0 60 83 / 24 67
geöffnet: Mi., Sa., So. 10-17
Uhr

Papageien in der Vogelburg Weilrod

auf den Lehrpfaden. Ein Kiosk und ein Kinderspielplatz sind auch vorhanden.

Gute Luft atmen, sich an Tälern, Wiesen, Wäldern erfreuen, etwas Gutes essen: So stellt man sich das Leben auf dem Lande vor. In schöner Umgebung macht dies der *Eichelbacher Hof* gleich bei der Vogelburg möglich. Im Sommer draußen im Hof, im Winter in der »guten Stubb«. Das Haus an sich ist schon sehenswert. Mit Fachwerk, runden Ecktürmen und Wappen hat es viele Jahre auf dem Buckel. Die älteste Erwähnung stammt aus dem Jahre 1213, das jetzige Herrenhaus ist weit über 300 Jahre alt. Damals lag es nicht so weit abseits, die vielbenutzte Straße von Frankfurt nach Köln führte hier vorbei.

Kelterei Heil
Eschbacher Weg 9
35789 Laubus-Eschbach
Tel. 0 64 75 / 9 13 10
Fax 0 64 75 / 91 31 40
E-Mail: info@kelterei-heil.de
www.kelterei-heil.de

Ein paar Kilometer weiter folgt der Ort Laubus-Eschbach. Weil sie in ihrer dortigen Kelterei Apfelwein und Apfelsaft herstellen, interessiert die Familie *Heil* alles, was mit Äpfeln zusammenhängt. Sie hat gemeinsam mit Kindergärten und Umweltorganisationen die Aktion »Apfeljahr im Kindergarten« ins Leben gerufen. Kinder erfahren dabei etwas über die Bedeutung von Streuobstwiesen. Und da leider inzwischen Bäume und Wiesen gefährdet sind, werden gemeinsam neue Apfelbäume angepflanzt. Im Herbst sammeln die Kinder dann die Früchte und können sie in einer mobilen Kelter pressen und keltern. Daneben sind Betriebsbesichtigungen für Familien und Kindergruppen im Werk in Laubus-Eschbach möglich.

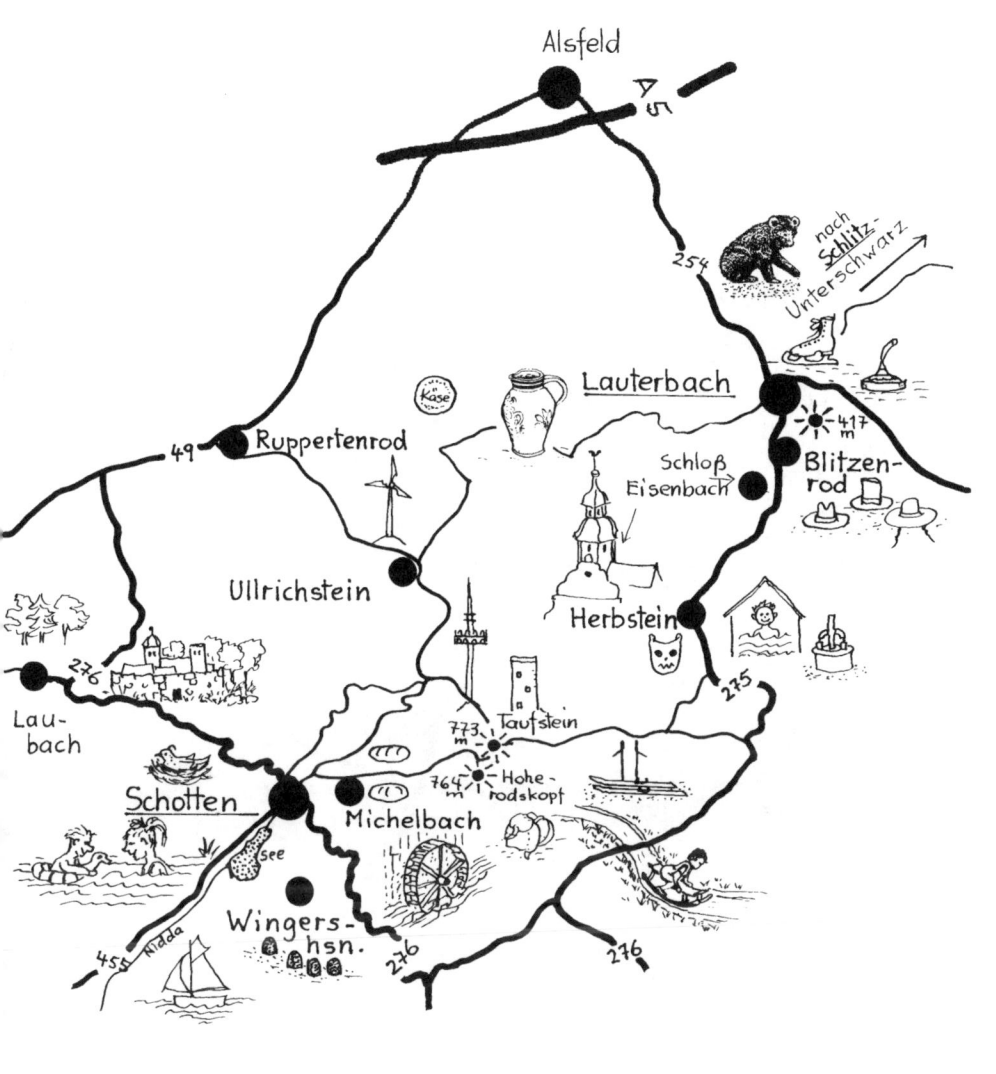

Alsfeld

A5

254

nach **Schlitz**-
Unterschwarz

Käse

Lauterbach

417
m

49 Ruppertenrod

Schloß
Eisenbach

Blitzen-
rod

Ullrichstein

276

Herbstein

275

Lau-
bach

773
m Taufstein

764
m Hohe-
rodskopf

Schotten

See

Michelbach

Wingers-
hsn.

455 Nidda

276

276

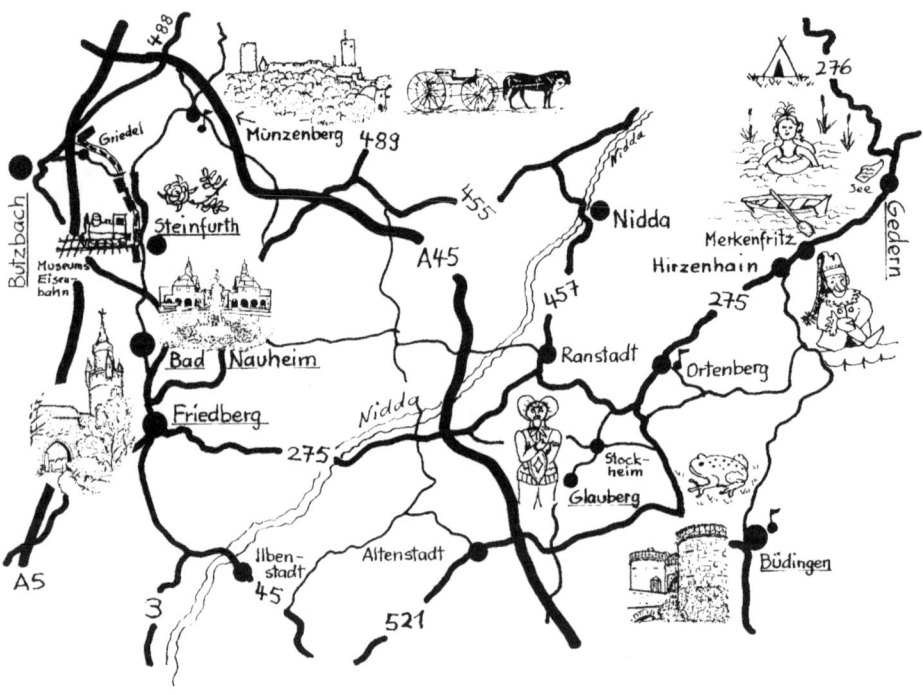

Wetterau und Vogelsberg

Flaches Land Vulkangestein

Die Wetterau liegt zwischen Taunus und Vogelsberg und hat ihren Namen vom Flüßchen Wetter. Dieses entspringt nordöstlich von Laubach, tut sich mit der Usa bei Friedberg zusammen, heißt von da an Nidda und mündet in den Main. Bauernland ist die Wetterau, ihr größter Teil ist flaches Ackerland und Wald, wobei neben Korn und Zuckerrüben noch etwas besonders gut gedeiht: die Rosen. Ganze Felder davon blühen in der Gegend von Steinfurth. Fünf Millionen Pflanzen werden jährlich hier gezüchtet, und im Frühsommer sind die Felder in ihrer farbigen Blütenpracht einmalig schön. Das *Rosenmuseum* informiert über die mühsame Arbeit der Aufzucht, und alle zwei Jahre wird in Steinfurth das Rosenfest gefeiert.

Die Wetterau war schon in der Jungsteinzeit besiedelt. Die ältesten handwerklichen Fundstücke von ganz Hessen fanden Archäologen in und um Münzenberg. Von den Römern, welche die Wetterau als Kornkammer nutzten, sind Reste ihrer Grenzbefestigung, des Limes, mit Gutshöfen und Kastellen erhalten. Mittelalterliches Klosterleben ist noch gut vorstellbar in der romanischen Basilika Ilbenstadt. Alte Töpfertradition hat sich in dem Dorf Ober-Mockstadt bewahrt. Auf den Firsten der Dächer dort sind lauter kleine Reitersmänner aus Ton zu bewundern. In Lindheim dagegen sind die Störche zu Hause. Städte wie Butzbach mit seinem schönen Marktplatz und der bedeutenden gotischen Kirche laden zum Schauen und Verweilen ein. Auch so manches stille Plätzchen gibt es noch in der Region. Sie eignet sich hervorragend zum Radfahren ohne Autoverkehr auf gut ausgebauten Feldwegen, anstrengende Steigungen kommen kaum vor. Kleine Gastwirtschaften und Burgschänken laden unterwegs zu deftigem und preiswertem Essen ein.

Friedberg mit Europas größter Burg

Die größte geschlossen erhaltene *Burganlage* Europas steht in Friedberg. Sie wurde auf den Mauern eines römischen Kastells erbaut, das bis um 250 nach Christus bestand. Reste des römischen Bades sind noch erhalten. Die mächtigen mittelalterlichen Burgmauern, mit Türmen bewehrt, umfassen eine

Fremdenverkehrsverband
Vogelsberg u. Wetterau
Goldhelg 20
36341 Lauterbach
Tel. 0 66 41 / 97 72 75
Fax 0 66 41 / 97 73 36
E-Mail: info@fvv.vogelsberg-wetterau.de
www.fvv.vogelsberg-wetterau.de

Rosenmuseum Steinfurth
Alte Schulstr. 1
61231 Bad Nauheim
Tel. 0 60 32 / 8 60 01
geöffnet: Mi.-Sa. 14-17,
So. 10-17 Uhr
Eintritt frei

Wetterau-Museum oder
Kulturamt:
Tel. 0 60 31 / 8 82 61
Information über
Stadtführungen

Wetterau-Museum
Haagstr. 16
61169 Friedberg
Tel. 0 60 31 / 8 82 15
geöffnet: Di.-Fr. 9-12, 14-17,
Sa. 9-12, So. 10-17 Uhr
Kinder 1 DM, Erw. 2 DM

Stadtkirche
geöffnet: Di.-Fr. 14.-18, Sa., So.
14-18 Uhr

Judenbad/Mikwe
Judengasse 20
61169 Friedberg
geöffnet: Di.-Fr. 9-12, 14-17,
Sa. 9-12, So. 10-12 Uhr
Kinder 1 DM, Erw. 2 DM

Usa-Wellenbad
Friedbergerstr. 16-20
61231 Bad Nauheim
Tel. 0 60 32 / 9 19 30
geöffnet: Freibad im Sommer
tägl. 9-20 Uhr
Kinder 3,50 DM, Erw. 5 DM
Hallenbad Di.-So. 8-20 Uhr

Gaststätte
Forsthaus Winterstein
Tel. 0 60 02 / 3 03
geöffnet: Mi., Do. 14-18, Fr.,
Sa. 14-22, So. 10-22 Uhr

Verkehrsamt
Ludwigstr. 20-22
61231 Bad Nauheim
Tel. 0 60 32 / 34 40
E-mail: info@bad-nauheim.de
www.bad-nauheim.de
Führungen durch Stadt und
Jugendstilanlagen

eigene kleine Stadt mit einer Kirche, dem Haus des Burggrafen und kleinere Wohnbauten, der Wache, einem Brunnen und dem Gefängnis. In ihm saßen die Gefährten des Dichters Georg Büchner ein. Ihre Kritik an den ungerechten Verhältnissen im Land hatte den Zorn des Fürsten erregt.

Neben der Burg mit ihrem breiten Burggraben und der Zugbrücke bietet die Altstadt Friedbergs noch Gassen mit hübschen Fachwerkhäusern, eine gotische *Kirche*, die zu den schönsten in ganz Hessen gehört, und natürlich ein Museum, das *Wetterau-Museum*. Dort erfährt der Besucher viel über die Römer und das heimische Handwerk. Außergewöhnlich ist, daß in Friedberg den Spuren einer früher sehr großen jüdischen Gemeinde nachgegangen werden kann. Erhalten ist das Judenbad, die *Mikwe*. Es stammt aus der Zeit um 1260 und ist eines der ganz wenigen, die es noch in Deutschland gibt. Eine breite Steintreppe führt 25 m hinab zum Wasser. Ein paar Schritte vom Judenbad entfernt steht ein Denkmal für die 1938 zerstörte Synagoge.

In Friedberg kann man im Sommer wie im Winter im *Usa-Wellenbad* mit Riesenrutsche und angenehmen 28 Grad Temperatur die Freizeit genießen. Es liegt in Richtung Bad Nauheim, das vier Kilometer entfernt ist. Der Fußweg dorthin lohnt. Er führt immer entlang der Usa, die sich auch durch Bad Nauheim schlängelt.

Ein anderer Ausflug führt über das nahe Ockstadt in den Ockstädter Forst, der aber nicht nur Natur pur bereithält. Beim Winterstein sind Reste eines römischen Zwischenkastells zu finden, und die gleichnamige Gaststätte im ehemaligen *Forsthaus Winterstein* bietet nach der Spurensuche Erfrischendes.

Bad Nauheim: Weißes Gold und Kurbetrieb

Salz war einst ein kostbares Gut, und schon für die keltische Zeit ist die Salzgewinnung in diesem Gebiet nachgewiesen. Im Mittelalter waren es dann die Grafen von Münzenberg (s. dort), die hier abschöpfen ließen. Hohe Wälle aus Balken und Astwerk, sogenannte Gradierwerke, wurden errichtet. Windmühlen und Pumpen sorgten für die Hebung des Wassers mit der gewinnträchtigen Salzsole auf die bis zu zehn Meter hohen Gradierwerke. Die Lösung verdickte dort und konnte dann in die Siedhäuser zur weiteren Verarbeitung und Salz-

Kurbetrieb in Bad Nauheim um 1900

gewinnung gebracht werden. Vier dieser Gradierwerke sind noch im Kurpark von Bad Nauheim erhalten. Die salzhaltige Luft ist aber zugleich der Gesundheit zuträglich, sie fördert den Genesungsprozeß bei Atemwegserkrankungen. Deshalb wurde 1835 mit dem Kurbetrieb begonnen, der weiträumige Park mit See und Fontäne wurde angelegt, eine Spielbank eingerichtet. Die stuckverzierten Häuser in der Nähe des Kurparks verraten noch etwas vom damaligen Wohlstand. Kaiserin Sissy von Österreich und Zarin Alexandra Feodora kurten hier! Nach 1900 erhielt Nauheim dann neue Akzente, als das Kurhaus und die Brunnen im reinen Jugendstil entstanden.

Empfehlenswert ist ein Ausflug auf den Johannisberg, den Hausberg von Bad Nauheim mitten im dichten Wald. Dort gibt es ein Restaurant und eine *Volkssternwarte*. Immer wenn abends auf der Warte von weither sichtbar ein rotes Licht brennt, ist der Himmel klar genug zur Sternenbeobachtung. Ein Anziehungspunkt für die Nachmittage ist das *Karussellcafé* mit Mattenrutsche, Hüpfkissenkino und Glücksspiel im Goldsteinpark mit großem Freigelände. Ein *Spielfest* gibt es in Bad Nauheim jeweils an einem Sonntag Ende Juni. Am zweiten Sonntag im Oktober findet dann in den Wiesen in der Talaue ein *Drachenfest* statt mit selbstgebauten oder gekauften Drachen. Im Winter ist das *Eisstadion* angesagt.

Volkssternwarte Wetterau e.V.
Auf dem Johannisberg
Info-Tel. 0 60 32 / 40 80
Diavorträge: Di. 20 Uhr
Sternenbeobachtung: immer wenn das rote Licht brennt

Karussellcafé
Goldsteinpark (hinter dem Bahnhof)
Bad Nauheim
Tel. 0 60 32 / 16 61
Kinder u. Erw. 5 DM,
Spielmöglichkeiten gratis

Spielfest, Drachenfest
Info: Stadt Bad Nauheim,
Abteilung Jugend
Tel. 0 60 32 / 34 32 79

Eisstadion Bad Nauheim
Nördlicher Park 25
Bad Nauheim
Tel. 0 60 32 / 26 69
geöffnet: Sept. nur abends u.
am Wochenende
Okt.-April Di., Mi., Fr.-So.
3 x tägl.
Kinder 4 DM, Erw. 6 DM,
Familien 12 DM,
Zuschauer 1 DM,
Schlittschuhverleih 6 DM

Dampflok der Eisenbahn-
freunde Wetterau

Eisenbahnfreunde
Wetterau e. V.
Postfach 1212
61212 Bad Nauheim
Tel. 0 60 31 / 1 54 01
Fahrzeiten: Mai bis Okt., im
Dez. Nikolausfahrten
Kinder 10 DM, Erw. 18 DM,
Familien ab 36 DM

Typ Bismarck auf Fahrt

Wer davon träumt, Lokführer einer Dampflok zu werden, der sollte Frühaufsteher sein. Das nämlich sind die Leute vom Dampflokverein *Eisenbahnfreunde Wetterau e.V.* Wenn sie mit ihrer alten T3 vom Typ Bismarck aus dem Jahr 1904 auf Fahrt gehen, heißt es um zwei Uhr nachts: Aufstehen, die gute alte Dame anheizen, Kohlen aufschütten, Wasser ablassen. Stunden später ertönt erst der Ruf: »Bitte einsteigen«. Spaß macht so eine Fahrt voller Gequietsche, Rattern und rhythmischem Schnaufen! Sie führt von Bad Nauheim-Nord nach Münzenberg und zurück. Auf den offenen Plattformen hat man die beste Aussicht auf Gärten, Wiesen, Felder und Höhenzüge. Es geht bei der Fahrt durch die Orte Steinfurth, Rockenberg und Griedel. Wenn das Dampfroß gutes Tempo fährt, schafft es 40 km pro Stunde Höchstgeschwindigkeit. Bei Steigungen muß es mehrfach anfahren, und insgesamt schluckt es an einem Tag mit vier Fahrten eineinhalb bis zwei Tonnen Kohle. Die Museumsbahn verfügt über 100 Sitzplätze, für viele Reisende dürfte aber der Thekenwagen mit Kaffee, Kuchen, Limo, Würstchen, Bier und Brezeln das Wichtigste sein. Fahrzeiten sind von Frühling bis Herbst. Im Dezember stehen Nikolausfahrten auf dem Programm. Da steigt im Steinfurther Wäldchen der Nikolaus zu und hat für jedes Kind ein kleine Überraschung dabei.

Die Münzenberg, das Wetterauer Tintenfaß

Burg Münzenberg
Tel. 0 60 04 / 29 28
geöffnet:
März-Okt. 10-12 u. 13-18,
Nov.-Febr. 10-12 u. 13.-16 Uhr
Kinder 2 DM, Erw. 3 DM
Schulklassen pauschal 30 DM,
Kindergärten 15 DM
Anmeldung für Führungen:
Tel. 0 60 04 / 13 90
und 93 09 38

Münzenberg ist ein Städtchen mit malerischen alten Burgmannenhäusern und einem schönen Rathaus. Die *Burg Münzenberg*, erbaut auf einem Basaltkegel, erhebt sich mit ihren 120 m Länge und 40 m Breite weithin sichtbar über die flache Landschaft der Wetterau. Die Wehr- und Wohnburg trägt den Beinamen »Wetterauer Tintenfaß«, denn sie erinnert mit ihren zwei Türmen und ihrem Mauerring an ein altes Schreibutensil. Die Anfänge der Burg stammen noch aus dem 12. Jahrhundert. Weiter ausgebaut wurde sie unter Kuno I. von Münzenberg, der im Dienst Kaiser Barbarossas (s. Gelnhausen) stand. Kuno gründete auch die gleichnamige Stadt Münzenberg.

Die ovale Burganlage, die auch heute noch über den alten Weg mit seinem ursprünglichen Steinbelag erreicht wird, gilt als das bedeutendste Bauwerk der Wetterau. Erhalten ge-

MINTZENBERG

*Alte Darstellung
der Münzenburg*

blieben sind Ringmauern, Tore und Teile vom Wohnbau, dem Palas, und ein Verlies. Innerhalb der Burgmauern gab es wahrscheinlich einen Garten, in dem die Burgfräulein Kräuter zogen. Der Hof wurde vermutlich für Turniere genutzt. Aus Zeiten, in denen noch öffentlich gehenkt wurde, stammt der Galgen im Waldstück bei der Burg.

Unser **Extra-Tip** zum Selbermachen von Schild und Burgfräuleinhut:

Den Schild nach beiliegendem Muster erst auf Papier zeichnen, dann vergrößern, auf Pappe übertragen und mit einem scharfen Messer ausschneiden. Dann mit bunter Farbe bemalen und das eigene Wappen hinzufügen. Auf die Rückseite des Ritterschildes mit Klebeband einen Pappstreifen zum Halten befestigen. Das kleine Burgfräulein schmückt sich mit einem spitzen Hut. Dafür nach gleichen Vorarbeiten aus Pappe einen Viertelkreis ausschneiden, die beiden Ränder fest aneinanderkleben. Hutgummi durchziehen und an der Spitze mit einem Busch aus Kreppapier oder Wollfäden verzieren.

101

Glauberg: Auf den Spuren unserer Vorfahren

Der kleine abgelegene Ort Glauberg am Ostrand der Wetterau hat Schlagzeilen gemacht. Und das kam so: Bei Luftaufnahmen fielen eigenartige kreisförmige Markierungen auf. Grabungen wurden durchgeführt, und ein sensationeller Fund kam ans Tageslicht. Es waren Anlagen von keltischen Fürstengräbern, die Reste einer über zehn Meter breiten und 350 m langen Prozessionsstraße umfaßten. In den Gräbern wurden auch reich verzierte Gefäße aus Bronze, eiserne Schwerter, goldene Ringe und Armreifen, Gürtelschnallen und Spangen gefunden. Das Außergewöhnlichste, das zutage trat, war das Standbild eines keltischen Kriegers. Er ist lebensgroß, gepanzert, mit einer Haube und mit einem Schild ausgerüstet – dergleichen monumentale Kunstwerke waren bisher aus so früher Zeit nicht bekannt! Ungefähr 2.500 Jahre hatte der steinerne Mann vom Glauberg unter dem Ackerboden gelegen. Vor Ort zu besichtigen ist die Figur nicht, sie befindet sich im Hessischen Landesmuseum Darmstadt (s. dort).

Das rund 800 m lange und bis zu 200 m breite Plateau des Glaubergs war von der Jungsteinzeit im 5. Jahrhundert bis ins hohe Mittelalter besiedelt. Reste der gewaltigen keltischen Befestigungsanlage mit ihren Ringwällen können bei einem schönen Spaziergang durch Felder und Wälder erahnt werden. Außerdem ist noch Mauerwerk der mittelalterlichen Reichsburg aus dem 13. Jahrhundert erhalten, und ein archäologischer Lehrpfad hilft mit Informationen zu Kelten und Mittelalter weiter! Aber auch zum Ausruhen, Träumen und Genießen ist der Glauberg einen Ausflug wert. Im Ort empfehlen wir das *Glauberg-Museum* mit weiteren keltischen Funden und Stücken von der Steinzeit bis zum Mittelalter.

Glauberg-Museum
Hauptstr. 17
63695 Glauberg
Tel. 0 60 41 / 7 27 oder 88 13
geöffnet: So.14-16 Uhr und
auf Anfrage
Eintritt frei
zu erreichen über B 521
Richtung Altenstadt,
dann L 319 über Lindheim

Büdingen: Wo die Frösche quaken

Frösche gelten als Wahrzeichen der Stadt Büdingen. In dem sumpfigen Gelände rings um die Mauern der Stadt, wo Nidda und Seemenbach zusammenfließen, gab es früher einmal sehr viele Frösche. Böse Zungen behaupteten, wenn die Büdinger den Mund aufmachten, höre es sich wie Fröschequaken an.

Hauptsehenswürdigkeit ist das *Schloß* mit seinem hohen

Turm auf einer Insel am Ostrand der wehrhaften Stadt, das noch von der Familie der Fürsten von Ysenburg-Büdingen bewohnt wird. Sie nennt auch die Ronneburg im Main-Kinzig-Kreis ihr eigen (s. dort). Dem Burgherrn gehören viele Hektar Wald in der Umgebung. Er ist Jäger und besitzt ein eigenes Tiergehege. In der zum Schloß gehörenden Wildkammer können Wildspezialitäten gekauft und im Schloßrestaurant kann getrunken und gegessen werden. Durch die Räume des Renaissanceschlosses wird bei einer Führung in Filzpantoffeln gerutscht und dabei ein Blick in den fürstlichen Saal und ins Eßzimmer geworfen. Es gibt die gotische Schloßkapelle, ein Jagdzimmer, viele Waffen und Rüstungen zu sehen. Bei Führungen für Kindergruppen darf sogar mal eine angelegt werden! Zudem sind alte Truhen, Schlösser, Arbeitsgerät, Folterwerkzeug und eine Alchimistenküche zu besichtigen. In ihr sind, in der Hoffnung auf gewinnbringende Entdeckungen, Versuche durchgeführt worden.

Ist die Führung beendet, sollte noch ein wenig im schönen Schloßpark verweilt werden. Auch die Stadt selbst, 1231 zum ersten Mal erwähnt, verdient entdeckt zu werden. Innerhalb ihrer gut erhaltenen Befestigung mit dem Jerusalemer Tor, dem runden Hexen- oder Gefängnisturm und dem großen Bollwerk ist noch so manches schöne alte Haus erhalten. Ein ausgeschilderter Rundgang führt entlang der Wehrtürme und Mauern.

Touristic-Center Büdingen
Auf dem Damm 2
63654 Büdingen
Tel. 0 60 42 / 9 63 70
Fax 0 60 42 / 96 37 10
E-Mail:
touristik@buedingen.net
www.buedingen.net.
Führungen durch die Stadt:
pro Kind 3 DM
Führungen durch das Schloß:
pro Kind 2 DM

Schloß Büdingen
Schloßgasse 2
63654 Büdingen
Tel. 0 60 42 / 88 92 12 03
Führungen: Mitte März-
23. Dez. Di.-So. 11.30, 14, 15,
16, 17 Uhr
Gruppen nach Voranmeldung
Kinder u. Jugendl. 4,50 DM,
Erw. 6,50 DM

Das Büdinger Schloß

103

Modellbaumuseum
im Oberhof
So. 13-17, Mo. u. Fr. 18-20 Uhr
Eintritt frei
zusätzl. Termine:
Wolfgang Hinterseher
0 60 47 / 18 80

Museen gibt es natürlich auch in Büdingen. Originell ist das *Modellbaumuseum* im Oberhof in der Nähe des Marktplatzes. Die ausgestellte Mini-Flotte, die kleinen Eisenbahnen, Motorräder, Buddelschiffe und Flugzeuge sind in stundenlanger Fleißarbeit von Hobby-Modellbauern erstellt worden.

Wem dann die Füße noch nicht weh tun, dem raten wir zu ausgedehnten Spaziergängen durch die dichten Wälder ringsum. Bequem zu erreichen ist der Wildpark im Wald mit dem Gehege für Dam- und Rotwild. Am Fastnachtssonntag ist Höhepunkt des närrischen Treibens in Büdingen. Wer im Frühsommer kommt, den lockt dann nicht nur das Freibad, sondern auch das Altstadtfest. Im September findet der Gallus-Markt mit Kirmes statt, im Dezember der Weihnachtsmarkt.

Hirzenhain-Merkenfritz und der Vogelsberger Kasper

Durch dichte Wälder fährt der Urlauber, wenn er sich weiter in Richtung Norden aufmacht. Er kommt durch das hübsche Städtchen Ortenberg, dessen Häuser sich bis zu Schloß und Kirche den Berg hinaufziehen. Jeweils am letzten Oktoberwochenende wird hier der »Kalte Markt« ausgerichtet, ursprünglich ein Pferdemarkt. Mehrere hundert Händler und Schausteller kommen angereist, die Schaulustigen sind noch zahlreicher. Noch heute wird wie in alten Zeiten der Kauf der edlen Tiere mit einem Handschlag besiegelt.

Verkehrsbüro
Schloßweg 7
63688 Gedern
Tel. 0 60 45 / 6 00 80

Kunstgußmuseum Hirzenhain
Nidderstr.
63697 Hirzenhain
Tel. 0 60 45 / 6 82 35
geöffnet: So. 10-12, 13-16 Uhr
Kinder frei, Erwachsene 3 DM

Märchenland Merkenfritz
63697 Hirzenhain-Merkenfritz
Tel. 0 60 45 / 45 42
geöffnet:
Ostern-Nov. tägl. 10-19 Uhr
Kinder 3 DM, Erw. 4 DM

Der Vogelsberger Kasper
im Märchenland Merkenfritz
Vorstellungen:
Ostern-Nov. So. 15 Uhr
sonst für Gruppen
nach Anmeldung
Kinder 4 DM, Erw. 5 DM

Am Gederner See

Hirzenhain, nur ein paar Kilometer entfernt, liegt schon am Fuße des Vogelsberges. Es ist die Stadt des Eisenkunstgusses, der eine lange Tradition hat. Schon für das Jahr 1678 ist die Produktion kunstvoller Ofenplatten und Reliefs belegt. An diese Tradition knüpft die Firma Buderus in Hirzenhain mit ihrer Kunstgießerei und dem *Kunstgußmuseum* an. Es zeigt Holzmodelle, Plaketten, Gebrauchsgegenstände, Figuren und Ofenplatten.

Der Vogelsberger Kasper

Kurz hinter Hirzenhain liegt an der B 275 der Ortsteil Merkenfritz. Dort wartet das *Märchenland* auf einen Besuch. Es stammt mit Märchenfiguren, einer kleinen Westernbahn, Miniscootern und dem Tal der Saurier aus den Kindertagen der Freizeitindustrie. Mittendrin hat der *Vogelsberger Kasper* seine Bühne, der hübsches Puppentheater auf seine kleine Bühne bringt. Die Vorstellungen können auch ohne den Besuch des Märchenlandes angeschaut werden. Von Merkenfritz ist es dann nicht mehr weit zum Gederner See. Er liegt etwas nördlich von Gedern, umgeben von Wald und Wiesen am Fuße des Vogelsberges. Der Besuch lohnt vor allem zum Baden und Bootfahren. Ein Campingplatz lädt zur Übernachtung ein.

Das Vulkangestein des Vogelsberges

Der Vogelsberg ist das größte zusammenhängende Vulkangebiet Europas. Das Lavagestein, das vor vielen Millionen Jahren mit eintausend Grad Celsius aus 20 km Tiefe hervorbrach, entwickelte sich zu einer Landschaft voller dichter Wälder, Wiesen und Hochmoore, die noch weitgehend unberührt ist. Der Vogelsberg ist durch Teufelswerk zu seinem Namen gekommen: Ein armer Schmied hatte einst, um für sich und seine Kinder zu Geld zu kommen, seine Seele dem Teufel verkauft. Doch als der seinen Tribut forderte, bekam der Schmied Angst. Ein altes kluges Weiblein verriet ihm, wie der Teufel auszutricksen sei. Er solle ihm als Gesellenstück drei Prüfungsaufgaben stellen. Bei der dritten Frage galt es, einen Vogel zu erraten. Die Frau des Schmiedes hatte sich dazu erst im großen Backtrog in Teig, dann in Federn gewälzt und danach auf der Vogelstange Platz genommen. Der Teufel konnte nicht erraten, um was für einen komischen Vogel es sich handelte, geriet in Zorn und schrie: »So einen Vo-

Fremdenverkehrsverband
Vogelsberg u. Wetterau
Goldhelg 20
36341 Lauterbach
Tel. 0 66 41 / 97 72 75
Fax 0 66 41 / 97 73 36
E-Mail: info@fvv.vogelsberg-
wetterau.de
www.fvv.vogelsberg-wet-
terau.de

*Windenergiepark
bei Ulrichstein*

Windenergiepark
u. Windenergielehrpfad
Infos:
Verkehrsamt Grebenhain
Hauptstr. 51
36355 Grebenhain
Tel. 0 66 44 / 96 27 17
E-Mail: Grebenhain-
Gemeinde@t-online.de
oder: Infobüro Ulrichstein
Tel. 0 66 45 / 96 10 13

Vogelsberger Vulkan-Express
Mai-Nov. an Wochenenden
und Feiertagen
RMV-Hotline 01 80 / 23 51 45 1
RMV-Mobilitätszentrale
Alsfeld
Tel. 0 66 31 / 96 33 33
Fax 0 66 31 / 96 33 66
E-Mail: bahnhof-alsfeld@
mobilberatung.rmv.de

gel gibt es auf der ganzen Welt nicht, nur hier auf dem elenden Vogelsberg!«

Hier wurde in früheren Zeiten Eisen abgebaut und verhüttet, Leineweber und Strumpfwirker hatten ihr Auskommen. Heute noch gibt es Milch-, Weide- und Obstwirtschaft, große moderne Industrieanlagen fehlen weitgehend. Exportprodukt ist das gute Vogelsberger Wasser, das in großen Mengen sauber und gekühlt nicht nur die Haushalte der Region versorgt, sondern auch gute 70 km weiter nach Frankfurt geliefert wird. Zugleich verfügt die Region über den leistungsstärksten Windenergiepark in einer deutschen Binnenregion. Er entstand auf der »Platte« rund um Ulrichstein, Hessens höchstgelegener Stadt. Mit Windkonvertern, den modernen Windkraftmaschinen, wird auf umweltfreundliche Weise Strom erzeugt. Ein zusätzlicher *Windenergielehrpfad* informiert Kinder, Eltern und Lehrer, wie alles funktioniert.

Die Städte des Vogelsbergkreises sind klein und haben mit ihren geschnitzten Fachwerk- und Schindelbauten noch viel von altem Aussehen und Brauchtum bewahrt. Höchster Berg ist der Taufstein mit 773 m, der Hoherodskopf mißt nur neun Meter weniger. Wanderer und Wintersportler kommen hier voll auf ihre Kosten, Reiter und Radfahrer ebenso. Manche Höfe bieten Reiterfreizeiten für die ganze Familie an, und für die Radler existiert ein gut ausgebauter Weg, der Vulkan-Radweg. Der Vogelsberger *Vulkan-Express* nimmt auch Fahrräder mit und fährt die meisten Ausflugsziele der Region an.

Im Vogelsberg ist das Klima etwas rauher. Ein Sprichwort besagt, daß die Zwetschgen hier zwei Jahre brauchen, um zu reifen. Warum? Im zweiten Jahr müssen sie umgehängt werden, damit auch die andere Seite Sonne bekommt. Wer im Spätherbst mit dem Auto auf der B 276 aus dem Süden anreist, kann tatsächlich eine Klimagrenze zwischen Warm- und Kaltluft ausmachen: Bei Ortenberg zeigen die Blätter noch sommerliches Grün, kurz hinter Gedern sind sie mit Rauhreif bedeckt.

Naturpark Vogelsberg: Taufstein und Hoherodskopf
Nahe beim Städtchen Schotten, das auch »Herz des Vogelsbergs« genannt wird, liegen mitten im Naturpark Vogelsberg Taufstein und Hoherodskopf. Bonifatius soll, wie auch bei Fritzlar und Fulda (s. dort), auch auf dem 773 m hohen Tauf-

stein gepredigt und die heidnischen Germanen getauft haben. Vom Aussichtsturm des Taufsteins schaut man von oben über ein Meer aus Wald. Zu sehen sind die Hänge von Vogelsberg, Taunus, Rhön, Kellerwald und Spessart. Zum Gipfel des Taufsteines führt ein viertelstündiger Wanderweg. Das Auto am besten auf dem Parkplatz beim gemütlichen Café Taufsteinhütte stehenlassen, die Straße überqueren und hinein in den Wald!

Beim nahegelegenen Hoherodskopf mit seinen Fernmeldetürmen ist natürlich auch gut Wandern. Ein Weg führt zur Quelle der Nidda, ein anderer zum Hochmoor oder zum Forellenteich. Ein toller Freizeitspaß der Kinder ist die *Sommerrodelbahn*. Wie beim echten Ski wird dort eine Art Bob bestiegen und ab geht es die 750 m lange Bahn aus Metall hinunter. Per Lift kommt man wieder nach oben. Auch winterliche Vergnügungen wie Rodeln, Langlauf oder Abfahrtski werden auf dem 764 m hohen Berg großgeschrieben. Die Loipen sind zwischen einem und sieben Kilometer lang. Ein *Schneetelefon* informiert im Winter rund um die Uhr über die Wetterverhältnisse. Skikurse für Kinder bietet eine *Skischule* des Deutschen Skiverbandes, DSV, an.

Das Plateau des Berges bietet mehreren Restaurants und einem Kiosk Platz. Ein *Naturschutzzentrum* informiert über die Entstehungsgeschichte des Gebietes und über seine Pflanzen- und Tierwelt. Nach Voranmeldung werden Führungen für Gruppen angeboten. Auch Hessens erste *Umwelt-Jugendherberge* liegt am Hoherodskopf. In unmittelbarer Umgebung sind mehrere Lehrbiotope zum Beobachten des Lebensraumes Wald und Wasser angelegt. Zusätzlich kann in Labor- und Werkstatträumen im Haus geforscht werden, Geräte für Versuche und Wasserproben werden ausgeliehen. Zimmer stehen für Familien, Gruppen und Einzelwanderer zur Verfügung. Wer noch mehr erfahren will, nimmt am besten an der Vogelsberger *Rucksackschule* teil. Von April bis September findet sie in freier Landschaft statt, die Schüler sind nur mit dem ausgestattet, was in einen Rucksack paßt: Verpflegung, wetterfeste Kleidung und einige wenige Übungs- und Lehrmaterialien. Für eine solche Tour müssen mindestens acht Kinder zusammenkommen. Sie dauert je nach Altersstufe zwei bis fünf Stunden.

Sommerrodelbahn
Josef Wiegand,
SkiliftbetriebsGmbH
36169 Rasdorf
Tel. 0 66 51 / 98 00
geöffnet: Ende März-Ende
Okt. tägl. 10-17 Uhr
eine Fahrt: Kinder 2 DM, Erw.
3 DM

Vogelsberger Schneetelefon
Tel. 0 60 44 / 66 66

Skischule des DSV
Tel. 0 60 44 / 37 31

Naturschutz-Informationszentrum Hoherodskopf
Tel. 0 60 44 / 26 31 o. 9 11 60
Fax 0 60 44 / 6 27
geöffnet: Mo.-Fr. 13-17, Sa.,
So. 10-17 Uhr
Eintritt frei
Führungen auch im Gelände,
Infomaterial für Pädagogen

Geschäftsstelle Naturpark
Hoher Vogelsberg
Am Hohenwiesenweg 1
63679 Schotten
Tel. 0 60 44 / 26 31

Jugendherberge Hoherodskopf u. Rucksackschule
63679 Schotten
Tel. 0 60 44 / 27 60 oder 20 71

Tourist Information
Vogelsbergstr. 180
63679 Schotten
Tel. 0 60 44 / 66 51
Fax 0 60 44 / 66 79
E-Mail:
tourist-info@schotten.de
www.schotten.de

Miniatur-Eisenbahn
u. Mini-Autos
Information u. Anmeldung
Michael Hau:
Tel. 0 60 44 / 80 78

Vogelpark Schotten
Vogelsbergstr. 212
63679 Schotten
Tel. 0 60 44 / 6 00 91 44
geöffnet: April-Okt. Mo.-Fr.
9-18, Sa.12-18, So.10-18 Uhr
Kinder 2,50 DM, Erw. 5 DM
Gruppen ab 10 Personen:
Kinder 2 DM, Erw. 4 DM

Mohrenkopffabrik
Wolfgang Keil
Untere Weinbergstr. 5
63679 Schotten-
Wingershausen
Tel. 0 60 44 / 31 28
Fax 0 60 44 / 51 42
Bitte anmelden!

Hofreite Adam
63679 Schotten-Michelbach
Tel. 0 60 44 / 13 54
Brotbacken
ca. 15 DM pro Person
nur für Gruppen
über 30 Personen

Schotten: Zuckerbäcker und Streichelzoo

Das Städtchen Schotten mit netter Altstadt, großer gotischer Kirche und einem sehenswerten Museum ist Ausgangspunkt für viele Ausflüge. Schön ist es am südlich gelegenen nahen Nidda-Stausee. Er lädt zum Schwimmen, Bootfahren und Surfen ein. Boote können auch ausgeliehen werden. Kleine Eisenbahn- oder Autofans drehen dort an Sommerwochenenden ihre Runden mit der *Miniatur-Eisenbahn* oder den Elektro-Autos. Abenteuerspielplatz und Campingplatz sind ebenfalls da. Wer gerne Vögel beobachtet, ist im *Vogelpark* nördlich der Stadt richtig. In den Freigehegen leben 100 Vogelarten, darunter Aras, Papageien und Pelikane. Es gibt einen Streichelzoo mit Kaninchen, Meerschweinchen, Ziegen, Wasserschildkröten und zwei Auerochsen. Zum Park gehören auch ein Kinderspielplatz und ein Café.

In Schotten-Wingertshausen stellen Zuckerbäcker Wolfgang Keil und seine Familie in ihrer *Mohrenkopffabrik* täglich aus Eischnee, Zucker, Schokolade und Aromastoffen 7.000 Mohrenköpfe her. 24 Sorten hat die kleinste Schokoladenfabrik der Welt im Angebot: Himbeer, Waldmeister oder Mokka. Zuschauen und Naschen ist erlaubt.

Brot wird nach altem Rezept bei der *Hofreite Adam* im Stadtteil Michelbach gebacken. Gemahlen wird das Getreide in einer alten Wassermühle im benachbarten Eschenrod. Frau Adam stellt den Teig selbst her. Im Steinback-Verfahren im Dorfbackhaus braucht das Brot dann einige Stunden, bis es fertig ist. Die Hofreite Adam bietet auch Planwagen- und Kutschfahrten an. Im eigenen Gasthof werden Vogelsberger Spezialitäten gereicht.

Herbstein: Fastnacht und Märchen

Herbstein ist ein Städtchen wie aus dem Bilderbuch: Reste von Stadtmauern und Türmen, ein netter kleiner Marktplatz mit Brunnen und hübschem Fachwerkrathaus. Mit Schindeln verkleidete Häuser stehen rund um die gotische Stadtpfarrkirche, die mit ihrer Wandmalerei, der barocken Kanzel und den Schnitzfiguren ein kleines Schmuckstück ist. Um sie herum stehen Grabsteine aus dem 17. Jahrhundert, ganze Familien sind kniend auf den Steinreliefs dargestellt, die jüngsten Nachkommen als Babys im Steckkissen.

Das katholische Herbstein liegt mitten in einer evangelischen Region. Es ist stolz auf seine besondere Art, Fastnacht zu feiern. Im Mittelpunkt des tollen Treibens steht beim großen Rosenmontagsumzug ein Tanz. Vortänzer ist der »Bajaß«. Ihm folgen sechs Paare: ebenso wie der Bajaß junge Männer in Lederhosen, weißen Blusen und Röcken. Die Tänzer springen im Wechselschritt zur Musik und ziehen beim Sprung die Beine an. Der Umzug mit Tanz dauert Stunden, die Springerei ist strapaziös, und deswegen, so heißt es, wurden die »Damen« durch verkleidete Männer ersetzt. Bajaß und Tänzer müssen sich das Mitwirken teuer ersteigern. Mehrere tausend Mark ist das den Jungmännern wert! Das tolle Treiben ist mit dem Tanz des Bajaß noch nicht zu Ende. Am Abend vor Aschermittwoch wird die Puppe einer »Fastnachtshexe« im Strohfeuer verbrannt, und der folgende Sonntag ist »Hutzelsonntag«: Gegessen werden getrocknete Birnen oder »Hutzeln«. Bei den Bauern der Umgebung sammeln die Schuljungen des Ortes schon lange vorher Holz, um ein Feuer auf dem Halberg anzuzünden. Ein Brauch, der auch in der Rhön bekannt ist und an das vorchristliche Winteraustreiben erinnert.

Wer nicht das Glück hat, zu den tollen Tagen in Herbstein zu sein, mag sich mit einem Besuch im *Fastnachtsmuseum* trösten. Oder er besucht das Privatmuseum von Karolina Ruhl. Sie hat eine riesige *Puppensammlung* mit selbstgenähten und -gestrickten Kleidern und weiß viele interessante Dinge zu erzählen. Puppenstuben vom Biedermeier bis in die Zeit von 1950 und eine Spielzeugküche sind auch im *STATT-Museum* ausgestellt. Der Kurpark hat eine Minigolfanlage, eine Grillhütte und ein Thermalbad, das von Hessens höchster Heilquelle gespeist wird.

Fastnachtsmuseum
Amtsgasse 2
36358 Herbstein
Tel. 0 66 43 / 14 22
geöffnet: April-Okt.
So. 16.30-17.30 Uhr
Kinder 1 DM, Erw. 1,50 DM

Puppensammlung
Karolina Ruhl
Hessenstr. 64
36358 Herbstein
Tel. 0 66 43 / 15 26

STATT-Museum Herbstein
Obergasse 5
36358 Herbstein
Tel. 0 66 43 / 96 00 19
geöffnet: Mo.-Fr. 8.30-12 u.
14-16 Uhr, So. nach
Vereinbarung
Kinder 1 DM, Erw. 2 DM, Familien 5 DM

Lauterbach: Wo Zwerge und Hüte herkommen

Lauterbach, die Stadt an der Lauter und die größte des Vogelsberges, wird in einem Volkslied besungen: Ein Handwerksgeselle hatte mit seiner Wirtin angebändelt, wurde dabei überrascht, machte sich schnell aus der Stube und ließ dabei seinen Strumpf zurück. Diesem Strumpf begegnet der Besucher in Lauterbach sehr häufig. Er hängt am Wahrzeichen Lauterbachs, dem Strumpfzieherbrunnen, bei der alten Stadtmühle und ist auf Postkarten zu sehen. Als Souvenir

109

hängt er im Fenster der Konditorei Stöhr, gefüllt mit feinsten handgemachten Pralinen.

Eine Spezialität von Lauterbach ist der Salzekuchen. Das Rezept dazu liefert der **Extra-Tip:**
Gebraucht werden, um eine ganze Familie satt zu kriegen, 750 g Brotteig, 250 g Speck, 625 g Zwiebeln, ¼ l Öl, 750 g gekochte Kartoffeln, 375 g Quark, 2 Eier, 1/8 l Milch, ¼ l Rahm, etwas Salz und gehackte Petersilie. Den Speck in der Pfanne auslassen, dann im Speck und Öl die Zwiebeln dünsten. Die Kartoffeln mit Milch zu einem Brei stampfen und den Quark, die Eier, den Rahm und schließlich noch die Zwiebeln und Petersilie darunterrühren. Mit Salz abschmecken und die Masse auf den Brotteig geben, der ausgerollt auf einem Kuchenblech liegt. Alles im Ofen bei 240 Grad etwa 30 Minuten backen.

Wie alt das Rezept ist, wissen wir nicht, »Luternbach« jedenfalls wird erstmals im Jahr 812 erwähnt, 1266 erhielt es Stadtrecht. In der Folgezeit hatten die Herren von Riedesel das Sagen. Die größten Bauten in der an Fachwerk reichen Stadt stehen mit ihnen in Verbindung: die Burg, das Amtshaus, das Gebäude vom heutigen *Hohhaus-Museum*. Dort wird über die Vor- und Frühgeschichte informiert, es gibt auch Abdrücke von Saurierspuren. Neben gemalten Kindheits- und Tiergeschichten des Lauterbacher Malers Ernst Eimer sind Puppenhäuser und Schaukelpferde zu bewundern, außerdem Werkstätten von Bäckern, Hutmachern, Schustern und Töpfern.

Das Töpferhandwerk gehört zur lang gepflegten Tradition. Im Haus von Adolf Spieß, dem Erfinder des Schulturnens, ist heute ein Töpfergeschäft, und ganz in der Nähe gibt es eine Töpferwerkstatt. Hier kann bei der Arbeit zugeschaut werden. Ein typisches Vogelsberger Töpferstück ist das »Illegillchen«. »Ille« bedeutet Erde, und »Gille« oder »Gillchen« ist ein kleiner Reitersmann aus Ton. Ein großer Töpfermarkt findet in Lauterbach am ersten Septemberwochenende statt. Dann kommen viele Töpfer auf den Platz vor dem Fachwerkhaus »Goldener Esel«. Das größte Fest ist der Prämienmarkt. Er wird in der Fronleichnamswoche veranstaltet und war früher ein Viehmarkt. Heute gibt es neben der Tierschau auch Feuerwerk und Jahrmarktbuden.

Fremdenverkehrsverband Vogelsberg u. Wetterau
Goldhelg 20
36341 Lauterbach
Tel. 0 66 41 / 97 72 75
Fax 0 66 41 / 97 73 36
E-Mail: info@fvv.vogelsberg-wetterau.de
www.fvv.vogelsberg-wetterau.de

Lauterbacher Verkehrsverein e.V.
Marktplatz 14
36341 Lauterbach
Tel. 0 66 41 / 18 41 12

Jugendcafé
Hintergasse 3
Tel. 0 66 41 / 18 41 61
geöffnet: Mo. 15.30-17.30 für Kinder bis 14 Jahre
Mo. 17.30-19.30 Uhr nur für Mädchen
Ansprechpartner auch für das Kinder- und Jugendparlament:
Andreas Goldberg
Tel. 0 66 41 / 3 63 41

Kreis-Jugendparlament
Ansprechpartnerin: Frau Lukas
Tel. 0 66 41 / 97 74 20

Hohhaus-Museum
Berliner Platz 1
36341 Lauterbach
Tel. 0 66 41 / 24 02
geöffnet Di.-Fr. u. So. 10-12,
Sa. u. So.14-17 Uhr
Kinder 0,50 DM, Erw. 3 DM

*Strumpfzieherbrunnen
in Lauterbach*

Lauterbachs wichtigste Adresse für Kinder und Jugendliche ist das *Jugendcafé* in der Hintergasse. Hier werden auch Ausflüge und Freizeiten angeboten. Das Jugendcafé informiert über das *Kinder- und Jugendparlament*, der 1991 für den ganzen Kreis ins Leben gerufenen Interessenvertretung junger Leute. Zusätzlich existiert ein eigenes Kinder- und Jugendparlament für die Stadt Lauterbach.

Aus der Metropole des Vogelsberges kommen wichtige Exportartikel. 600.000 Gartenzwerge produziert die Firma Heissner pro Jahr, die meisten davon gehen ins Ausland. Früher gab es in Lauterbach viele Hutmacher. *Hutmacher Wegener* ist einer der wenigen, der überlebt und auch heute noch viel zu tun hat. Bestellungen kommen aus der ganzen Welt, so stammen beispielsweise die Cowboy-Hüte für die Dallas-Fernsehserie aus Lauterbach im Odenwald. In der Wegenerschen Fabrik kann zugeschaut werden, wie ein Hut entsteht. Dafür geht es Hasen oder Wildkaninchen ans Fell: Aus ihren Haaren werden die verschiedensten Kopfbedeckungen hergestellt. Als Musterformen stehen rund 100 Eisen- und Kunststoffmodelle zur Verfügung. Richtige Maßarbeit ist das! Führungen bitte vorher vereinbaren.

Für den Freizeitspaß bietet sich in Lauterbach das ganze Jahr ein Besuch im *Freizeitzentrum Steinigsgrund* an mit Freibad, Erlebnis-Hallenbad »Die Welle« und Kunsteisbahn im Winter. Einen Ausflug wert ist der Aussichtsturm auf dem

Hutfabrik Wegener
36341 Lauterbach-Blitzenrod
Tel. 0 66 41 / 20 56 58
Bitte anmelden!

Freizeitzentrum Steinigsgrund
Im Steinigsgrund
36341 Lauterbach
Tel. 0 66 41 / 6 27 29
geöffnet: Freibad Mai-Sept.
Eissporthalle Okt.-März
Erlebnishallenbad Di.-Fr.
14-22, Sa., So. 9-22 Uhr
Kinder 4,50 DM, Erw. 8,50 DM

111

nahegelegenen, 440 m hohen Hainigberg südlich von Lauterbach. Wahrscheinlich befand sich hier einmal eine germanische Kultstätte, heute ist dort ein Naturschutzgebiet mit
schönen alten Eichen. Von dort ist es nicht weit zum Schloß
Eisenbach. Hier wohnen die Herren Riedesel. Das Schloß mit
seinen Zinnen, Toren und Erkern ist leider für Besucher geschlossen. Schön sitzen läßt es sich aber auf der Terrasse des
Restaurants gleich nebenan, der Park lädt zur Erforschung
ein.

Schlitz: Die Stadt der Burgen

Nur wenige Orte vermitteln noch so einheitlich ein mittelalterliches Lebensgefühl wie das Städtchen Schlitz am gleichnamigen Flüßchen. Rot leuchten schon von ferne die Zie-
geldächer, trutzig erheben sich die ehrwürdigen Mauern und

Fremdenverkehrsamt Schlitz
An der Kirche 4
36110 Schlitz
Tel. 0 66 42 / 97 0 60 oder 62
Fax 0 66 42 / 9 70 56

Heimatmuseum Schlitz
An der Vorderburg 1
36110 Schlitz
Tel. 0 66 42 / 80 50
geöffnet:
April-Okt. Di.-So. 14-16, Nov.-
März Sa. u. So. 14-16 Uhr
Kinder 1,50 DM, Erw. 3 DM

Hinterturm
geöffnet:
tägl. April-Aug. 10-12 u. 15-19,
Sept. bis 18. Okt. 17 Uhr
Kinder 1 DM, Erw. 2 DM

Giebel von Schloß Hallenburg, dem Rathaus, der 812 geweih-
ten Kirche und der Stadtbefestigung. Stolz ist die Stadt auf
den hübschen Marktplatz mit dem St.-Georgs-Brunnen, den
Schloßgarten, die vier Burgen. In der Vorderburg befindet
sich das *Heimatmuseum Schlitz* mit Informationen über die
Grafen von Schlitz, über heimatliche Leinenweberei, Handwerk und Landwirtschaft. Vor der schönen Kulisse der vielen
schönen alten Fachwerkhäuser findet im Sommer das »Hei-
mat- und Trachtenfest« mit Tanzgruppen und vielen Motivwagen statt. Die ganze Schönheit der Stadt von oben betrachten kann man bei der Fahrt mit dem altertümlichen
Fahrstuhl hinauf auf den 36 m hohen und 700 Jahre alten
runden *Hinterturm*, der früher auch als Gefängnis diente. In
der Adventszeit vollzieht sich eine wunderbare Verwandlung
mit dem Turm. Die Feuerwehr rückt mit einem Kran an, ein
roter Überzug wird über ihn gestreift und an seiner Spitze
ein 5 m hohes Alugestell mit 122 Elektrobirnen befestigt. Fertig ist die größte Adventskerze der Welt, die bis zum 6. Januar brennt. Die Schlitzer haben es mit dieser Idee ins Guiness-
Buch der Rekorde geschafft!

Laubach: Märchenschloß und Silvesterwürfeln

Laubach, die 1.200 Jahre alte Residenzstadt am westlichen
Ausläufer des Vogelsberges, ist umgeben von dichten Wäldern und hat eines der größten und schönsten Schlösser Hessens. Jahrhundertelang wurde gebaut, bis aus der einstigen

Wasserburg mit vielen Winkeln, Höfen, Türmen und Treppen, Wirtschaftshöfen und Beamtenhäusern das *Schloß* der Grafen von Solms-Laubach wurde. Heute ist es teils Museum, teils wird es noch von der gräflichen Familie bewohnt. Zum Schloß gehört ein im englischen Stil angelegter großer Park.

Weil die Schloßherren große Jäger waren, wird hier noch heute das *Ausschußfest* im Frühsommer gefeiert. Es geht auf eine über 460 Jahre alte Tradition zurück. Die männlichen Bürger gehörten damals der Bürgerwehr an, um im Notfall die Stadt zu verteidigen. Einmal im Jahr wurde Manöver gehalten, dem besten Schützen winkte als Preis ein vom Schloßherrn gestifteter Hammel. Das ist auch heute noch so, gewonnen hat, wer beim Schuß auf die Scheibe die »Zehn« genau trifft. Das Fest beginnt an einem Sonntagnachmittag mit einem Kinderfestzug und weiteren Kindervergnügungen. Daran schließt sich ein Umzug der Konfirmanden an, die es dann zum ersten Mal in ihrem Leben den gestandenen Jägern gleichtun und sich als Schütze üben. Ihr Preis ist ein kleiner Hammel.

Im August findet in Laubach ein Lichterfest mit großem Feuerwerk statt. Zum Silvesterwürfeln strömt am 31. Dezember Groß und Klein ab 15 Uhr in die Laubacher Gaststätten. Spielergrüppchen werden gebildet: Jeder darf dreimal würfeln, derjenige mit der höchsten Augenzahl gewinnt. Die Wirte haben vorgesorgt, je nach Höhe des Einsatzes stehen Bratwürste, Kuchen und Brezeln als Preise bereit. Der Brauch wird auch in Kirchhain bei Marburg (s. dort) gepflegt. Er stammt wohl noch aus dem Dreißigjährigen Krieg und wurde in Laubach vor einigen Jahrzehnten wiederbelebt. Zu jener Zeit schlachtete man noch extra für diesen Tag, manche Familie hat sich auf diese Weise ihr Abendessen erwürfelt.

Stadtverwaltung Laubach
Rathaus
35321 Laubach
Tel. 0 64 05 / 92 13 21
Fax 0 64 05 / 92 13 13
www: info@laubach-online.de
www.laubach-online.de
Kinderstadtführungen und
Ausflüge
ab 5 Personen und ab 2 DM
pro Kind

Schloß
Tel.: über Kultur- und Tourismusbüro 0 64 05 / 9 21
geöffnet: Mitte April-Ende
September
Führungen Mi. 14.30 Uhr

Alsfeld mit Elle und Pranger

Die Häuser sind noch da, die Menschen von einst, Hofleute, Ritter, Bürger müssen mit ein wenig Phantasie hinzuerdacht werden. Dann wird Alsfeld dem Besucher noch schöner erscheinen, als es ohnehin schon ist. Nur wenige Städte in Hessen haben ein so geschlossenes Ensemble an Bürgerbauten aufzuweisen – dabei allen voran das schmucke Fachwerkrathaus. In seinem offenen Untergeschoß wurde früher Markt gehalten. Die Alsfelder Elle, das einst für Käufer und Händler

Touristcenter Alsfeld
Markt 13
36304 Alsfeld
Tel. 0 66 31 / 9 11 02 43
Fax 0 66 31 / 9 11 02 44
E-Mail: tca@alsfeld.de

Spielzeugmuseum Alsfeld
Kirchplatz 9
36304 Alsfeld
Tel. 0 66 31 / 41 17
geöffnet: Di.-So. 11-12 u.
14.30-17 Uhr
Kinder 2 DM, Erw. 4 DM

Erlenbad
An der Bleiche 12A
36304 Alsfeld
Tel. 0 66 31 / 18 28 10
Fax 0 66 31 / 18 28 18
geöffnet: Mo., Mi., Fr. 15-22,
Do. 15-20, Sa., So. 9-22 Uhr
Kinder 3,50 DM, Erw. 7 DM
Familie (bis 3 Kinder, 2 Erw.)
18 DM

gültige Längenmaß, ist gut sichtbar an seiner linken Ecke eingelassen. Ein paar Schritte weiter steht das 1538 errichtete Weinhaus, in dem man früher Wein lagerte und jedes Amtsgeschäft mit einem Umtrunk besiegelte. An seinem Eck mahnt der Pranger die Bürger zur Gesetzestreue, Straftäter wurden hier öffentlich zur Schau gestellt. Schräg gegenüber befindet sich das große steinerne Hochzeitshaus im Stil der Renaissance. Es bot den passenden Rahmen für Feierlichkeiten und Tanzvergnügungen.

Die Stadt wurde im 12. Jahrhundert gegründet und erlangte schnell Bedeutung, da sie strategisch günstig an der wichtigen Handelsstraße nach Thüringen lag. Heute liegt Alsfeld an der Märchenstraße. Nur wenige Kilometer sind es von hier bis zur Schwalm, der Heimat von »Rotkäppchen« aus dem berühmten Grimmschen Märchen. Ein Stück von einer Märchenwelt hat auch das kleine private Spielzeugmuseum am Kirchplatz. Wasserfreuden besonderer Art erleben die Gäste in der Erlebnis-Welt *Erlenbad* mit 76 m langer Riesenrutsche, Wasserfällen und großen Liegewiesen.

Ronneburg
Altwieder-
mus

Neuberg
Ravolzhausen

Bruchköbel

Langen-selbold

Gem.
Erlen-
see

Kinzigsee

Kinzig

Wilhelms-bad

A66

HANAU

A66

A45

8

A66

Rhein

Philippsruh

Main

Mühl-
heim

Dietes-
heim

See

Großauheim

43

Erholungsgebiet
Steinbrüche
Seen

Steinheim

Großkrotzen-
burg

Hausen

448

Klein Auheim

Hain-
stadt

Klein-
Krotzenb

A3

Froschhsn

8

Main

Hainhausen
Stadt
Rodgau

Klein-
Welzheim

Main-
flin-
gen

45

Seligenstadt

Königssee

Zellhsn

Gem.
Mainhausen

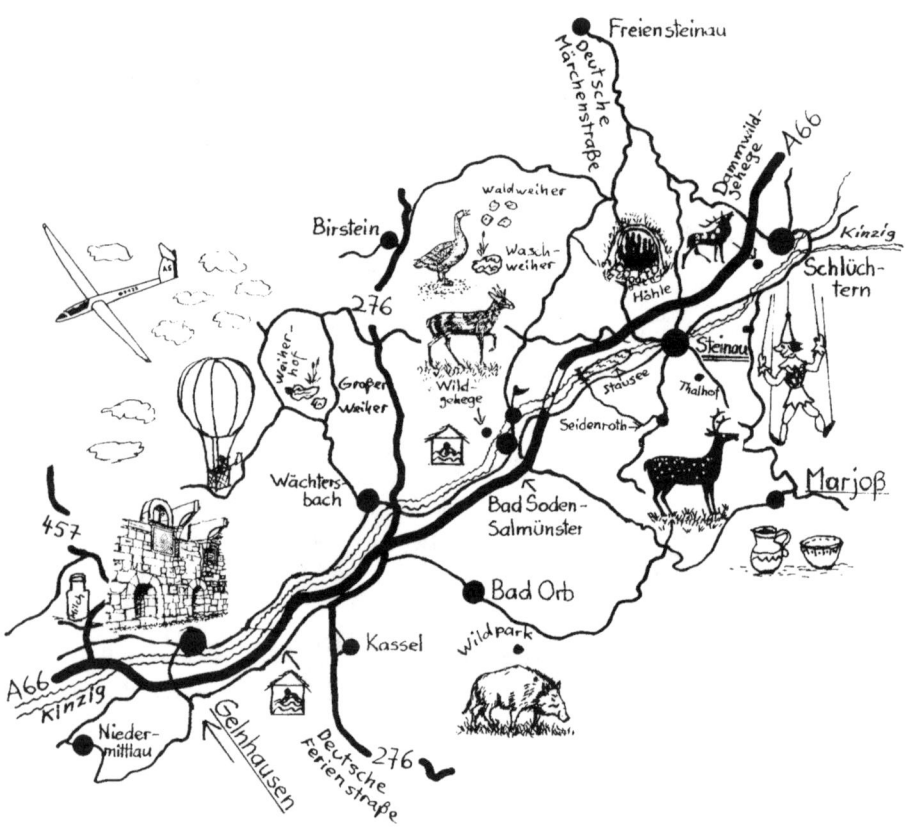

An Main und Kinzig

Von alten Handelsstraßen

Zwei Flüsse gaben der Region ihren Namen. Der Main und die Kinzig, die oft in großen Bögen die Wiesenlandschaft durchquert und früher auch schiffbar war. Heute ist sie bei Bad Soden-Salmünster zu einem großen See gestaut, an dem man angeln, rudern und baden kann. Manches Handelsgut wurde auf beiden Flüssen transportiert. Die rege Wirtschaft trug zum Wohlstand der Bürger und zum schmucken Aussehen ihrer Städte bei. Denn zwischen den Flüssen entstanden Orte und bedeutende Handelsstraßen. An Gelnhausen und Steinau vorbei führte die wichtige Verbindungslinie zwischen den beiden Messeorten Frankfurt und Leipzig entlang. In Ost-West-Richtung waren die Kaufleute auf der »Birkenhainer Straße« unterwegs, eine weitere verlief in Nord-Süd-Richtung. Letztere kann man heute durch dichte Wälder entlangwandern. Sie trägt den Namen »Eselsweg« und führt von Schlüchtern nach Miltenberg am Main. Hier in der Region beginnt auch die »Deutsche Märchenstraße«. Von Hanau, der Geburtsstadt der Brüder Grimm, führt sie über Steinau weiter nach Schlüchtern mit der Grimm-Stube im Bergwinkelmuseum.

Hammersbach im Main-Kinzig-Kreis ist das beliebteste Feriendomizil Hessens. Zweimal schon gaben Urlauber dem »Reit- und Ferienhof Kastanienhof« diese Auszeichnung, unter anderem deshalb, weil das Feuer im Kachelofen so wohlig wärmte und weil die Pferde ruhig und brav waren. Pferde bringen den Besucher auch mit Planwagen zu den schönsten Punkten des Gebietes. Im idyllischen Jossgrund bei Bieber, wo früher Silber, Kupfer, Blei und Kobalt abgebaut wurden, stehen für das Wintervergnügen Skilifte, Loipen und Rodelbahnen für Kinder bereit.

Wirtschaftsförderung und
Tourismus GmbH
Spessart-Kinzigtal-Vogelsberg
63571 Gelnhausen
Tel. 0 60 51 / 48 07 21
Fax 0 60 51 / 48 07 20
E-Mail: tourismus@wfmkk.de

Seligenstadt: Einhard und Emma

Es gibt viele Geschichten, wie Seligenstadt zu seinem Namen kam. Alle handeln sie von Karl dem Großen und seinem Berater Einhard. Eine geht so: Einhard und Karls Tochter Emma liebten einander, doch Vater Karl hatte etwas gegen diese Verbindung. Die beiden flohen, ließen sich in der Gegend von Seligenstadt nieder und eröffneten zur Sicherung ihres

Verkehrsbüro Seligenstadt
Einhardhaus
Aschaffenburger Str. 1
63500 Seligenstadt
Tel. 0 61 82 / 8 71 77
Fax 0 61 82 / 94 77
E-mail: Stadt@Seligenstadt.de
www.seligenstadt.de

Kloster Seligenstadt mit
Museum
63500 Seligenstadt
Tel. 0 61 82 / 2 26 40
geöffnet: Di.-So. 10-12, 13-18,
Nov.-Feb. nur bis 15 Uhr
Kinder 4 DM, Erw. 6 DM mit
Führung, Familie 16 DM
Januar geschlossen
Klostergarten: bis zur Dunkel-
heit geöffnet, freier Zugang

Lebensunterhalts ein Gasthaus. Jahre später kam Karl bei einer Jagd vom Weg ab, nahm in diesem Gasthaus Zuflucht, erkannte aber die Wirtsleute nicht. Erst als Emma ihm eine Portion Eierpfannkuchen vorsetzte, wußte er Bescheid: Nur seine Emma konnte so unglaublich gute zubereiten! Karl schloß die lang Vermißte in die Arme, den Schwiegersohn gleich dazu und jubelte: »Selig sei die Stadt, da ich meine Tochter wiederfand.«

Der Spruch ist nachzulesen am Einhardhaus beim schönen Marktplatz mit Rathaus und alter Schmiede. Obwohl die Geschichte sehr hübsch ist, gilt als wahrscheinlicher, daß der Name Seligenstadt einfach »Stätte der Seligen« meint. 828 brachte Einhard Reliquien des Apostels Petrus und des Märtyrers Marcellus hierher. Ihre Gebeine sind wie die von Einhard und Emma in der Einhardsbasilika beigesetzt, die mit zu den bedeutendsten karolingischen Bauwerken zählt (vgl. Michelstadt). Zur Kirche gehörte von Anfang an ein Kloster. Konventbau, Neue Abtei, Krankenbau und Sommerrefektorium stammen aus dem beginnenden 18. Jahrhundert, als das Benediktinerkloster wirtschaftlich florierte. Die große Mühle wurde dagegen schon im Jahr 1574 gebaut. Heute klappern ihre drei Mühlräder wieder, und auch der Mahlgang funktioniert. Ein schöner Spaziergang führt durch den barocken Konventgarten mit Café und Skulpturen, üppigem Blumenschmuck und Zierobst. Auch der neu angelegte 600 qm große Apothekergarten mit 200 Pflanzen ist sehr sehenswert. Zum Anwesen gehört auch ein Wirtschaftsteil mit viel Federvieh, Ziegen und Schafen, die sich gern streicheln lassen.

Spaziert man vom Kloster aus am Main entlang in nördlicher Richtung, kommt man an der Fähre vorbei und steht bald vor den beeindruckenden Ruinen des »roten Schlosses«, der Kaiserpfalz aus der Stauferzeit. Kaiser Friedrich II. hielt hier hof. Nicht weit von der Ruine entfernt ist ein Durchschlupf durch die in großen Teilen noch erhaltene Stadtmauer zu den engen Gassen der Altstadt. Hier ist neben den vielen alten Fachwerkhäusern der »Rote Brunnen« interessant. Er heißt so, weil er ebenso wie die Pfalz aus rotem Sandstein gebaut ist. Früher soll der Klapperstorch alle Seligenstädter Babys dort herausgefischt haben!

Der »Steife-Löffel-Orden« und die »Schlumber«

Im Gasthaus »Zum Riesen« am Marktplatz hängt ein riesengroßer Löffel. Mit ihm hat es folgende Bewandtnis: Wenn einst in Frankfurt Messe war, kamen die Kaufleute von weit her. Reisen war anstrengend, und die Wälder waren voller Räuber. Deshalb erhielten ihre Wagen besonderen Schutz, das sogenannte »Geleit«. Wer zum ersten Mal dabei war, mußte eine Probe bestehen. Es galt, in einem einzigen Zug einen ganzen Liter Wein zu trinken. Gereicht wurde dieser in einem solchen riesigen Löffel. In unserer Zeit wurde dieser Brauch wiederbelebt. Alle vier Jahre, beispielsweise 2003, wird das *Geleitfest* mit Umzügen, alten Trachten, Tanz und viel Trubel gefeiert. Höhepunkt ist dann der Löffeltrunk auf dem Marktplatz. Jeder, der es schafft, wird mit Schwertschlag und Urkunde in den Ritterorden »Zum Steifen Löffel« aufgenommen. Zum Abschluß des Geleitfestes steht am darauffolgenden Montag der »Main in Flammen«: Sobald es dunkel wird, schwimmen auf kleinen Brettern Tausende von Lichtern auf dem Fluß. Ein großes Feuerwerk beendet das Fest.

Auch die »Fassenacht« wird in Seligenstadt ausgelassen begangen. Männer und Frauen ziehen als Hexen verkleidet durch das Städtchen. Einer der Höhepunkte ist der Rosenmontagszug mit vielen Motivwagen und Fußgruppen, bei dem es auch einen Kinderzug und ein Kinderprinzenpaar gibt. Ein kleines privates *Fastnachtsmuseum* zeigt das ganze Jahr über Kostüme und Zubehör aus 150 Jahren Fastnachtsgeschichte. Während der tollen Tage ist Seligenstadt »Schlumberland«, seine Einwohner sind die »Schlumber«. Diese Bezeichnung ist so entstanden: Nach dem Dreißigjährigen Krieg hatten sich in Seligenstadt vor allem Weber niedergelassen. Wenn beim Weben das Schiffchen durch die gespannten Fäden gezogen wurden, nannte man das »schlumpfen«. Auch in den umliegenden Dörfern haben die Bewohner witzige Spitznamen. So heißen die Klein-Welzheimer »Wiesengickel«, die Zellhausener »Bruchkatzen« und die Froschhausener »Frösche«.

Der Uferweg führt in Seligenstadt direkt am Main entlang. Er folgt dem ehemaligen Pfad der alten Leinreiter, die auf Pferden reitend die Schiffe mit Seilen den Fluß hinauf zogen. Gut auf dem Weg mit dem Fahrrad zu erreichen sind in südöstlicher Richtung die Mainhausener Seen. Wer will, kann

Seligenstädter
Fastnachtsmuseum
Ferdinand Schreiner
Frankfurter Str.
Tel. 0 61 82 / 2 46 44
geöffnet: So. 14-18 Uhr und
nach Vereinbarung
Eintritt frei

Königssee Zellhausen
63527 Mainhausen-Zellhausen
Tel. 0 61 82 / 35 45
geöffnet: Frühjahr bis Sept.

Badesee Mainflingen
63527 Mainhausen-
Mainflingen
Tel. 0 61 82 / 38 09
geöffnet: ab Frühjahr bis Sept.

vorher noch einen kleinen Abstecher zur etwas abseits im Wald stehenden Wasserburg machen, dem hübschen barocken Gartenhaus der Seligenstädter Äbte. Der *Königssee* bei Zellhausen ist der größere der Mainhausener Seen. Er verfügt über Liegewiese, Nichtschwimmerbereich, weißen Sandstrand, Badeinseln und sauberes Wasser, das regelmäßig untersucht wird. Surfen ist auf der Seehälfte möglich, in der nicht gebadet wird. Der *Mainflinger See* hat eine Liegewiese am Hang, es gibt einen Kinderspielplatz, Campingplatz, Kiosk und ein Restaurant.

Klein-Auheim: Wildpark »Alte Fasanerie«

Der *Wildpark Alte Fasanerie* entstand vor den Toren Hanaus. Er wurde für den Mainzer Erzbischof Lothar Franz von Schönborn angelegt, der ein passionierter Jäger war. Der große Park in Klein-Auheim ist von einer langen, dicken Mauer umgeben und hat in seinem Innern 15 km gut ausgebaute Wanderwege. Das Aufregendste im Park dürfte die Beobachtung der Wölfe sein, die hier in Rudeln leben. Dam-, Rot- und Muffelwild ist anzutreffen, sogar zwei Elche streifen durch die Wälder, und auch Greif- und Hühnervögel sind hier zu Hause. Für die Tiere kann spezielles Futter am Eingang zum Park gekauft werden. Wißbegierige erfahren alles über die Tier- und Pflanzenwelt in einem Museum. Gemütlich sitzen läßt es sich im historischen Gasthaus gegenüber der Fasanerie. Dort ist auch ein Spielplatz. An einem Junisonntag wird in der Fasanerie das Wildparkfest gefeiert.

Technikbegeisterten empfehlen wir einen Besuch im *Museum* in Hanau-Großauheim, das im Jugendstilbad und dem ehemaligen Elektrizitätswerk untergebracht ist. Es zeigt die Entwicklung von der Bauernkultur mit Milchverarbeitung, Flachsherstellung und Schreinerei bis zum Industriezeitalter mit der Stechuhr als Zeichen für geänderte Arbeitsbedingungen. Faszinierendste Objekte der Schau sind die beiden großen Dampfmaschinen, die für das allgemeine Publikum zweimal im Jahr in Bewegung gesetzt werden: im Juli während der Großauheimer Dampfmaschinentage und im September beim Rochusmarkt.

Gut zu verbinden ist der Besuch mit einem Badeausflug im Strandbad Klein-Krotzenburg am Südostrand des gleichnamigen Ortes. In Klein-Krotzenburg hat auch das *RRRABATZZZ-*

Wildpark »Alte Fasanerie«
63456 Klein-Auheim
Tel. 0 61 81 / 6 91 91
geöffnet: April-Okt. Mo.-Fr
. 9-17, Sa., So., 9-18, Nov.-März
9-16, Sa., So. 9-17 Uhr
Kinder 2,50 DM, Erw. 5 DM
ab Hanau:
Straßenbahn 4 oder 6

Museum Großauheim
Pfortenwingert 4
63457 Hanau-Großauheim
Tel. 0 61 81 / 57 37 63
geöffnet: Do.-So. 10-12,
14-17 Uhr
Eintritt frei,
auch Sondervorführungen
Anmeldung: Förderverein
Dampfmaschinen-Museum
e.V.
Tel. 0 61 81 / 57 43 79

RRRABATZZZ-Theater
Krotzenburger Str. 42
63512 Hainburg
Tel. 0 61 82 / 72 01
Fax 0 61 82 / 6 44 18
Kinder ab 16 DM, Gruppenpreise ab 8 DM pro Kind

120

Theater in einem ehemaligen Hofgut bei der Kirche sein Domizil. Die Theatertruppe spielt wunderbar komische und tiefsinnige Stücke für kleine und große Leute.

Hanau: Bei Grafen und Goldschmieden

Was für Kinder in Hanau los ist, weiß das *Kulturamt* der Stadt, das die kostenlose Broschüre »Kinderkult.ur« herausgibt. Es informiert über Kurse der Musikschule, über Lesungen in der Bibliothek und das Kinderkulturfest in Wilhelmsbad. Im Sommer sind die Brüder-Grimm-Märchenfestspiele im Park von Schloß Philippsruhe Höhepunkt. Sie werden zu Ehren von Jacob und Wilhelm Grimm, den berühmtesten Bürgern Hanaus, ausgerichtet. Besuchen sollten Kinder und Erwachsene auch das Lamboy-Fest, das ebenfalls im Sommer auf dem Freiheitsplatz als Fest für Deutsche und Ausländer gefeiert wird. Es ist sehr alt und erinnert an die Befreiung Hanaus im Dreißigjährigen Krieg. Doch Hanaus Geschichte reicht noch weiter zurück. 1143 wird urkundlich ein »Tammo de hegenowa« erwähnt – erster Hinweis auf die Herrschaft der Herren von Hanau. Ihre nicht mehr erhaltene Burg errichteten sie am Bogen der Kinzig. Daneben entstand eine Ansiedlung von Kaufleuten und Handwerkern. Hanau wurde bekannt durch seine Goldschmiedekunst. Dieses Handwerk brachten Flüchtlinge aus den Niederlanden mit, die in ihrer Heimat nicht mehr ihrem Glauben gemäß leben durften. An diese Tradition knüpft das *Deutsche Goldschmiedehaus* im früheren Rathaus mit seinen Ausstellungen an. Für die neuen Bürger aus den Niederlanden wurde die *Doppelkirche* gebaut, die unter einem Dach Platz für zwei Religionen bot. Im Krieg bei einem Luftangriff getroffen, blieb die Ruine als Denkmal erhalten, im Gedenken an die Zerstörung Hanaus im März 1945.

Hanau besitzt noch ein recht ungewöhnliches Denkmal, und zwar auf dem Hauptfriedhof: Ein großes Tor, wie aus Kinderbauklötzen errichtet, erinnert an totgeborene Kinder, die gewöhnlich anonym beerdigt werden.

Brüder-Grimm-Denkmal in Hanau

Wirtschaftsförderung und Tourismus GmbH
63450 Hanau
Tel. 0 60 51 / 48 07 21
Fax 0 60 51 / 48 07 20
E-Mail: tourismus@wfmkk.de
www.hanau.de

Kulturamt Hanau
Veranstaltungen
Parkpromenade 1
Deutsches Goldschmiedehaus
Altstädter Markt 6
63450 Hanau
Tel. 0 61 81 / 29 54 30
geöffnet:
Di.-So.10-12, 14-17 Uhr
Eintritt frei, außer bei Sonderausstellungen

Hanau-Wilhelmsbad: Pyramide und Puppen

Fast 300 Jahre soll es her sein, daß in Hanau-Wilhelmsbad zwei Weiblein beim Kräutersuchen eine Quelle fanden, daraus tranken und ihre heilsame Wirkung verspürt haben. Gut

70 Jahre später begannen dann im Auftrag von Erbprinz Wilhelm aus Kassel die Bauarbeiten zum Kurort »Wilhelmsbad«. 1779 trafen die ersten Badegäste ein. Der Prinz selbst ließ sich im *Park* eine Sommerresidenz bauen. Da man seinerzeit das Mittelalter mit Burgen und Ruinen sehr schätzte, wurde es eine *Burg*, die in ihrem Inneren aber allen nur erdenklichen Luxus bot. 1784 kam in Erinnerung an den früh verstorbenen Sohn des Prinzen die Pyramide auf der vom Wasser des Braubachs umgebenen Insel hinzu. Weitere Attraktionen des Parks entstanden nach und nach: die Grotte für die kostbare Quelle, die im 19. Jahrhundert versiegte, und der »Schneckenberg«, ein künstlich aufgeschütteter Hügel, dessen Weg spiralförmig gewunden ist. Oben bietet er eine gute Aussicht über den ganzen Park. Ein weiteres Glanzstück ist das kostbar gearbeitete Karussell. Um dorthin zu gelangen, muß die sogenannte »Teufelsschlucht« über eine schwankende Hängebrücke passiert werden. Das Karussell wurde anfangs unterirdisch von Menschen, später von Pferden angetrieben. Auf ihm vergnügte sich einst die vornehme Gesellschaft. Sie suchte ihr Glück im Spielcasino und amüsierte sich beim Theaterspiel im *Comödienhaus*. Heute werden in den hübschen Räumen des Rokokotheaters auch Opern und Konzerte für Kinder geboten. Einen Blick hinter die Kulissen dürfen Kinder bei den Kinderkulturveranstaltungen »Backstage« tun. Sie erfahren hier, wie Bühnennebel gemacht wird und welche Leute beim Theater arbeiten. Für die Erfrischung sorgt das Café im ehemaligen Wirtschaftsgebäude gleich neben dem Comödienhaus. Ein Restaurant und eine Minigolfanlage sind ebenfalls im Park vorhanden.

Im Arkadenbau ist das *Hessische Puppenmuseum* eingerichtet. Es zeigt eine große Sammlung von Puppen, die von der Antike bis in die Gegenwart reicht. Weiterhin sind Puppenkleidung, Spielzeug, Puppenstuben und -häuser zu bewundern. Anfassen und Spielen sind teilweise erlaubt, Spiel- und Basteltips liegen aus.

Hanau-Philippsruhe: Ein Schloß am Main

Schloß Philippsruhe liegt in Hanau-Kesselstadt direkt am Main. In Auftrag gegeben wurde es zu Beginn des 18. Jahrhunderts von Graf Philipp Reinhard, der sich dann im Sommer hierher zurückzog, um Ruhe zu haben. Das später verän-

Karussellpferde in Hanau-Wilhelmsbad

Kurpark Wilhelmsbad
jederzeit geöffnet
ab Hanau Bus 1, 9
ab Frankfurt: S-Bahn

Burg Wilhelmsbad
geöffnet: Sa. u. So. nur mit Führung
Kinderkulturveranstaltungen
s. Kulturamt Hanau

Hessisches Puppenmuseum
Parkpromenade 4
63454 Hanau-Wilhelmsbad
Tel. 0 61 81 / 8 62 12
geöffnet:
Di.-So. 10-12, 14-17 Uhr
Kinder 1 DM, Erw. 5 DM,
Familien 10 DM
Ausstellungen und Aktivitäten

derte und mit reichem Stuck versehene Gebäude ist heute Museum. Zu sehen sind Ölgemälde, Handwerksgerät, kostbare Gläser und Krüge. Außerdem wird ein sehr anschauliches Bild von der Geschichte der Stadt Hanau im 19. und 20. Jahrhundert gezeichnet. Interessant für Kinder dürfte die Sammlung von Papiertheatern sein, deren älteste Stücke über 200 Jahre alt sind. Bühnenbilder und Figuren waren anfangs zur Unterhaltung und Bildung von Erwachsenen gedacht. Später wurde ein Spaß für die ganze Familie daraus. Heute finden in der Ausstellung regelmäßig Aufführungen statt.

Geeignet zum Erholen sind ein Café, der Spielplatz im Park und der Schloßpark selbst. Im Sommer, wenn auf einer Bühne im Park die *Brüder-Grimm-Märchenfestspiele* stattfinden, bietet sich zusätzlich eine Dampferfahrt auf dem Main nach Seligenstadt (s. dort) oder Frankfurt (s. dort) an. Die Anlegestelle liegt gleich unterhalb des Schlosses. Lohnend sind auch die Spazierwege am Fluß entlang. Hier gibt es weitere Spiel- und Grillplätze. Bei der Hellerbrücke kann man Boote ausleihen und auf dem Main oder der Kinzig paddeln. Wer gerne badet, ist rund um Hanau gleich an mehreren Seen gut aufgehoben. Alle Seen haben einen flachen Badestrand, Liegewiese und Kiosk oder Restaurant. Der *Birkensee* bei Hanau-Nord bietet zudem einen Bootsverleih, Tauch- und Surfmöglichkeit. Am Bärensee zwischen Hanau und Erlensee kann auf dem Spielplatz getobt, im Badeboot gepaddelt, Minigolf gespielt oder auf dem Campingplatz übernachtet werden. Der *Kinzigsee* bei Langenselbold verfügt über einen breiten, 300 Meter langen Sandstrand und eine große Liegewiese, teilweise mit Bäumen. Den Badegästen steht etwa ein Drittel der Wasserfläche zur Verfügung, der Rest ist für Segler, Surfer und Angler reserviert. Gegenüber dem Strandbad befindet sich ein kleiner Campingplatz.

Die Ronneburg: Wie aus dem Bilderbuch

Sie sieht aus wie die Burg schlechthin, die *Ronneburg*, die als eine der schönsten und am besten erhaltenen Deutschlands gilt. Weithin sichtbar beherrscht sie die Landschaft mit Mauern, Wohnbauten und Turm. Mit ihrem Bau wurde im 13. Jahrhundert begonnen, später ist sie erweitert und vor allem im 15. und 16. Jahrhundert ausgebaut und wohnlicher gestaltet worden. Die Ronneburg gehörte verschiedenen Her-

Schloß Philippsruhe
Historisches Museum u.
Papiertheatermuseum
Philippsruher Allee 45
63454 Hanau
Tel. 0 61 81 / 2 02 09
Fax 0 61 81 / 25 79 39
geöffnet: Di.-So. 11-18 Uhr
Kinder 2 DM, Erw. 3 DM, Sa.
Eintritt frei
ab Bahnhof Bus 2,
ab Freiheitsplatz Bus 1

Brüder-Grimm-Märchenfestspiele
Park des Schlosses Philippsruhe
Info über Vorstellungen und
Preise: Tel. 0 51 81 / 2 46 70

Bootsverleih
Philippsruher Allee, an der
Hellerbrücke
Tel. 0 61 81 / 90 72 72
geöffnet: Frühjahr-Okt.

Strandbad Birkensee
Forellenstraße
63452 Hanau-Nord
Tel. 0 61 81 / 1 62 60
geöffnet: Frühjahr-Sept.

Strandbad Kinzigsee
Am Kinzigsee
63505 Langenselbold
geöffnet: Frühjahr-Sept.

Die Ronneburg

ren, seit vielen hundert Jahren ist sie im Besitz der Grafen von Ysenburg-Büdingen, die im benachbarten Büdingen (s. dort) ihr großes Schloß bewohnen. Die Burg ist heute ein Museum mit alten Möbeln, Waffen, Geweihen, Handwerks- und Ackergerät. Auch die später eingerichtete Folterkammer mit ihren Instrumenten zur »peinlichen Befragung« ist zu besichtigen. Sie stammen aus der Zeit, als man vor allem Frauen der Hexerei bezichtigte.

Die Ronneburg wurde mehrfach belagert. Einmal gelang es auch sie einzunehmen, aber nur durch einen Trick: Jemand klopfte ans Burgtor, der Wächter sah hinaus und entdeckte Kaufleute, die ihre Waren tauschen wollten. Das Tor wurde geöffnet, die Kaufleute kamen herein und entpuppten sich als feindliche Soldaten, die nun leichtes Spiel hatten und die Burgbewohner überwältigten. Ähnliche Geschichten sind hautnah bei den Ritterspielen mitzuerleben, die regelmäßig am letzten Septemberwochenende mit Burgfest und Handwerkermarkt veranstaltet werden. Vor Ostern findet ein spezieller Ostermarkt und an dem Wochenende vor den hessischen Sommerferien ein »Historisches Kinderfest«, im Dezember ein Weihnachtsmarkt statt. Schön sitzt es sich im *Restaurant* mit den alten Rüstungen. Ebenfalls lohnt sich die Turmbesteigung. Von oben ist die Aussicht auf Vogelsberg, Spessart und Taunus großartig.

Ronneburg
63549 Ronneburg
bei Altwiedermus
Burgvogt:
Tel. 0 60 48 / 95 09 04,
Kasse Tel. 0 60 48 / 95 09 05
Fax 0 60 48 / 95 09 06
geöffnet: März.-Nov.
10-18 Uhr
Kinder 4 DM, Erw. 5 DM

Ronneburg-Restaurant
Großer Burggarten
Tel. 0 60 48 / 71 30
geöffnet: Mi.-So. ab 11 Uhr

Der **Extra-Tip**: Ein Spiel zum Thema Burgen, Turniere und Burgfräulein ist die »Reise in das Mittelalter« aus dem Tessloff-Verlag, bei der alle Mitspieler viel Spaß haben und ganz nebenbei noch eine Menge lernen.

Gelnhausen: Die Stadt Barbarossas

Da Kaiser Friedrich I. rötlich-blondes Haar hatte und sich oft in Italien aufhielt, nannten ihn die Leute »Barbarossa«, zu deutsch »Rotbart«. Er hielt 1170 Einzug ins Gebiet zwischen Spessart und Kinzig und gründete an der Stelle, wo er seiner großen Liebe Gela zum ersten Mal begegnet war, die Stadt Gela- oder Gelnhausen. Wohl für den Reichstag von 1180 ließ er die *Kaiserpfalz* errichten. Sie wurde über einem Fundament aus Eichenpfählen als Wasserburg erbaut und verlieh der Stadt besondere Bedeutung. Hielt der Kaiser hier hof, gingen bis zu 2000 Menschen in ihren Mauern ein- und aus: die Familie des Kaisers, Handwerker, Beamte und Diener. Gebrauchsgegenstände wie Leuchter, Decken, Felle und ähnliches wurden mitgebracht, für die Verpflegung mußten die Leute aus den Dörfern der Umgebung sorgen. Die Kaiserpfalz liegt heute etwas abseits vom mittelalterlichen Stadtkern Gelnhausens auf einer mit alten Bäumen bestandenen Insel der Kinzig. Erhalten sind noch die beeindruckende Ringmauer und Reste von Kapelle, Wohnraum und dem mächtigen Bergfried aus rotem Sandstein. Mit dem Niedergang der Stauferherrschaft begann der Verfall des Bauwerks. Im Dreißigjährigen Krieg wurde es zerstört und als Steinbruch benutzt. Beim Besuch der Pfalz sollte auch das *Burgmannenhaus* angeschaut werden. Ausgestellt ist ein Modell der mittelalterlichen Kaiserpfalz und der Reichsstadt. Es gibt Infor-

Städtisches
Fremdenverkehrsamt
Am Obermarkt
63571 Gelnhausen
Tel. 0 60 51 / 83 03 00
Fax 0 60 51 / 83 03 03
reiches Führungsprogramm

Kaiserpfalz und
Museum Burgmannenhaus
Burgstraße
63571 Gelnhausen
Tel. 0 60 51 / 38 05
geöffnet:
März-Okt. Di.-So. 10-18,
Nov.-Feb. 10-17, Fr. bis 13 Uhr
Kinder 2 DM, Erw. 3 DM,
mit Führung Kinder 3 DM,
Erw. 5 DM

*Die Kaiserpfalz
in Gelnhausen*

125

mationen über die Baugeschichte, das Leben auf der Burg und die Karriere Barbarossas. Auf einer Wiese nahe beim Fluß steht die große Holzskulptur »Wir sitzen alle in einem Boot« des hessischen Bildhauers Claus Bury. Sie erinnert daran, daß einst auf der Kinzig die Flößer das Holz aus der waldreichen Gegend transportierten. Zugleich wird mit dem Spruch auf unser Zusammenleben angespielt, wo jeder auf den anderen angewiesen ist.

Von Türmen und Hexen

Von der doppelten Stadtbefestigung Gelnhausens aus der Mitte des 13. Jahrhunderts und den folgenden Epochen ist viel erhalten. Als Teil des älteren inneren Befestigungsrings, der einmal zehn Tore umfaßte, stehen noch das Haitzer- und das Holztor. Die äußere Stadtmauer ist mit Holz- Ziegel-, Schiffstor und dem Buttenturm fast unversehrt erhalten. Frei steht der runde Hexenturm, der wegen des an ihm angebrachten sonderbaren Schmuckes auch »Fratzen«- oder »Gackenstein« genannt wird. In ihm wurden die der Hexerei Beschuldigten eingesperrt. Gelnhausen gehört zu den Städten, die eifrig diejenigen verfolgten, die sich angeblich der Zauberei verdächtig gemacht hatten. Im 16. Jahrhundert und

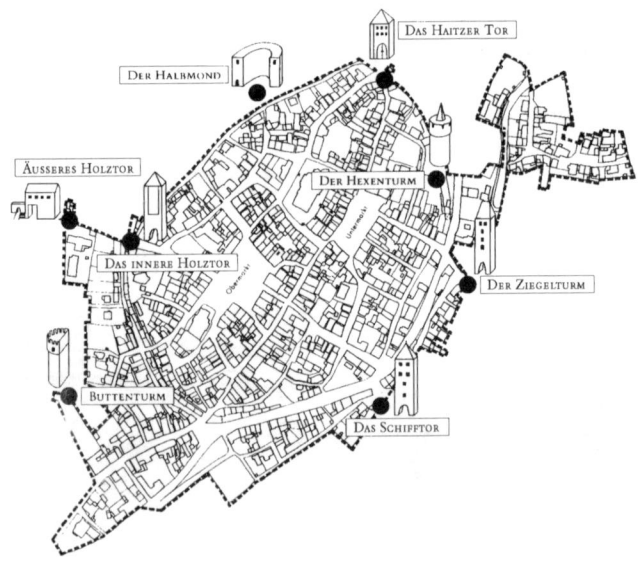

Alter Stadtplan
von Gelnhausen

zu den Hungers- und Pestzeiten während des Dreißigjährigen Krieges wurden viele Frauen vor Gericht gestellt. Mit zwei Denkmälern wird an die Opfer erinnert. Das oben am Berg bei der Marienkirche ist der Pfarrerswitwe Elisabeth Strupp gewidmet, die Opfern beistand und schließlich selbst verdächtigt wurde. Das zweite liegt beim Hexenturm. Es kann, wie der Turm auch, mit seiner Ausstellung von Folterinstrumenten im Rahmen einer Stadtführung besichtigt werden.

Die Marienkirche, eines der schönsten noch in der Romanik begonnenen und in der Gotik vollendeten Gotteshäuser Hessens, bestimmt das Bild der Stadt mit ihren stattlichen alten Häusern aus Sandstein und Fachwerk. Sie steht weithin sichtbar über dem Untermarkt, während das gotische Rathaus den Obermarkt schmückt. Im Mittelalter waren die Märkte Dreh- und Angelpunkt der Stadt. Hier hatten die Kaufleute ihre Kontore, denn Gelnhausen lag an der wichtigen Handelsstraße von Frankfurt nach Leipzig.

Die berühmtesten Bürger der Stadt sind Philipp Reis, der Erfinder des Telefons, und der Dichter Johann Jacob von Grimmelshausen, der in seinem »Simplicissimus« die Schrecken des Dreißigjährigen Krieges beschrieb.

Das *Heimatmuseum* zeigt Bodenfunde aus der Römerzeit und alte Handwerksgeräte und Objekte aus der Epoche der Staufer. Es informiert damit über die Glanzzeiten der früheren Reichsstadt. Die Erlebnisführungen des Fremdenverkehrsamtes sind anschaulich gestaltet, und beim Barbarossa-Markt im März wird ein Stück Mittelalter wieder lebendig. Dann kommen Schausteller und führen alte Handwerkstechniken wieder vor. Der Schelmenmarkt, das größte Heimatfest des Kinzigtales, wird in Gelnhausen im Oktober gefeiert.

Lehrmolkerei und Walderkundungen

In Gelnhausen gibt es die *Milchwirtschaftliche Lehranstalt,* in der Molkereifachleute ausgebildet werden. Eine kleine Lehrmolkerei kann hier besichtigt werden. Dabei erfährt man, wie Milch zu Butter, Joghurt oder Käse verarbeitet wird. Naschen ist erlaubt!

Milch stärkt die Nerven, und Nervenstärke wird auch beim Segelfliegen gebraucht. Dieses nicht ganz billige Hobby ist im Aeroclub möglich. Über die Fliegerei kann man sich im *Museum für Flugzeugtechnik und Geschichte* informieren.

Heimatmuseum Gelnhausen
Obermarkt
63571 Gelnhausen
Tel. 0 60 51 / 83 02 52
Fax 0 60 51 / 83 01 83
geöffnet: Mo.-Fr. 8-12, 14.30-17.00, Sa. 9-12, 14-16.30,
So. 14.30-16 Uhr
Eintritt frei

Milchwirtschaftliche
Lehranstalt
Königsberger Str. 3-7
63571 Gelnhausen
Tel. 0 60 51 / 25 33
Führungen kostenlos,
Anmeldung erforderlich

Museum für Flugzeugtechnik
und Geschichte
Friedhelm Wagner
Heylstr. 28
63571 Gelnhausen-Hailer
Tel. 0 60 51 / 63 31
geöffnet: So. 14-17 Uhr außer
letzter So. im Monat
Kinder 2 DM, Erw. 5 DM

Barbarossa-Bad
Barbarossastr. 44
63571 Gelnhausen
Tel. 0 60 51 / 24 01
geöffnet: Frühjahr-Sept. tägl.
8-20 Uhr
Minigolfanlage

Waldschwimmbad
Am Herzborn
63571 Gelnhausen
Tel. 0 60 51 / 20 90
geöffnet: Frühjahr-Sept.
tägl. 9-20 Uhr
Minigolfanlage

Jugendwaldheim
Hasselroth,
Ortsteil Niedermittlau
Anmeldung/Infos:
Tel. 0 60 55 / 25 41

Auf dem Schulhof der Kreisrealschule lockt eine Halfpipe-Skateboardbahn. Skateboardfahren ist dort, außer in den späten Abendstunden und in der Mittagszeit, jederzeit möglich. Zum Baden und Planschen laden in Gelnhausen gleich drei Bäder ein: im Winter und bei kühlem Wetter das Hallenbad Gelnhausen, im Sommer das *Barbarossa-Bad* mit langer Wasserrutsche, großem Spielplatz, Fußball- und Minigolfplatz und das *Waldschwimmbad*, ebenfalls mit Minigolfplatz und viel Platz zum Spielen und Toben.

Nicht weit von Gelnhausen, in Hasselroth mitten im Wald, liegt das erste *Hessische Jugendwaldheim*. Es bietet Waldkurse für Kindergruppen und Schulklassen an, bei denen eine Woche lang das Naturerlebnis im Mittelpunkt steht. Mit dem Förster zusammen geht es durch den Wald, beim Unterricht im Freien wird beispielsweise ein Bachbiotop untersucht. Im Rahmen des Schwerpunktes Geologie führt unter anderem ein Besuch zum Buntsandsteinbruch auf dem Niedermittlauer Heiligenkopf.

Das Haseltal und das Kinderdorf

Das Haseltal liegt dort, wo sich der Spessart von seiner schönsten Seite zeigt. Von Bad Orb aus führt ein über vier Kilometer langer Weg durch den dichten Wald entlang am idyllischen Bachlauf des Haselbachs. Angler haben an kleinen Teichen Position bezogen und warten darauf, daß der Fisch anbeißt. Wiesen laden zum Ausruhen, Sonnen und Ballspielen ein, Grillplätze zu Zubereitung und Verzehr des Picknicks. Doch wer das Essen lieber vom Koch serviert bekommt, der kehrt im hübschen Gasthaus *Jagdhaus Haselruhe* beim kleinen See zu Spessart-Spezialitäten ein.

Jagdhaus Haselruhe
Tel. 0 60 52 / 21 30
geöffnet: 11.30-21.30 Uhr, Mo.
Ruhetag
Winter: Betriebsferien

Landschulheim Wegscheide
Tel. 0 60 52 / 25 08
Buchung über:
Stiftung Wegscheide
Seehofstr. 41
60594 Frankfurt
Tel. 0 69 / 61 28 45

1920 entstand mitten im Wald, nicht weit von diesem schönen Platz entfernt, das Kinderdorf Wegscheide zur Erholung für Kinder aus Frankfurt. Fernab von der Großstadt sollte selbstbestimmtes Lernen durch eigene Erfahrung und Tun möglich sein, so lautete das pädagogische Konzept. Wenn Schulklassen im *Landschulheim Wegscheide* eine Woche Ferien von der Schule machen, herrscht auch heute beste Stimmung. Es finden auf dem großen Gelände Naturerkundungen statt, oder es werden zusammen mit einem Förster Ausflüge in die Spessartwälder und in die weitere Umgebung gemacht. Jedes Jahr im April veranstaltet die

Wegscheide einen »Tag der offenen Tür« für interessierte Besucher.

Die Wegscheide hat eine wechselvolle Geschichte. 1939 mußte die Einrichtung schließen, sie wurde in ein Kriegsgefangenenlager umgewandelt. Mehr als 20.000 Menschen hausten hier unter den erbärmlichsten Bedingungen, viele starben. Nach dem Krieg zogen dann wieder Schüler in die freistehenden Häuser ein. Der Verein »Die Wegscheide mahnt« hat einen Gedächtnisweg eingerichtet, der auf diese Zusammenhänge verweist.

Steinau: Die Stadt der Grimms

Der Froschkönig am Brunnen beim Rathausplatz, Rumpelstilzchen im Theater, Hochzeiten mit Schneewittchen im Museum – in Steinau geht nichts ohne die Grimms und ihre Märchen. Kein Wunder, denn hier verbrachten die Wissenschaftler, Märchensammler, Maler und Theaterfreunde ihre Kindheit. Die Grimms wohnten ab 1791 in einem stattlichen Fachwerkbau »an der Straße«, dem alten Handelsweg, der von Frankfurt über Gelnhausen nach Leipzig führte und reges Leben ins Städtchen brachte. Heute beherbergt das *Brüder-Grimm-Haus* ein Museum. Besonders reizvoll sind im Erdgeschoß die rekonstruierte Küche und die ausgestellten Skizzen mit Kinderbildnissen und Alltagsszenen des Malers Ludwig Emil Grimm. Das Obergeschoß zeigt eine Ausstellung zur Wirkungsgeschichte der Märchensammlung von Jacob und Wilhelm. Der Vater Grimm war eine strenge und geachtete Persönlichkeit. Er ging einst in diesen Räumen seiner Tätigkeit nach. Als Amtmann hielt er Gericht, sorgte für Recht und achtete auf Einhaltung der Jagdordnung. Zur Bestrafung von Missetätern diente der »Schnappkorb«, ein Korb aus Weidengeflecht oder aus Metall, der an einem Seilzug über der Kinzig hing. Die Bösewichter wurden darin sitzend eingesperrt oder ins Wasser getaucht. Nicht weit vom Grimmschen Amtshaus bei der alten Herrenmühle hängt noch ein solches Gerät zur öffentlichen Abstrafung der Missetäter. Ein kleiner schöner Spaziergang führt, außerhalb der alten Ortsmauern, zwischen Wiesen und Gärten am Fluß entlang.

Großvater Grimm war Pfarrer an der Katharinenkirche auf dem »Kump«. So nennen die Steinauer ihren schönen Markt-

Verkehrsbüro
Brüder-Grimm-Str. 70
36396 Steinau a.d. Straße
Tel. 0 66 63 / 9 63 10
Fax 0 66 63 / 96 31 33
Stadtführungen u. Kinderführungen 55 DM
Märchenführungen 65 DM
E-Mail:
verkehrsbuero.steinau@
t-online.de
www.steinau.de

Brüder-Grimm-Haus
Brüder-Grimm-Str. 80
36396 Steinau a.d. Straße
Tel. 0 66 63 / 7 76 05
geöffnet: Mitte März-Dez.
tägl. 14-17 Uhr
Kinder 2 DM, Erw. 3 DM

platz. Hier stehen auch das Rathaus, der Märchenbrunnen, das Burgmannenhaus und das Marstallgebäude. Früher war es der Pferdestall der Fürsten, jetzt beherbergt er die »Holzköppe«. So heißen die Hauptdarsteller im *Marionettentheater*, das – wie sollte es anders sein – hauptsächlich Märchenstücke nach Grimm spielt. Gegründet hat es Karl Magersuppe, der seit 1924 mit einem Wandertheater durch die Gegend zog und in Steinau heimisch wurde. Seine Kinder setzen mit großem Erfolg sein Werk fort.

Das Steinauer Schloß ist ein richtiges Märchenschloß aus der Zeit der Renaissance mit Graben, Zugbrücke und hohem Turm, den man besteigen kann. Es war einmal eine Wasserburg und wurde später zu einem Jagdschloß der Fürsten von Hanau umgebaut. Heute sind dort das *Grimm-Museum* und die *Marionettenausstellung* untergebracht. Das Museum zeigt Dinge aus dem Besitz der Familie: Kinderbriefe der Brüder oder das handgeschriebene Kochbuch der Dorothea Grimm. In der Marionettenausstellung sind Spielpuppen aus Deutschland, Japan, Indien und China, aber auch Bühnenbilder zu sehen. Am besten sollte man eine Führung mitmachen, da wird zusätzlich noch die schöne Schloßküche mit irdenem Geschirr gezeigt. Stadtführungen gibt es mit und ohne speziellen Märchenschwerpunkt. Bei Kinderführungen können die Kinder selbst aktiv werden und kleine historische Szenen nachspielen.

Steinau feiert im Februar zum Austreiben des Winters das Hutzelfest. Im Sommer gibt es ein Märchenfest im Amtshof beim Brüder-Grimm-Haus und das Backhausfest. Krönung ist im November der Katharinen-Markt zu Ehren der Heiligen, die das Stadtwappen schmückt. Er wird seit über 700 Jahren veranstaltet. Dabei gibt es einen Fanfaren- und Lampionumzug für Kinder.

Marionettentheater »Die Holzköppe«
36396 Steinau a.d. Straße
Tel. 0 66 63 / 2 45
Vorstellungen: Sa., So. 15 Uhr, für Gruppen fast tägl.
Kinder 8 DM, Erw. 10 DM
Spielpause im Sommer

Renaissance-Schloß Steinau mit Grimm-Museum u. Marionettenausstellung
36396 Steinau a.d. Straße
Tel. 0 66 63 / 68 43
geöffnet: Di.-So. 9-17 Uhr
Kinder 3 DM, Erw. 4 DM, mit Führung: Kinder 4,50 DM, Erw. 6,50 DM
Familien 9,50 DM
(Führung 16,50 DM)
Turm: Kinder 1 DM, Erw. 2 DM

Unser **Extra-Tip**, original aus dem Grimmschen Kochbuch:
Eine Milch so sehr kühlet und erfrischt. Nehme 1 Maß Milch, tue darin ein paar Löffel voll Rosenwasser und lasse sie sieden. Nehme dann das Weiße von 8 bis 10 Eiern, klopfe sie zu einem dichten Schaum, rühre die siedende Milch allgemach darunter, reibe eine Zitrone an einem Stück Zucker ab, schabe selbige in die Milch, rühre es beständig und stelle es wieder zum Feuer und rühre immer fort, bis sie an-

fängt, dick zu werden, wie ein dünn Breilein. Schütte sie dann in eine Porzellanschüssel, stelle sie in den Keller und lasse sie ohne zu bewegen kalt werden. Wenn man sie aufträgt, kann man dünne Stückchen Zitronat oder geschälte Mandeln oder sonst etwas darauf stecken.

Steinaus Umgebung: Märchenpark und Teufelshöhle

Die *Teufelshöhle* ist Hessens einzige Tropfsteinhöhle. Der Hirte Jox Mellman war mit seiner Herde unterwegs, als sich plötzlich, als hätte der Teufel seine Hand im Spiel, die Erde auftat und eine seiner Kühe beim Grasen verschluckte. Dies geschah 1594, doch es dauerte noch 350 Jahre, bis ein Mensch sich in die Höhle hinabtraute. Hier herrscht eine Durchschnittstemperatur von 10 Grad, und die Wände sind feucht. Das Licht hinterläßt Schatten auf Stalaktiten und Stalagmiten. Das sind die eigenartigen Gebilde, die vor rund 2,5 Millionen durch Kalkablagerungen, Regenwasser und Strudelbildungen entstanden sind. Sie haben bizarre Formen und erinnern an viele Dinge: an die Speiseröhre und den letzten Zahn des Teufels, an einen Bienenstock, eine Eule und einen Elefant. Heute vermag dieses geologische Naturdenkmal alljährlich viele Besucher zu faszinieren. Schmale Gänge erwarten sie, dazu der nach oben offene, unten fast runde Einstiegsraum von 11 m Durchmesser, der sogenannte Dom. Der

Die Teufelshöhle bei Steinau a.d. Straße

Teufelshöhle
36396 Steinau a.d. Straße
Tel. 0 66 63 / 9 73 55
geöffnet: Ostern-31. Okt.
Sa 13-19,
So u. Feiertage 10-19,
im Sommer werktags auch
13-17 Uhr
Kinder 2 DM, Erw. 3 DM,
nur mit Führung
Sondertermine beim Fremdenverkehrsamt erfragen

Sommerrodelbahn im Erlebnispark Steinau a d. Straße

131

Erlebnispark Steinau a.d.
Straße
Tel. 0 66 63 / 68 89
geöffnet: Ende März-Mitte
Okt. 9-18 Uhr
www.ddf.de/epark
Besucher ab 90 cm Körper-
größe 14,00 DM
Familien 1. u. 3. Samstag im
Monat 12 DM pro Person

Töpferei Georg Ruppert,
Brückenauerstr. 21,
Tel. 0 66 60 / 3 04

Bauerntöpferei Ruppert,
Distelbachstr. 24,
Tel. 0 66 60 / 12 24

Nebenraum, die Kapelle, dient im Winter rund 300 Fledermäusen als Unterschlupf.

Im Anschluß an den Höhlenbesuch lohnt noch ein Wald-
spaziergang zum nahen Bergweiher.

Ein Erlebnis ganz anderer Art vermag der *Erlebnispark
Steinau an der Straße* zu bieten. Er lockt mit großem Fliegen-
pilz als Kettenkarussell, der 850 m langen Sommerrodelbahn,
einer Kindereisenbahn, einem Streichelzoo, großen Spielplätzen, Weiher, einer Liegewiese, Kiosk und dem Parkre-
staurant. Der Erlebnispark liegt von Steinau aus wenige Kilometer in Richtung Marjoß. Steinau war einst Zentrum des
Töpferhandwerks, in Marjoß wird noch heute getöpfert. Es
gibt die Möglichkeit, in *Töpfereien* zuzusehen, wie kunstvoll
Gefäße auf der Scheibe gedreht werden.

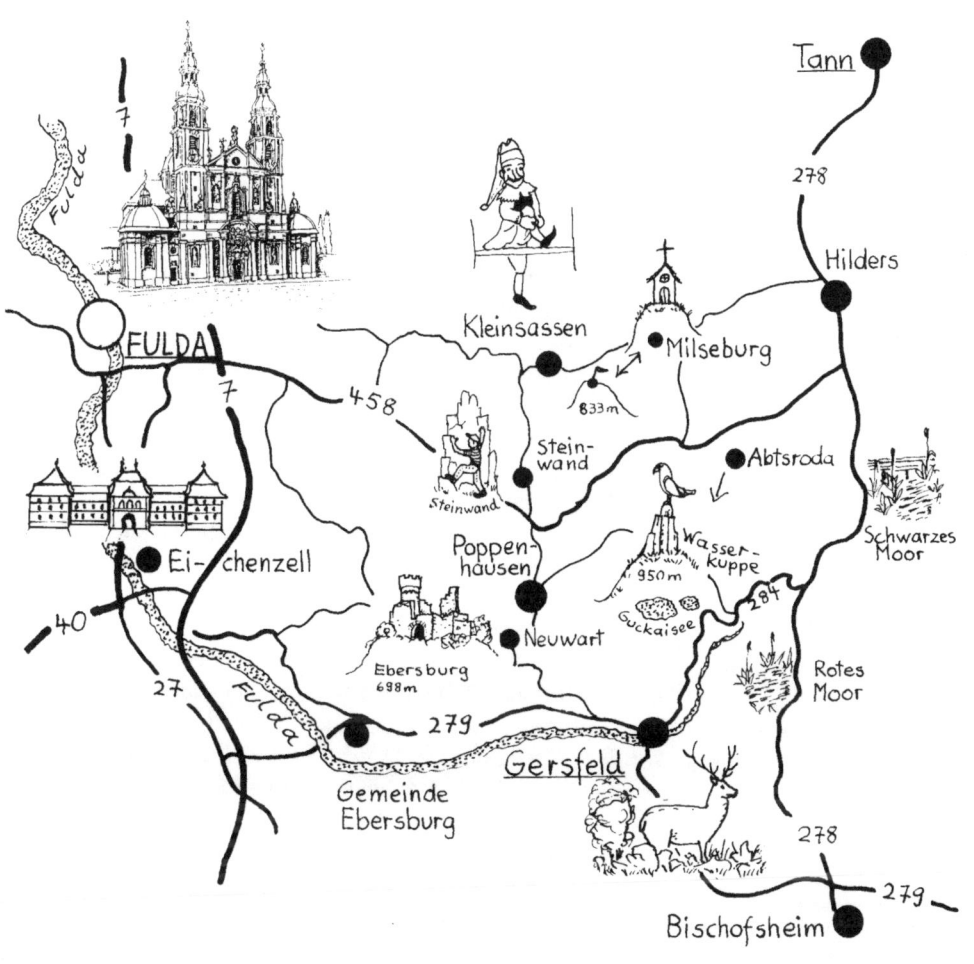

Tann

278

Hilders

FULDA

7

458

Kleinsassen

Milseburg

833 m

Steinwand

Abtsroda

Schwarzes
Moor

Steinwand

Poppen-
hausen

Wasser-
kuppe

950 m

Guckaisee

284

Ei-chenzell

40

27

Fulda

Ebersburg
698m

Neuwart

Rotes
Moor

279

Gersfeld

278

Gemeinde
Ebersburg

279

Bischofsheim

Die hessische Rhön

Fremdenverkehrsverband
Rhön e.V.
Wörthstr. 15
36037 Fulda
Tel. 0 6 61 / 60 06-3 05 (-3 18)
Fax 0 6 61 / 60 06-3 09
E-Mail: fvv-rhoen@t-online.de

Grenzmuseum Point Alpha
Tel. 0 66 51 / 91 90 30
Fax 0 66 51 / 91 90 31
geöffnet: tägl. 10-17 Uhr
Schüler 3 DM, Erw. 4 DM
E-Mail: Point Alpha@
t-online.de

Hessische Verwaltungsstelle
Biosphärenreservat Rhön
Wasserkuppe
Grönhoffhaus
63129 Gersfeld
Tel. 0 66 54 / 9 61 20
E-Mail: vwst@biosphaeren
reservat-rhoen.de

Camp ErNa
Infos über:
Deutsche Jugend in Europa
Landesverband Hessen e.V.
36163 Poppenhausen-Rodholz
Tel. 0 66 58 / 91 90 01
Fax 0 66 58 / 91 90 02
www.wasserkuppe.de

Hochrhön Busverkehr
OVF Verkaufsbüro
Am Bahnhof, Bad Neustadt
Tel. 0 97 71 / 6 26 20

Bei Bibern und Fliegern

Buchenland oder Buchonia lautet der alte Name der Rhön. Sie liegt im Dreiländereck von Hessen, Bayern und Thüringen. Hier verlief früher die Grenze zwischen DDR und BRD. An sie erinnert das *Grenzmuseum*, eingerichtet im ehemaligen *Point Alpha*.

Zur Rhön gehört der höchste Berg Hessens, die 950 m hohe Wasserkuppe, der auch der Fluß Fulda entspringt. Ihm verdankt die Stadt Fulda ihren Namen. Entstanden ist diese Landschaft vor vielen Millionen Jahren, als dort feurige Vulkane Lavamassen ausspien und nach ihrer Erkaltung dunkelgraues Basaltgestein zurückließen. Die Rhön ist heute vor allen Dingen bekannt als Natur- und Wanderparadies. Auf ihren Höhen und in den Tälern überraschen Moore, Wälder, Wiesen und kleine Seen. Seltene Tiere wie Biber, Ulster, Gemsen und auch Steinböcke fühlen sich hier wohl. Auf der Eube, einem 830 m hohen Kalkabhang, wachsen Silberdistel, Enzian, Knabenkraut und Eisenhut. Wegen ihrer seltenen Tier- und Pflanzenarten ist die Rhön 1991 von der UNESCO zu einem Biosphärenreservat ernannt worden. Die *Hessische Verwaltungsstelle Biosphärenreservat Rhön* organisiert Exkursionen. Dabei kann man mit einer Schafsherde unterwegs sein, nachts den Fledermäusen nachspüren, die Wildbäche erforschen. Auch eine Übernachtung ist dort möglich. Der Erlebnis- und Naturzeltplatz *Camp ErNa* auf der Wasserkuppe hat ein Feuchtbiotop und einen Sinnespfad. Zelte und Isomatten werden gestellt, und das Essen wird stilecht über dem Lagerfeuer gekocht. Es gilt also beim Rhönbesuch feste Schuhe, einen Rucksack für den Proviant und die Badesachen mitzunehmen! Von Mai bis Oktober verkehrt an den Sonn- und Feiertagen von Gersfeld aus der *Hochrhön Busverkehr*, der die meisten Reiseziele im Dreiländereck anfährt und auch Fahrräder befördert.

Wintersport wird natürlich groß geschrieben in einer Bergregion, die fast schon einen Tausender ihr eigen nennt. Das Skizentrum Wasserkuppe wartet mit vier Skiliften und einer Flutlichtanlage auf. Es werden auch Pferdeschlittenfahrten angeboten. Manches, das mit dem Sport zu tun hat, kommt von hier. Otto Feick erfand das Rhönrad für gewagte gymnastische Übungen, und der Traum Otto Lilienthals vom Fliegen nahm auf der Wasserkuppe mit Segelflugwettbewerben konkrete Formen an.

Fulda: Von Mönchen und Fürstäbten

In der katholischen Stadt Fulda ist Bonifatius ein hoch geachteter Mann. Er wurde auf eigenen Wunsch hier begraben, die Stadt ehrt ihn mit mehreren Denkmälern. Bonifatius kam im achten Jahrhundert im Auftrag des Papstes als angelsächsischer Missionar nach Friesland, Thüringen und auch ins heutige Hessen. Bei Fritzlar (s. dort) fällte er eine heilige Eiche, die die Germanen ihrem Gott Donar geweiht hatten. In seinem Auftrag war nun 744 in der Gegend von Fulda sein Schüler Sturmius unterwegs, um einen guten Platz für eine Kirche und ein Kloster zu suchen. An der Stelle, an der er die erste Basilika errichtet hatte, entstand nach der Gegenreformation dann der heutige *Fuldaer Dom*. In dem prachtvollen Barockbau steht in einer Gruft der Sarkophag des heiligen Bonifatius.

Das *Dommuseum* nebenan vermittelt eine Vorstellung von der großen Prachtentfaltung und dem Reichtum des Fuldaer Bischofssitzes. Es beherbergt reichbestickte Meßgewänder, kostbare Silber- und Goldarbeiten, Skulpturen und Reliquien. Fulda hat sich nach Rom um größten Einfluß auf die Christenheit des Abendlandes bemüht, entsprechend viele Kirchen gab es hier. Eine der schönsten ist die *Michaelskirche* auf einem Hügel gleich beim Dom. Sie ist zugleich eine der ältesten Kirchen Deutschlands.

Fulda erhielt im zwölften Jahrhundert das Stadtrecht. Handwerker und Handelsleute hatten sich hier angesiedelt. Zum Schutz der Bürger waren Stadtmauern und Wachtürme gebaut worden. Von letzteren steht heute noch der runde Hexenturm in der Kanalstraße nahe beim Dom. In diesem Viertel mutet Fulda mit seinem Fachwerk noch mittelalterlich an. Im 18. Jahrhundert hat dann die Stadt mit der Schaffung des Barockviertels voller großartiger Bauten ihr Gesicht verändert. Aufwendigster Bau ist das *Stadtschloß* der Fürstäbte. Etwas vom Luxus ihrer Lebensführung ist bei der Besichtigung des Schlosses mit seinem Spiegelkabinett spürbar. Die große Orangerie im schönen Schloßgarten diente zur Züchtung tropischer Gewächse. Am Rande des Schloßparks gibt es

Bonifatiusdenkmal

Städtisches Verkehrsbüro
Fulda
Stadtschloß
36037 Fulda
Tel. 06 61 / 10 23 45
E-Mail: tourismus@fulda.de
Kinderführungen und Museumsrallyes ab 5 DM pro Kind
Museumspaß: Schüler 15 DM, Erw. 18 DM

Fuldaer Dom
Dommuseum u. Domschatz
Domplatz 5
36037 Fulda
Tel. 06 61 / 8 72 07
geöffnet: April-Okt. Di.-Fr. 10-17.30, Sa., So. 12.30-17.30 Uhr
Nov.-März Di.-Sa.10-12.30, 13.30-16, Sa., So. 12.30-16 Uhr, Jan. geschlossen
Kinder 2,50 DM, Erw. 4 DM
Domführer f. Kinder 2 DM

Stadtschloß
36037 Fulda
geöffnet: Sa.-Do.10-18, Fr. 14-18 Uhr
Kinder 3 DM, Erw. 4 DM
Gruppen ab 15: Kinder 1 DM, Erw. 3 DM

Minigolf im Schloßgarten
geöffnet: März-Okt. 10-22 Uhr

135

Der Dom in Fulda

einen Irrgarten, den Kinder sicher gern ausprobieren werden. Es existieren auch ein Minigolf- und ein Spielplatz.

Hessens größter Fastnachtsumzug findet alljährlich in
Fulda statt. Von den vielen Fuldaer Märkten ist sicher der
Kinderflohmarkt interessant, der im Sommer an jedem ersten
Samstag im Monat rund um die Stadtpfarrkirche stattfindet.
Jedes Jahr im August/September feiern die Fuldaer ihr Wein-
und Stadtfest. Ab Ende November kann man sich beim Weih-
nachtsmarkt an Maronen die Hände wärmen.

Museen mit Herz

In der *Kinder-Akademie Fulda* heißt es »Herz«lich Willkommen. Herzstück der 1000 qm großen Akademie ist ein begeh-
bares großes menschliches Herz, das 36 qm Grundfläche hat,
5 m hoch und einmalig in Europa ist. Die Besucherkinder
können als Blutkörperchen durch seine Kammern gleiten.
Seit 1991 besteht dieses Museum zum Anfassen und Selbermachen nach amerikanischem Vorbild. Außer dem Herzen
gibt es Dauerausstellungen über optische Täuschungen und
die Entstehung des Rades. Besonders attraktiv ist jeweils vor
Ostern die Sonderausstellung »Vom Ei zum Küken«, bei der
die kleinen Besucher nicht nur zuschauen, wie die Küken

schlüpfen, sondern auch mal eines halten dürfen. Geburtstag feiern, Lesen, Malen, Zeichnen und Basteln sind in der Kinder-Akademie ebenfalls möglich. Hungrige und Durstige erwartet das KAFé. Die Stühle hier haben Kinder in gemeinsamen Kursen mit Künstlern selbst gestaltet.

Das *Vonderau Museum* nimmt den Besucher mit auf eine spannende Reise durch die Kulturgeschichte von der Jungsteinzeit bis in unsere Gegenwart. Ein Schwerpunkt ist dem berühmten Fuldaer Kloster gewidmet, in einem zweiten geht es um Leben, Wohnen und Arbeiten im Wandel der Epochen. In seiner naturkundlichen Abteilung gibt es Informationen zu Fossilien, Sauriern und Vulkanen. Große Schaukästen, sogenannte Dioramen, liefern einen guten Überblick über die verschiedenen Lebensräume, in denen bestimmte Pflanzen und Tierarten heimisch sind. Gut gefallen hat uns der eigene Raum für Kinder, in dem sie Erkundungsbögen ausfüllen und malen können. Zum Museum gehört ein *Planetarium*, das einen spannenden Ausflug in die weiten Fernen des Weltalls bietet. Wer sich dann nach dem aufregenden Streifzug durch die Galaxien erholen möchte, geht nebenan ins Museumscafé mit der Kinderspielecke. Es wird auch ein Kinderfrühstück mit Hörnchen und Kakao serviert.

Einmalig in seiner Art ist das *Deutsche Feuerwehrmuseum*

Kinder-Akademie Fulda (KAF)
Mehlerstr. 4
36043 Fulda
Tel. 06 61 / 90 27 30
Fax 06 61 / 9 02 73 25
geöffnet: 1.10-31.3. Mo.-Fr. 10-13, 14-17.30, So. 14-17.30
1.6.-30.8. zusätzlich Mi. bis 19 Uhr
Führungen durch das begehbare Herz: Mo.-Fr. u. 2. So. im Monat 16 Uhr
Museum: Kinder 4 DM, Erw. 8 DM
Museum mit Herz-Führung: Kinder 11 DM, Erw. 18 DM
Bus 5A, 5B und 6

Vonderau Museum
Jesuitenplatz 2
36041 Fulda
Tel. 06 61 / 92 83 50
Fax 06 61 / 92 83 15
geöffnet: Di.-So. 10-18 Uhr
Kinder 3 DM, Erw. 4 DM, bei Führung + 0,50 DM
Gruppen ab 15 Pers.
1 bzw. 3 DM
Anmeldung f. Führungen und Vorführungen
im Planetarium: Di.-Fr. 8.15-12 Uhr

Das begehbare Herz
in der Kinderakademie

Deutsches Feuerwehrmuseum
St. Laurentius-Str. 3
36041 Fulda
Tel. 06 61 / 7 50 17
Fax 06 61 / 24 17 57
geöffnet: Di.-So. 10-17 Uhr
Kinder 3 DM, Erw. 4 DM,
Familien 14 DM
Stadtbus 1B

Feuerwache
St. Florian-Str.
36041 Fulda
Tel. 06 61 / 8 39 20
E-Mail: feuerwehr@fulda.de
mindestens 10 Personen nach
Anmeldung

Kanutouren, Bootsverleih
»Auf und davon«
Karlstr. 13b
36037 Fulda
Tel. 06 61 / 7 64 64

Umweltzentrum Fuldaaue
Johannisstr. 44
36041 Fulda
Tel. 06 61 / 9 70 97 90
geöffnet: Mo.-Fr. 13-16,
Do. bis 18 Uhr
Führungen auf Anfrage,
Preis 4 DM
E-Mail: umweltzentrum-
fulda@gmx.de
www.umweltzentrum-
fulda.de
Bus 1B

in der Fuldaaue. In zwei großen Räumen ist hier die Entwicklung des Löschwesens vom Mittelalter bis heute nachgezeichnet. Mußten bis zum Entstehen der freiwilligen Feuerwehren im 19. Jahrhundert die Bürger noch weitgehend selbst mit dem Ledereimer löschen, wurden in der Moderne Dampfspritzen, Sauerstoffgeräte und Gelenkmastfahrzeuge entwickelt, um Brände schnell, effektiv und ohne große Opfer zu bekämpfen. Die Ausstellung ist geeignet, das Thema Brandschutz zu einem nachhaltigen Erlebnis zu machen. Kinder, für die auch eine Malecke vorhanden ist, dürfen probeweise schon mal einen Brandalarm auslösen. Der erwachsene Besucher kann testen, wie schwer es ist, die alte Löschpumpe zu bedienen. Neugierig geworden auf die Arbeit der Feuerwehr? Gleich beim Museum in der St. Florian-Straße ist eine *Feuerwache*. Sie kann besichtigt werden. St. Florian ist übrigens der Heilige, der vor Feuer schützt!

Fuldaaue und Schloß Fasanerie

Die Fuldaaue, ein Naturschutzgebiet beim Fluß Fulda, ist ein großes schönes Parkgelände. Seit der Landesgartenschau 1994 dient sie als Rückzugsgebiet für Pflanzen und Tiere.

Die Fuldaaue bietet bei der Gaststätte Wiesenmühle das größte laufende Wasserrad Europas, sie lädt zum Spazierengehen am Flußufer und an den Teichen ein. Man kann auf gut ausgebauten Wegen Fahrrad fahren, hoch zu Roß reiten oder *Kanutouren* machen. Die Boote können vor Ort geliehen werden. Das *Umweltzentrum Fuldaaue* informiert, welche Kräuter in einem Apothekergarten zu finden sind, wie ein Komposthaufen funktioniert und welche Erfahrungen auf einem Sinnespfad gemacht werden. Der Garten des Zentrums ist von Sonnenaufgang bis Sonnenuntergang zu besichtigen, die Fachleute des Zentrums entwickeln auch Arbeitsmaterialien und mobile Ausstellungen. Schulklassen können sich zu ökologischen Lernprojekten anmelden.

Extra-Tip: Wer auch gern etwas vom Grün des Umweltzentrums zu Hause haben möchte, kann es mal mit der superschnell wachsenden Feuerbohne versuchen. Das geht auch auf der Fensterbank oder auf dem Balkon. Die Samen könnt ihr für ein paar Pfennige im Samengeschäft kaufen. Sie werden leicht angefeuchtet und auf Watte gelegt.

Wenn die Feuerbohnen dann keimen, kommen sie in einen Blumentopf oder Kübel mit Erde. Sie wachsen schnell in die Höhe, haben schöne Blätter und Blüten, und irgendwann geht es dann an die Ernte.

Hessens schönstes Barockschloß, das *Schloß Fasanerie*, liegt fünf Kilometer südlich von Fulda mitten in einem schönen alten Park in Eichenzell. Es war Jagdschloß und Sommerwohnsitz der Fuldaer Fürstäbte. Weil es in seiner Nähe einen Tiergarten gab, in dem vor allem Fasane gehalten wurden, erhielt es den Namen »Fasanerie«. Fürstabt Adolf begann im 18. Jahrhundert seinen Ausbau zu einem prachtvollen Sommerschloß. Heute streift der Besucher Filzpantoffeln über, wenn er bei einer Führung die reich mit Stuck verzierten Räume mit kostbaren Möbeln, Gemälden und einer bedeutenden Privatsammlung antiker Statuen durchmißt.

Schloß Fasanerie
36124 Eichenzell
Tel. 06 61 / 9 48 60
Fax 06 61 / 4 37 95
geöffnet: April-Okt.
Di.-So. 10-17 Uhr,
Führungen alle 30 Min.
Kinder 5 DM, Erw. 6 DM
Kinderführungen/Schloßcafé
Bus 3, 4, dann ca. 20 Min.
Fußweg

Bei den Rittern und anderen Fossilien

Einen Schnupperkurs in Sachen landschaftlicher Schönheit bietet der Besuch auf der Burgruine Ebersburg auf dem 816 m hohen Ebersberg. In staufischer Zeit wurde auf den Resten einer keltischen Ringwallanlage (s. auch Milseburg) mit dem Bau begonnen. Seit dem 15. Jahrhundert ist das Bauwerk mit den wuchtigen beiden Rundtürmen eine Ruine. Einst lebte das mächtigste Rittergeschlecht der Rhön hier. Neben dem schönen Ausblick von der Burg wirbt die Gemeinde Ebersburg mit einem gut ausgebauten Wanderwegenetz und speziellen Einrichtungen für Kinder: Ponyreiten, Ritterwochen

Tourismusbüro
Fremdenverkehrsverein
Ebersburg e.V.
Am Wasserweg 10
Mehrzweckhalle Thalau
36157 Ebersburg
Tel. und Fax 0 66 56 / 98 20

Kurverwaltung Gersfeld
Brückenstr. 1
36129 Gersfeld
Tel. 0 66 54 / 17 80
Fax 0 66 54 / 17 88
E-Mail: tourist-info@gersfeld-rhoen.de

*Hochwildschutzpark
Ehrengrund*

Steinwand bei Poppenhausen

Hochwildschutzpark
Ehrengrund
36129 Gersfeld
Tel. 0 66 54 / 6 80
geöffnet: Nov.-März 10-18,
April-Okt. 9-18 Uhr
Kinder 2,50 DM, Erw. 4,50 DM

Drahteselkneipe »Pedale«
Am Bahnhof 12
36129 Gersfeld
Tel. 0 66 54 / 2 15

Poppehuiser Bauernrunde
Fremdenverkehrsamt
Poppenhausen
Von-Steinbrück-Platz
36163 Poppenhausen
Tel. 0 66 58 / 96 00 14
Fax 0 66 58 / 96 00 22

Sieblos-Museum
Von-Steinbrück-Platz 1
36163 Poppenhausen
Tel. 0 66 58 / 96 00-0
geöffnet: Mo.-Do. 8-16.30,
Fr. 8-15, So. 16-18 Uhr
Eintritt frei

Bergsportschule Rhön
Tel. 06 61 / 4 82 30
www.bergsportschule-
rhoen.de

mit Spielen und Wettbewerben, Brotbacken nach altem Rezept. Es gibt Scaterrampen, einen Erlebnisspielplatz, eine Streetball-Anlage und Bolz- und Grillplätze.

Unsere nächste Station in der Rhön ist *Gersfeld*. Auf dem Weg dorthin geht es am 706 m hohen Wachtküppel vorbei. Gersfeld besitzt den *Hochwildschutzpark Ehrengrund* mit Streichelzoo und Freigehegen. Mit Überraschungen anderer Art wartet die urige *Drahteselkneipe Pedale* am Bahnhof auf. Der Besitzer ist Fahrradliebhaber und betreibt auch eine Fahrrad-Reparaturwerkstatt. Die wird auch gebraucht, denn die Rhön mit ihren Fernradwegen R1 und R2 wird gern von Fahrradfahrern und Bikern angesteuert.

Nächster Halt ist im malerisch zwischen Hügeln und Wiesen liegenden Poppenhausen. Mit seinen verschiedenen Ortsteilen befindet es sich in unmittelbarer Nähe der Wasserkuppe, dem Berg der Segelflieger und Skifahrer. Die *Poppehuiser Bauernrunde* sorgt dafür, daß beim Städter echtes Landgefühl aufkommt: So wird zur Hofführung und Stallbesichtigung eingeladen, es wird »Backhausspaß im Feuerloch« versprochen und vorgeführt, wie aus frischen Eiern Nudeln werden. Auch der Wunsch, einmal eine Nacht im Heubett zu verbringen, wird eingelöst: Wer das ausprobieren möchte, sollte einen Schlafsack und eine Taschenlampe mitbringen.

Fossilienliebhaber werden in Poppenhausen ihre Freude haben. Im *Sieblos-Museum* sind Versteinerungen aus der Zeit vor 55 Millionen Jahren zu sehen, als sich die Landschaft auffaltete. Für die Hobby-Geologen empfehlen wir außerdem den zehn Kilometer langen geologischen Wanderpfad in Abtsroda. Er beschreibt die wichtigsten Gesteine Hessens.

Mit Hessens schönstem Klettergarten geht es weiter im Poppenhausener Ortsteil Steinwand. Dort erhebt sich eine 28 m hohe steile Wand aus Phonolithfelsen. In der *Bergsportschule Rhön* können Kletterfans erlernen, wie eine solche Wand zu bezwingen ist.

Der Guckaisee, ein kleines naturbelassenes Badeparadies, liegt im Rodholz, ca. fünf Kilometer von Poppenhausen entfernt. Eine Gaststätte ist gleich nebenan. Vom Parkplatz Guckaisee führt ein botanischer Lehrpfad zum 875 m hohen Pferdskopf hinauf, einem pyramidenförmigen Seitengipfel der Wasserkuppe.

Moorgründe und Heidekraut

Das *Rote Moor* ist das größte Moorgebiet der Rhön. Sein Name kommt vom roten Heidekraut, das an seinen Rändern reich blüht und sich im August rötlich färbt. Bis vor einigen Jahren wurde in der Rhön noch Torf abgebaut, der in Jahrtausenden aus den meterdicken Schichten feuchter Pflanzenablagerungen entstanden war. Torf wurde als Brennmaterial oder zur Verbesserung der Bodenqualität in Gärten und Parks benutzt. Einst soll beim Sattel zwischen Wasserkuppe und Heidelstein ein Dorf gestanden haben, wo sich jetzt in 800 m Höhe das Rote Moor befindet. Wahrscheinlich ist es versunken. Wenn nun bei Nacht schwebende Lichter über dem Moor zu sehen sind, dann behaupten manche, das seien die Moorjungfern. Es handelt sich aber um chemische Prozesse, bei denen Gase freigesetzt werden. Das Rote Moor ist heute Naturschutzgebiet und beherbergt viele seltene Pflanzen- und Tierarten. Besonders stimmungsvoll ist der Moorbesuch im Herbst, wenn Nebel über den feuchten dunklen Flächen liegt.

Geführte Moorwanderungen organisieren die Fremdenverkehrsämter und die Verwaltungsstelle Biosphärenreservat Rhön (s. oben). In den Mooren darf nur auf vorgezeichneten Wegen gegangen werden, um Tiere und Pflanzen nicht zu gefährden. Doch auch für Menschen besteht die Gefahr, im sumpfigen Untergrund einzusacken.

Rotes Moor
B 278 Richtung Bischoffen

Unterwegs im Roten Moor

Wasserkuppe und Milseburg:

Attraktion für Kinder ist auf der 950 m hohen Wasserkuppe die *Sommerrodelbahn* auf der Märchenwiese. Zweimal 700 m können hinuntergesaust werden! Im Winter ist echtes Rodeln und Skifahren angesagt. Die Wasserkuppe ist Heimat der Segelflieger, seit um 1910 herum ein paar Sportbegeisterte mit einfachen Apparaten die ersten Versuche unternahmen. Die Flieger fanden auf der kahlen Höhe den nötigen Aufwind. 1920 gab es dort den ersten Gleit- und Segelflugwettbewerb. Heute beherbergt die Wasserkuppe eine *Segelflugschule* und das *Deutsche Segelflugmuseum*. Es stellt vom »Hanggleiter«, wie ihn der große Flugpionier Otto Lilienthal nutzte, bis zum modernen Kunststoffflugzeug alles aus, was zum Segelflug gehört. Bei günstiger Wetterlage werden von der Wasserkuppe aus auch Passagierflüge unternommen. Gute Startbedingungen haben hier auch Drachenflieger. Zu Pfingsten treffen sich Flugmodellbauer zu einem Wettbewerb auf der Wasserkuppe.

Die 835 m hohe *Milseburg* nahe beim Ort Kleinsassen ist die zweithöchste Erhebung der Rhön. Von weitem schon sichtbar, ragt sie über einer Ebene empor. Auf den zerklüfteten Steilhängen vulkanischen Ursprungs errichteten die Kelten eine Fliehburg, im Frühmittelalter folgte eine weitere Burg. Sie wurde bereits im 12. Jahrhundert zerstört. Auf ihren Mauerresten entstand eine kleine Kapelle für St. Gangolf, einen um 760 verstorbenen Märtyrer und christlichen Missionar. Sein Lieblingsort soll die Milseburg gewesen sein. Er wirkte dort Wunder: Eine Quelle entsprang zu seinen Füßen aus dem trockenen Boden! Gangolf hat der Legende nach den Riesen Mils besiegt, der mit dem Teufel im Bunde stand, um die Ausbreitung des Christentums zu verhindern. Die Geschichte vom Tod des Riesen wird so erzählt: Als die Frommen um Gangolf auf dem Berg, der seinem gegenüber lag, ein großes Kreuz errichteten, wurde der Riese furchtbar zornig. Er nahm einen großen Felsbrocken und wollte ihn gegen das Kreuz schleudern. In diesem Moment ging die Sonne so hell und so blendend auf, daß er das Gleichgewicht verlor. Im Fallen stürzte er auf seine Burg, deren Mauern zerbrachen und ihn unter ihren Trümmern begruben. Der Stein, den das Kreuz treffen sollte, flog nicht sehr weit. Man nennt ihn »Teufelstein«. Er ist noch heute am Gipfel der Milseburg zu

Sommerrodelbahn
Märchenwiese
Wasserkuppe
Tel. 0 66 54 / 6 32
geöffnet: ganzjährig außer bei
Skibetrieb 10-17 Uhr
Kinder 2 DM, Erw. 3,50 DM

Segelflugschule Wasserkuppe
Tel. 0 66 54 / 3 64
Mitfluggelegenheit: März-
Nov. (Segel- u. Motorflieger)
60 DM für 30 Min.
E-Mail: segelflugschule@
wasserkuppe.de

Deutsches Segelflugmuseum
Wasserkuppe
Tel. 0 66 54 / 77 37
geöffnet: April-Nov. tägl. 9-17,
Nov.-März tägl. 10-16.30 Uhr
Kinder 2 DM, Erw. 4 DM
www.segelflugmuseum.de

Milseburg
45 Minuten Fußweg
ab Kleinsassen
Archäologischer
Lehrpfad am Berg
Parkplatz und Kiosk

sehen, und auch die Wasserquelle plätschert noch munter vor sich hin!

Brezeltag und Hutzelfeuer

Kindertheater bietet das *Traumtheater Kleinsassen* von Ostern bis Herbst. Der kleine Ort liegt unterhalb der Wasserkuppe und hat noch mehr an Kultur zu bieten. In den Räumen einer alten Schule ist die Kunststation eingerichtet, in der Künstler aus der Region ihre Bilder und Skulpturen ausstellen. Wichtigster Tag im Jahr ist für die Kinder in *Hilders* der 12. März, denn dann ist Brezeltag. Im Jahr 1635 fand an diesem Tag hier die erste Kinderprozession statt. Die Leute litten damals während des Dreißigjährigen Krieges großen Hunger und hatten Angst vor der Pest. Alles Beten und Singen hatte das Unheil nicht abhalten können. Erst der Bittgang der Kinder rettete den Ort. Seitdem wird der Tag feierlich begangen, und jedes Kind bekommt eine große süße Brezel.

Auch das im Ulstertal gelegene Städtchen *Tann* bemüht sich um die Belebung alten Brauchtums. Es gibt einen Maimarkt und ein Wirtefest am zweiten Sonntag im September. Dann wird im alten Backhaus gebacken, und der Schmied stellt sein Handwerk vor. Das Wirtefest wird ausgerichtet im *Rhöner Museumsdorf*, einem *Freilichtmuseum*, in dem das Leben auf dem Lande, so wie es früher war, erfahrbar wird. Das *Rhöner Naturmuseum* am Marktplatz informiert über die Tier- und Pflanzenwelt der Region von der Eiszeit bis in die Gegenwart.

Im Herbst wird in vielen Orten ein Michaelismarkt abgehalten, und in der Adventszeit folgen die Weihnachtsmärkte. Fastnacht wird besonders aufwendig in und um Fulda gefeiert. Am Sonntag nach Fastnacht werden dann bei Einbruch der Dunkelheit auf den Bergen der Rhön bis zu sieben Meter hohe Feuer, sogenannte »Hutzelfeuer«, entzündet, um den Winter zu vertreiben. Damit bleibt ein alter vorchristlicher Brauch erhalten. Dafür sammeln die Kinder schon Wochen vorher trockenes Holz. Am frühen Abend wird mit Lampions durch den Ort gezogen und um Gaben »geheischt«. Früher war das getrocknetes Obst, also Hutzeln, heute ist oft auch Geld dabei.

Künstlerdorf Kleinsassen
mit Traumtheater
Andreas Wahler
Julius-von-Kreyfelt-Str. 2a
36145 Hofbieber-Kleinsassen
Tel. 0 66 57 / 62 32
Eintritt: Kinder u. Erw. 7 DM
E-Mail: info@traumtheater-kleinsassen.de
www.traumtheater-kleinsassen.de

Hilders
Tourist-Information
Schulstr. 2
36115 Hilders
Tel.: 0 66 81 / 91 91 99
Fax: 0 66 81 / 76 13
E-Mail: Verkehrsamt-Hilders@t-online.de
www.rhoen.net/hilders

Verkehrsamt Tann
Kalkofen 6
36142 Tann
Tel. 0 66 82 / 16 55
E-Mail: tourist-info-tann-rhoen@t-online.de
www.itip.com/tann

Freilichtmuseum
Rhöner Museumsdorf und
Rhöner Naturmuseum
Schloßstr. 3
36142 Tann
Tel. 0 66 82 / 80 11
geöffnet: April-Okt.
tägl. 10-12, 14-17 Uhr
Kinder 1,50 DM Erw. 4 DM

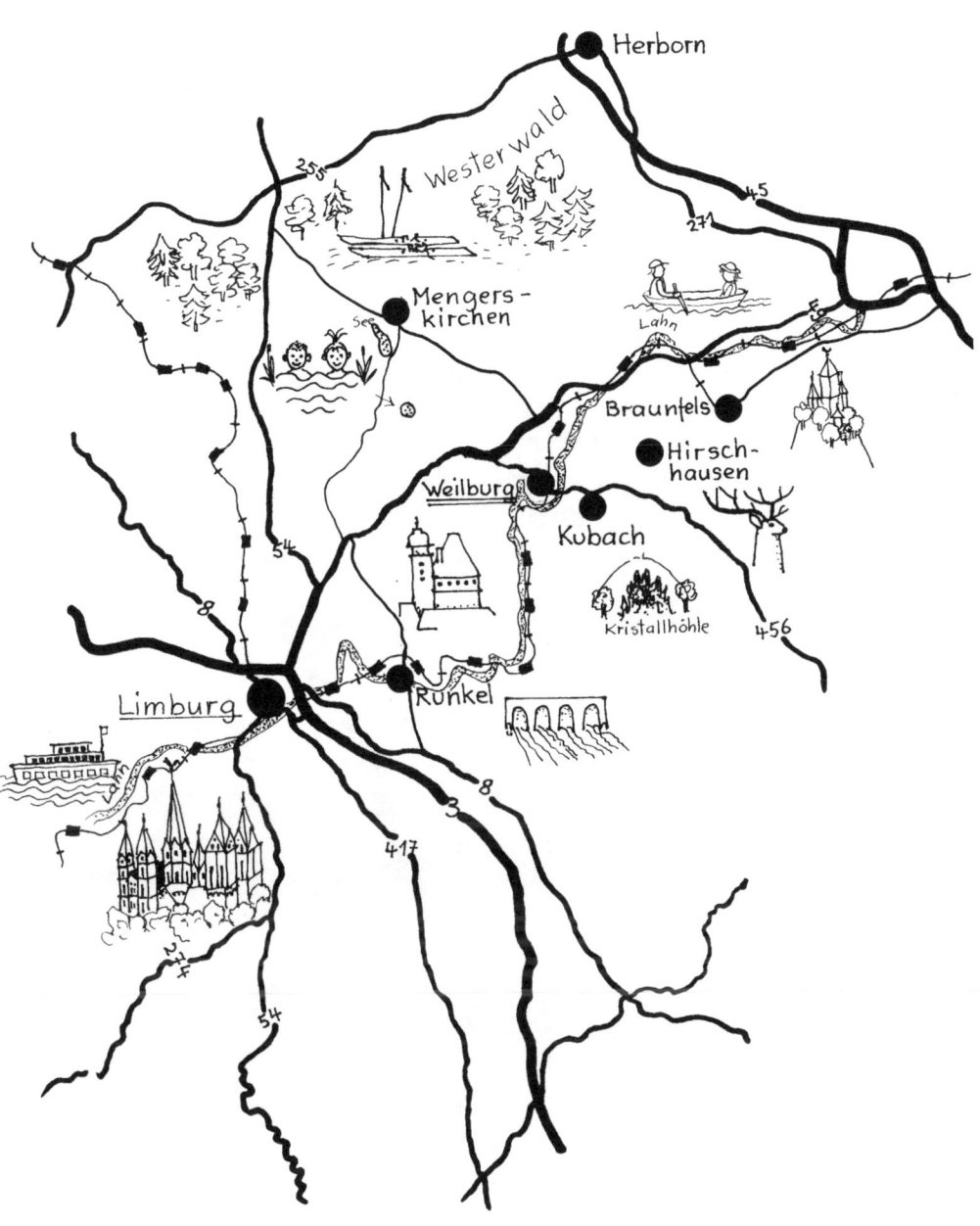

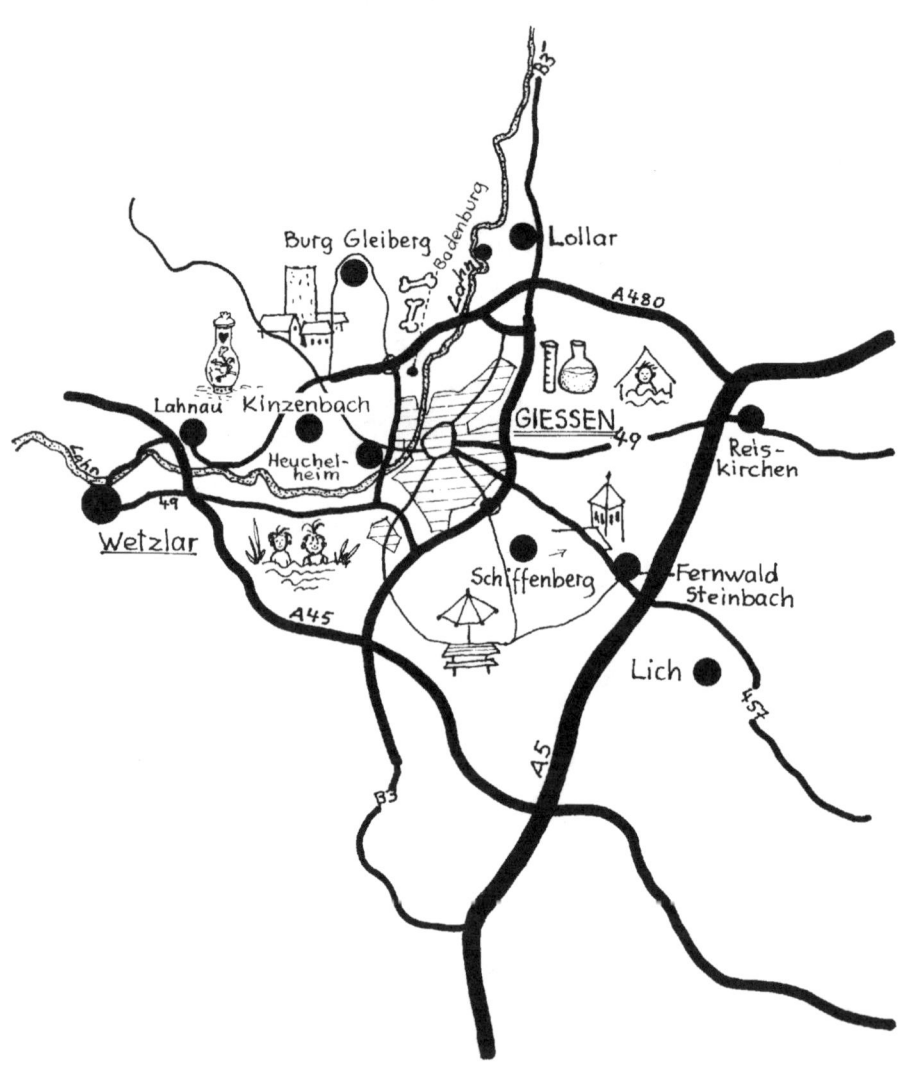

An Lahn und Dill

Ein Paradies für Wasserfreunde

Die Region mit den beiden Städten Gießen und Wetzlar ist von vier Gebirgen umzogen, von Taunus, Westerwald, Rothaargebirge und Vogelsberg. Bodenfunde belegen, daß die Region schon Jahrtausende vor Christi Geburt besiedelt war. Die Kelten und die Römer haben Spuren hinterlassen, und in der Neuzeit bildete der Eisenerzbergbau über Jahrhunderte hinweg eine wichtige Existenzgrundlage für die Bevölkerung an Lahn und Dill. Stillgelegte Gruben erinnern an diese Zeit. Burgen, Schlösser und zahlreiche interessante Museen bezeugen eine wechselvolle Geschichte. So lohnt sich ein Besuch beim ehemaligen Kloster Arnsburg bei Lich. Hier siedelten im 12. Jahrhundert die Zisterzienser. Die alte Klostermühle beherbergt heute ein Restaurant, und westlich vom Kloster gibt es noch einen Wildpark. Lich selbst hat eine sehenswerte Altstadt.

Zwei Flüsse spielen in dieser Region eine Rolle: die Lahn und die Dill. Die Dill entspringt im Westerwald, ist 68 km lang und fließt bei Wetzlar in die Lahn. Diese wiederum kommt aus dem Rothaargebirge, hat eine fahrbare Länge von 235 km und mündet in den Rhein. Sie bildet die natürliche Grenze zwischen den Höhenzügen von Taunus und Westerwald. An der Lahn mit ihren idyllischen Ufern und ihrem vielfach geschwungenen Lauf läßt es sich auf dem Lahnhöhen- oder Lahnradweg gut wandern oder radfahren. Sie ist zugleich einer der beliebtesten Flüsse zum Kanufahren und Paddeln; zahlreiche Schleusen machen die Fahrt zu einem abwechslungsreichen Unternehmen. Bootsverleiher stellen die nötige Ausrüstung und bieten einen Rückholservice an. Auch Dampferfahrten sind auf der Lahn möglich.

Im Lahn-Dill-Kreis gibt es viele Seen. Der Wißmarer und der Heuchelheimer See bei Gießen laden zum Baden, Angeln und Surfen ein. In der üppig-grünen Landschaft des Dilltales liegen mehrere Stauseen. Beim Aartalsee bei Bischoffen/Hohenahr ist ein Teil des Sees Naturschutzgebiet. Ein Rundwanderweg führt durch das Gebiet, in dem über 50 Vogelarten nisten. Im übrigen See darf gebadet werden. Der Krombach-Stausee bei Driedorf-Mademühlen bietet 100 m Badestrand, Möglichkeit zum Surfen und einen Campingplatz. Dazu bil-

Fremdenverkehrsverband
Freizeitregion Lahn-Dill e.V.
Karl-Kellner-Ring 51
35576 Wetzlar
Tel. 0 64 41 / 4 07 19 00
Fax 0 64 41 / 4 07 19 03
www.Lahn-Dill-Kreis.de

Verwaltung Mengerskirchen
Tel. 0 64 76 / 9 13 60
Bus ab Limburg

det der Lahn-Park bei Wetzlar mit gleich drei Seen und Bade-
stränden die zweitgrößte zusammenhängende Seenfläche
Hessens. Also: die Badehose nicht vergessen! Wer dagegen in
der kalten Jahreszeit kommt, ist im Skigebiet »Knoten« bei
Mengerskirchen richtig. Hier, in den Ausläufern des Westerwaldes, liegt in 605 m Höhe oft noch Schnee, wenn es sonst
überall schon taut. Abfahrtsski, Langlauf und Schlittenfahren
sind möglich.

Gießen: Botanischer Garten und Klosterruinen

Mit der Burg Gießen begann im 12. Jahrhundert die Geschichte der Stadt. Um die Burg herum ließen sich Handwerker nieder, und wenig später erhielt die Ansiedlung Stadtrechte. Drei Jahrhunderte später wurde die Stadt an den
Flüssen Lahn und Wieseck zu einer großen Festung ausgebaut. 1607 wurde die Gießener Universität gegründet, die
heute die zweitgrößte in Hessen ist und im Leben der Stadt
eine wichtige Rolle spielt.

Gießen ist im Zweiten Weltkrieg stark zerstört worden.
Hübsch anzuschauen sind immer noch das Zentrum mit dem
Leibschen und dem Wallenfelsschen Haus. Beide waren
Burgmannenhäuser und zählen zu den ältesten Fachwerkhäusern Hessens. In ihnen sind Ausstellungen zur Stadtgeschichte, zur Volkskunde und eine Abteilung für Vor- und
Frühgeschichte zu sehen. Nur wenige Schritte weiter steht
das »Alte Schloß«, dessen früheste Bauten auf das 14. Jahrhundert zurückgehen. In seinen Mauern hat das Oberhessische Museum mit vielen alten und modernen Bildern, Skulpturen und Möbeln Platz gefunden. An Sonnabenden und
Sonntagen ist im *Kinderatelier im Alten Schloß* immer etwas
los für Kinder und auch die ganze Familie. Auch das *Stadttheater Gießen* bemüht sich mit Kindertheaterstücken und
Workshops um den Nachwuchs. Kindertag ist in Gießener Ki-
nos donnerstags, dann muß nur der halbe Eintrittspreis bezahlt werden.

Nicht weit vom Schloß entfernt liegen die Respekt ein-
flößenden Gebäude der Universität mit dem *Botanischen
Garten*. Landgraf Ludwig von Hessen hatte 1609 der noch
jungen Uni ein Stück Boden zur Errichtung eines Heilpflan-
zengartens überlassen. Inzwischen beherbergt der Garten
nicht allein mehr Beete mit Rosmarin, Löwenzahn und Fin-

Stadt- u. Touristikinformation
Berliner Platz 2
35390 Gießen
Tel. 06 41 / 1 94 33

Kinderatelier im Alten Schloß
Oberhessisches Museum
Gießen
Brandplatz 2
35390 Gießen
Tel. 06 41 / 2 91 70

gerhut. Zierpflanzen und seltene Bäume, von denen einige schon über 200 Jahre alt sind, kamen hinzu. In den Gewächshäusern gedeihen Bromelien, Bambus und insektenfressende Pflanzen.

Am Schwanenteich an der Wieseck ist im Osten der Stadt für Sommervergnügungen eine Rollschuhbahn und für den Winter eine Schlittschuhbahn vorhanden. Außerdem gibt es dort einen Spielplatz und eine Grillanlage, beim Messeplatz auch eine Halfpipe für Skateboardfans. Natürlich hat Gießen auch ein *Hallen-* und *Freibad* mit großer Wasserrutsche.

Der Schiffenberg vor den Toren der Stadt bietet viel Frischluft. Schon in der Jungsteinzeit vor 6000 Jahren war der Schiffenberg besiedelt. Kelten, Römer und Karolinger lebten hier; ab dem 12. Jahrhundert wurde dort ein Kloster errichtet. Jetzt hat der Schiffenberg seine große Zeit, wenn im Sommer in der romanischen Kirchenruine Kulturveranstaltungen stattfinden, darunter auch welche für Kinder. Informationen gibt es beim Verkehrsamt. Der Schiffenberg liegt mitten im Gießener Stadtwald. Man kann nach Herzenslust wandern, die alten Mauerreste erforschen, im ehemaligen Klosterbezirk im Biergarten sitzen oder am etwas weiter entfernten Grillplatz selbst etwas brutzeln.

Stadttheater Gießen
35390 Gießen
Berliner Platz
Tel. 06 41 / 7 95 70
Fax 06 41 / 79 57 80
E-Mail:Stadttheater.
Giessen@gi.anzeiger.net

Botanischer Garten Gießen
Haupteingang: Sonnenstr.
geöffnet: im Sommer 8-18
bzw. 20 Uhr
ab Sept. 8-16 Uhr

Badezentrum Ringallee
Hallen- und Freibad
Gutfleischstr. 24
35390 Gießen
Tel. 06 41 / 70 84 47
Hallenbad: Kinder 3 DM,
Erw. 5 DM für 2 Stunden
Freibad: Mai-Sept.
tägl. 9-20 Uhr,
Kinder 2,50 DM,
Erw. 4 DM

Museen zum Spielen und Staunen

»Liebigs Fleischextrakt« machte Justus von Liebig zwar nicht reich, aber berühmt. Dabei war diese Erfindung eigentlich ein Nebenprodukt der Forschertätigkeit des berühmten Chemikers. Als 1854 die Tochter eines Freundes schwer an Typhus erkrankte und nichts essen und trinken konnte, nahm Liebig mageres Rindfleisch und erhitzte es in einer Lösung aus Salzsäure und Wasser. Nach stundenlangem Köcheln kam dabei eine Infusion heraus, die er dem Mädchen löffelweise einflößte. Es war gerettet. Ein pfiffiger Unternehmer vermarktete dann mit großem Gewinn diese Idee in einer Fabrik in Uruguay. Bislang wurden nämlich in der Hitze Südamerikas bei der Schlachtung der großen Rinderherden nur die kostbaren Häute der Tiere verarbeitet, das Fleisch aber verdarb. Durch Liebigs Erfindung konnte nun das Fleisch der Rinder als Fleischextrakt konserviert werden. Zum Kassenschlager wurde der Fleischwürfel durch die Beifügung der bunten Sammelbilder mit Szenen aus dem Leben Liebigs.

Aus dem Leben Liebig's. 3. Liebig im Laboratorium zu Giessen. Universitätsgebäude in Giessen.

LIEBIG'S FLEISCH-EXTRACT.

Sammelbild
»Aus dem Leben Liebigs«

Liebig-Museum
Liebigstr. 12
35390 Gießen
Tel. 06 41 / 7 63 92
geöffnet: Di.-So. 10-16 Uhr
Kinder 2 DM, Erw. 3 DM
Experimentalführungen
40 DM

Kindermuseum
Löberstr. 17a
35390 Gießen
Tel. 06 41 / 7 16 20
geöffnet: Di., Do. 14-17 Uhr u.
nach Vereinbarung
Eintritt frei, kein Hinweisschild

Reineke-Fuchs-Museum
Villa Fuchsbau
Tel. 0 64 03 / 6 49 01

Gemessen an heutigen Standards, wirkt Liebigs Wirkungsstätte vergleichsweise bescheiden. Doch hat er hier, gemeinsam mit seinen Mitarbeitern, mit Kolben und Pipetten hantierend, zwischen 1825 und 1852 die Grundlagen für die moderne chemische Forschung entwickelt. Zu sehen sind im *Liebig-Museum* der alte Lehrsaal, drei Laborräume und sein privates Schreibzimmer. Alles originalgetreu eingerichtet, als hätte es der große Forscher und Erfinder erst vor kurzem verlassen.

Gießen hat auch ein *Kindermuseum,* in dem Spielen erlaubt ist und viele Ausstellungsstücke angefaßt werden dürfen. Der Rentner Wolfgang Magel hat es vor einigen Jahren eingerichtet. Die zwei Räume im Hinterhaus der Löberstraße sind von oben bis unten voll mit altem und neuem Spielzeug, darunter zwei große Puppenhäuser mit allem Zubehör. Die Möbel dazu hat »Opa Wolfgang«, der über 40 Jahre als Schreiner tätig war, selbst gearbeitet. Einige haben sogar Intarsien! Zu besichtigen sind ein Autosalon mit Spielzeugautos aus den 50er Jahren, ein Karussell, alte Puppen und Puppenwagen und eine Sammlung mit Figuren aus Überraschungseiern.

Ein eher kurioses Museum hat Friedrich von Fuchs im *Reineke-Fuchs-Museum* zusammengetragen. Seit über 30 Jahren sammelt er alles, was mit seinem Namen und somit mit dem Thema »Fuchs« zu tun hat. Das sind Bilderbücher, Zinn- und Porzellanfiguren, ausgestopfte Tiere und Spielzeug.

Gießens Umgebung: Das Gleiberger Land

Die weithin sichtbar auf einem Basaltkegel thronende *Burg Gleiberg* gab der wald- und wasserreichen Region zwischen Gießen und Wetzlar ihren Namen. Die Anfänge der Burg mit ihrem 30 m hohen Bergfried reichen in das 11. Jahrhundert zurück. Spätere Generationen veränderten und erweiterten die Burg, 1646 wurden große Teile zerstört. Übriggeblieben sind Wehrmauern, Burgkapelle und der große Wohntrakt. Im Innenhof laden Restaurant und Biergarten zum Verweilen ein. Der Blick auf das fünf Kilometer entfernte Gießen, die Burg Vetzberg und den dahinter liegenden *Dünsberg* ist großartig. Den Dünsberg umgibt das Geheimnis vergangener Kulturen. Er war schon in der Jungsteinzeit besiedelt, die dort entdeckten Funde lassen Rückschlüsse auf eine wichtige keltische Anlage zu. In etwa einer Dreiviertelstunde Fußweg kann er erklommen werden; ein archäologischer Wanderweg mit Informationstafeln hilft, sich die Vergangenheit zu erschließen. Oben auf dem Gipfel gibt es einen Fernmeldeturm und gleich daneben eine Restauration mit Biergarten, Spielgeräten und Aussichtsturm.

Im Gleiberger Land liegt die Gemeinde Heuchelheim. 1988

Burg Gleiberg
Information:
Gleiberg-Verein e.V.
Tel. 06 41 / 8 34 28

Dünsberg
Information:
Dünsberg-Verein e.V.
Tel. 0 64 09 / 96 49

Vereinsvorsitzender Emil Winter im Heimatmuseum Heuchelheim

151

entstand durch die Initiative eines Vereins das *Heimatmuseum Heuchelheim* im ehemaligen Bahnhof. Zu sehen ist in den verschiedenen mit Liebe wiederaufgebauten Werkstätten, wie früher Schuhe hergestellt, Anzüge genäht, Bücher gedruckt, Wagenräder gebaut und Werkzeuge geschmiedet wurden. Wer davon träumt, einmal Lokomotivführer zu werden, kann im Stellwerksraum eine Schaffnermütze aufsetzen und auf dem Modell des Kinzenbacher Bahnhofs eine Lok rangieren. Ein weiterer Höhepunkt des Besuches ist sicher der »Tante-Emma-Laden« aus den 50er Jahren. Damals gab es noch fast alle Waren unverpackt. Linsen, Bohnen, auch Nudeln, Mehl und Zucker lagerten in großen Holzschubladen. Heute kann man als süßes Souvenir Bonbons erwerben, in Tüten zu 100 Gramm oder auch einzeln.

Heimatmuseum Heuchelheim
Heuchelheim-Kinzenbach
Bahnhofstr. 30
Tel. 06 41 / 6 14 29
geöffnet: Mi. 15-17, So. 10-12
Uhr u. nach Absprache
Eintritt frei

Wetzlar: Die Stadt mit dem Dom, der gar keiner ist

Mit der Erkundung von Wetzlar beginnt man am besten mit einem Überblick auf den luftigen Höhen der Kalsmunt im Südwesten der Stadt. Sie bietet den schönsten Blick auf die Altstadt Wetzlars in der Lahnschleife. Zu sehen sind die alte Brücke aus dem 13. Jahrhundert, die mit Schiefer gedeckten Fachwerkhäuser, der Dom mit seinem Turm aus rotem Sandstein. Auch das moderne Wetzlar ist sichtbar: die Leica-Werke, Herstellungsort von Mikroskopen, Ferngläsern und Kleinbildkameras, und die beiden dicken grauen Zementsilos der Firma Buderus. Die Burg auf der Kalsmunt wurde übrigens im 12. Jahrhundert für Kaiser Friedrich Barbarossa erbaut. Von ihr steht noch der mächtige Bergfried.

In der Altstadt ist der Domplatz mit einer Zeile prächtiger barocker Wohnbauten Treffpunkt. Besonders reges Treiben herrscht hier am Mittwoch- und Samstagmorgen, wenn Markt ist. Der Dom ging aus einer älteren Stiftskirche hervor, deren Reste aus dunklen Quadern erhalten blieben, weil den Stadtvätern Ende des 14. Jahrhunderts das Geld für das ehrgeizige Neubauprojekt ausging. So konnte nur ein Turm neu gebaut werden, der dann zum Wahrzeichen der Stadt wurde. Wetzlar war nie Bischofsstadt, der »Dom« ist also gar kein richtiger Dom. Trotzdem wurde die schöne gotische Hallenkirche schon immer so genannt. Sie ist eine Simultankirche, also etwas sehr Seltenes. Seit dem 16. Jahrhundert wird sie gemeinsam von evangelischen und katholischen

Wetzlar mit Dom und Brücke

Christen genutzt. Jede Konfession verfügt über einen eigenen Altar.

Spezielle Stadtführungen für Kinder und Jugendliche bietet die *Tourist-Information* an, die auch einen Flyer mit Tips für diese Zielgruppe herausbrachte. Sie informiert auch über die Kindertheater-Vorstellungen im Rahmen der Wetzlarer Festspiele im Sommer. Beim Brückenfest im August wird an verschiedenen Stellen der Altstadt ein vielfältiges Musikprogramm mit Kleinkunst geboten. Kindertheater, Bastel-, Spiel- und Bewegungsangebote erwarten die jungen Besucher der »Kinderkulturtage«, die jeweils rund um die hessischen Herbstferien stattfinden.

Auf Vergnügungen im Freien können Kinder in Wetzlar sich ebenso freuen. Gleich neben dem *Hallenbad* sorgt der Freizeitpark »Europa« für Abwechslung mit Rollschuhbahn, Minigolf, Kinderspielplatz, Tischtennisanlage, Bolzplatz, Liegewiesen und großer Skateanlage. Das Flußufer der Lahn mit dem Wehr und den schönen Wiesen lädt zum Spaziergang und auch zu Paddeltouren ein. Der *Kanu-Club* unterhält dort einen Zeltplatz. Schön ist ebenso eine Radtour entlang der Lahn in Richtung Heuchelheimer Seen, Gießen oder Weilburg. Ein weiterer Abstecher führt nach *Aßlar* ins Dilltal, dessen Heimatmuseum und das Erlebnisbad, die *Laguna Aßlar*, die Besucher zum Verweilen einladen.

Tourist-Information
Domplatz 8
35573 Wetzlar
Tel. 0 64 41 / 9 93 38
Fax 0 64 41 / 9 93 39
E-Mail:
stadtverwaltung@wetzlar.de
www.wetzlar.de

Hallenbad »Europa«
Frankfurter Str.
35578 Wetzlar
Tel. 0 64 41 / 9 92 43
geöffnet: Mo. 15-22, Di.-Fr.
8-22, Sa. 10-18, So. 9-13 Uhr
Kinder 3 DM, Erw. 4,50 DM

Kanu-Club Wetzlar
Tel. 0 64 41 / 3 12 72

Stadt Aßlar
Tel: 0 64 41 / 8 03 16
www.lahn-dill-net.de/asslar

Laguna Aßlar
Europastr. 1
35614 Aßlar
Tel. 0 64 41 / 80 71 00
geöffnet: Di. ab 7, sonst ab 10
Uhr, Mo., Mi., Do., Fr. bis 22,
Sa. u. So. bis 19 Uhr
Kinder ab 2 Stunden 5 DM,
Erw. ab 6 DM

Lotte und die Leiden des jungen Goethe

Der wohl berühmteste Gast der Stadt war Johann Wolfgang Goethe. 1772 bezog er am Kornmarkt neben dem früheren Gasthaus »Zum römischen Kaiser« sein Quartier und arbeitete als junger Jurist für ein paar Monate am Reichskammergericht. Diese wichtige Institution war 1689 nach Wetzlar verlegt worden. Der Stadt brachte das Ansehen und Geld, sie wurde zur »Hauptstadt des Rechtes«. Die vielen stattlichen Häuser zeugen davon. Goethe übrigens hatte an seiner Arbeit am Reichskammergericht nicht viel Spaß. Eher angetan war er von einem Mädchen, hübsch und jung, bedauerlicherweise aber schon mit einem anderen verlobt. Diese unglückliche Liebesgeschichte lieferte den Stoff zu einem Roman, der Goethe mit einem Schlag weltberühmt machte. Seine 1774 erstmals gedruckten »Leiden des jungen Werther« wurden in viele Sprachen übersetzt und berühren noch heute die Leser.

In Erinnerung an Charlotte Buff, die Goethe zu »Werther« inspirierte, wurde in ihrem Geburtshaus das *Lottehaus* eingerichtet. Es liegt hügelauf ein paar Schritte vom Dom entfernt. Einige Möbel dort stammen noch aus dem Besitz der Familie, vieles wurde geschickt im Stil der damaligen Zeit ergänzt, auch die schöne Küche. Neben Ausgaben von Goethes »Werther« sind private Erinnerungsstücke von Charlotte Buff vorhanden, darunter Stickereien und ein Medaillon mit ihrem Haar, das sicher den Mädchen besonders gefallen wird.

Gleich neben dem Lottehaus befindet sich das *Stadt- und Industriemuseum* mit Grabungsfunden aus der Steinzeit und Ausstellungsstücken zur Stadt- und Industriegeschichte. Gemälde, Möbel und technisches Gerät informieren auch über den Bergbau der Region und die vor Ort ansässigen Firmen.

Lottehaus und Stadt- u. Industriemuseum
Lottestr. 8-10
35573 Wetzlar
Tel. 0 64 41 / 9 92 21
geöffnet: Di.-So. 10-13, 14-17 Uhr
Schüler 2 DM, Erw. 3 DM, Familien 6 DM

Sinnespfad und Apfelmarkt

Die *Akademie für Natur- und Umweltschutz e.V.* in Wetzlar ist ein Zusammenschluß der wichtigsten Umweltorganisationen in Hessen. Sie bietet ein umfangreiches Veranstaltungsprogramm und unterstützt die Arbeit der Naturschützer vor Ort. Auf dem weiträumigen Gelände wurden Seminarräume mit einem Labor eingerichtet. In dem »Naturlehrgebiet« im Freien gibt es Gehölze, Stauden, einen Weiher, Biotope und einen Bauerngarten, eine Obstwiese und eine Wiese, auf der

Schafe grasen. Auf dem Wasserspielplatz können Kinder den Bachlauf selbst verändern. Ein Naturerlebnispfad lädt zur Entdeckungsreise ein, bei der das Erleben der Natur mit allen Sinnen im Mittelpunkt steht. Am letzten Samstag im September findet auf dem Gelände zwischen 10 und 18 Uhr der »Apfelmarkt« statt. Auf diesem großen Ökomarkt gibt es neben Theatervorstellungen und Kreativangeboten viele Stände mit Getränken und leckerem Essen. Ein besonderes Angebot: Mitgebrachte Wasserproben werden auf ihre Qualität hin getestet. Das Gelände ist ganzjährig durchgehend geöffnet. Führungen bitte langfristig anmelden.

Akademie für Natur- und Umweltschutz e.V.
Friedenstr. 38
35578 Wetzlar
Tel. 0 64 41 / 92 48 00
Führungen:
0 64 41 / 9 24 80 35
E-Mail: Info@nzh.akademie.de
www.nzh-akademie.de

Unser **Extra-Tip**: Der selbstgemachte Sinnespfad. Dazu kann man sich einiges einfallen lassen. Wir schlagen vor, einigen Mitspielern die Augen mit einem Tuch zu verbinden. Die anderen Mitspieler nehmen jeweils als »Sehende« einen »Blinden« an die Hand und lassen ihn auf dem Waldboden mit nackten Füßen den Boden, die Steine, den Sand etc. erfühlen. Oder es kann mit den Händen eine Baumrinde ertastet und über unterschiedliche Blätter gestrichen werden. Damit der Hörsinn nicht zu kurz kommt, gibt es das »Baumtelefon«: Ein Mitspieler legt sein Ohr an den Stamm, der andere macht Kratz- und Klopfgeräusche. Auch mit dem Geruchssinn kann experimentiert werden... Während der Erprobung des Sinnespfades sollten die Rollen getauscht werden, damit jeder einmal »sehend« und einmal »blind« ist.

Solms: Unter Tage und im All

Wer dem Lauf der Lahn flußabwärts folgt, kommt in den Landkreis Weilburg-Limburg. Unsere erste Station dort ist Solms-Oberbiel mit der sechs Kilometer entfernten *Grube Fortuna*. Das Bergwerk »Fortuna« wurde 1983 stillgelegt; es war die letzte von weit über 100 Gruben, die in der Region Wetzlar das begehrte Eisenerz vom Typ »Lahn-Dill« aus der Erde bargen. Vor der Besichtigung wird ein Schutzhelm aufgesetzt, dann fährt man mit dem Förderkorb in 150 m Tiefe ein. Die alte Akku-Grubenbahn bringt die Besucher dann durch die dunklen Stollen zum »Nordlager«. Dort demonstriert der Führer, ein erfahrener Bergmann, die harte Arbeit der Bergleute. Ohrenbetäubend ist der Lärm der Bohrhämmer und Fräsmaschinen, die Luft scheint kaum zum Atmen zu

Grube Fortuna
35606 Solms-Oberbiel
Tel. 0 64 43 / 8 24 60
geöffnet: März-Nov. tägl.
außer Mo. 9-17,
letzter Einlaß 16 Uhr
Anmeldung erforderlich
Grubenfahrt: Kinder 2 DM,
Erw. 3 bzw. 4 DM
Museum:
Kinder und Erw. 1 DM

155

Grube Fortuna

reichen, man spürt, wie enorm Arbeitsdruck und -tempo waren.

Wieder über Tage können diese Eindrücke in den historischen Betriebsgebäuden noch vertieft werden. Zu sehen sind alte Fotos, originale Arbeitstrachten, Maschinen und die Waschkaute. Hinter der Grube Fortuna informiert ein vier Kilometer langer Erkundungs-Lehrpfad im Wald über die Erzgewinnung damals.

Eisenbahnfreunde werden vom »Feld- und Grubenbahnmuseum« bei der Zeche begeistert sein. Es beherbergt 30 historische Dampf-, Diesel-, Akku- und Druckluftloks, die an manchen Tagen über das Gelände fahren. Außerdem erwartet den kleinen Besucher ein großer Spielplatz, und im »Zechenhaus« gibt es deftiges Essen für die ganze Familie.

In der Nähe der Grube Fortuna befindet sich das Kloster Altenberg. Es wurde von einer Tochter der Heiligen Elisabeth von Marburg (s. dort) im 12. Jahrhundert gegründet, im 19. Jahrhundert dann aufgehoben. Besonders schön ist von hier oben der Blick auf die Lahnschleife; um das Kloster herum führen viele Wanderwege.

»Fenster zum All« nennt der Sternwart liebevoll das Gebäude der *Sternwarte* in Burgsolms. Wenn er dann an einem

Sternwarte Burgsolms
35606 Solms-Burgsolms
Tel. 0 64 42 / 10 39
Fax: 0 64 42 / 92 76 41
geöffnet: 1. u. 3. Di. im Monat
ab 19.30 oder 20.30 Uhr
Sondertermine können
vereinbart werden
www.SternwarteBurgsolms.de

klaren Abend durch eines der sechs Teleskope in den Sternenhimmel schaut und den neugierigen Zuschauern von Lichtjahren und der Milchstraße berichtet, geht ein Raunen durch den Raum. So aufregend ist es, etwas über Galaxien und Planeten zu hören und das Lichtermeer über sich zu bestaunen. Der Besuch der Sternwarte ist Höhepunkt eines Ausflugstages, bei besonderen Gelegenheiten wie Mond- oder Sonnenfinsternis kann sogar in der Sternwarte übernachtet werden.

In der Sternwarte Burgsolms

Braunfels: Märchenhaftes Schloß mit Ritterrüstungen

»Gespensterführungen«, »Turnierspiele« und »Zeitreisen durch die Geschichte« werden auf dem *Schloß Braunfels* für Kindergartenkinder und Schulklassen angeboten. Mit dabei ist ein Puzzle des Schlosses, bei dem alle Türme und Zinnen an die richtige Stelle zu setzen sind. Dabei kann jeder leicht nachvollziehen, welche baulichen Veränderungen das Schloß Braunfels erfuhr, bis es zum heutigen romantischen Märchenschloß wurde.

Ursprünglich war das Schloß eine Schutzburg aus dem 13. Jahrhundert, die für die Grafen von Solms errichtet wurde. Nach Bränden und Umbauten erhielt es um 1880 seine heutige Form mit vielen Türmchen und Zinnen. Zu sehen sind im Rittersaal und Jagdzimmer neben Möbeln und Gemälden Turnier- und Kriegswaffen, Rüstungen, Schwerter und Spieße.

Auch der Braunfelser Marktplatz mit dem Brunnen im Zentrum ist es wert, genauer betrachtet zu werden. Wie Zeu-

Braunfelser Kur GmbH
Fürst-Ferdinand-Str. 4a
53619 Braunfels
Tel. 0 64 42 / 9 34 40
Fax 0 64 42 / 93 44 22
E-Mail: touristinfo@
braunfels.de
www.braunfels.de

Schloß Braunfels
Tel. 0 64 42 / 50 02
geöffnet: April-Sept. tägl.
9-17.30, Okt.-März
tägl. 9-16.30 Uhr
Führung: Kinder 2 DM,
Schüler 4 DM, Erw. 5 DM
Erlebnis & Pädagogik: Kinder
ab 5 DM, Erw. 6 DM, Beitrag
mind. 75 DM

157

gen einer harmonisch erscheinenden Vergangenheit wirken seine Fachwerkhäuser mit ihren Schieferdächern und dem bunten Blumenschmuck. An Festtagen treten Gaukler, Musiker, Feuerschlucker und Ritterspieler zu Pferd jeweils an einem Wochenende im Juni oder Juli auf.

Im *Stadtmuseum Obermühle* ist zu sehen, wie die Braunfelser früher lebten und mit welchem Spielzeug die Kinder spielten. Im Kellergeschoß befinden sich außerdem eine Schmiede und eine Wagnerei.

Eine ungewöhnliche Sammlung von Insekten, Pflanzen, Steinen, Muscheln und vielem mehr bietet das *Waldmuseum Kanngießer*. Der Gelehrte Dr. Dr. Kanngießer sammelte all dies und verwandelte sein Haus in ein Museum. Zum »Inventar« gehört auch die Familie Schleifer, die das Erbe verwaltet und gerne durch die Sammlung führt.

Der fürstliche *Wildpark Tiergarten* beherbergt Rot-, Dam- und Muffelwild. Der Eingang ist bei der Gaststätte »Forsthaus Tiergarten«, zu der auch ein Spielplatz gehört. Zwischen 16 und 18 Uhr wird im Tiergarten das »Abendbrot« für die Tiere serviert. Das ist eine gute Gelegenheit, Wildschweine, Rehe und Ziegen ganz aus der Nähe zu betrachten, weil die Tiere dann ihre Scheu verlieren. Am besten also um diese Zeit zum Treffpunkt »Futterstelle« kommen.

Um Braunfels herum gibt es insgesamt rund 120 km markierte Wanderwege. Freibäder gibt es im Braunfelser Stadtteil Altenkirchen, und Ballonfahrten und Segelflüge sind vom *Segelflugplatz* aus möglich.

Weilburg: Grafen und Bergleute

Weilburg mit Schloß, Schloßkirche und barocker Stadt bildet heute eines der gelungensten städtebaulichen Ensembles in Hessen. Umschlossen von einem Bogen der Lahn entstand schon zu Beginn des 10. Jahrhunderts »Wileneburch«. Sie liegt auf einem Felsrücken über dem Fluß und ist Vorgängerbau des Weilburger Schlosses. In ihm hielten seit dem 14. Jahrhundert die Grafen von Nassau-Weilburg hof, die zwar nur über ein kleines Fürstentum herrschten, ihre Residenz aber mit großer Pracht ausstatteten. Im Renaissance-Schloßhof mit seinem Kopfsteinpflaster fühlt sich der Besucher in die Zeit der Jagdgesellschaften und höfischen Feste versetzt. Beim Eintritt ins Innere des Weilburger Schlosses mit seinem

Stadtmuseum Obermühle
Tiefenbacher Str.
Tel. 0 64 42 / 56 94
geöffnet: Mai-Okt. 1. Sonntag im Monat, 14-18 Uhr und nach Vereinbarung
Eintritt frei / Spende

Waldmuseum
Dr. Dr. Kanngießer
Hecksbergsweg 21
53619 Braunfels
Tel. 0 64 42 / 62 41
geöffnet: Mo.-Fr. 10-17 Uhr u. nach Absprache
Eintritt frei

Wildpark Tiergarten
geöffnet: tägl. 10-18 Uhr
Eintritt frei

Segelflugplatz Braunfels
Am Aussichtsturm
Tel. 0 64 42 / 85 41

Touristik Service
Kur- und Verkehrsverein e.V.
Mauerstraße 6
35781 Weilburg
Tel. 0 64 71 / 76 71
Fax 0 64 71 / 76 75
E-Mail: kvv@weilburg.de
www.weilburg.de

Schloß Weilburg
Schloßplatz 3
35781 Weilburg
Tel. 0 64 71 / 22 36
Besichtigung mit Führung:
Di.-So. 10-16, im Sommer auch Mo. 10-18 Uhr
Kinder 4 DM, Erw. 6 DM

Schloß Weilburg

Barockflügel werden Filzpantoffeln übergestreift; so beginnt die Besichtigung der 35 Räume. Vorgezeigt werden die große Küche, der Salon der Herzogin, der festliche Speisesaal und ein China-Kabinett. In einem anderen Kabinett steht eine große, 1,40 m tiefe Badewanne aus schwarzem Marmor. Hier gönnten sich die Fürsten einen besonderen Luxus!

Beim Spaziergang durch den nach französischem Vorbild angelegten Schloßgarten sieht man Statuen, kunstvoll geschnittene Buchsbaumhecken, Blumenrabatten und hat einen schönen Blick auf die Lahn. In der ehemaligen Orangerie ist heute ein Café untergebracht.

Nach dem Schloßbesuch geht es dann zum *Bergbau- und Stadtmuseum* in der ehemaligen Kanzlei am Schloßplatz. Neben vielen Stücken und Informationen zur Heimatgeschichte ist eine vollständig eingerichtete alte Apotheke ausgestellt. In der Abteilung Bergbau wird ist ein kompletter, 200 m langer Bergwerksstollen nachgebildet.

Ein anderes, etwas außergewöhnliches Museum ist das *Deutsche Baumaschinen Modellmuseum* im Weilburger Ortsteil Gaudernbach. In Vitrinen und nachempfundenen Miniatur-Baustellen stehen mehrere hundert Baumaschinen-Modelle der letzten 20 Jahre, die manches Sammlerherz höher schlagen lassen.

Kinderkulturtage mit Kindertheater und Clowns finden viermal im Jahr statt, im März, Mai, September, November/Dezember. Während der Kinder- und Jugendfilmwochen rund um die Herbstferien werden im Filmtheater »Delphi«

Bergbau- und Stadtmuseum Weilburg
Am Schloßplatz 1
35781 Weilburg
Tel. 0 64 71 / 3 14 59
geöffnet: April-Okt. Di.-So.
8-12, 14-17 Uhr, Nov.-März
nur an Werktagen
Kinder 2 DM, Erw. 4 DM,
Familien 7 DM

Deutsches Baumaschinen Modellmuseum
Brückenstr. 46
35781 Weilburg-Gaudernbach
Tel. 0 64 71 / 50 20
geöffnet: Mi. 14-18, So. 9.30-12 Uhr, für Gruppen nach Absprache
Eintritt frei

Stadtjugendpflege Weilburg
Kruppstr. 4
35781 Weilburg
Tel. 0 64 71 / 78 18

An der Lahn mit Weilburger Schiffahrtstunnel

Bootsverleih u.
Bootstouren: 0 64 71 / 76 71
ein- und mehrtägige Touren
im Angebot
Rückfahrt mit der Lahntalbahn
Infos auch über Tourist-Service
Weilburg

Kinderfilme gezeigt. Infos und Programme dazu gibt es bei der *Stadtjugendpflege*. Liebhaber der klassischen Musik kommen im Sommer zu den Festspielen im Weilburger Schloß von weither angereist. Seit 1998 finden auch Konzerte für Kinder statt. Immer am zweiten Oktoberwochenende gibt es zum Residenzmarkt internationale Musikkapellen zu hören und Markttreiben und andere Attraktionen zu sehen.

Technisches Wunderwerk: Der Schiffstunnel

Die Lahn gilt als Paradies für Wassersportler. Für *Bootsfahrer* hält Weilburg eine besondere Attraktion bereit: einen Schiffstunnel mit zwei Doppelschleusen, der 1847 in vierjähriger Arbeit entstanden war. Er ist bis heute der einzige schiffbare Tunnel Deutschlands und galt damals als technisches Wunderwerk. Die Lastschiffe auf der Lahn konnten durch diese Abkürzung von da an mit Pferden durch die Schleuse gezogen werden. Somit entfiel der aufwendige Gütertransport über die kilometerlange Lahnschleife. Doch schon bald wurden die kühnen Träume vom schnellen und kostengünstigen Warentransport auf Schiffen vom Bau der Eisenbahn überboten. Heute ist der Tunnel für den Freizeitspaß da. Die Schleuse müssen die Wassersportler dabei selbst bedienen. Da heißt es kräftig kurbeln! Nach diesem kleinen Abenteuer kann ein kostengünstiger Übernachtungsstop auf dem Jugendzeltplatz gegenüber der Schleuse eingelegt werden.

Weilburg-Hirschhausen: Im fürstlichen Tiergarten

Prewalskipferde aus der Monogolei, Wisente und Elche leben im Wildpark Weilburg mit seinen uralten Eichen, dem Weiher, den Bachläufen, Wiesentälern und großen Gehegen. Schon vor über 400 Jahren hielt einer der Weilburger Grafen östlich der Stadt Damwild. Hundert Jahre später wurde das 92 Hektar große Gelände mit dem kostbaren Wildbestand für die Jagd der Grafen mit einer Mauer versehen. Heute erwarten den Besucher Rot-, Dam-, Muffel-, Schwarz- und Steinwild, Auerochsen, Luchse und Fischotter. Pilz- und Baumlehrpfad sind geeignet, das Wissen über die Natur zu vertiefen. Am Weiher lädt die Gaststätte »Hessenhaus« in einem gemütlichen alten Fachwerkhaus ein, daneben liegt ein Kinderspielplatz. Der Besuch im Tiergarten ist gut zu verbinden mit einem Ausflug in die Kubacher Kristallhöhle (s. dort).

Tiergarten Weilburg
35781 Weilburg-Hirschhausen
Tel. 0 64 71 / 80 66
geöffnet:
Sommer tägl. 9-19 Uhr, im
Winter bis zur Dämmerung
Schüler 2,50 DM, Erw. 5 DM,
Schulklassen pro Kind 1,50 DM
Führungen: Hess. Forstamt
Weilburg, Tel. 0 64 71 / 3 90 75

Die Kubacher Kristallhöhle

Ein Lehrer hatte vor noch gar nicht langer Zeit von einer »prächtigen Tropfsteinhöhle« gehört, deren Existenz den Bergleuten früherer Zeiten bekannt war, nur wußten sie ihre genaue Lage nicht. Der Lehrer ließ nicht locker. Berechnungen wurden angestellt, und mit Suchbohrern und Spezialkameras konnte die Höhle schließlich im Oktober 1974 aufgespürt werden. Seit 1981 ist diese einzige deutsche Höhle mit Calcitkristallen für Besucher geöffnet. Sie ist zugleich die höchste Schauhöhle Deutschlands. Entstanden ist die *Kubacher Kristallhöhle* in der Eiszeit. Beim Besuch der Höhle sollten warme Kleidung und eine Taschenlampe mitgenommen werden, der Schutzhelm wird gestellt. Dann geht es rund 350 Stufen in 45 m Tiefe hinab. Die 200 m lange Höhle birgt ein Feen- oder Zauberreich, an dessen Grund sich ein kleiner See befindet. Die Kristalle aus Millionen Jahre altem Kalkstein weisen unterschiedliche Farben und Formen auf. Manche ähneln Seesternen, weiß wie Milch, andere sind bräunlich. Sie hängen von der Decke herab und scheinen aus dem Boden zu wachsen.

Die Entdeckungsgeschichte und die Entstehung der Kubacher Höhle ist im angegliederten Höhlenmuseum anschaulich dargestellt. Im Freilicht-Steinemuseum auf dem Plateau davor können Gesteinsarten aus verschiedenen Epochen betrachtet und angefaßt werden. Es gibt auch einen Kiosk und ein Restaurant.

In der Kubacher Kristallhöhle

Kubacher Kristallhöhle
35781 Weilburg-Kubach
geöffnet: April-Okt. Mo.-Fr.
14-16, Sa., So.10-17 Uhr
Kinder ab 3 Jahre 1 DM,
Schüler 3 DM, Erw. 4,50 DM
Anmeldung:
Höhlenverein Kubach e.V.,
Tel. u. Fax 0 64 71 / 9 40 00
zu erreichen über B 49 u.
B 456, Citybus ab Weilburg

Runkel: Burgberg und Kanutour

In Runkel, 26 km lahnabwärts von Weilburg, erwartet den Reisenden ein Panorama, das seinesgleichen sucht: Am Fluß mit vierbogiger Brücke wurde ein Städtchen errichtet, dessen Häuser an den Fels lehnen. Darüber erhebt sich der Burgberg. Aus seinen Felsen scheint das graue Mauerwerk mit den drei mächtigen Türmen der *Burg Runkel* emporzuwachsen. Die 1159 erstmals erwähnte Burg blickt auf eine wechselvolle Geschichte zurück. Sie gilt heute als eine der schönsten in Deutschland und entstand zur Sicherung des Lahnüberganges. Ein Teil der alten Burggemäuer existiert nur noch als Ruine. In einem anderen befindet sich ein Museum und ein Restaurant, im dritten wohnt der Graf zu Wied. Wenn oben auf dem Turm die Flagge weht, bedeutet dies: Der Besitzer ist zu Hause.

Stadtverwaltung Runkel
65594 Runkel
Tel. 0 64 82 / 9 16 10
Fax 0 64 82 / 16 50

Burgverwaltung Runkel
Tel. 0 64 82 / 42 22
geöffnet Karfreitag bis Ende
Oktober 10-16 Uhr
danach angemeldete Gruppen
Kinder 2 DM, Erw. 4 DM

Campingplatz Runkel,
Fahrradverleih
Tel. 0 64 82 / 91 10 22
Lahntours-Kanustation
Tel. 0 64 82 / 91 10 21

Marmorsteinbrüche
Führungen durch Mitglieder
vom »Lahn-Marmor-Museum
e.V.«
Tel. 0 64 84 / 14 71

Die steinerne Brücke bildete im Mittelalter weit und breit den einzigen befestigten Übergang über den Fluß. Nicht weit von ihr ist der *Campingplatz*. Er hat einen eigenen Jugendgruppenbereich mit echtem Indianer-Tipi-Dorf, Feuerstellen und Fahrradverleih. Dort ist auch ein Anbieter von Kanutouren mit Verleih von Zelt- und Kochausrüstung zu finden. Ein schöner Spazierweg führt flußaufwärts an der Lahn entlang nach Villmar mit seinen *Marmorsteinbrüchen*, in denen vor allem im 18. Jahrhundert Marmor abgebaut wurde.

Limburg: Die Gottesstadt

Suchte der liebe Gott hier auf Erden eine Wohnstatt, er würde sich vielleicht den Limburger Dom auswählen. Fast wie eine kleine Stadt für sich mit Toren und Türmen wirkt das auf einem Lahnfelsen errichtete Gotteshaus, das als eine der schönsten Kirchen Deutschlands gilt.

Die Stadt Limburg entstand am Übergang wichtiger Handelsstraßen über die Lahn. Um das Gotteshaus und eine Burg herum wuchs im Mittelalter ein Ort mit Mauern, mehreren Kirchen und den stattlichen Fachwerkhäusern. Oft sind die Häuser mit Erkern und reichem Schmuck versehen. In der Nähe der alten Lahnbrücke steht eines mit Fratzen, die die Laster des Zorns, der Eitelkeit, der Freßsucht usw. darstellen. Typisch für Limburg sind die Hallenhäuser, in deren Obergeschoß sich die Kontore der Kaufleute befanden. In der hohen Erdgeschoßzone konnten die Gespanne einfahren und die Wagen mit Ware beladen werden. Limburger Tuche waren gefragt, die Woll- und Leinweber hatten ein gutes Auskommen, aber auch den Metzgern und Bäckern ging es gut. Die Bäckerei Hensler am Kornmarkt bietet Dinge an, die sicher schon früher sehr begehrt waren: Weiblein und Männlein, Hasen, Katzen und Eulen, alles aus Teig nach alten Vorlagen gebacken.

In Limburg wird gern gefeiert. Zu Ostern und an Sankt Martin vollzieht sich auf dem Platz vor dem Dom ein besonders eindrucksvolles Schauspiel, wenn ein großer Holzhaufen aufgeschichtet und ein Feuer angezündet wird. Am ersten Wochenende im Juni findet das Altstadtfest statt und am ersten Sonntag im September der »Große Limburger Flohmarkt«. Kleine und große Händler bevölkern dann den ganzen Innenstadtbereich.

Wer sich nach der Stadtbesichtigung und Besuch im Dommuseum auf einem Spielplatz austoben möchte, gelangt in fünf Minuten zu Fuß zum Tal »Josaphat«. Dort sind Rutschen, Wippen, Sandkästen und ein Teich mit Enten. Geruhsam geht es bei einer Schiffstour mit dem *Fahrgastschiff Wappen von Limburg* zu. Die Anlegestelle befindet sich in Limburg am Eschhöfer Weg. Beim Campingplatz an der Lahn gibt es einen Kanu- und Bootsverleih.

Verkehrsverein Limburg
Hospitalstr. 2
65549 Limburg
Tel. 0 64 31 / 20 32 22
Fax 0 64 31 / 61 66
www.limburg.de

Fahrgastschiff Wappen von
Limburg
Fahrzeiten: Ostern-Mitte Okt.
Anmeldung u. Information:
Tel. 0 64 31 / 39 84

Burg Greifenstein

Hoch über dem Dilltal ragen auf einem Bergrücken die Doppeltürme der *Burg Greifenstein* auf. Sie war einst die bedeutendste Wehranlage des Westerwaldes und Wohnsitz der Nassauer und Solmser Herren. Ihr Name kommt vom »Greif«, dem Fabeltier, das aussieht wie eine Mischung aus Adler und Löwe und Symbol für Stärke und Klugheit ist. Der Greif hält bei dem östlichen Turm mit dem spitzen Zeltdach als Wetterfahne Wacht über die Burg. Die Burgruine mit schroff aufragenden Mauern, Palas und Wehrgängen übt eine große Faszination auf den Besucher aus. Über Entstehung von Burg und Ortschaft Greifenstein informiert das Burgmuseum.

Interessant ist die sogenannte »Roßmühle«, eingerichtet im größten Bollwerk der Burg, einem Geschützturm mit gewaltigen Mauern. Bei Belagerungen der Burg konnten ihre Bewohner sich ihr Korn selbst mahlen. Dann liefen dort Pferde im Kreis und setzten eine Mühle zum Mahlen von Getreide in Bewegung. In dem Gebäude mit fast ovalem Grundriß

Burg Greifenstein

163

und Kuppel, das selbst einem Klangkörper gleicht, ist heute das *Deutsche Glockenmuseum* untergebracht. Fast 50 Glocken aus neun Jahrhunderten sind ausgestellt, jede kann angeschlagen werden, und jede klingt anders. Das hängt von ihrer Größe ab, aber auch von der Form und der Art des Metalls, aus dem sie gegossen wurde. Die meisten der ausgestellten Stücke kommen aus dem Besitz der Gießerei Rincker in Sinn, die besichtigt werden kann (s. dort).

Der **Extra-Tip:** Beim Besuch des Glockenmuseums sollten eine Taschenlampe und ein kleiner Spiegel im Gepäck sein. Mit diesen Utensilien ausgestattet, wird der Besuch noch interessanter. Damit läßt es sich von unten in die Glocken hineinschauen. Zu entdecken sind Zeichen und Sprüche, die man im Spiegel entziffern muß.

Burg Greifenstein mit
Glockenmuseum
Talstr. 19
35753 Greifenstein
Tel. 0 64 49 / 64 60
geöffnet: tägl. 10-18, Nov.-
März nur So. 14-17 Uhr
Kinder 1 DM, Erw. 3,50 DM
Führungen anmelden:
Tel. 0 64 49 / 63 88

Nach dem Verlassen der Burganlage lohnt ein Abstecher ins »Vogelschutzgehölz«. Am Burggraben geht ein Weg dorthin ab. Tafeln informieren über die hier nistenden Vögel. Außerdem ist noch ein Kräutergarten zu bestaunen. Ein solcher mag sich ähnlich früher innerhalb der Burgmauern befunden haben.

Von der Burg Greifenstein aus ist es nicht weit ins Ulmtal zur Ulmbachtalsperre mit großem, flachem Badestrand und Campingplatz.

Lied der Glocken: Die Gießerei Rincker

»Festgemauert in der Erden / steht die Form aus Lehm gebrannt.« Vielleicht hat sich ja Schiller bei den Rinckers kundig gemacht, als er seine Ballade dichtete. Bis auf das Jahr 1590 reicht die Familientradition der *Glockengießerei Rincker* zurück, seitdem gießen sie schon die Klangkörper aus Metall. In der Werkstatt im kleinen Ort Sinn an der Dill, wo die Rinckers seit einigen Generationen ihre Werkstatt haben, sind rund 20.000 Glocken gegossen worden. Die schwerste Glocke, die sie je herstellten, wog 8537 kg und hatte einen Durchmesser von 2,5 m! Das Land an Lahn und Dill war reich an Erzen, der Standpunkt für ihre Werkstatt also günstig gewählt worden.

»Von der Stirne heiß / rinnen muß der Schweiß.« Glocken entstehen in mühsamer Kleinarbeit. Voraus gehen genaue

Berechnungen, dann baut der Glockenformer einen Kern. Dieser wird mit einem Mantel umgeben. In die Hohlform zwischen Kern und Mantel fließt dann später beim Guß das heiße Metall. Danach wird die neue Glocke auf ihren Klang hin überprüft. Glocken haben eine Lebensdauer von mehreren hundert Jahren. Sie begleiten unser Leben, indem sie uns durch ihr Geläut Kunde geben von der Uhrzeit, von Festen, Gottesdiensten, Geburten, Hochzeiten und Todesfällen. Aus der Rinckerschen Sammlung stammen die meisten Stücke im Glockenmuseum der Burg Greifenstein (s. dort).

Glocken- und Kunstgießerei
Rincker
Wetzlarer Str. 23
35764 Sinn
Tel. 0 27 72 / 1 40 60
Besichtigungen:
Mo.-Fr. 8-15 Uhr
3 DM pro Person, Anmeldung erforderlich

Stadtwappen von Herborn

Herborn und die »Hohe Schule«

Herborn bietet eines der hübschesten Städtebilder Hessens. Die 1000jährige Stadt hat ganze Straßenzüge mit meist vierstöckigen Fachwerkhäusern, insgesamt über 400 davon! Erker, Tore und Türen der Häuser sind reich mit Schnitzereien verziert, oft haben sie auch figürliche Motive. Imposant wirkt das Rathaus mit barocker, schiefergedeckter Haube. Etwas abseits des alten Stadtkerns befindet sich an der Ecke Chaldäerweg das ehemalige Haus des Scharfrichters, das man an einer dort angebrachten Tafel erkennen kann.

Schön verweilen läßt es in den Höfen bei der ehemaligen »Hohen Schule«, der früheren Universität. Dort, wo früher die Scholaren büffelten, ist heute das *Heimatmuseum* untergebracht. Es thematisiert die wichtige Rolle Herborns für Wissenschaft und Bildung, zeigt Funde aus der Keltenzeit, informiert über traditionelles Handwerk und über den Luftkrieg im Dillgebiet.

Als Freizeitangebote locken in Herborn das beheizte Waldschwimmbad und das *Hallen-Wellenbad*. Im Stadtteil Uckersdorf gibt es den *Vogelpark Uckersdorf*. Rund 100 einheimische und fremde Vogelarten sind auf dem drei Hektar großen parkähnlichen Gelände zu Hause. Es gibt hier einen Vogelschutzlehrpfad und Informationstafeln über die Zusammenhänge von Natur und Lebewesen. Spielplätze und ein Café sind auch vorhanden.

Museum in der Hohen Schule
Tel. 0 27 72 / 70 82 16
geöffnet: Di.-So. 14-18 Uhr
Kinder 1 DM, Erw. 3 DM,
Familien 5 DM

Vogelpark
Im Beilsbach
35745 Herborn-Uckersdorf
Tel. 0 27 72 / 4 25 22
geöffnet:
April-Okt. tägl. 9.30-18 Uhr
Kinder 2,50 DM, Erw. 6,50 DM
www.vogelpark-herborn.de

Hallen-Wellenbad
Konrad-Adenauer-Str.
35745 Herborn
Tel. 0 27 72 / 57 17 98
geöffnet: werktags, außer
montags 8-21,
Sa., So., 8.30-16.30 Uhr
Kinder 6 DM, Erw. 8 DM

Dillenburg: Wilhelmsturm und Kasematten

Prinz Wilhelm von Oranien kam 1533 im Dillenburger Schloß zur Welt. Ihm zu Ehren wurde auf dem 295 m hohen Schloßberg der *Wilhelmsturm* errichtet, der das Wahrzeichen Dillenburgs wurde. Er steht auf den Resten des alten Schlosses, das bei der Belagerung durch die Franzosen im Jahre 1760 fast gänzlich abbrannte. Nur das alte »Stockhaus« gibt es noch. Es war früher ein Gefängnis, in dem ein ausgehöhlter Holzklotz, der »Stock«, stand. Straftäter wurden in ihn mit den Füßen eingespannt. Der berühmteste Gefangene, der in Dillenburg einsaß, war der Vater des Malers Peter Paul Rubens. Er büßte für sein Liebesverhältnis mit der Ehefrau Wilhelms von Oranien, kam aber nach zwei Jahren wieder frei.

Das Dillenburger Schloß verfügte über eine gewaltige Festungsanlage. Ihre unterirdischen Wehrgänge oder *Kasematten* sind die größten in Deutschland! Sie blieben bei der Zerstörung des Schlosses im 18. Jahrhundert weitgehend erhalten. Über 2000 Soldaten konnten sich in ihnen aufhalten. Enge Gänge und riesige Steingewölbe, die Bollwerke, wechseln einander ab. Dunkel und kalt ist es hier, Schritte und Worte hallen von den Wänden wider. So mancher Besucher hat dort unten das Gruseln gelernt. Die alten Dillenburger erzählen sich, daß in den Kasematten der Geist eines alten Grafen umgehe. Zweimal im Jahr, so heißt es, irrt er kopflos, aber nichtsdestotrotz wild schreiend durch die Gänge.

Tourist-Info Stadt Dillenburg
Hauptstr. 19
35683 Dillenburg
Tel. 0 27 71 / 8 02 10
Fax 0 27 71 / 80 21 21
www.Tourist-Info.StadtDillenburg.de

Wilhelmsturm und Kasematten
Am Schloßberg
35683 Dillenburg
Tel. 0 27 71 / 89 61 75
geöffnet: Karfreitag -1. Nov.,
Di.-So. 9-13, 14-17 Uhr
Kasemattenführung
ab 15 Personen
Kinder 1 DM, Erw. 2 DM

Schloß und Stadt Dillenburg um 1650

Sehenswert ist das »Wirtschaftsgeschichtliche Museum« in der *Villa Grün* unterhalb des Schloßberges. Dort gibt es eine Menge über den Bergbau, das Hütten- und Gießeisenhandwerk im Dillgebiet zu erfahren. Ungewöhnlich ist die Austellung von Küchen aus allen Zeiten, von einer aus der Zeit Wilhelms von Oranien bis zur modernen Einbau- und Flugzeugküche.

Besonders lohnend ist der Besuch des Schloßberges beim Schloßbergfest, das alle zwei Jahre im September mit historischem Markt und Ritterkämpfen stattfindet.

Villa Grün, Wirtschaftsgeschichtliches Museum
Am Schloßberg
35683 Dillenburg
Tel. 0 27 71 / 89 61 59
geöffnet: Karfreitag -1. Nov.,
Di.-So. 9-12, 13-17 Uhr
Kinder 1 DM, Erw. 2 DM

Hessisches Landgestüt und Kutschenmuseum

In der Wilhelmstraße Dillenburgs ist im Gebäude des ehemaligen fürstlichen Marstalles das *Hessische Landgestüt* eingerichtet. Schon vor über zweihundert Jahren wurde hier die sogenannte »Dillenburger Ramnase« gezüchtet, ein tüchtiges Reit- und Wagenpferd. Heute beherbergt das Gestüt 70 Hengste, deren wichtigste Aufgabe zwischen März und Juli die Fortpflanzung ist. In den übrigen Monaten des Jahres werden sie im Reiten und Springen und der traditionsreichen Fahrkunst mit Kutschen trainiert. Bei einem Rundgang durch die barocken Gebäude der Stallungen bilden die Pferde die Hauptsehenswürdigkeit. Doch auch der Blick in die große Reithalle mit ihren riesigen Kristallkronleuchtern ist interessant, ebenso die alte Schmiede. Über 600 verschiedene Metallrohlinge hängen in der Werkstatt des Hufschmiedes, um jedem Pferd das »fußgerechte« Hufeisen anlegen zu können.

Gegenüber vom Landesgestüt befinden sich auf der anderen Straßenseite der Paradeplatz und die Orangerie. Auf dem Paradeplatz werden die Pferde trainiert. Er ist auch

Hengstparade Dillenburg

Hessisches Landgestüt
Wilhelmstr. 24
35683 Dillenburg
Tel. 0 27 71 / 8 98 30
Fax 0 27 71 / 89 83 20
geöffnet: Mo.-Fr. 8-12 u. 14.-
16 Uhr, Sa., So. nur
nach Anmeldung
Kutschenmuseum
nach Anmeldung

Wildpark Dillenburg-Donsbach
Mühlstraße
35686 Dillenburg-Donsbach
Tel. 0 27 71 / 3 27 32
geöffnet: Sommer 8-20 Uhr,
Winter 10-16 Uhr
Kinder 1,50 DM, Erw. 2,50 DM

Schauplatz der jährlich stattfindenden »Hengstparade«, auch »Einspännerturnier« genannt. Zu sehen sind dann historische Schaunummern, Wagenrennen, Dressur-, Spring- und Fahrvorführungen. Mehrere Stunden dauern die Veranstaltungen und sind nicht nur etwas für Pferdenarren. In der Orangerie ist das *Kutschenmuseum* untergebracht mit Ein- und Mehrspännern, Kutschen für die Jagd und für den Transport, für die Reise und für das Vergnügen.

Wer nach diesem Besuch noch scheue Rehe beobachten, Hirsche, Wildschweine, Stein- und Gamswild bestaunen möchte, mache sich auf zum *Tierpark Dillenburg-Donsbach* mit seinem Streichelzoo. Die Tiere leben in großen Freigehegen und sind teilweise sehr zutraulich, vor allem wenn sie gefüttert werden. Das Futter ist an der Kasse erhältlich.

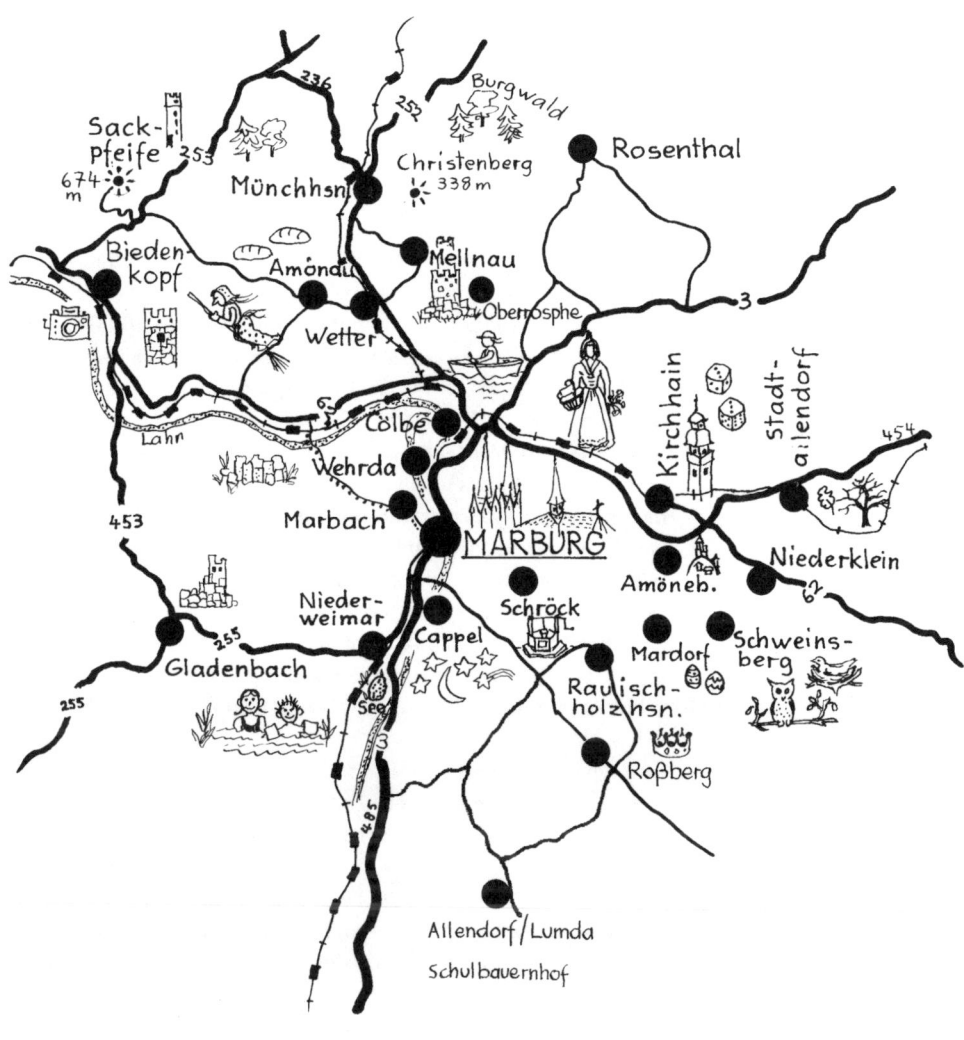

Sack-
pfeife 253
674 m

Biedenkopf

Lahn

453

255

Gladenbach

255

236

252

Burgwald

Christenberg
338 m

Rosenthal

Münchhsn

Amönau

Mellnau

Oberrosphe

3

Wetter

Cölbe

Stadt-
allendorf

Kirchhain

454

Wehrda

Marbach

MARBURG

Amöneb.

Niederklein

Niederweimar

Cappel

Schröck

See

Mardorf

Schweins-
berg

Rauisch-
holzhsn.

Roßberg

485

Allendorf/Lumda

Schulbauernhof

Marburg-Biedenkopf

Landkreis mit einer Heiligen

Hier wird man Zeuge von kleinen und großen Wundern. In Marburg wirkte Elisabeth, eine der berühmtesten Heiligen des Mittelalters. 1207 kam die Königstochter in Ungarn zur Welt. Mit vier Jahren wurde sie Ludwig IV. versprochen und ging an den thüringischen Hof nach Eisenach. Sie war 14 Jahre alt, als sie heiratete, bekam drei Kinder und war mit 20 bereits Witwe. Ihr Mann starb auf dem Kreuzzug ins heilige Land. Elisabeth verzichtete auf allen Luxus, kümmerte sich um Kranke und verteilte ihr Geld an Arme. Sie verließ die Wartburg in Eisenach und ging 1228 nach Marburg, um dort ein Spital zu gründen. 1231 starb sie im Alter von 24 Jahren. Unmittelbar nach ihrem Tod setzten spontane Wallfahrten zu ihrem Grab ein. Nur vier Jahre später begann man mit dem Bau der Elisabethkirche, und Elisabeth wurde heiliggesprochen. Ein Vorgang, der auch einem Wunder gleichkommt, was seine Schnelligkeit angeht. Elisabeth selbst wird nachgesagt, zu ihren Lebzeiten rund 600 Wundertaten bewirkt zu haben! In einem weniger bekannten Wunder verwandelte sie für arme Kinder Steine in Spielzeug. Das berühmteste ist wohl das Rosenwunder: Als Elisabeth noch zu Lebzeiten ihres Mannes Brot an die Armen verteilen wollte, wurde sie dabei von ihm überrascht, den ihre große Wohltätigkeit ärgerte. Um ihn nicht zu erzürnen, gab sie vor, in ihrem Korb seien Rosen. Als er nachschaute, hatte sich das Brot wirklich in Rosen verwandelt.

Elisabeth wirkte über ihre Zeit hinaus. So ist es in Marburg letztlich ihrem Wirken zu verdanken, daß die medizinische Versorgung schon früh besser geregelt war als anderswo. Hier entwickelte der Arzt Emil von Behring den Impfstoff gegen Diphtherie und rettete dadurch Tausenden von Kindern das Leben. Hier gab es schon früh ein Gymnasium für blinde und sehbehinderte Schüler. Kein Wunder also, daß Straßen, Schulen, Krankenhäuser und Kirchen in der Region Elisabeths Namen tragen. Zugleich liegen hier die Wurzeln Hessens. Sophie von Brabant, Elisabeths Tochter, begründete für ihren Sohn Heinrich I. im Jahr 1248 die Landgrafschaft Hessen. Seit dieser Zeit schmücken die Löwen das hessische Wappen.

Der moderne Landkreis *Marburg-Biedenkopf* entstand

Fremdenverkehrsverband Marburg Biedenkopf e.V.
Im Lichtenholz 60
35043 Marburg
Tel. 0 64 21 / 40 53 81
Fax 0 64 21 / 40 55 00
E-Mail: Tourismus@marburg-biedenkopf.de
www.marburg-biedenkopf-tourismus.de

1974, als die beiden selbständigen Regionen mit den Städten Marburg und Biedenkopf zusammengelegt wurden. Wald, Wiesen und Mittelgebirge bestimmen den Landstrich, durch den sich malerisch die Lahn schlängelt. Fast die Hälfte der Region wird landwirtschaftlich genutzt, 41% davon sind von Wald bedeckt. Die höchste Erhebung ist mit 674 m das Freizeit- und Erholungsgebiet Sackpfeife.

Marburg: Zeitreise in die Vergangenheit

Gäbe es Noten für Städte, dann müßte Marburg eine »Eins« bekommen. Die Universitätsstadt ist von viel Grün umgeben und bietet beste Möglichkeiten zum Wandern, Schwimmen und Kanufahren. Marburg hat eine moderne Unterstadt mit den Lahnwiesen, Kaufhäusern, Museen und dem Kunstverein. Am Pilgrimstein liegen Parkhäuser, ein großes Kino-Center und die *Tourismus GmbH*. Von dieser Straße kommt man superschnell mit kostenlosen *Fahrstühlen* in die Oberstadt. Die Fahrt mit ihnen gleicht einer Zeitreise von der Gegenwart in die Vergangenheit. Wer von der Unterstadt nach oben fährt, taucht ein in die beschauliche und schöne Altstadt mit vielen Treppen und engen Gassen, in der bedeutende Persönlichkeiten lebten und wirkten: die Geschwister Brentano, die Grimms, der Physiker Ferdinand Braun, Konrad Duden, auf den unsere Nachschlagwerke zur deutschen Sprache zurückgehen, und der Maler Otto Ubbelohde. Er illustrierte die Märchen der Grimms und verwandte dabei Bildmotive aus Marburg und der Umgebung. Die »Tourismus GmbH« bietet in Marburg interessante Führungen an, die auch für Schulklassen gebucht werden können. Darunter ist auch eine, die auf den Spuren der Brüder Grimm durch die Stadt führt. Eine weitere öffnet den Besuchern die Türen zur Aula der Alten Universität. Man erfährt dabei viel über Gründungsgeschichte und Wissenschaftsbetrieb der ersten protestantischen Universität, die der Landgraf Philipp, ein Nachkomme der Heiligen Elisabeth, im Jahr 1527 gründete.

Von der Altstadt aus geht es nördlich zur Elisabethkirche über die Reit- und Vettergasse mit ihren bunt geschmückten Fachwerkhäusern zum hübschen Steinweg. Er ist dreigeteilt, oben lag früher der Fahrweg, unten der Fußweg. Die Mitte, die »Plantage«, war mit Bäumen bepflanzt. Marburgs Hauptsehenswürdigkeit ist die *Elisabethkirche*, kurz E-Kirche ge-

Marburg Tourismus & Marketing GmbH
Pilgrimstein 26
35037 Marburg
Tel. 0 64 21 / 9 91 20
Fax 0 64 21 / 99 12 12
E-Mail: mtm@marburg.de
www.marburg.de

Fahrstuhl am Pilgrimstein gegenüber dem Lahncenter
7-23.30 Uhr
Benutzung kostenlos

Elisabethkirche
Elisabethstraße
35037 Marburg
geöffnet: April-Sept. 9-18,
Okt. 10-17, Nov.-März 10-16,
So. 11-18 Uhr
Kirche kein Eintritt, Museumsteil: Kinder 1 DM, Erw. 3 DM
Kinderführungen:
Tel. 0 64 21 / 6 55 73
www.elisabethkirche.de

171

Elisabethenschrein in der Marburger Eilsabethenkirche

nannt. Sie ist die größte und schönste Kirche der Stadt und zugleich eines der bedeutendsten sakralen Bauwerke Deutschlands. 1235 wurde mit ihrem Bau begonnen – sie ist die früheste gotische Kirche Deutschlands –, 1283 wurde sie geweiht. Der rote Sandstein für ihren Bau kam auf Ochsenkarren aus dem Steinbruch vom nahegelegenen Wehrda. Heute ist sie evangelisches Gotteshaus und Museum in einem. Die farbigen gotischen Glasfenster im Chor, die Wandmalereien, die vielen wertvollen Altäre, der reiche Skulpturenschmuck und die Grabdenkmäler der hessisch-thüringischen Landgrafen bilden eine Ausstattung von seltener Schönheit und Geschlossenheit. Der vergoldete und mit Edelsteinen geschmückte Schrein der heiligen Elisabeth in der Sakristei ist eine besondere Attraktion. Die Reliefs darauf erzählen von ihrem wohltätigen und aufopferungsvollen Leben.

Marktplatz und Landgrafenschloß

Von der Elisabethkirche geht es nun zum Marktplatz im Herzen der Stadt. Der Platz selbst wird bestimmt von Fachwerkhäusern mit dem ehrwürdigen »Gasthaus zur Sonne«, dem Marktbrunnen und dem bald 500 Jahre alten Rathaus mit Giebeln und einem Treppenturm. Über der Tür zu diesem Turm befindet sich ein Steinrelief mit dem Bild Elisabeths, das der Bildhauer Ludwig Juppe 1524 schuf. Die Fürstin hat das Modell ihrer Kirche in der einen, das landgräfliche Wappen in der anderen Hand. Darunter ist ein großes »M« zu sehen, das für Marburg steht. Für den Giebel des Rathauses fertigte 1581 der Uhrmacher Christoph Dorn das Glockenspiel mit dem Gockel, der mit den Flügeln schlagen und krähen kann. Der Hahn macht das jede Viertelstunde, dazu bläst ein Trompeter.

Vom Marktplatz geht es zum *Schloß* hinauf, dem Wahrzeichen der Stadt, das weithin sichtbar ist. Es ist auf einem Bergrücken hoch über der Stadt als gut befestigter Wohnsitz für die Landgrafen von Hessen erbaut worden. Erstmalig um 1130 wurde die »Marcburg« oder »Marburg« erwähnt. Die ehemalige Burg war dazu da, um die Grenze nach Thüringen zu sichern. Sophie von Brabant, die Tochter der heiligen Elisabeth, ließ die Burg zum Schloß ausbauen. Ihre Nachkommen errichteten den großartigen Fürstensaal und die Kapelle. Im

Landgrafenschloß und
Universitätsmuseum
35037 Marburg
Tel. 0 64 21 / 2 82 23 55
geöffnet:
April-Okt. Di.-So. 10-18, Nov.-
März Di.-So. 11-17 Uhr
Schüler 1 DM, Erw. 3 DM
Führungen: 0 64 21 / 20 12 96
Kasemattenführungen:
April-Okt. Sa. 15.15 Uhr ab
Schloßhof
Gruppen nach Anmeldung:
0 64 21 / 20 16 01

15. Jahrhundert kamen dann mit dem Wilhelmsbau und dem Frauenbau die Teile hinzu, denen die Anlage ihr großartiges Erscheinungsbild verdankt. Heute beherbergt das Schloß das sehenswerte *Universitätsmuseum für Kulturgeschichte*, das neben vor- und frühgeschichtlichen Funden, Münzen, Möbeln, Kleidern, Gegenständen und Spielzeug aus der Region auch die Baugeschichte des Schlosses anhand von Modellen und Bildern dokumentiert.

Die Bedeutung der schönen Schloßanlage wird beim Schlendern durch den Park offenkundig. Dicke Mauern und Geschütztürme sollten sie vor Angriffen schützen. Ein Turm hat sogar vier Meter dicke Wände! Er entstand 1478 nördlich vom Schloß, später erhielt er die Bezeichnung »Hexenturm« und wurde als Gefängnis genutzt. Unterirdische Gänge und Gewölbe dienten als Unterstand für Soldaten und zur Lagerung von Waffen. Einer der geheimen Räume des Schlosses wurde erst vor ein paar Jahren durch Zufall entdeckt. Als ein Gärtner Laub und Abfälle in ein großes Loch im Park schüttete, verschwanden die Abfälle immer wieder spurlos. Beim Nachforschen entdeckte man ein Verlies. Es trug die Bezeichnung »Angstloch« und hatte als Kerker gedient. Rings um das Schloß herrscht an Sommerabenden eine besondere Atmosphäre. Dann schwirren hier in großen Scharen Fledermäuse herum. Im Kellergemäuer des Schlosses wird das größte Vorkommen an Zwergfledermäusen Hessens vermutet. Im hinteren Teil des Schloßparks gibt es eine Freilichtbühne, auf der in der warmen Jahreszeit Open-Air-Kino, Konzerte und Theatervorstellungen geboten werden. Vom Park aus führen mehrere Wanderwege in den Marburger Forst. Gut Verweilen läßt es sich im Gartenrestaurant »Bükkingsgarten« mit schönem Blick auf die Altstadt.

Spielearchiv und Kindheitsmuseum

In Marburg geht es manchmal wie im Märchen zu. So klingt zumindest die Entstehungsgeschichte von zwei Einrichtungen in dieser Stadt. Weil er als Kind gern Gesellschaftsspiele spielte, hat Bernward Thole hier das *Spiele-Archiv* gegründet. Mehr als 26.000 Spielkarten, Puzzles und elektronische Spiele, geordnet nach den Kategorien Würfelspiele, Glücksspiele, Legespiele, Denkspiele und Geschicklichkeitsspiele, gibt es in dem weltweit einzigartigen Archiv. Jedes Jahr

Kinder um 1940

Deutsches Spiele-Archiv
Barfüßerstr. 2a
35037 Marburg
Tel. 0 64 21 / 6 27 28
Fax 0 64 21 / 6 27 20

Kindheits- und Schulmuseum
Barfüßertor 5
35037 Marburg
Tel. 0 64 21 / 2 44 24
geöffnet: 15. April-15. Sept.
So. 10-13 Uhr und nach
Vereinbarung
Sonderveranstaltungen
Eintritt frei

wählt hier eine Jury das »Spiel des Jahres« aus. Die Mitarbeiter des Spiele-Archivs realisieren Ausstellungen, beraten Kindergärten, Jugendheime und Seniorenclubs und bieten praktische Hilfestellung an. Wer beispielsweise eine Spielanleitung verloren hat, kann sich an das Deutsche Spiele-Archiv wenden.

Das *Kindheits- und Schulmuseum* des Ehepaares Hyams ist nicht zuletzt entstanden, weil Charles Bary als Kind kein schönes Spielzeug hatte. Das Museum befindet sich gleich neben dem Spiele-Archiv in einer großen alten Villa. Museen mit Dingen, die Erwachsenen gehört haben, gibt es sehr viele, eines, in dem Kindheit im Mittelpunkt steht, fast nur in Amerika und England. Ein solches hat sicher als Vorbild gedient, als die beiden sich an die Arbeit machten. Viele der Dinge hat das Professorenpaar auf verstaubten Dachböden, in Kellern und im Abfall gefunden und gerettet. Ein besonderes Augenmerk legten sie auf die Sammlung und die Erforschung von jüdischer Kindheit. Im ersten Raum des Kindheits- und Schulmuseums werden kleine Sonderausstellungen rund ums Kinderbuch gezeigt. Im zweiten ist ein etwa 100 Jahre altes Kinderzimmer mit Kinderbett, Puppenwagen und Spielzeug aufgebaut. Der Laden eines Puppendoktors und ein vollständig eingerichteter Klassenraum von anno dazumal befinden sich im Untergeschoß.

Von Steinen und Skeletten

Steinesammler und Fans der Geologie sollten nicht versäumen, ins *Mineralogische Museum* gleich hinter der Elisabethkirche zu gehen. Es bietet in dem früher als Kornspeicher genutzten Gebäude große und kleine, glatte, runde, gezackte und geborstene Schätze. Ein großer Teil der rund 3000 Exponate stammt aus den hessischen Bergwerken und Hütten und wurden schon wissenschaftlich erforscht, als es die Landgrafen noch gab. Es sind aber auch Mineralien aus Indien und Namibia, Calcit aus Kasachstan, Stein- und Eisenmeteoriten dabei. Auch die Nachbildung des zweitgrößten gefundenen Goldnuggets ist zu bestaunen!

Die *Anatomische Sammlung* im Dachgeschoß des alten Pathologiegebäudes zeigt ein interessantes Stück Wissenschafts- und Medizingeschichte. Das Wort »Anatomie« kommt aus dem Griechischen und bedeutet »aufschneiden«. Dementsprechend sind hier Dinge ausgestellt, die dem Körper entnommen und in einer Flüssigkeit haltbar gemacht wurden. Entstanden ist das Anatomische Museum, damit sich die Studenten der Medizin eine genaue Vorstellung vom menschlichen Körper und seinen Krankheiten machen konnten. Dazu dienten ihnen Modelle aus Wachs und Gips, Skelette und präparierte Organe. Nicht nur für Studierende empfehlenswert, auch für größere Kinder mit Interesse an Mensch und Natur.

Mineralogisches Museum der Philipps-Universität
Firmaneiplatz
35032 Marburg
Tel. 0 62 41 / 2 82 22 57
Fax 0 62 41 / 2 82 70 77
geöffnet: Mi. 10-13, 15-18, Do., Fr. 10-13, Sa., So. 11-15 Uhr
Eintritt frei

Anatomische Sammlung der Philipps-Universität
Robert-Koch-Str. 5
35039 Marburg
Tel. 0 64 21 / 2 82 70 11
geöffnet: 1. Sa. im Monat 10-12 Uhr
Eintritt frei
Führungen für Gruppen nach Vereinbarung

Marburger Ramba-Zamba

Eine Kindermalschule, eine Ballett- und Tanzakademie und viele Kreativangebote bietet Marburg das ganze Jahr über für Kinder. In den Kinderclubs der Stadtteile gibt es Kurse zur Fotografie, Videofilme werden selbst hergestellt, man geht gemeinsam ins Kino und spielt Theater. Auch einen Mädchentreff, Computerclubs und ein *Kinder- und Jugendparlament* gibt es hier. Die Sitzungen dieses Gremiums, in dem Kinder ab dem 7. Lebensjahr mitmischen dürfen, sind öffentlich und finden alle zwei Monate statt. Das *Amt für Jugendförderung* hat weitere Informationen zu Kinderclubs und dem Parlament, dem Straßenfest im Sommer und der Spielzeugbörse, die jeden ersten Sonntag im November veranstaltet wird.

Das *Marburger Schauspiel* verfügt mit dem »Theater am

Kinder- und Jugendparlament
c/o Jugendbildungswerk Marburg
Frankfurter Str. 21
35037 Marburg
www.kijupa-marburg.de
info@kijupa-marburg.de

Amt für Jugendförderung
Marburg
Frankfurter Str. 21
Tel. 0 64 21 / 20 12 67

Hessisches Landestheater –
Marburger Schauspiel
Am Schwanenhof 68-72
35037 Marburg
Tel. 0 64 21 / 99 02 31
Fax 0 64 21 / 99 02 41

Kulturamt Marburg
Markt 7
35035 Marburg
Tel. 0 64 21 / 20 14 67

Schwanhof« über ein Studio- und Kindertheater und hat regelmäßig Vorstellungen für Kinder auf dem Programm. Schulklassen und Kindergruppen können nach vorheriger Anmeldung eine Führung durch das Theater mitmachen und gemeinsam mit dem Dramaturgen und den Schauspielern diskutieren. Zusätzlich heißt es dann noch jedes Jahr im Frühjahr: Bühne frei für die Kinder- und Jugendtheaterwoche. Neben vielen Vorstellungen werden Workshops und Diskussionen veranstaltet und ein Kindertheaterpreis vergeben. Zusätzlich richtet das *Kulturamt* schon seit vielen Jahren das Kinderkulturfestival »Ramba-Zamba« mit Theatervorstellungen, Lesungen und Workshops aus. Die genauen Termine und das Programm könnt ihr beim Kulturamt erfragen.

Planetenlehrpfad und Botanische Gärten

Der *Planetenlehrpfad* macht für Blinde wie Sehende die sonst kaum vorstellbaren Größenordnungen des Weltraumes erfahrbar. Modelle und Schautafeln können angefaßt und betastet werden. Sie informieren über die Bezüge der Planeten zueinander und zur Erde. An der Entstehung des Planetenlehrpfades waren 1994 Marburger Schüler eines Gymnasiums für Blinde und Sehbehinderte beteiligt. Inzwischen hat er mit dem Planetenlehrpfad in Kriftel (s. dort) sogar schon

Auf dem Planetenlehrpfad

einen Nachahmer gefunden. Der etwa sechs Kilometer lange Pfad geht von der Sonne, die im Maßstab 1:1 Milliarde dargestellt ist, über Merkur, Mars und Jupiter zu Pluto. Der Doppelplanet Pluto ist am weitesten von der Sonne entfernt. Vom westlich gelegenen Vorort Cappel führt der Weg von der Sonne bis zum Endpunkt unseres Sonnensystems in der Nähe der Elisabethbrücke beim Hauptbahnhof.

Botanische Gärten hat Marburg gleich zwei. Der *Alte Botanische Garten* ist einer der ältesten Deutschlands. Er wurde zu Lehr- und Forschungszwecken angelegt und beherbergt einen Teich und schöne alte Bäume. Sein Zugang ist in der Straße am Pilgrimstein unterhalb der historischen Altstadt. Der *Neue Botanische Garten* existiert seit 1977. Mit Farnschlucht, Rhododendronhain, einer Anlage für alpine Pflanzen und Schaugewächshäusern zur Pflanzenwelt der Tropen ist er einer der größten Deutschlands. Er liegt oben auf den Lahnbergen in Nähe der Kliniken.

Wer schon hier oben ist, sollte noch einen Abstecher zum 1890 eingeweihten *Kaiser-Wilhelm-Turm* machen. Er ist 34 m hoch, hat in seinem Innern 171 Stufen und bietet von oben einen herrlichen Ausblick über die Lahnberge und die Stadt Marburg. Das Landgrafenschloß sieht von hier aus wie das Spielzeug eines Riesen. Nach der Kletterei kann noch das Gartenlokal in der Nähe des Turms aufgesucht werden. Das Restaurant mit eigenem kleinen Spielplatz trägt den Namen »Spiegelslust« in Erinnerung an den Freiherrn von Spiegel. Er hatte im 19. Jahrhundert dort ein hübsches Haus errichten lassen. Der Blick von der Spiegelslust ist fast so schön wie vom Turm aus. Zugleich sind Turm und Restaurant Ausgangspunkt für viele schöne Wanderungen durch den Wald.

Wasser- und Wanderfreuden

Der Freizeittip der Marburger Kinder ist etwas für stille Genießer: beim Tretbootfahren die Beine im Wasser baumeln lassen, die Leute beobachten und dabei ein Eis essen. Die Boote dazu kann man beim *Ruder- und Tretbootverleih* mieten. Auch ein *Kanuverleih* findet sich beim *Campingplatz* an der Lahnaue. Die *Lahn-Tours* führen Klassenfahrten und Jugendfreizeiten mit dem Kanu auf der Lahn durch. Für Wanderfreunde ist ein Netz gut bezeichneter Wanderwege vorhanden. Ein Fahrradweg führt von Marburg aus über Cölbe

Planetenlehrpfad
Bus 2 ab Hauptbahnhof
Station Zuckerberg

Alter Botanischer Garten
Marburg
Pilgrimstein
durchgehend geöffnet

Neuer Botanischer Garten
Marburg
Karl-von-Frisch-Straße
geöffnet: Mai-Sept. tägl. 9-18,
Okt.-April So.-Fr. 9-15.30 Uhr
Eintritt frei, Bus 7, S 16

Kaiser-Wilhelm-Turm
Tel. 0 64 21 / 68 21 29
geöffnet: Mo., Mi.-Sa. 14-18,
So. 11-18 Uhr, Di. Ruhetag,
im Winter auch Fr.

Ruder- und Tretbootverleih
Trojedamm 47
35037 Marburg
Tel. 0 64 21 / 1 31 80

Lahn Tours Kanuverleih
Lahntalstraße 45
35096 Roth
Tel. 0 64 26 / 9 28 00
Fax 0 64 21 / 92 80 10
E-Mail:info@lahntours.de
www.lahntours.de

Campingplatz auf der
Lahnaue
Trojedamm 47
35037 Marburg
Tel. 0 64 21 / 2 13 31
dort auch Kanuverleih:
Tel. 0 64 21 / 2 13 31

Velociped
Alte Kasseler Straße 43
35039 Marburg
Tel. 0 64 21 / 2 45 11
Fax 0 64 21 / 16 16 27
Fahrrad pro Tag: 15 DM
E-Mail: info@velociped.de
www.velociped.de

Hallenbad
Europabadstraße
35037 Marburg-Marbach
Tel. 0 64 21 / 3 28 88
geöffnet: Mo. u. Fr. ab 13,
sonst ab 7-19 oder 22 Uhr
zwischen 10-13 Uhr
nur für Klassen
Kinder 3 DM, Erw. 5 DM
Bus 7 bis Behringwerke

Warmbad Wehrda
Zur Wann
35041 Wehrda
Tel. 0 64 21 / 8 32 33
geöffnet: Mo. 8-13, Mi.13-18,
Di. u. Do. 8-22, Fr., Sa. 8-18,
So. 8-17 Uhr
Kinder 3 DM, Erw. 5 DM
Bus 2 oder 3

Badesee
Weimar-Niederweimar
Tel. 0 64 21 / 12 34 5

Naturfreundehaus
Steinkautenhütte
Emil-von-Behring-Straße
35041 Marburg-Marbach
Tel. 0 64 21 / 6 38 51
Bus 7 ab Elisabethkirche

hinaus durch das Flußtal. Die Firma *Velociped* vermietet Fahrräder, bietet ausgearbeitete Tourenvorschläge an und organisiert Fahrradwanderungen für Radler von »2 bis 80 Jahren«.

Ein Freibad mit großer Liegefläche ist in Marburg neu im Entstehen – bis es fertig ist, müssen die Kinder mit dem *Hallenbad* in Marburg-Marbach oder *Marburg-Wehrda* vorlieb nehmen. Ein *Badesee* mit abgeteiltem Schwimm- u. Surfbereich, Rutschbahn, Surf- u. Paraglidingschule befindet sich etwas südlich von Marburg an der B 3 bei den Baggerseen in Weimar-Niederweimar. Ebenfalls für Surfer freigegeben ist der östlich von Marburg gelegene See in Kirchhain. Im Winter sind Lahn und die Seen manchmal stellenweise zugefroren. Wenn das Eis richtig fest ist, heißt es: Schlittschuhe anschnallen und losfahren.

Günstige Übernachtungsmöglichkeiten mit Matratzenlager, Zelt- und Spielplatz bietet das *Naturfreundehaus Steinkautenhütte*. Es liegt im Wald auf dem Bergrücken zwischen den Behringwerken und dem Marbacher Friedhof.

Brauchtum im Marburger Land

Den Reisenden begegnen unterwegs Frauen, die weiße Blusen, ein dunkles buntbesticktes Oberteil und weite Röcke in Blau oder Rot tragen. Manchmal legen sie zusätzlich eine Art Haube, das sogenannte »Kitzel«, und eine Schürze an. Sie tragen Volkstracht, die hier noch verhältnismäßig oft zu sehen ist. Altes Brauchtum hat sich auch sonst noch im Land-

*Oberhessische
Ostereiertradition*

178

strich zwischen Gladenbach im Westen und Neustadt im Nordosten erhalten. So gibt es hier den ungewöhnlichen Brauch des Silvesterwürfelns (s. auch Laubach). Er wird in *Kirchhain* in den vier Tagen vor dem Jahresende begangen und soll auf eine Belagerung der Amöneburg (s. dort) im Dreißigjährigen Krieg zurückgehen. Weil das Essen damals knapp war, haben die Soldaten darum gewürfelt. Beim heutigen Spiel geht es nicht mehr um das Überleben. Gewürfelt wird in den Wirtsstuben des Städtchens um Kuchen und Gebäck. Etwas für die Region sehr Typisches sind ihre Fachwerkbauten mit dem »Kratzputz«. Zur Verschönerung des Hauses wurden in den Verputz Blumen und geometrische Muster eingeritzt. Auch die kunstvoll mit Sprüchen und Zeichen verzierten Ostereier stellen hier eine Besonderheit dar. Die Eier wurden mit einer spitzen Feder »beschrieben« und waren nicht zum Verzehr gedacht, sondern wurden als Geschenk von der Liebsten dem Liebsten in der Osternacht gegeben. In *Mardorf* blieb diese Tradition erhalten. Deswegen lohnt sich ein Besuch dort besonders vor Ostern zum Ostereiermarkt.

Kirchhain
Stadtverwaltung Kirchhain
Am Markt 1,
Tel. 0 64 22 / 80 80

Mardorf / Infos zum
Ostereiermarkt
c/o Erfurtshäuser
Trachten- u. Tanzverein
Bernhard Dörr
Kellmarkstr. 7
35287 Mardorf
0 64 29 / 8 10 00

Das Schweinsberger Moor

Hat man die Lahnberge überquert, kommt man ins Tal des Flüßchens Ohm. Unsere erste Station dort ist Schröck mit dem schönen Renaissancebrunnen, an dem die heilige Elisabeth oft und gern geweilt haben soll. Danach geht es weiter nach Rauischholzhausen, wo bei Bauerngärten und Gehöften das echte Landgefühl aufkommt. Hauptattraktion des kleinen Ortes ist der schöne Park mit Märchenschloß, das allerdings nur von außen zu bestaunen ist.

Im Nachbarort Schweinsberg ist das zentrale Tier nicht die Sau, wie man denken könnte. Weit wichtiger sind Schilfrohrsänger, Wiesenpieper und Bekassine. Diese Vögel leben hier im Schweinsberger Moor. Das größte Hochmoor Mittel- und Nordhessens ist ein Naturschutzgebiet, Brut- und Nistplatz vieler vom Aussterben bedrohter Vogelarten. Auch Zugvogelschwärme legen hier eine Rast ein, dementsprechend piept, zwitschert und gluckst es in Schilf und Wasser. Welche Vögel hier ihr Zuhause haben, verrät die Informationstafel vor Ort. Fernstecher und Gummistiefel sollte man mitbringen, damit das echte Gefühl eines Ornithologen aufkommt. Das Städtchen Schweinsberg selbst weist auf einer Anhöhe

Ohäuser Mühle
Schul- und Erlebnisbauernhof
35260 Stadtallendorf-
Schweinsberg
Tel. 0 64 29 / 4 67
Fax 0 64 29 / 92 19 64
E-Mail: Omuehle@t-online.de

die Reste der mittelalterlichen Burg der »Schenken von Schweinsberg« auf. Sie befindet sich in Privatbesitz. Für alle zugänglich ist der große Kinderspielplatz am Fuße des Hügels. Landluft schnuppern können Kinder und Erwachsene in der *Ohäuser Mühle*, einem Schul- und Erlebnisbauernhof. Der Biolandbetrieb richtet Erlebnistage, Kindergeburtstage und Ferienfreizeiten aus.

Amöneburg: Oppidum und Mühle

Amöneburg ist die Hauptattraktion der Region. Von weither sichtbar ist der 365 m hohe Basaltkegel, auf dem die kleine Stadt Platz hat. Der Fernblick reicht von hier oben über das Ohmtal in den Ebsdorfergrund, zu den Lahnbergen und zum Biedenkopfer Land. Schon die Kelten hatten hier eine Siedlung, ein Oppidum, mit Wohnbauten und Wallanlagen errichtet. Im 8. Jahrhundert gründete der irische Mönch und christliche Missionar Bonifatius ein Kloster (s. auch Fulda und Fritzlar). Später ging dieses in den Besitz der Mainzer Erzbischöfe über, die Grund und Boden in den folgenden Jahrhunderten an die hessischen Landgrafen verloren. Burg und Stadt wurden dabei hart umkämpft. Von der einstigen Bedeutung der Stadtbefestigung kann man sich eine Vorstellung bei einem Rundweg auf den Wehrmauern machen, die fast noch geschlossen erhalten sind. An der Südwestecke stehen die Reste der Burg der Erzbischöfe von Mainz. Innerhalb der Mauern ist es der hübsche Marktplatz mit dem Martinsbrunnen, der zu einem längeren Verweilen einlädt, bevor man vielleicht dem *Heimatmuseum* einen Besuch abstattet. Es informiert über die Region und ihre Geschichte anhand von Ausgrabungsstücken, Informationstafeln und Modellen. Außerdem beherbergt es ein Naturschutz-Informationszentrum. Der Schlüssel zum Museum kann unter der Woche im Rathaus nebenan abgeholt werden.

Verkehrsamt der
Stadt Amöneburg
Schulgasse 2
35287 Amöneburg
Tel. 0 64 22 / 92 95 24

Heimatmuseum
Altes Brauhaus
Schulgasse 2
35287 Amöneburg
Tel. 0 64 22 / 92 95 24
Schlüssel bei der
Stadtverwaltung
geöffnet: 15. April-15. Okt.
Mo.-Fr. 8-12 u. 14-16, So. 14-18
Uhr, Sa. nach Absprache
Kinder 0,50 DM, Erw. 1 DM

Segelflugplatz
c/o Flugsportvereinigung Blitz
Tel. 0 64 22 / 24 07
Rundflüge:
April-Okt. Sa. u. So.

Die Umgebung lockt mit ausgedehnten Wäldern, ausgebauten Wander- und Fahrradwegen. Ein Naturlehrpfad klärt über die seltene Fauna und Flora in Hessens ältestem Naturschutzgebiet auf. Über Reiterferien gibt die Stadtverwaltung Auskunft, beim *Segelflugplatz* Amöneburg kann ein Rundflug gebucht werden.

Nach den Besichtigungen ausspannen sollte man in der Ebene beim Gartenrestaurant Brücker Wirtshaus am Amöneburger Bahnhof. Nebenan ist die *Brücker Mühle*, die schon 1248 erwähnt wurde. Sie ist eine der letzten noch arbeitenden Mühlen Oberhessens und kann nach Anmeldung im Rahmen einer Führung besichtigt werden. Dann wird auch gezeigt, wie Korn zu Mehl verarbeitet wird. Gegenüber, in einem großen Lehrgarten, werden alte und seltene Getreide-, Gemüse-, Salat- und Gewürzpflanzen angebaut. Die Leute von der Mühle informieren außerdem über die Erzeugung und Verarbeitung von Lebensmitteln, Vollwerternährung und ökologische Landwirtschaft. Sie richten Seminare, Märkte und Feste aus. Bei der Brücker Mühle ist auch Start für Boots- und Kanutouren auf der Ohm.

Brücker Mühle
35287 Amöneburg
Tel. 0 64 22 / 20 26
Fax 0 64 22 / 21 45

Jugendwaldheim und Schulbauernhof

Der Natur auf der Spur sind Schüler bei den zwei folgenden Adressen. Das alte Forsthaus in Roßdorf in der Gemeinde Ebsdorfer Grund wurde zu einem *Jugendwaldheim*. Gruppen lernen hier den Wald, seine Gewächse und Bewohner genau kennen. Dabei bauen sie sich beispielsweise aus Materialien der Natur ein »Waldzimmer«. Oder sie sind dabei, wenn ein Baum gefällt wird. Sie erleben dann seine Verarbeitung in der Sägerei und stellen anschließend selbst in der Werkstatt des Jugendwaldheimes einen Gegenstand aus Holz her.

Jugendwaldheim Roßberg
Torhaus 1
35085 Ebsdorfergrund
Tel. 0 64 24 / 51 97
Fax 0 64 24 / 10 41

Der *Schulbauernhof Tannenhof* liegt mitten im Wald und verfügt über Ackerland, Wiesen- und Weideflächen. Kühe, Muttersauen und ihre Ferkel, Hühner, Hasen und Katzen leben auf dem Tannenhof in artgerechter Haltung. Ganze Schulklassen erleben hier durch eigenes Tun aktiv unsere Umwelt. In Teamarbeit bereitet beispielsweise eine Hauswirtschafts- und Gartengruppe die Mahlzeiten zu, die Hof- und Feldgruppe ist für Gartenarbeit und Aussaat zuständig. In der Vieh- und Milchwirtschaftsgruppe versorgen die Schülerinnen und Schüler die Tiere und helfen bei der Zubereitung der Milchprodukte.

Schulbauernhof Tannenhof
Luise und Götz Hoffmann
Allertshäuser Str. 15
35469 Allendorf/Lunda
Tel. 0 64 07 / 90 59 01
Fax 0 64 07 / 90 59 02

Rapunzelturm und Christenberg

Was Frau Holle, Hans im Glück und Schneewittchen erlebten, erfahren wir in den Märchen. Wie sie aussahen, wissen wir durch die Märchenbilder von Otto Ubbelohde. Er ist der Illustrator der Grimmschen Märchen schlechthin geworden. Weil er für seine ab 1906 entstandenen Zeichnungen Motive aus

181

Region Burgwald e.V.
35099 Burgwald-Bottendorf
Wolkersdorfer Str. 6
Tel. 0 64 51 / 2 66 08
Fax 0 64 51 / 2 66 18
E-Mail:
regionburgwald@t-online.de
im Angebot: Kinderführer
durch die Region

Otto-Ubbelohde-Haus
35452 Heuchelheim
geöffnet: Sa., So. 11-17 Uhr
u. nach Absprache:
Tel. 06 41 / 6 33 26
Eintritt frei

Mellnau
Schlüssel zur Burg:
Konrad Dippel
Borngasse 24
Tel. 0 64 23 / 23 09

Dorfmuseum
Altes Forsthaus
Im Rosphetal 8
35083 Wetter-Oberrosphe
Kontaktadresse:
Tel. 0 64 23 / 64 37
geöffnet: Ostersamstag bis 3.
Adventssonntag
Sa. u. So. 14-18 Uhr
Kinder 1 DM, Erw. 3 DM

Naturerlebnis Erlensee
Gruppenführungen
Tel. 0 64 22 / 80 80

seiner Heimat gewählt hat, ist denn auch die nächste Tour sehr märchenhaft. Sie führt von Marburg aus in Richtung Norden in die Region *Burgwald*. Erste Station ist das *Otto-Ubbelohde-Haus*, in dem er bis zu seinem Tod im Jahr 1922 lebte. Nicht weit davon entfernt folgt *Mellnau* mit seinem freistehenden mächtigen Bergfried, von dem aus man eine gute Aussicht hat. Der runde Turm gehört zu einer Burgruine aus dem 13. Jahrhundert. Otto Ubbelohde benutzte das Burgtor als Motiv für seine Illustrationen zum Frau-Holle-Märchen. Der Turm in dem nahe gelegenen Amönau inspirierte ihn zu seiner Version der Rapunzel (s. auch Trendelburg). Das Vorbild lieferte das kleine »Lusthaus« im Ort. Danach geht es weiter nach Münchhausen und zum vier Kilometer östlich des Ortes liegenden Christenberg. Ubbelohde hat sich auch hier umgeschaut. Das alte Küsterhaus war Vorbild für das Hexenhäuschen bei Hänsel und Gretel; der Friedhof mit der eindrucksvollen Kirche St. Martin taucht bei Aschenputtel auf.

Der Christenberg ist auch sonst interessant. Der mittelalterliche Name der Erhebung lautet »Kesterburg«. 388 m ist sie hoch und war schon in vorgeschichtlicher Zeit durch eine große Wallanlage befestigt. Zur Zeit der Merowinger gab es hier eine Burg, und auch die Kirche wurde auf den Resten älterer Bauteile errichtet. Die Pfarrei Christenberg war im frühen Mittelalter von zentraler Bedeutung für das gesamte Lahntal, heute ist der Christenberg Ausgangspunkt für Wanderungen durch den Burgwald. Er bildet das größte zusammenhängende Waldgebiet Hessens und stellt auch ein Paradies für Pferd und Reiter dar.

Unser **Extra-Tip**: Ein Märchenbuch der Brüder Grimm mit den Illustrationen Otto Ubbelohdes (zum Beispiel aus dem Insel-Verlag) ins Reisegepäck tun und den Bildmotiven nachspüren. Der Maler hat außer den aufgezeigten Beispielen auch das Marburger Schloß, die Amöneburg, die Stadtbefestigungen des hübschen Ortes Wetter und viele Orte mehr in seine Bilder aufgenommen. Auch die Trachten des Marburger Landes hielt er in seinen Illustrationen fest.

Wer Geschmack an der Region gefunden hat, sollte sich noch das *Dorfmuseum Altes Forsthaus* in Oberrosphe ansehen. In ihm geht es um Essen und Trinken, das Leben der Frauen im Dorf, um Handwerk und Landwirtschaft. Erlebte Natur der besonderen Art bietet der Erlensee bei Kirchhain mit seinen Schwarzerlen und den vielen Wasservögeln. Eingerichtet wurde hier das *Naturerlebnis Erlensee* mit Leitsystem für Blinde und Sehbehinderte. Eine Akustikstation hält CDs mit Hörbildern und Tierstimmen bereit.

Im Maislabyrinth und im Freizeitbad Nautilust

Jetzt geht es durch das schöne Lahntal nach Nordwesten. Unser Ziel ist Biedenkopf mit seinem Landgrafenschloß und das Freizeitzentrum Sackpfeife.

Wer im Sommer kommt, dem raten wir in der Gemeinde Lahntal zu einem Abstecher auf den Hof der Familie Geißel. Die Geißels richten, wenn das Wetter mitspielt, von Ende Juli bis September auf ihrem Feld ein *Mais-Labyrinth* ein. Lustig ist es dann, sich einen Weg durch die hohen grünen Stauden zu bahnen. Ganz Schnelle schaffen es in einer halben Stunde, manchmal dauert es auch bis zu zwei Stunden. Beim Eingang und mittendrin auf der 7,5 km langen Strecke gibt es Stempelstationen. Jeder Läufer nimmt außerdem an einer Verlosung teil. Der erste Preis ist eine Fahrt mit einem Heißluftballon. Sollte es beharrlich regnen, dann schlagen wir einen kleinen Abstecher nach Gladenbach vor. Dort empfiehlt sich ein Besuch des *Freizeitbades Nautilust* mit Grotte, Wasserfall und Rutschbahn.

Maislabyrinth
c/o Bernd Geißel
Wittgensteinerstr. 49
35094 Lahntal
Tel. 0 66 20 / 72 73
Fax 0 66 20 / 10 43

Freizeitbad Nautilust
Hainstr. 5
35075 Gladenbach
Tel. 0 64 62 / 20 16 52
geöffnet: Di.-Sa. 10-21.30,
Mo. u. Fr. auch 7-20,
So. 9-19 Uhr
Kinder 1 Std. 3 DM, Erw. 5 DM,
Tageskarte 8,50 DM
bzw. 14 DM

Zum Grenzgang nach Biedenkopf

Alle sieben Jahre feiert Biedenkopf drei Tage lang mit Umzügen und viel Geselligkeit das Grenzgangsfest. Es hat seinen Ursprung im Mittelalter, als es noch keine richtigen Landkarten gab, auf denen der Verlauf von Grenzen eindeutig ersichtlich war. Lediglich Urkunden und aufgestellte Grenzsteine markierten damals die Grenzen zwischen den Gemarkungen. Die Position dieser Steine konnte sich aber durch Stürme und Witterungseinflüsse verändern, manchmal wurden sie auch heimlich verschoben. Deshalb mußte von Zeit zu Zeit geprüft werden, ob noch alles der rechten Ordnung entsprach. In Erinnerung daran wird das Grenzgangfest gefeiert. 2005 ist es wieder soweit. Mehr über den Brauch ist im *Hinterlandmuseum* im Schloß Biedenkopf zu erfahren. Es geht

Verkehrsbüro der Stadt
Biedenkopf
Mühlweg 1 1/2
35216 Biedenkopf
Tel. 0 64 61 / 9 50 10
Fax 0 64 61 / 95 01 28
E-Mail:
stadt-biedenkopf@t-online.de
www.biedenkopf.de

Hinterlandmuseum
Schloß Biedenkopf
35216 Biedenkopf
Tel. 0 64 66 / 17 97
geöffnet: 1. April-15. Nov.
Di.-So. 9-17 Uhr
Kinder 1 DM, Erw. 1,50 DM

Photographisch-Optisches
Museum
Dexbacher Str. 60
35216 Biedenkopf
Tel. 0 64 61 / 35 41
geöffnet: Di., Do.16-18.30 Uhr
u. nach Vereinbarung
Eintritt frei

Schartenhof Eckelshausen
Obere Bergstraße 12
35216 Biedenkopf-
Eckelshausen
Tel. 0 64 61 / 27 10
Fax 0 64 61 / 92 39 25

Lahnauenbad Biedenkopf
Am Freibad 7
35216 Biedenkopf
Tel. 0 64 61 / 7 42 62
geöffnet:
Mitte Mai-Mitte Sept.
Mo.-Sa. 7.30-20,
So. 8.30-20 Uhr
Kinder 3,50 DM, Erw. 5 DM

dort auch um Handwerkskunst und um die Eisenindustrie, um die Brand- und Feuerbekämpfung. Außerdem nimmt die Darstellung der Geschichte des Schlosses, das zur Sicherung der Grenzen zwischen Hessen und Thüringen errichtet wurde, einen breiten Raum ein. Ein Schloßbergfest gibt es alle zwei Jahre.

Biedenkopf selbst ist ein hübscher Ort mit Marktbrunnen, vielen schönen Fachwerkhäusern und den Resten der alten Stadtbefestigung. Zu ihr gehört auch ein Hexenturm. Eine weitere Besonderheit stellt das *Photographisch-Optische Museum* dar. Es ist aus einer Privatsammlung hervorgegangen. Mit über 1000 Objekten veranschaulicht es die Geschichte der Fotografie von der Laterna Magica bis zur Gegenwart.

In der nahe gelegenen Ortschaft Wallau gibt es ein hübsches Dorfmuseum, das jeweils nachmittags am zweiten Sonntag im Monat geöffnet ist. Im *Schartenhof* in Eckelshausen aber tanzen die Puppen. Kunstvoll gearbeitete Marionetten bewegen sich bei Aufführungen zu den Klängen klassischer Opern. Ein Erlebnis nicht nur für große Musikfans.

Auf der Sackpfeife

Wasserratten treffen sich im *Lahnauenbad*, das idyllisch in einer großen Parkanlage am Fluß liegt. Beliebt ist auch der Badesee *Perfstausee* im Stadtteil Breidenstein. Badestrand, Liegewiese, Spielplatz und Wanderwege rund um den See machen ihn zu einem lohnenden Ausflugsziel. Zur *Sackpfeife*,

*Wintervergnügen
auf der Sackpfeife*

der höchsten Erhebung weit und breit, geht es dann noch ein paar Kilometer weiter nördlich. 674 m mißt der Hausberg Biedenkopfs mit dem Namen, der auf eine alte Flurbezeichnung zurückgeht. Zum Aussichtsturm, der einen hervorragenden Fernblick bietet, windet sich die Straße in großen Kehren durch den Wald nach oben. Die Berggaststätte hat eine große Freiterrasse, nicht weit davon entfernt ist ein Kinderspielplatz. Im Freizeitpark Sackpfeife sind Fahrradfahren und Wandern beliebte Vergnügungen in der warmen Jahreszeit, wobei Kinder lieber die *Super-Rutschbahn* benutzen. Es geht dabei in einem Gleitschlitten 480 m bergab! Hinauf kommt man wieder mit dem Lift. Im Winter bevölkern Schlittenfahrer die Hänge, oder es werden die Skier auf den Loipen oder bei der Abfahrt im Flutlicht angeschnallt. Wer noch nicht sicher auf den Brettern ist, kann es oben in der Skischule lernen.

Badesee Perfstausee
Direkt an der B 253
Eintritt frei

Freizeitzentrum Sackpfeife
Ferien-Freizeit GmbH
Tel. 0 64 61 / 37 78

Rutschbahn-Öffnungszeiten:
nur bei trockenem Wetter
Sa. u. So. 10-18 Uhr
wochentags nach Anmeldung
Juli-August: Mo.-Fr. 13-18,
Sa. u. So.10-18 Uhr
Kinder 4 DM, Erw. 4,50 DM

Berggaststätte
Tel. 0 64 61 / 37 79
geöffnet: tägl. ab 11 Uhr
außerhalb der Ferien:
Di. Ruhetag

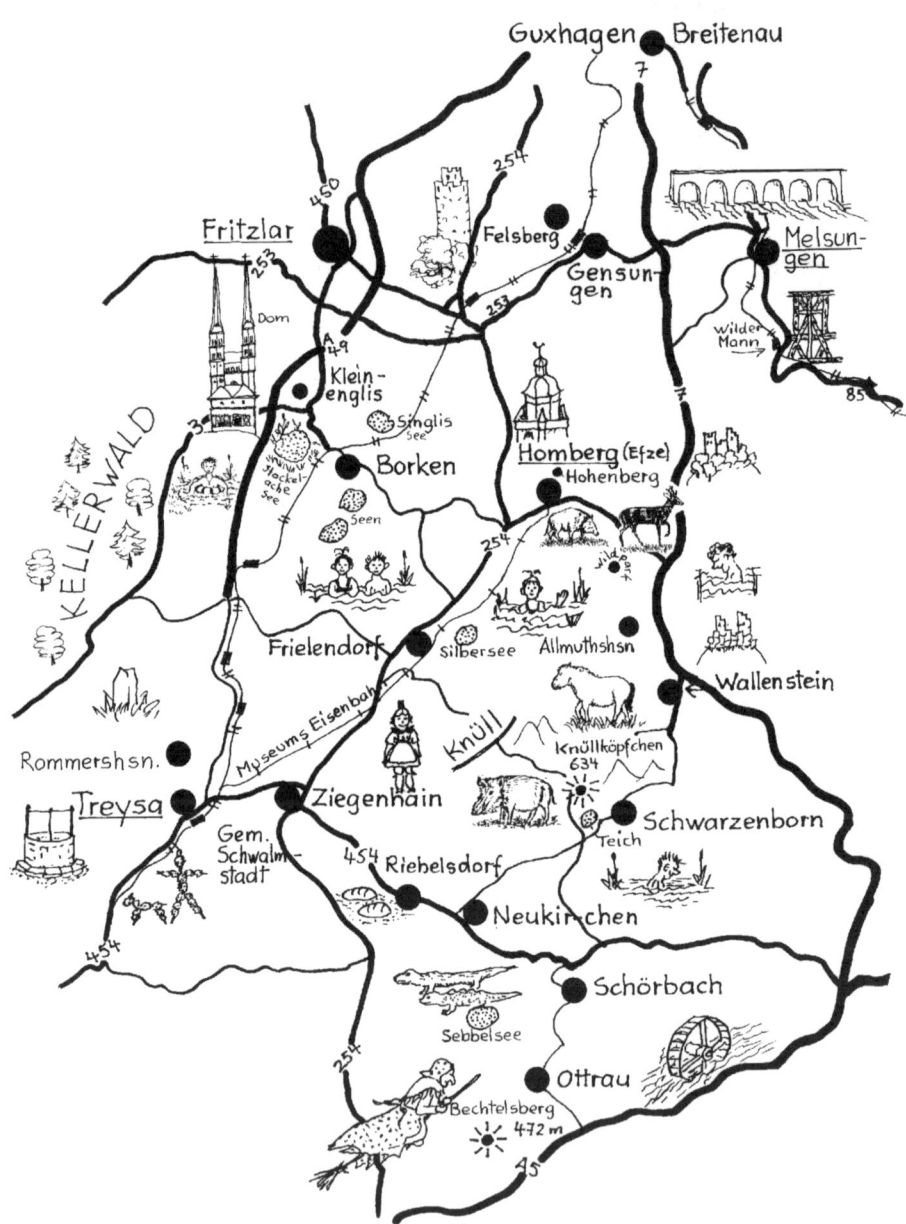

Guxhagen Breitenau

Fritzlar

Felsberg

Gensun-
gen

Melsun-
gen

Klein-
englis

Singlis
See

Borken

Homberg (Efze)
Hohenberg

KELLERWALD

Seen

Frielendorf

Silbersee

Allmuthshsn

Wallenstein

Museums Eisenbahn

Knüll

Rommershsn.

Knüllköpfchen
634

Treysa

Ziegenhain

Schwarzenborn

Gem.
Schwalm-
stadt

454 Riebelsdorf

Teich

Neukirchen

Schörbach

Sebbelsee

Ottrau

Bechtelsberg
472 m

Wilder
Mann

An Schwalm und Eder

Im Land der Rotkäppchen

An einem Festtag in der Schwalm ist es möglich, vielen Rotkäppchen zu begegnen. Die Brüder Grimm haben auf ihren Reisen durch Hessen in dieser waldreichen Region das Märchen vom Rotkäppchen gehört und aufgeschrieben. Wölfe gibt es zwar heute hier nicht mehr, wohl aber die roten Käppchen, die die Mädchen in der Schwalm zu ihrer Tracht tragen. Das kleine rote Häubchen wird »Betzel« genannt. Die Männer haben dagegen einen Hut mit drei Spitzen. Er erinnert an den »Alten Fritz«, den König von Preußen. Die Tracht der Frauen kann einem ruhig »spanisch« vorkommen, denn sie wurde von der Mode abgeschaut, die vor Jahrhunderten die Damen am Hof im weit entfernten Madrid trugen.

Mädchen mit Schwälmer Tracht

Festtage gibt es in der Schwalm viele. Zum Schmunzeln ist der Ursprung der *Mondstermer-Kirmes* in Ottrau. Dort hatte man einmal den Mondschein für eine Feuersbrunst gehalten und die Feuerwehr gerufen! Das berühmteste Fest der Region ist die *Salatkirmes* in Schwalmstadt-Ziegenhain, die seit 1728 gefeiert wird. Der damalige Landgraf Karl hatte sich dieses Fest ausgedacht, um die Schwälmer Bauern zum Kartoffelessen zu bewegen. Schon viele Jahre zuvor hatten spanische Seefahrer die Kartoffel aus Südamerika mitgebracht. In Deutschland aßen die Leute als »Beilage« Brot, Hirse und Roggen. Mit der neuen Frucht wußte man nicht so recht etwas anzufangen. Um die vitaminreiche Kost den Leuten schmackhaft zu machen, lockte der Fürst sie zur Salatkirmes. Salat kannten die Bauern. Zur gewohnten Speise gab es dann Kartoffeln, und seinen Landeskindern schmeckte es! Im schönen Park des barocken Landgrafenschlosses in Wabern findet die *Harlekinade* statt, das größte »Comedy-Festival« in Hessen. Jongleure, Pantomimen, Varieté und Zirkusdarbietungen gehen zur Freude der großen und kleinen Zuschauer über die Bühne.

So fest wie Ziegenhain

»Schwalm« ist der Name des Flüßchens, das sich durch die Region schlängelt. »Schwalmstadt« heißt heute die Gemeinde, die aus einigen Dörfern und den Städten Ziegenhain und Treysa entstanden ist. So wie andere Städte einen Marktplatz

Touristik Service Bergland e.V.
Parkstr. 6
34576 Homberg/Efze
Tel. 0 56 81 / 77 52 50
Fax 0 56 81 / 69 14
E-Mail: kurhessisches-bergland@t-online.de
www.kurhessisches-bergland.de

Mondstermer-Kirmes
(im Oktober)
Gemeindeverwaltung Ottrau
Neukirchener Str. 1
34633 Ottrau
Tel. 0 66 39 / 96 09 17

Salatkirmes
(2. Wochenende
nach Pfingsten)
Verkehrsbüro der Schwalm
Paradeplatz 7
34613 Schwalmstadt-Ziegenhain, Tel. 0 66 91 / 7 12 12
E-Mail: Schwalmstadt@t-online.de
www.schwalmstadt.de

Harlekinade (ein Wochenende im Juli)
Gemeindeverwaltung Wabern
Landgrafenstr. 9
Tel. 0 56 83 / 5 00 90

Wappen von Ziegenhain

Museum der Schwalm
Paradeplatz 1
34613 Schwalmstadt-
Ziegenhain
Tel. 0 66 91 / 38 93
geöffnet: Di.-Fr. 10-12, 15-17,
Sa., So. 11-12, 15-17 Uhr
im Sommer: Sa., So. 10-17 Uhr
Eintritt: 3 DM mit Führung

haben, hat Ziegenhain seinen Paradeplatz. Ziegenhain war im 18. Jahrhundert Sammelplatz für die Männer, die unter englischer Flagge in Amerika kämpfen sollten. Mit Soldaten wurde damals ein regelrechter Menschenhandel betrieben. An die 17.000 Männer wurden als Legionäre verkauft – für den Landesherren ein gutes Geschäft. Mit dem Geld finanzierte er aufwendige Schloßbauten in Kassel (s. dort). Lange Zeit war Ziegenhain eine uneinnehmbare Wasserfestung mit starken Bollwerken, von denen heute noch der innere Wassergraben existiert. Im Winter, wenn das Wasser fest zugefroren ist, kann man dort Schlittschuh laufen. Wenn man in Hessen etwas als ganz sicher bezeichnen wollte, hieß es: »so fest wie Ziegenhain«. Als »fest« gilt die Anlage immer noch. Es ist ein Gefängnis mit Hochsicherheitstrakt. In ganz Hessen bekannt geworden ist es durch einen aufsehenerregenden Coup. Mit einem gestohlenen Panzer wurden von außen die Stahltore gerammt und eine Gruppe von Häftlingen befreit.

Im *Museum der Schwalm*, gleich nebenan, steht ein Modell der ehemaligen Festungsanlage. Beliebt beim Publikum ist insbesondere die ausgestellte Hochzeitstracht der Schwälmer. Wie die Leute eingerichtet waren, wie sie aus Flachs Leinenstoff hergestellt haben und was sie gegen Mäuseplagen unternahmen, ist auch zu erfahren. Außerdem gibt es die Nachbildung eines Meteoriten, der 1916 für große Aufregung sorgte. Die Stelle, an der er aufschlug, ist in Treysa-Rommershausen zu besichtigen. Dorthin führt vom Sportplatz aus ein ausgeschilderter Weg durch den Wald.

Treysa und der Buttermilchturm

Der Turm der »Totenkirche« in Treysa heißt auch Buttermilchturm. Wie es zu diesem Namen kam, erzählt eine Sage: Treysa wurde einmal belagert. Die Feinde konnten die Stadt jedoch nicht einnehmen und beschlossen, sie auszuhungern. Eines Tages jedoch sahen sie, wie der mächtige Kirchturm im Ort einen schneeweißen Anstrich bekam. »Wir haben den Turm mit Buttermilch angestrichen!« riefen die Treysaer ihren Belagerern zu. Diese aber dachten: »Wenn sie noch so viel zu essen haben, daß sie ihren Kirchturm mit Buttermilch anstreichen können, ziehen wir lieber wieder ab.« An dieser Geschichte ist, wie meistens bei solchen Sachen, ein Körnchen Wahrheit. Um die Haltbarkeit des Anstrichs zu erhöhen, enthielten die Farben früher Kasein als natürliches Bindemittel. Dieses Kasein ist auch in Sauer- oder Buttermilch enthalten.

Die Totenkirche ist Treysas Hauptsehenswürdigkeit. Neben ihr befand sich früher ein Friedhof; dieser Lage verdankt sie ihren Namen. 1830 traf das frühgotische Gotteshaus ein Blitz, seitdem ist es Ruine. Bei der Totenkirche gibt es eine Freilichtbühne, auf der auch Märchenaufführungen für Kinder stattfinden. Im *Internetcafé im Jugendzentrum* können Kinder ab fünf Jahren, wenn ein Großer sie begleitet, chatten, surfen, mailen oder einfach ein Schriftstück erstellen. Senioren sind ebenso willkommen. Am Wochende werden im *Kino* Kinder- und Jugendfilme gezeigt.

Walter Flach, Türmer von Neukirchen

Treysa liegt auf einem Bergrücken über dem Zusammenfluß der Flüsse Schwalm und Wiera und war im Mittelalter ein bedeutendes Handelszentrum. Es hat innerhalb seiner gut erhaltenen Stadtmauern einen hübschen Kern mit altem Rathaus und Fachwerkhäusern am Marktplatz. Hier ist auch der Brunnen mit dem »Johannesmann«. Er erinnert an Johannes Ruhland, der einst für die Stadt eine Wasserleitung baute. Ihm zu Ehren findet jedes Jahr Ende Juni das Johannesfest statt. Schön ist auch die »Hutzelkirmes« am zweiten Wochenende im August. Da tragen die Leute Tracht in den Farben Schwarz, Grün und Rot. »Hutzel« ist ein anderes Wort für getrocknetes Obst.

Äpfel und Birnen wachsen auf den Streuobstwiesen im *Naturlehrgebiet Treysa*. Beim Spaziergang durch die weitläufige Anlage mit Teichen, Hecken, Bauerngarten, Bienenstand und Heilpflanzenbeet ist zu jeder Jahreszeit etwas zu entdecken. Im Informationszentrum wird dann das eigene Schauen durch die Theorie ergänzt.

Beim Türmer von Neukirchen

Alle Städte hatten früher einen Turmwächter. Während unten die Tor- und Nachtwächter Wache hielten, paßte oben der Türmer auf und blies im Notfall das Signalhorn. In luftiger Höhe hatte er eine kleine Wohnung, und beschaulich schien das Leben dort gewesen zu sein. So stimmungsvoll ist es dort oben, daß eine *Märchenerzählerin* in der Türmerwohnung im Turm der *Nikolaikirche* in Neukirchen sogar Märchenstunden abhält. Hessens einziger Türmer Walter Flach

Internetcafé Schwalmstadt
Grotte Im Jugendzentrum
»Die Burg«
Burggasse 6
34613 Schwalmstadt-Treysa
Tel. 0 66 91 / 96 68 77
geöffnet: Mo., Di., Do. 15-22,
Mi. u. Fr. bis 22 Uhr
E-Mail: kontakt@internetcafé-schwalmstadt.de
www.Internetcafé-Schwalmstadt.de

Kino Treysa, Peter Unger
Burggasse 6
34613 Schwalmstadt-Treysa
Tel. 0 66 91 / 2 04 78
Kinderfilme: Sa, So. 15 Uhr
Kinder ab 5 DM

Naturlehrgebiet Treysa
Wiegelsweg 3
34613 Schwalmstadt-Treysa
Tel. 0 66 91 / 2 37 77
geöffnet: Mo.-Fr. 10-14,
So. 14-18 Uhr

Kurverwaltung Neukirchen
Am Rathaus 10
34626 Neukirchen/
Knüllgebirge
Tel. 0 66 94 / 8 08 12

189

Märchenerzählerin
Termine bei der
Kurverwaltung

Nikolaikirche
Am Marktplatz
kostenlose Turmbesteigung:
Fr. 16 Uhr
Sondertermine bei der
Kurverwaltung erfragen

Altes Backhaus
34626 Riebelsdorf
Backbetrieb und Brotverkauf:
Mo.-Fr.
Führung über Kurverwaltung
Neukirchen

steigt heute nicht mehr so oft die 132 Stufen zur Türmer-wohnung hinauf. Diesen anstrengenden Job hat jetzt ein Turmführer übernommen. Bei Besichtigungen geleitet er kleine und große Menschen vorbei an Uhrwerk und Glocken hinauf in die enge, genau wie früher eingerichtete Türmer-wohnung und zur Maßwerkgalerie im Freien. Sie bietet einen wunderbaren Ausblick.

In der Umgebung von Neukirchen wird im *Alten Backhaus* in Riebelsdorf wie früher Brot gebacken. »Ein- und aus-schießen« nennt man es, wenn die Laibe in den Backofen ge-schoben oder herausgeholt werden. Neukirchen liegt am Rande des Knüllgebirges. Vom Städtchen aus lassen sich gut Wanderungen unternehmen, beispielsweise zu den Wasser-fällen bei Christenröde und zum Angelteich in Rückershau-sen.

Der Berg der Hexen

Sanft gewellte Hügel, dichte Wälder und abgelegene Dörfer erwarten den Besucher im Süden der Region. Zugleich tut sich ihm eine reiche geschichtliche Tradition auf: Der 472 m hohe Bechtelsberg bei Ottrau wird auch »Riese der Schwalm« genannt. Er galt als germanische Kultstätte, die mit der Göttin Berchta in Verbindung gebracht wurde. Seine Bergspitze, die »Rumpelskuppe«, ist die Wohnung der Göt-tin, die eine Ähnlichkeit mit der Frau Holle (s. Meißner) des Grimmschen Märchens hat. Auch Berchta belohnt fleißige oder straft faule Mädchen. Zur Walpurgisnacht, heißt es, lädt sie die Hexen zu einer wilden Feier auf den Bechtels-berg ein, der deshalb auch »hessischer Blocksberg« genannt wird.

Steinmühle
Familie Kurz
34633 Ottrau-Schorbach
Tel. 0 66 28 / 10 18
1 km außerhalb, der Weg ist
ausgeschildert
Gruppen 3 DM pro Person,
'lassen 1,50 DM pro Schüler

Die idyllisch gelegene alte *Steinmühle* bei Ottrau-Schor-bach mutet wie der Schauplatz vieler Märchen an. Hier könn-te der legendäre Krabat wohnen, Held aus dem gleichnami-gen Buch Otfried Preußlers. Wenn sich das große Wasserrad am Bach in Betrieb setzt, rumpelt es mächtig, und der ganze Mühlenapparat wackelt. Früher hat der Müller hier das Korn für die Bauern gemahlen, jetzt setzt er die Mühle nur noch für Besucher in Betrieb. Am zweiten Pfingsttag wird ein Mühlenfest ausgerichtet.

Nicht weit von Schorbach liegt mitten im Wald der Sebbel-see. Das Ufer ist steinig. Das Wasser des Sees hat sich in einem ehemaligen Steinbruch angesammelt. Man kann dort nicht baden, dafür aber Molche und Ringelnattern beobachten.

Das Knüllköpfchen

Hier hat vieles das Wort »Knüll« im Namen. Homberg wird zum Beispiel auch »Knüllstadt« genannt, weil sie am Knüllgebirge liegt. Der Name »Knüll« kommt von »knüllen«: Vor langer Zeit, als es im heutigen Hessen noch feuerspeiende Vulkane gab, hat sich glühende Lavamasse ausgebreitet und Sandstein und Muschelkalk zusammengeschoben, sozusagen »geknüllt«. Die glühende Masse ist dann erstarrt und hat viele Basaltkuppen gebildet. Eine davon ist das »Knüllköpfchen«, mit 634 m die höchste Erhebung des waldreichen Knüllgebirges. Es ähnelt wirklich einem Köpfchen, das oben auf dem Bergrücken sitzt. Auf der Höhe ist ein Aussichtsturm, der ein weites Panorama öffnet. Der Blick reicht bis nach Thüringen. Von den Gebirgen Hessens sind Meißner, Vogelsberg und Taunus sichtbar. Im Sommer lädt das Gebiet zu ausgedehnten Wanderungen ein, in schneereichen Wintern führen Loipen durch das Gelände. Auch Abfahrtsski ist möglich.

Eine gute Übernachtungsmöglichkeit am Knüllköpfchen bietet das *Boglerhaus*. Dort werden auch Freizeiten für Kinder und Jugendliche angeboten. Ansonsten gibt es viele

Boglerhaus
c/o Jugend- u. Freizeiteinrichtungen Schwalm-Eder-Kreis
Parkstr. 6
34576 Homberg/Efze
Tel. 0 56 81 / 77 52 36

Im Wildpark Knüll

Höfe, die Reiterferien und einen Urlaub auf dem Bauernhof anbieten. Kutsch- und Planwagenfahrten sind möglich, und die Nostalgie-Eisenbahn *Freizeit-Express* fährt in aller Gemütlichkeit durch die schöne Landschaft.

Freizeit-Express
Bernd Schade
Beiseförther Straße
34593 Knüllwald-
Niederbeisheim
Tel. und Fax 0 56 85 / 93 02 83

Schwarzenborn in der Nähe des Knüllköpfchens ist mit knapp 1500 Einwohnern die kleinste Stadt Hessens. Die Schwarzenborner waren, ähnlich wie die Schildbürger, bekannt für ihre ausgefallenen Streiche. Durch eine solche Posse soll auch der *Knüllteich* oder Schwarzenbörner See entstanden sein. Damit haben die Bürger damals eine gute Tat begangen, denn er bietet heutzutage gute Bade- und Surfmöglichkeiten.

Knüllteich
geöffnet: Mai-Sept.
Eintritt frei

Naturbad »Burg Wallenstein«
Tel. 0 56 86 / 2 62
geöffnet Mitte Mai-Sept.
tägl. 10-20 Uhr
Kinder 1 DM, Erw. 2 DM

Auf dem Weg zum großen Wildpark der Region Knüll lohnt eine Rast bei der Burgruine Wallenstein. Zur Burg gehören eine Gaststätte, ein Spiel- und ein Campingplatz. Der kleine See mit dem *Naturbad »Burg Wallenstein«* lockt zum Schwimmen und Planschen. Im *Wildpark Knüll* bei Homberg-Allmuthshausen läuft Rot-, Dam- und Muffelwild frei umher.

Wildpark Knüll
bei Homberg-Allmuthshausen
Tel. 0 56 81 / 28 15
geöffnet: April-Okt. tägl. 9-18
Uhr, Nov.-25. Dez. geschlossen
26. Dez.-März tägl. 10-16 Uhr
Kinder 3 DM, Schüler 5 DM,
Erw. 7 DM

Wildpferde, Wisente, Waschbären, Pfauen, Luchse und Ziegen leben dagegen in Gehegen. Der Streichelzoo, ein Abenteuerspielplatz, ein Naturlehrpfad, der Aussichtsturm und das Restaurant »Jagdbaude« sorgen dafür, daß der Besuch in dem 50 Hektar großen Gelände zu einem rundum gelungenen Erlebnis wird. Der Park verfügt über ein »Naturzentrum« mit einer ständigen Ausstellung über die Kulturlandschaft Knüll. Das Zentrum bietet spezielle Tierbeobachtungen, Vogelstimmenführungen und Exkursionen für Kindergruppen und Schulklassen an.

Frielendorf und der Schatz am Silbersee

Ferienwohnpark Silbersee
34621 Frielendorf
Tel. 0 56 84 / 74 72
Fax 0 56 84 / 85 60
E-Mail: silbersee.frielendorf@
t-online.de
www.silbersee.notrix.de

Die Entdeckung der Kohlevorkommen bei Frielendorf wird einem Maulwurf zugeschrieben, der beim Buddeln im Erdreich Kohleteilchen zutage förderte. Eine Jagdgesellschaft beobachtete dies, man grub, und die Geburtsstunde der Braunkohleförderung schlug. Heute zeugen die durch den Tagebau entstandenen Seen noch von der Förderung des »braunen Goldes«. Der größte dieser Seen ist der Silbersee mit dem großen *Ferienwohnpark Silbersee*. Ein Indianer-Abenteuerspielplatz, Minigolf, eine Minidampfeisenbahn, Restaurant und Laden sind vorhanden, beim See ist Wassersport in jeder Form möglich.

Museumsladen Frielendorf
Hauptstr. 51
34621 Frielendorf
Tel. 0 56 84 / 78 27
(Verkehrsverein)
geöffnet: Di., Do. und 1. So.
im Monat 15-17 Uhr
Kinder u. Erw. 1 DM

Viele Kinder kennen nur noch den Einkauf im Supermarkt

mit Computerkassen. In Frielendorf kann man erleben, wie gemütlich der Einkauf zu Omas und Opas Zeiten war. Ohne Gedrängel, mit einem kleinen Schwätzchen. Im Museumsladen stehen hinter dem alten Ladentisch Gewürze, Kernseife und andere Waren, und alles ohne umweltschädliche Verpackung. Zugleich informiert der *Museumsladen Frielendorf* über die Zeche im Ort, über Handwerk und ländliche Hauswirtschaft.

Homberg/Efze: Spuk auf der Burg Hohenberg

Schon von weitem sieht man die Burg Hohenberg hoch über Homberg liegen. In der Stadt Homberg selbst lenkt die gotische Stadtkirche alle Blicke auf sich. Erhaben und mächtig steht sie auf einem Sockel über dem sogenannten »Möbelwagen«, den langgestreckten Marktbuden früherer Zeiten. Erst der zweite Blick gilt den Häusern am Markt und den angrenzenden Gassen. Homberg, am Flüßchen Efze gelegen, war eine reiche Stadt. Die Wollindustrie, Webereien, der Handel mit Wein sorgten für klingende Münze in den Kassen der Händler. Voller Stolz stellten die Bürger ihren Wohlstand zur Schau und errichteten für sich große, dreigeschossige Fachwerkhäuser mit Erkern und Giebeln. Eines der schönsten Häuser ist das »Gasthaus zur Krone« von 1480, ein anderes sehr schönes das ehemalige Hochzeitshaus. Es beherbergt das *Heimatmuseum* der Stadt, das über Handwerk, Stadtgeschichte und die Eisengewinnung in der Region informiert.

Die Stadt zieht sich den Schloßberg hinauf, auf dem seit dem 12. Jahrhundert die Burg der Ritter von Hohenberg steht. Zu ihrer Burg geht es durch das »Pförtchen« oder das Torhaus, das zur ehemaligen Befestigungsanlage Hombergs gehört. Bis zu zwei Meter dicke Mauern und sieben Türme sicherten die Stadt. Erhalten blieb der Pulverturm im Süden. Der Weg zur *Burg Hohenberg* führt im Zickzack durch den Wald hinauf. In zehn Minuten ist man da. Im Innern der Anlage gibt es einen Bergfried mit wunderbarer Aussicht und das Brunnenhaus. Der Brunnen mit seinem 155 m tiefen Schacht wird von einem Förderverein wieder freigelegt. Er ist einer der tiefsten Burgbrunnen Deutschlands. Eine »weiße Frau« soll auf dem Schloß umhergehen, und auch ein Geist treibt sein Unwesen im Verlies. Harmlos sind dagegen die Ritter, Gaukler und Marketenderinnen, die im Sommer die Büh-

Fremdenverkehrsamt
Obertorstr. 4
34576 Homberg/Efze
Tel. 0 56 81 / 99 41 51
Fax 0 56 81 / 99 42 99
E-Mail: info@homberg-efze.de
www.homberg-efze.de

Heimatmuseum
Pfarrstr. 26
34576 Homberg/Efze
Tel. 0 56 81 / 36 67
geöffnet: Mi. 14.30-16.30, Sa.
u. So. 10-12, 14.30-16.30 Uhr
Führungen nach Absprache
Kinder 2 DM, Erw. 3 DM

Burg Hohenberg
Führungen nach Absprache u.
Infos zur »Sommerbühne«
Fremdenverkehrsamt
Tel. 0 56 81 / 99 41 54

Burgbergstuben
0 56 81 / 93 01 88
geöffnet: Mo.-Fr. 16-1 Uhr,
Sa. ab 11, So. ab 10 Uhr

ne im Hof bevölkern. Schmackhaft ist das Essen, das in der Burgbergstuben serviert wird.

Borken: Froschlampe und Teufkübel

Die Braunkohle in Nordhessen entstand vor 30 bis 40 Millionen Jahren. Seit über vier Jahrhunderten wird sie abgebaut. In Borken fand man die Kohle vor ungefähr hundert Jahren beim Brunnenbohren. Von da an bestimmten der Braunkohlebergbau und die Verarbeitung der Kohle zu Strom den Alltag der Stadt. Zwölf Stunden arbeiteten früher die Bergleute, oft blieben sie auch die ganze Woche zur Förderung »unter Tage«. Sogar Kinder wurden eingesetzt. Weil sie klein waren, konnten sie in den niedrigen Stollen in die entferntesten Winkel vordringen, um Kohle oder Erze in den Förderwagen abzutransportieren. Wie beschwerlich die Arbeit war, wird im Besucherstollen des *Bergbaumuseums* vorstellbar, in den man richtig »einfährt«. Man sieht Arbeitsgeräte wie die »Froschlampe«, die wirklich ein wenig einem Frosch gleicht und nur wenig Licht spendet, und den engen »Teufkübel«. Mit ihm wurden die Bergleute früher zu zweit an einem Seil in den tiefen Schacht hinuntergelassen. Unten werden dann Original-Bergbau-Maschinen unter großem Getöse in Betrieb gesetzt. Mutige Kinder dürfen mit Hand anlegen.

Seit 1991 rauchen die Schlote des Kraftwerks nicht mehr; der Kohleabbau bei Borken wurde eingestellt. Das Kraftwerk wurde nicht abgerissen, es ist Teil eines großen Freizeitmu-

Am Borkener See

Tourist-Info
Bahnhofstr. 33
34582 Borken
Tel. 0 56 82 / 80 11 60
Fax 0 56 82 / 80 11 65
E-Mail: touristinfo@borken-hessen.de
www.hessennet.de/borken

Nordhessisches Braunkohle Bergbaumuseum
Am Amtsgericht 2
34582 Borken
Tel. 0 56 82 / 57 38
geöffnet: Di.-Do. 10-12, Di.-So. 14-17 Uhr
Führungen nach Vereinbarung
Kinder ab 10 J. 3 DM, Erw. 5 DM

Infos: Borkener Seenland
Am Rathaus
34582 Borken
Tel: 0 56 82 / 80 81 60

Naturbadesee Stockelache
Badebetrieb: 1. Mai-30. Sept.
9-19 Uhr
Kinder 2,50 DM, Erw. 4 DM,
Saisonkarte Kinder 18 DM, Erw. 36 DM

seums »Industriekultur«, das in der Stadt entsteht. In den ehemaligen Gruben aber sammelte sich Wasser an, und Seen bildeten sich. Der *Borkener See* ist einer der größten in Hessen und Naturschutzgebiet. Er bietet Lebensraum für seltene Tier- und Pflanzenarten. Kraniche legen hier auf ihrem Flug nach Süden eine Pause ein – ein besonderes Schauspiel, wenn die Schar den Himmel schwarz färbt. Baden und Surfen ist am *Singliser See* bei Borken-Singlis erlaubt. Am Ufer liegt das Küstenwachtboot KW18 der Bundesmarine, das besichtigt werden kann. Der Naturbadesee *Stockelache* bei Borken-Kleinenglis ist ein Badeparadies mit Schwimminseln, Riesenrutsche, Abenteuerspielplatz und Grillplätzen.

Fritzlar: Eine Stadt mit viel Geschichte

Im Jahr 723 soll der irische Mönch Bonifatius (s. Fulda) nahe bei Fritzlar eine große Eiche gefällt haben. Eine folgenschwere Sache, denn diese Eiche war dem Gott Donar geweiht. Ihn verehrte das germanische Volk der Chatten. Donar, der Gott des Donners, der Winde und der Wolken, schleudert seinen Hammer auf die Erde und macht die Äcker damit fruchtbar. Unser »Donnerstag« ist nach ihm benannt. Bonifatius provozierte eine Art Gottesurteil. Er legte Hand an eine Donar geweihte Eiche – und nichts passierte. Die Chatten ließen sich taufen, Bonifatius baute eine erste Kirche, und das Christentum hielt Einzug in Hessen. Auf Bonifatius gehen auch die Anfänge des prächtigen *Sankt-Petri-Doms* in Fritzlar zurück. Als dann noch Karl der Große hier eine Pfalz baute, entwickelte sich die Ansiedlung rasch. Oft hielten sich nun in Fritzlar Kaiser und Könige auf, die auch dem Dom aus rotem Sandstein kostbare Kunstgegenstände stifteten. Sein romanischer Innenraum stimmt feierlich. Das dazugehörige *Museum* bewahrt große Schätze, darunter das außerordentlich kostbare Kaiser-Heinrich-Kreuz aus dem Jahr 1020. Es ist mit 346 Edelsteinen und Perlen besetzt, und der Holzsplitter in seiner Mitte soll vom Kreuz Jesu Christi stammen.

Im Mittelalter war Fritzlar Münzprägestätte, der Handel hier blühte. Übriggeblieben aus dieser großen Zeit sind die schönen Fachwerkhäuser am Marktplatz mit dem Rolandsbrunnen und dem Rathaus, das als das älteste Deutschlands gilt. Nicht weit davon entfernt ist auch das Hochzeitshaus. Heute ist es das *Regionalmuseum* mit Informationen zur

Touristinformation
Zwischen den Kremen 5
34560 Fritzlar
Tel. 0 56 22 / 98 86 43
Fax 0 56 22 / 98 86 26
E-Mail: stadt@fritzlar.de
www.fritzlar.de
Stadtführungen für Kinder

Jugendzentrum Fritzlar
Tel. 0 56 22 / 98 86 66
Infos zu Freizeitaktivitäten

Dom St. Petri und Domschatz
34560 Fritzlar
Tel. 0 56 22 / 9 99 90
geöffnet: Mai-Okt. Mo.-Sa.
10-12, 14-17, So. 14-16 Uhr
1. Nov.-30. April Mo.-Sa.10-12,
14-16 Uhr
Schüler 2 DM, Erw. 4 DM

Regionalmuseum Fritzlar
Am Hochzeitshaus
34560 Fritzlar
Tel. 0 56 22 / 98 86 28
geöffnet: So.-Fr. 10-12, 15-17
Uhr, Sa. 10-12 Uhr
Dez.-Ostern geschlossen
Kinder 1 DM, Erw. 3 DM

Stadtgeschichte und Funden aus der Vor- und Frühgeschichte. Damals aber wurde im Haus gefeiert. Bis zu drei Tagen konnte so eine Hochzeitsfeierlichkeit dauern! Verzehrt wurden dabei mit Sicherheit »Knoblinchen gedarmt«. Das sind Schweinswürstchen mit einer Portion Knoblauch, eine alte Fritzlarer Spezialität.

Die frühere Bedeutung der Stadt ist auch an der Wehrmauer erkennbar, von der noch große Teile existieren. Von einst 23 Wehrtürmen stehen noch neun. Von den Türmen aus haben sich die Wächter mit den um Fritzlar liegenden Warten durch Signale verständigt. Der wichtigste Wehrturm ist der »Graue Turm«. Mit 35 m Höhe ist er Deutschlands höchster noch erhaltener Wehrturm und bietet schöne Blicke über die Stadt und in die Umgebung. Sollte er geschlossen sein, kann man den Schlüssel bei der Touristinformation holen. Im Grauen Turm war ein Verlies, in das die Gefangenen durch das »Angstloch« von oben hinunter in die Dunkelheit gelassen wurden. Eine Tür gab es nicht. Essen und Wasser bekamen sie durch das Loch heruntergereicht. Nicht weit vom Grauen Turm entfernt steht ein Pranger. Verurteilte wurden hier festgekettet und öffentlich zur Schau gestellt und beschimpft.

Auf der Eder

Vor den Toren der Stadt fließt die Eder. Am Wehr kann man auf Inseln hinüberfahren und Tiere beobachten. Ein Stückchen weiter, bei der Holzbrücke, ist eine schöne Wiese und ein Volleyballplatz. Auf dem Stadtberg Fritzlars, dem Eckerich, steht die Eckerich Warte, ein früherer Wachturm vor den Mauern der Stadt, heute ein schönes Ziel für eine kleine Tour. Ein etwas größerer Ausflug führt zum Büraberg mit seiner alten Kirche. Hier soll sich die Geschichte mit Bonifatius und der Donareiche ereignet haben. Ein weiteres Ausflugsziel von Fritzlar aus ist der Vorort Züschen mit dem Steinkammergrab aus der Jungsteinzeit, das ca. 4000 Jahre alt ist. Durch das runde Loch in einer der Wände sollen die Seelen der Toten entwichen sein.

Felsberg: Burgen und Bienen

Ein *Kinderbüro* und drei Burgen auf einen Streich bietet Felsberg: die Altenburg, die Burg Heiligenberg und die *Felsburg*. Alle drei sind vor vielen hundert Jahren beiderseits der Eder auf steilen Basaltkegeln errichtet worden, um die Grenzen zwischen Thüringen und Hessen zu sichern. Alle drei haben sicher eine bewegte Geschichte. Bei der Burgruine Heiligenberg vermutet man eine germanische Anlage, die Altenburg und die Felsburg wurden im Dreißigjährigen Krieg zerstört. Von der Felsburg, die majestätisch auf einem 300 m hohen Hügel thront, sind noch Mauern, die Kapelle und der imposante runde Bergfried erhalten geblieben. Er gleicht einem Butterfaß mit Stampfer. Die Felsburg kann nach Absprache besichtigt werden, um die Heiligenburg führen Wanderwege herum.

Zur Gemeinde Felsberg gehört auch der Ortsteil Gensungen. Hier geht es im *Bienenkundezentrum* an der Straße nach Heßlar um die fleißigen Honigsammler. Durch eine Glasscheibe hat man einen direkten Blick in den Wabenbau eines Bienenvolkes. Ungefähr 50.000 Bienen wohnen in einem Bienenstock! Um ein Kilogramm Honig herzustellen, fliegen sie mehrere Millionen Blüten an. Auch die komplizierte Sprache der Bienen wird hier bei einer Führung erklärt: Mit verschiedenen ausgetüftelten Tänzen, Schnarren und Wackeln mit dem Hinterteil teilen sie sich mit, wo der beste Nektar zu holen ist.

Verkehrsverein,
Stadtverwaltung
Vernouillet-Allee 1
34587 Felsberg
Tel. 0 56 62 / 50 20

Kinderbüro, Stadtverwaltung
Felsberg
Inge Koch,
Tel. 0 56 62 / 5 02 46

Burgverein Felsburg
Hans Poth
Tel. 0 56 62 / 25 01

Bienenkundezentrum
Kartause
34587 Felsberg-Gansungen
Führungen: Mai-Mitte Sept.
Anmeldung beim Imkerverein,
Herbert Schmidt,
Tel. 0 56 62 / 46 88

Melsungen: Bartenwetzer und Wilder Mann

Am besten kommt man, wie früher die Kaufleute, über die alte Fuldabrücke mit den sechs Bögen nach Melsungen. Im Mittelalter war die »Bartenwetzerbrücke« eine wichtige Verbindung. Hier kreuzten sich zwei Handelsstraßen. Auf der Brücke stehen zwei lebensgroße Figuren aus Metall, die »Bartenwetzer«. »Barte« ist ein alter Name für Axt. Die Holzfäller wetzten oder schärften früher ihre Äxte an der Sandsteinbrücke, bevor sie in den Wald gingen, um Bäume zu fällen. Die Spuren davon sind noch zu sehen. Von der Brücke aus geht es direkt zum Rathaus. Am Rathausturm zeigt sich jeden Tag mittags um 12 und um 18 Uhr ein geschnitzter Bartenwetzer. Auch er schärft seine Axt an einem Stein. Melsungen brannte im Jahr 1554 nieder und wurde mit großen Teilen der schön erhaltenen Altstadt gleich wieder nach Plan aufgebaut. Das Fachwerk-Rathaus stammt aus dieser Zeit und ist eines der bekanntesten in Hessen.

Häuser aus Fachwerk wurden so gebaut: Zuerst gab es einen Rahmen aus Holz, der dann mit Zweigen, Latten, Lehm oder Backsteinen gefüllt wurde. Er hatte verschiedene Verstrebungen, die in Hessen oft die Form einer Figur haben und deshalb »Wilder Mann« oder »Hessenmann« genannt werden. Ihn gibt es mit dickem Kopf oder kopflos.

Extra-Tip: Wie wäre es mit einem Stadtrundgang auf der Suche nach dem »Wilden Mann«? Ihn zu erkennen, braucht es ein bißchen Phantasie. Aber es klappt schon. Die Zimmerleute haben übrigens den »Wilden Mann« nicht aus einer Laune heraus erfunden, um möglichst originell zu bauen, sondern weil diese Verstrebungen die Häuser stabiler machen.

Neue Wege in der Architektur ging die Firma Braun in Melsungen. Der Bau von Verwaltungsgebäude und Fertigungshallen stammt vom schottischen Architekten James Stirling, der mit vielen Preisen ausgezeichnet wurde.

Über kulturelle Veranstaltun-

Tourist Information
Kasseler Str. 44
34212 Melsungen
Tel. 0 56 61 / 92 11 00
Fax 0 56 61 / 92 11 12
E-Mail:
tourist-info@melsungen.de
www. Melsungen.de

Kinder leben in der Stadt e.V.
Lobenhäuser Weg 15
34212 Melsungen
Tel. 0 56 61 / 5 05 11

Waldschwimmbad
Dreuxallee
34212 Melsungen
Tel. 0 56 61 / 32 00
geöffnet: Mai-Mitte Sept.
tägl. 8-19.30 Uhr
im Winter Hallenbad
Tageskarte: Schüler 2,50 DM,
Erw. 4,40 DM, Familien 12 DM

Waldgaststätte Rose, Tierpark
34212 Melsungen/Röhrenfurth
Tel. 0 56 62 / 43 31
ganzjährig geöffnet

Gemeindeverwaltung
In der Haydau 8
34326 Morschen-Altmorschen
Tel. 0 56 64 / 93 00 40
Infos zu Floßfahrten auf der
Fulda und
zum Traumtänzer-Festival
im Sommer

gen für Kinder informiert in Melsungen unter anderem der Verein *Kinder leben in der Stadt e.V.* Für Vergnügungen im Freien locken die Fuldaauen mit ihrem Grün. Großen Spaß machen auch Boots- oder Floßfahrten auf dem Fluß. Ungetrübten Badespaß bietet das schöne und beheizte *Waldschwimmbad*. Daneben befinden sich auch ein Spielplatz, eine Minigolf- und eine Gartenkegelanlage. Zur *Waldgaststätte »Rose«* in Melsungen-Röhrenfurth gehören ein kleiner *Tierpark* und ein Spielplatz. Es wird auch Ponyreiten und eine Fahrt mit Kutsch- und Planwagen angeboten. Ausflüge führen von Melsungen aus ins Fuldatal nach *Morschen* zum ehemaligen Zisterzienserkloster Haydau oder nach *Spangenberg*. Dort liegt hoch über dem hübschen Fachwerkstädtchen das Schloß mit dem Jagdmuseum.

Spangenberg GmbH
Tel. 0 56 63 / 72 97
Jagdmuseum
geöffnet: 1. Mai-30. Sept. Mi.,
Sa., So. 14-17 Uhr
Schüler 0,50 DM, Erw.1 DM

Gedenkstätte Breitenau

15 km nördlich vor Kassel liegt direkt an der Autobahn der kleine Ort Guxhagen. Dort hat sich vor noch gar nicht langer Zeit ein trauriges Stück Geschichte abgespielt. Das ehemalige Kloster war unter den Nationalsozialisten zum »Arbeits- und Erziehungslager Breitenau« geworden. Hier hielten sie die Menschen fest, die in Konzentrationslager überführt werden sollten. Der jüngste Häftling war erst zwölf Jahre alt. Die Gesamthochschule Kassel hat in diesen Räumen die *Gedenkstätte Breitenau* errichtet. Schulklassen und älteren Kindern mit ihren Eltern empfehlen wir den Besuch.

Gedenkstätte Breitenau
Brückenstr. 12
34302 Guxhagen
Tel. 0 56 65 / 35 33
geöffnet: Mo.-Fr. 9-13, 14-16,
So. 13-17 Uhr

Landkreis Hersfeld-Rotenburg

Unterwegs in Waldhessen

Der Landkreis Hersfeld-Rotenburg liegt an der Grenze zu Thüringen und ist fast vollständig von Wald- und Grünflächen bedeckt. Er wird deshalb auch »Waldhessen« genannt und weist mit dem Trotten- und dem Seulingswald große zusammenhängende Gehölze auf. Forst- und Landwirtschaft bestimmten die Region, aber auch Bodenschätze wie Kupfer und Kobalt wurden hier abgebaut. Wahrzeichen im östlichen Teil der Region sind noch heute die weißen Berge aus Salz – Abraumhalden, die beim Kalibergbau entstanden. Waldhessen erhält durch Mittelgebirge seine unverwechselbare Prägung: Im Westen sind es die Höhenzüge von Knüll, im Norden und Osten das Stölzinger Gebirge und das Richelsdorfer Gebirge und im Südwesten die Kuppenrhön, die immer wieder andere reizvoll geartete Ausblicke auf Täler und Flußläufe bereithalten. Der größte Fluß ist die Fulda, die sich durch das ganze Gebiet schlängelt und es ziemlich in der Mitte in zwei fast gleich große Teile teilt. Die Fulda lädt zu langen Floß- und Bootsfahrten ein. An ihren Ufern läßt es sich gut wandern und radeln. Altes Brauchtum ist in Waldhessen noch vielfach erhalten geblieben. Im Knüllgebirge wird in den Backhäusern Brot wie zu Urgroßmutters Zeiten gebacken. An vielen Orten tragen die Frauen noch Tracht: schwarze Käppchen, bunte Tücher, weiße Blusen und bestickte Röcke. Burgen, schmucke Dörfer und interessante Städte wie die Festspielstadt Hersfeld oder das mittelalterliche Rotenburg erwarten den Besucher. Museen, Feste, Theater und Musik tun ein übriges, um den Aufenthalt in diesem Landstrich unvergessen zu machen.

Touristic-Service-Waldhessen
Friedloser Str. 6
36251 Bad Hersfeld
Tel. 0 66 21 / 8 73 59
Fax 0 66 21 / 8 73 07
E-Mail: waldhessen51731@
waldhessen-online.net
www.waldhessen.de

Burg Herzberg

Die *Burg Herzberg* bildet den grandiosen Auftakt zu einer kleinen Reise durch die Region. Sie ist die größte Höhenburg Hessens, liegt inmitten von Wäldern auf der steilen Basaltkuppe des Hirschbergs. Die Burg diente zum Schutz der Handelsstraße, die von Frankfurt über Alsfeld nach Thüringen und Sachsen führte. Die räuberischen Zeiten überdauert haben die mächtigen Außenmauern mit Türmen aus dem 15. und 16. Jahrhundert, die Kernburg mit gotischer Kapelle und

Burg Herzberg mit
Burgschänke
36287 Breitenbach a. Herzberg
Tel. 0 66 75 / 2 87
geöffnet:
tägl. außer Mi. 11-21 Uhr
Kinder 1 DM, Erw. 3 DM

Touristik-Service Kirchheim
Hauptstr.
36275 Kirchheim
Tel. 0 66 25 / 91 95 95
Fax 0 66 25 / 91 95 96

Camp Seepark
36275 Kirchheim
Tel. 0 66 28 / 15 25
Fax 0 66 28 / 86 64

Burg Herzberg

Scheune an der Aula
Im Wiesental 19
36275 Kirchheim
Tel. 0 66 25 / 51 28
Fax 0 66 25 / 58 22
geöffnet: So. 14-18 Uhr und
nach Absprache
Eintritt frei

Spielzeugmuseum
Alte Schule Reckerode
36275 Kirchheim
Tel. 0 66 52 / 91 77 60
Fax 0 66 52 / 91 77 75
geöffnet: April-Okt. Fr. 13-18,
Sa., So. 11-18 Uhr, Nov.-März
So. 13-17 Uhr
und nach Absprache
Kinder 2,50 DM, Erw. 5 DM

Salzberger Erlebnispark
bei Neuenstein-Aua
Tel. 0 66 77 / 91 99 67
geöffnet: April-Dez. 10-18 Uhr
Kinder ab 2 Jahren u.
Erw. 14 DM

der Bergfried. Das Terrain innerhalb der schützenden Mauern ist weitläufig. Zu besichtigen sind der Rittersaal, ein Gerichtsturm mit Verlies, die alte Burgschmiede, die Waffenkammern. Es soll auch einen Geheimgang geben, den bisher aber noch niemand entdeckt hat. Eine Burgschänke ist auch da, um rittermäßig Hunger und Durst zu stillen.

Beim Ort *Kirchheim* liegt der Seepark mit kleinem Stausee, Hallenbad und mehreren Feriendörfern. Abenteuerspielplätze, Trampolin- und Minigolfanlage, Rollschuhbahn und Grillhütten bieten ein reiches Angebot an Freizeitmöglichkeiten. Ein historischer Dampfzug von 1899 dient als Gästekindergarten, und der Campingplatz *Camp Seepark* veranstaltet Abenteuercamps für Schulklassen und Kindergruppen.

Wer genug von Abenteuern in der Natur hat, kann sich der Kultur hingeben. In der *Scheune an der Aula* ist ein kleines Museum. Bäuerliches Handwerksgerät und eine Wagnerei sind hier zu bewundern, in der früher Wagen, Schubkarren und anderes Gerät aus Holz hergestellt wurden. Ein behagliches Café wartet auch auf die Gäste, und geboten wird ein buntes Veranstaltungsprogramm. So wird gezeigt, wie früher gewaschen und gebacken wurde. Das *Spielzeugmuseum* im alten Fachwerkhaus in Kirchheim-Reckerode läßt mit Plüschbären, Puppen, Miniaturfahrzeugen, Kaufmannsläden und Spielzeugburgen nicht nur Kinderherzen höher schlagen. Schulklassen und Gruppen sind nach Anmeldung zur Museums-Rallye eingeladen, es werden Kindergeburtstage und Spielnachmittage ausgerichtet.

Vergnügungen ganz anderer Art bietet der *Salzberger Er-*

lebnispark. Er liegt nordwestlich von Kirchheim in Neuen-stein-Aua. Über 50 unterschiedliche Attraktionen sorgen dafür, daß keine Langeweile aufkommt: Vom großen Wikinger-Schiff über Auto-Scooter, Kettenkarussell bis zur Riesenrutsche reicht das Angebot. Auch Trampolinspringen und eine Country-Band sind dabei.

Bad Hersfeld: Die Mückenstürmer und Lullus

Vor langer Zeit herrschte in Bad Hersfeld große Aufregung: Rauchwolken beim Kirchturm! Die Hersfelder meinten, es brenne, und unternahmen sofort alles, um das Feuer zu löschen. Wasser wurde aus der Fulda geholt und in Eimern zum Turm geschleppt. Doch die eifrigen Brandwächter mußten feststellen, daß ein Mückenschwarm sie genarrt hatte. Die Geschichte sprach sich herum. Seitdem haben die Hersfelder ihren Spitznamen weg: »Mückenstürmer« heißen sie. Anfangs war ihnen das peinlich, inzwischen feiern sie jedes Jahr am ersten Augustwochenende ihr »Mückenstürmerfest«. Dann gibt es in der Fußgängerzone Aktionen für Kinder, Leckereien und viel Trubel. Noch wichtiger aber ist hier das Lullusfest. Es soll 852 erstmals begangen worden sein und gilt als ältestes Volksfest Deutschlands. Es erinnert an den Bischof Lull. Das war ein Schüler des irischen Mönches Bonifati-

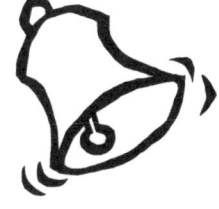

Lullusfest in Bad Hersfeld

203

Touristik-Information
Am Markt 1
36251 Bad Hersfeld
Tel. 0 66 21 / 20 12 74
Fax 0 66 21 / 20 12 44
E-Mail: touristikinfo.hef.@
t-online.de

Katharinenturm
zu besichtigen mit einer
Führung am 1. Freitag
des Monats; Anmeldung:
Touristik-Information
kostenlose Stadtführungen:
1. u. 3. Samstag ab 10.30 Uhr

Stiftsruine
Besichtigung: März bis Okt.,
nicht bei Proben
immer zugänglich ist der Park

Kartenzentrale Festspiele
Tel. 0 66 21 / 20 13 60

*Festspielaufführung in der
Stiftsruine Bad Hersfeld*

us (s. auch Fulda und Fritzlar). Er hatte hier ein Kloster gegründet, dem Hersfeld letztendlich sein Entstehen verdankt. Gefeiert wird das Fest in der Woche um den 16. Oktober, seinen Todestag. Die Hersfelder erwarten es ähnlich sehnsüchtig, wie an anderen Orten die Leute Fassenacht oder den Karneval herbeisehnen. Eingeläutet wird die Festwoche mit Riesenrad und vielen Buden von der ältesten Glocke Deutschlands, die um 1080 gegossen wurde und im *Katharinenturm* hängt. Sie darf nur zum Lullusfest geläutet werden. Festauftakt ist der Umzug am Sonntag, an dem die jüngsten Bürger Hersfelds mit Lampions teilnehmen. Am Montag wird dann auf dem Marktplatz ein riesiges Feuer angezündet, das eine Woche lang brennt. Ein besonderer Kinderspaß ist es dabei, Kastanien in die Glut zu werfen.

Die größte romanische Kirchenruine der Welt

Die *Stiftsruine* in Bad Hersfeld ist das Herzstück der Stadt. Sie liegt im Zentrum des ehemaligen Stiftbezirkes, der mit seinen alten Bäumen, dem Grün des Rasens und dem hellen Mauerwerk eine Atmosphäre von besonderer Ruhe und Größe ausstrahlt. Welche große Bedeutung das Kloster einst hatte – Kaiser und Könige waren hier zu Gast, seine Äbte mischten mit in Politik und Wirtschaft –, ist ablesbar an dem Äußeren der romanischen Stiftsruine. Über 100 m lang sind Chor und Langhaus, über 50 m mißt das Querhaus. Es heißt, die Stiftsruine sei die größte ihrer Art. Die Anlage wurde 1761 im Siebenjährigen Krieg von den Franzosen für die Lagerung von Kriegsmaterial genutzt. Damit das kostbare Gut nicht dem Gegner in die Hände fiele, wurde sie dann angesteckt. Nicht nur Kirche und Stiftsbezirk sind ein Opfer der Flammen geworden, auch große Teile der Stadt. Danach wurde die Anlage lange Zeit als Steinbruch genutzt. Leben kam erst wieder in das alte Gemäuer mit der Gründung der *Hersfelder Festspiele*. Im Sommer wird nun alljährlich das Langschiff zum Zuschauerraum, der Chor der Kirche zu einer großartigen Kulisse für Schauspiel- und Operninszenierungen, darunter auch Veranstaltungen für Kinder. Bleibt die Scherzfrage: »Warum sind so viele deutsche Schauspieler im Sommer erkältet?« Antwort: »Sie haben an den Bad Hersfelder Festspielen teilgenommen.« Das mag sich komisch anhören, enthält aber viel Wahrheit. Im alten Mauerwerk der

Ruine ist es nämlich selbst im Sommer oft eiskalt. Besser zur Vorstellung eine warme Decke mitnehmen!

Ein Stadtrundgang

Gegenüber der Stiftsruine ist das *Museum* in einem Gebäude untergebracht, das zum Klosterkomplex gehörte. Die schönen Wandmalereien in der ehemaligen Mönchskapelle erinnern noch an seine frühere Funktion. Im Museum wird nordhessisches Handwerk dokumentiert. Vorhanden ist auch eine Abteilung zur Geschichte des Stifts und zur Entwicklung der Stadt Hersfeld von den Anfängen bis zur Industrialisierung.

Schlau geworden durch den Besuch im Museum, kann sich nun ein Stadtrundgang anschließen. Er führt über den Marktplatz mit seinen ansehnlichen Fachwerkhäusern aus der Renaissance zum historischen Viertel bei der gotischen Stadtkirche. Dort ist auch das alte Rathaus mit dem Lullusbrunnen davor. Außerdem sind noch am Rande der Stadt Reste der mittelalterlichen Befestigung vorhanden. Suchen und Finden beim Rundgang erleichtert der »Stadtbegleiter«, der für kleine Besucher in der Touristik-Information bereitliegt. Er enthält ein Suchspiel zum Ausmalen und ist kostenlos.

Der JahnPark stellt ein Freizeit- und Sportzentrum für Alt und Jung dar. Kindern bietet er u.a. eine große Spielarena, Stationen zur Entfaltung der Sinne, ein »grünes Klassenzimmer« und Asphaltflächen für Inliner und Rollschuhe. Zum Schwimmen und Planschen empfehlen wir den Besuch im *Aqua Fit Bad* mit Riesenrutsche und Kinderbecken. Echte Wasserratten aber zieht es zum Fluß. Für eine Erkundung der Fulda, die etwas außerhalb vom Stadtkern dahinströmt, können Boote bei einem *Bootsverleih* gemietet werden. Rad- und Wanderfreunde werden Spaß haben am guten Wegenetz rund um die Stadt und ihre waldbestandenen Berge.

Im Land der weißen Berge

Hessens »Kilimandscharo«, auch *Monte Kali* genannt, liegt in Heringen. Weiß wie die schneebedeckte Spitze eines Vulkans glänzt er in der Sonne. 220 m hoch ist der Monte Kali. Man kann auf ihn hinaufklettern, die Aussicht von oben ist grandios. Der Monte Kali besteht aus Salz, das aus mehreren hundert Metern Tiefe aus dem Boden gefördert wird. Diese Salze blieben zurück, als vor rund 250 Millionen Jahren die Meere

Museum Bad Hersfeld
Im Stift 6
36251 Bad Hersfeld
Tel. 0 66 21 / 2 01-2 67
geöffnet: Di.-So. 10-12,
15-17 Uhr
Eintritt frei

Aqua Fit Bad
Kolpingstraße
36251 Bad Hersfeld
Tel. 0 66 21 / 7 64 96
geöffnet: Di.-Sa. 9-21,
So. 9-20 Uhr
Kinder ab 3 DM, Erw. 5 DM;
Tageskarte: Kinder 8 DM,
Erw. 16 DM

Bootsverleih
36251 Bad Hersfeld
Auf der Unterau 1
Tel. 0 66 21 / 24 30

Auf dem Monte Kali

Tourist-Information
Dickesstr. 1
36266 Heringen
Tel. 0 66 24 / 51 27

Besteigung des Monte Kali
organisiert das Museum
Mi. u. So. 15 Uhr u.
nach Anmeldung

Werra-Kalibergbau-Museum
Dickesstr.1
36266 Heringen
Tel. 0 66 24 / 91 94 13
Fax 0 66 24 / 91 94 14
geöffnet: März-Okt.,
Di.-So.14-17 Uhr, 1. April-30.
Sept. bis 18 Uhr
20.Dez -5.Jan. geschlossen
Kinder 3 DM, Erw. 4,50 DM
E-Mail:
Kalimuseum@Heringen.de

Wasserburg Friedewald
geöffnet:
März-Okt. 9.30-17 Uhr
Kinder u. Erw. 1 DM

Touristik-Service
Rathaus
36179 Bebra
Tel. 0 66 22 / 50 11 39
Fax 0 66 22 / 4 29 00
www.bebra.de

austrockneten, die große Flächen der heutigen Bundesrepublik bedeckten. Im »Land der weißen Berge« im mittleren Werratal ist der Monte Kali der höchste seiner Art, und Heringen bildet die größte Kalihalde im Bergbaurevier an der Grenze zu Thüringen. Wie hier wird auch im benachbarten Philippsthal seit über 100 Jahren Kalisalz gefördert, das im wesentlichen zur Produktion von Düngemitteln dient.

In Heringen sollte man am besten zuerst zum *Werra-Kalibergbau-Museum* gehen, das mit Maschinen, Modellen, Grafiken und Filmen faszinierende Einblicke in die Welt des Bergbaus ermöglicht. Spezielle Text- und Bildtafeln sowie eine Mal- und Spielecke für Kinder soll es geben. In Anschluß an den Museumsbesuch bietet sich eine kleine Tour mit dem Auto an. Sie umfaßt elf Stationen, und der Monte Kali wird dabei einmal umrundet. Es geht vorbei am Schacht Heringen, eine weitere Station bildet das Naturschutzgebiet »Rohrlache« mit Quellen, aus denen natürliches Salzwasser sprudelt. Endpunkt ist wieder das Museum. In der Umgebung von Heringen lohnt auch ein Besuch bei der Ruine der *Wasserburg Friedewald*.

Bebra: Stadt der Biber

Bebra verdankt seinen Namen den Bibern, die in diesem Landstrich im Fuldatal in großer Zahl lebten. Bekannt wurde die Stadt als Knotenpunkt im Eisenbahnverkehr. Das Signal dazu stand 1849 auf Grün, als der kleine Flecken mit der Kurfürst-Friedrich-Wilhelm-Nordbahn, die von Kassel nach Halle führte, den Anschluß an die große Welt erhielt.

Eisenbahninteressierte werden schnell das Wahrzeichen der Stadt finden, den *Wasserturm* auf dem »Solzer-Berg«. Der Turm ist ein Industriedenkmal und beherbergt heute das *Eisenbahnmuseum*. Von einem antiquierten Fahrkartenschrank über alte Signalanlagen bis zu Uniformen reichen die Objekte, mit der die Eisenbahngeschichte im Raum Bebra belegt wird. Zu den Öffnungszeiten des Museums fährt, außer bei Dauerregen, die historische Schmalspureisenbahn als »Wasserturm-Express« rund um den Turm.

Wer sich weniger für Technik, dafür aber traditionelles Holzspielzeug aus dem Erzgebirge und aus Thüringen interessiert, ist im *Spielzeugmuseum* des Ortsteils Bebra-Solz gut aufgehoben. In einem der ältesten Fachwerkhäuser des Ortes ist Spielzeug aus der Zeit von 1900 bis 1940 ausgestellt. Im zweiten Stock sind alte Puppen zu sehen.

In ihrer Freizeit sind die Kinder aus Bebra in dem beheizten *Freibad* mit Wasserrutschen und großer Grünanlage zu finden. Das Naherholungsgebiet Fuldaaue bei Breitenbach ist dagegen zu jeder Jahreszeit interessant: im Sommer zum Segeln, Surfen, Schwimmen und Rudern oder im Winter zum Schlittschuhlaufen.

Weiterode: Von Engeln und klugen Leuten

An der Decke der Dorfkirche von Weiterode tummeln sich unzählige Engel aus dem Frühbarock. Sie veranstalten mit ihren Musikinstrumenten ein himmlisches Konzert zur Freude der Irdischen. Die Dorfkirche ist ein wahres Kleinod!

Im *Kräutergarten* oberhalb des Burgrainplatzes erfährt der Besucher viel über Heilmittel. Gefährliche Gifte wie das vom stolzen Fingerhut, dem Digitalis purpurea, werden in der Medizin wirksam eingesetzt. Der Kräutergarten umfaßt Wildkräuter, Gewürz-, Heil- und Schmuckpflanzen. Wer einen längeren Ausflug im Freien plant, macht noch in der Nähe des Kräutergartens eine Pause bei der *Grillhütte Burgrainplatz*, zu der ein Abenteuerspielplatz gehört. Hier beginnt auch der vier Kilometer lange Waldlehrpfad durch den Seulingswald. Er hält allerlei Informatives über das Leben der Pflanzen und Tiere bereit und ist gleichzeitig ideal zum Wandern. Wem dann noch der Sinn nach weiterem intensiven Erspüren der Natur steht, der mache einen kleinen Abstecher nordöstlich zum *Naturerlebnisweg Iba*. Insgesamt ist er 11

Wasserturm mit Eisenbahnmuseum in Bebra-Solz

Wasserturm und Eisenbahnmuseum
Am Wasserturm 1
36179 Bebra
Tel. 0 66 23 / 79 64
geöffnet: April-Sept. jeden 1. So. im Monat 10-17 Uhr, Sondertermine nach Absprache
Dampflokfahrten auch am 3. Okt. u. 6. Dez.
Eintritt frei

Spielzeugmuseum Solz
Burgring
36179 Bebra-Solz
Tel. 0 66 27 / 7 76
geöffnet: April-Okt. Sa. 15-17, So. 10-12, 15-17 Uhr u. nach Vereinbarung
Kinder 1 DM, Erw. 3 DM

Freibad
Annastr. 17
36179 Bebra
Tel. 0 66 22 / 4 41 73
geöffnet: 9-22 Uhr
bei geeignetem Wetter

Kräutergarten
Bebra-Weiterode
Führungen: Tel. 0 66 22 / 31 38

Grillhütte Burgrainplatz
Vermietung durch den Hei-
matverein
Tel. 0 66 22 / 20 21

Naturerlebnisweg Iba
geführte
Gruppenwanderungen
Tel. 0 66 22 / 23 91 77 14
www.naturerlebnisweg.de

Gasthaus Friedrichshütte
Tel. 0 66 22 / 56 27
geöffnet: 10-20 Uhr
Mo. Ruhetag

Verkehrs- und Kulturamt der
Stadt Rotenburg
Marktplatz 15
36119 Rotenburg a. d. Fulda
Tel. 0 66 23 / 55 55
Fax 0 66 23 / 93 31 63
E-Mail: verkehrsamt@
rotenburg.de
www.rotenburg.de

Rathaus-Glockenspiel
9.30 Uhr, 11.30 Uhr, 15.30 Uhr,
18.30 Uhr

Heimatmuseum Rotenburg
Äußerer Schloßhof
36619 Rotenburg
Tel. 0 66 23 / 8 17 78
(79 oder 80)
geöffnet: Jan.-Mai, Okt.-Dez.
Mi., Fr., So. 14-17 hr
Juni-Sept. auch Do. 14-17 Uhr
Museumssuchspiele
für Kindergruppen
Kinder 1 DM, Erw. 2 DM
Schulklassen frei

km lang und hat unter anderem folgende Stationen: einen Fuß-Fühlpfad, ein Baum-Quiz, das Insekten-Nisthaus und einen Bienen-Schaukasten.

In Weiterode empfehlen wir aber auch noch einen kleineren Ausflug zur *Friedrichshütte*. Jacob und Wilhelm Grimm, die Märchensammler, haben sich hier oft aufgehalten. Ihr Schwager war Bergrat in der Friedrichshütte gewesen, einer Kupferschmelze, deren Gründung durch Landgraf Friedrich ins Jahr 1732 fiel. In ihrer Hochzeit waren in der Hütte 700 Personen beschäftigt, 1000 Zentner Kupfer wurden jährlich hergestellt. Heute beherbergt der Fachwerkbau ein gemütliches Gasthaus mit einem großen Garten. Hier stehen auch die Linde und der Sandsteinbrunnen, an dem sich die Grimms trafen. Diesem Familientreffen verdanken wir wahrscheinlich einige Märchen, darunter das schöne mit dem Titel »Die klugen Leute«.

Die Rotenburger und ihr Spitzname

Die Rotenburger wurden auch »Bornschisser« genannt. Was »Schisser« bedeutet, ist klar, »Born« ist eine alte Bezeichnung für Brunnen. Brunnenscheißer also sollen die Rotenburger sein. Wie es zu dem Namen kam? Vor vielen Jahren wurde nicht weit von Rotenburg entfernt die Rodinburg gebaut, die, wie die Stadt auch, einmal von Söldnern belagert wurde. Die Bürger überlegten, wie sie die Feinde loswerden könnten. Schließlich hatten sie eine Idee: Sie schütteten Jauche in die Quelle, aus der das Trinkwasser für den Burgbereich gespeist wurde. Um die Sache gründlich zu bewerkstelligen, schlichen sie sich auch noch zur Burg und erledigten kurzerhand ihr Geschäft in den Burgbrunnen. Die Besetzer flohen panikartig. Die Rotenburger aber waren stolz, ihr Problem auf eine so »natürliche« Art gelöst zu haben. Von der zwei Kilometer nördlich der Stadt gelegenen Rodinburg stehen übrigens noch Reste von Mauern und Fundamente des Bergfrieds.

Rotenburg liegt idyllisch an der breit dahinströmenden Fulda. Die Altstadt mit ihren Fachwerkbauten, Wehrtürmen und Mauern geht auf das 12. Jahrhundert zurück, Rotenburgs Neustadt auf der linken Seite des Flusses wurde 1340 gegründet. Ein Rundgang beginnt auf der rechten Fuldaseite im Zentrum der alten Stadt. Hier stehen dicht beieinander die gotische Stadtkirche St. Jacobi und das hübsche *Rathaus* mit seinem Glockenspiel. Von hier aus geht es dann zum Renaissance-Schloß der Landgrafen von Hessen-Rotenburg. Das *Kreisheimatmuseum* im Vorhof des Schlosses zeigt Exponate zu den Sammlungsbereichen Vor- und Frühgeschichte und Volks- und Naturkunde. Besonderer Höhepunkt ist die 230 Millionen Jahre alte Sandsteinplatte mit den Fußspuren winziger Dinosaurier! Nach dem Besuch dort geht es zum Flußufer mit seinem alten Wehr und der Schleuse aus der Zeit, als die Fulda noch schiffbar war. Eine Brücke führt zur Neustadt hinüber. Dort lohnt es sich nicht nur, durch die alten Gassen zu schlendern, den Fans von alten Kaufläden, Puppenhäusern und nostalgisch dreinschauenden Puppengesichtern empfehlen wir noch den Abstecher ins *Puppen- und Spielzeugmuseum.*

Puppen- und Spielzeugmuseum
36199 Rotenburg
Bürgerstr.1
Tel. 0 66 23 / 4 16 00
geöffnet: Mi.-So. 14-18,
So. 14-18 Uhr
So. zwischen 15.2.-28.2. geschlossen
Kinder 2 DM, Erw. 4 DM
www.rotenburg.de/info/spiel-museum.htm

Fuldaböckchen und Biotope

Die vielleicht originellste Art, sich auf dem Wasser fortzubewegen, ist eine Fahrt mit dem sogenannten *Fuldaböckchen.* So hießen früher die Frachtflöße, die für den Gütertransport auf der Fulda eingesetzt wurden. Man nannte sie Fuldaböckchen, weil sie schnell wie ein Bock auf den Wellen der Fulda dahinsprangen. Das Fuldaböckchen heute liegt flach im Wasser, hat ein großes Dach, und mehrere Leute haben darauf Platz. Eine Reise damit bis nach Bebra ist geruhsam und gesellig zugleich. Individualisten ziehen vielleicht eine Einzelfahrt im Paddelboot oder Kanu vor. Der Bootsverleih beim *Campingplatz* am Lahnufer macht es möglich. Hier werden auch Fahrräder vermietet, Wanderungen und Planwagenfahrten organisiert. Zum Schwimmen geht es dann in das *Waldschwimmbad.*

Fuldaböckchen/Floßfahrten Infos:
Verkehrs- und Kulturamt

Campingplatz mit Bootsverleih direkt an der Fulda
36619 Rotenburg
Tel. 0 66 23 / 55 56

Waldschwimmbad
geöffnet: tägl. 10-20 Uhr
Tageskarte Kinder 3 DM,
Erw. 5 DM

Extra-Tip: Eine Flaschenpost. Dazu möglichst eine Flasche aus durchsichtigem Glas verwenden und das Etikett ablösen. Auf einen Zettel eine Nachricht schreiben und vor allen Dingen den Namen und die Adresse nicht vergessen! Eure Botschaft rollt ihr zusammen und schiebt sie in die Flasche; fest verkorken und ins Wasser werfen. Mit etwas Glück kommt eine Antwort mit der Post zu euch zurück.

Wildgehege
im Heienbachtal bei
Rotenburg
tägl. frei zugänglich

Ökologisches Schullandheim
Licherode
Lindenstr. 14
36211 Alheim
Tel. 0 56 64 / 9 48 60
Fax 0 56 64 / 94 86 40

Wander- und Waldliebhaber werden sich im Rotenburger Stadtwald wohl fühlen. Tierfreunden sei das *Wildgehege* im Heienbachtal empfohlen, in dem man Rot- und Damwild, Ziegen und Wildschweine bestaunen kann. Kleine und große Pferdeliebhaber können Reiterferien auf Reiterhöfen verbringen. Über Adressen und Preise informiert das Verkehrsamt.

Schulklassen und Gruppen finden Platz im *Ökologischen Schullandheim* mit eigenen Biotopflächen, Amphibienschutzteichen und Solaranlage. Das Schullandheim Licherode liegt nordwestlich von Rotenburg nahe beim Knüllgebirge. Die Schülerinnen und Schüler werden bei ihren Ausflügen in die Natur von einem Umweltpädagogen begleitet, der Aufenthalt wird auf diese Weise zum Abenteuer.

Rotenburg und seine Feste

Kuckucksmarkt in
Rotenburg-Braach
letztes Wochenende
von Mai-Okt. 10-18 Uhr

Das Heimat- und Strandfest am ersten Wochenende im Juli lockt viele große und kleine Schaulustige ans Fuldaufer und in die Innenstadt zu Kinderflohmarkt, Wettspielen, Auftritten von Märchenerzählern, Musikgruppen, Heimatvereinen und Gauklern.

Auf dem *Kuckucksmarkt*, einer Art Bauernmarkt im Rotenburger Stadtteil Braach, stellen viele Marktbetreiber ihre Stände auf. Hier wird von der typisch hessischen »alen Worscht« über Kartoffeln, Käse und Schinken so ziemlich alles aufgefahren, was Hessen an Kulinarischem zu bieten hat. Holzspielzeug und Töpferwaren sind ebenso im Angebot. Kindern wird ein Unterhaltungsprogramm geboten. Für sie ist außerdem der Floh- und Kleintiermarkt besonders anziehend.

Der Weihnachtsmarkt von Rotenburg hat die größte Weihnachtspyramide Deutschlands. Sie ist mit Sternsängern, Hirten, Maria, Josef und den Engeln sage und schreibe 13,13 m hoch und wiegt 17 Tonnen. Das entspricht dem Gewicht von mehr als 400 Kindern! Der Weihnachtsmarkt wird am Nikolaustag mit einem großen Umzug und Geschenken für Kinder eröffnet und dauert über die nächsten beiden Wochenenden hinaus. Parallel zum Weihnachtsmarkt wird in der Jacobikirche eine schöne Krippen-Ausstellung gezeigt.

*Die »Weihnachtspyramide«
in Rotenburg*

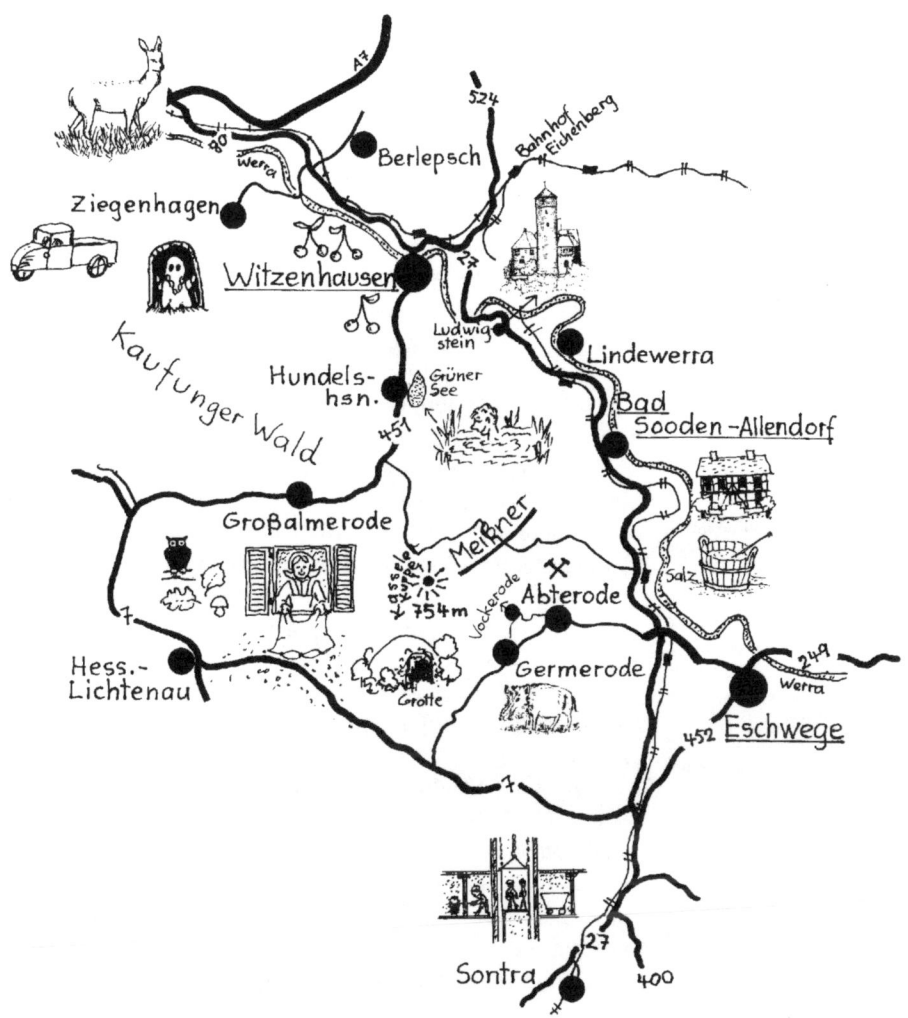

A7

524

Berlepsch

Bahnhof Eichenberg

90

Werra

Ziegenhagen

27

Witzenhausen

Ludwig-
stein

Lindewerra

Hundels-
hsn.

Grüner
See

Bad
Sooden-Allendorf

451

Kaufunger Wald

Großalmerode

Meißner

Salz

7

Kassel
Kassel

754m

Vockerode

Abterode

Germerode

Hess.-
Lichtenau

Grotte

249

Werra

452

Eschwege

7

27

Sontra

400

Werra-Meißner-Kreis

Flußschiffahrt und Schneebringer

Auf der Werra wurde früher Salz, das sogenannte »weiße Gold«, transportiert. Die Stadt Wanfried war der Umschlagplatz für Waren aus und von Südosteuropa. Ihre stattlichen alten Lager- und Stapelhäuser am Hafen zeugen noch von der einstigen Bedeutung der Werra-Meißner-Flußschiffahrt. Heute werden auf der Werra Floß- und Schiffahrten zum Vergnügen gemacht. Schön ist hier der Ausblick auf romantisch von Burgen bestandene Hügel. Auch Fahrrad- und Wanderwege laden zu ausgedehnten Touren ein. Hauptstadt des Werra-Meißner-Kreises ist das über 1000 Jahre alte Eschwege, das östlich vom Meißner an einer Schleife der Werra liegt. Der Ort besitzt eine hübsche Fachwerk-Altstadt, ein Landgrafenschloß mit schönem Schloßgarten und einen »Frau-Holle-Brunnen«. Eschweges Wahrzeichen ist der »Dietemann«, der zu jeder vollen Stunde an der Uhr im Landgrafenschloß in sein Horn bläst. Die Dietemänner wachten in früherer Zeit über die Sicherheit der Eschweger Bürger. Am meisten los ist in Eschwege beim Jugendkulturfestival *Openflair*, das auch ein eigenes Kinderprogramm bietet. Am besten kann man im *Freizeit- und Erholungszentrum Werra-Meißner-Kreis* entspannen. Angeln, campen, schwimmen, surfen, das alles ist dort an den großen Seen möglich.

Der Hohe Meißner gilt als »König« der nordhessischen Berge. Früher hieß er »Wißner« oder »Weißner«, was so viel wie »Weißmacher« oder »Schneebringer« bedeuten mag. Weiß vom Schnee ist es hier früher im Jahr und länger als anderswo in Hessen. Für Ski- und Schlittenfreunde ist der Meißner ein wahres Paradies mit Liften und Langlaufstrecken. Sein langer, nach allen Seiten steil abfallender Bergrücken ist 754 m hoch. Er entstand vor vielen Millionen Jahren durch Vulkanausbrüche. Die Lava, die dabei aus der Erde kam, wurde mit der Zeit zu dem dunklen Basaltgestein, das hier heute noch zu finden ist. Lange Zeit spielten in der Region der Braunkohlebergbau und die Salzgewinnung eine große Rolle. Auch die Kupferförderung blühte. Inzwischen sind die

Tourist-Information
Hospitalplatz 16
37269 Eschwege
Tel. 0 56 51 / 33 19 85
Fax 0 56 51 / 33 19 86
E-Mail: stadtverwaltung@
eschwege.de
www.eschwege.de

Openflair-Festival
erstes Wochenende im Juli
Informationen: Tel. 0 56 51 /
30 42 10

Freizeit- und Erholungszentrum Werra-Meißner-Kreis
Betriebsgemeinschaft FEZ
Söderweg 10
37276 Meinhard
Tel. 0 56 51 / 62 00 oder
2 22 72
Fax 0 56 51 / 2 22 72
E-Mail: 0565113805-0001@
t-online.de
www.eschwege.de/fez

Gruben stillgelegt und können besichtigt werden. Zusammen mit dem Kaufunger Wald, der sich im Nordwesten anschließt, wurde der »Naturpark Meißner-Kaufunger Wald« gebildet. Er stellt mit seinen Wäldern, Mooren, Bergwiesen und Heidelandschaften eines der größten Naturschutzgebiete Deutschlands dar. Eine Straße führt durch das Gelände, an allen wichtigen Punkten befinden sich Parkplätze, und ein Netz von Wanderwegen ist vorhanden. Früher wurden hier Pferde gezüchtet, deswegen sind heute noch viele Reiterhöfe erhalten. Sie bieten Planwagenfahrten und Kinderferien mit und ohne Eltern an. Langeweile kommt also bei einem Besuch des Werra-Meißner-Landkreises nicht auf.

Im Reich der Frau Holle

Um den Meißner ranken sich viele Legenden. Er galt als rauh, unwegsam und war kaum besiedelt. Wenn sein Gipfel von Wolken oder Nebel umhüllt ist, kann man sich vorstellen, Erscheinungen von Geister oder Feen zu sehen. In Vorzeiten war der Berg germanisches Heiligtum. Hier wurde die Göttin Freya verehrt, die für Liebesglück und Kindersegen zuständig war. Freya ist die Ahnfrau der Frau Holle des Grimmschen Märchens, die im Winter ihre Betten ausschüttelt, damit es auf der Erde schneit.

Frau Holle begegnet man am Meißner sehr oft. Der schönste Platz dort ist wohl der Frau-Holle-Teich im nördlichen Teil des Naturschutzgebietes. Ein dunkler Basaltfelsen ragt hinter ihm auf, Moorwiesen umgeben ihn, Schilf wächst an seinen

Am Frau-Holle-Teich auf dem Hohen Meißner

213

Ufern, an seiner Oberfläche blühen Wasserrosen. So wundert es nicht, daß auf seinem Grund das prächtige Zauberschloß der Frau Holle mit seinem großen Blumengarten vermutet wird. Manche behaupten sogar, sie schon gesehen zu haben. Früher baten die Frauen die Holle um Kindersegen. Dazu gingen sie zum Teich und legten dort Blumen und Geschenke nieder. Man stellte sich vor, daß Frau Holle in ihrer Wohnstatt am Grunde des Sees die Seelen der ungeborenen Kinder hütete.

Vom Märchen in die Gegenwart führt der rund 2,5 km lange *Waldlernpfad*. Er beginnt am Teich und hält auf Hinweistafeln Informationen bereit über den Wald und seine Bewohner, aber auch über gefährdende Umwelteinflüsse.

Waldlernpfad
Start: Parkplatz »Frau-Holle-Teich« an der L 3242

Berggasthof »Hoher Meißner«
beim hr-Sender
37235 Hessisch-Lichtenau
Tel. 0 56 02 / 24 09
geöffnet: Di.-Sa. ab 11,
So. ab 10 Uhr

Naturfreundehaus
Auskunft: Anneliese Hupfeld
Marktstr .4
37269 Eschwege
Tel. 0 56 51 / 69 90

Jugenddorf »Hoher Meißner«
Auskunft: Kochsberg 1
37276 Meinhard
Tel. 0 56 51 / 74 91 00

Extra-Tip: Pflanzen und Mythologie am Beispiel Holunder: Er war bei den Germanen der Göttin Freia geweiht. Ihre Nachfolgerin, die Holle oder »Holde Frau«, übernahm den »Hollabusch« gleich mit. Er wuchs früher im Wald, heutzutage ist er in Gärten oder an Wiesenrändern zu finden. Seine weißen Blüten bilden große Dolden, die schwarzen Früchte reifen von Mai bis Juli. Man kann sie selbst pflücken oder beim Öko-Bauern der Region kaufen. Schnell hat man einen leckeren Göttertrank gebraut: aus den Holunderbeeren Saft pressen und nach Belieben mit anderen Getränken mischen.

Die Kitzkammer am Hohen Meißner

Ein Spaziergang vom Holle-Teich lohnt zur »Kalbe« und zur »Stinksteinwand«. Bei dem Aussichtspunkt Kalbe hat man einen schönen Blick über die Wälder bis nach Thüringen und zum Harz. Außerdem soll Frau Holle auch hier ihre Finger im Spiel gehabt haben. Der Sage nach verwandelte sie untreue Männer in Kälber oder Steine. Eine ganze Anzahl eckiger, manchmal fast quadratischer Gesteinsblöcke liegen hier. Nicht weit von der Kalbe entfernt ist die Stinksteinwand, die ihren Namen zu Recht trägt. Hier entzündet sich unter dem Basalt die darunterliegende Braunkohle von selbst. Der Geruch dringt durch das lockere Gestein und riecht nach Schwefel.

Doch nicht nur untreue Männer, auch untreue und eitle Frauen und Mädchen wurden von Frau Holle bestraft. Sie verwandelte sie in Katzen, die ihr den ganzen Tag lang dienen mußten. Am Abend kamen sie in die Katzen- oder »Kitzkammer«. Die Kitzkammer ist eine Felshöhle, in der Basaltsäulen liegen. Sie ist eines der eindrucksvollsten Naturdenkmäler des Meißners und unterhalb des Ausflugslokals *Hoher Meißner* im südlichen Teil des Gebietes zu finden. Auf der Terrasse des Restaurants kann bei leckerem Kuchen die Fernsicht genossen oder beim Grill- und Spielplatz nahebei eine Pause eingelegt werden. Nicht weit entfernt steht ein Fernseh- und Hörfunksender des Hessischen Rundfunks.

Wer länger bleiben will, kann im *Naturfreundehaus Meißnerhaus* an der Südwestseite des Meißners übernachten. Es bietet beste Voraussetzungen für Familienferien, Freizeiten und Klassenfahrten. Schulklassen und Jugendgruppen wohnen ebenso gern im *Jugenddorf Meißner* oberhalb des Ortes Vockerode oder im Jugendwaldheim. Informationen dazu erteilt das Meißnerhaus.

Germerode: Wildpark und Grubenfahrt

Am Südhang des Meißner-Gebirges liegt der Ort Germerode mit seiner romanischen Klosterkirche. Für Tierliebhaber gibt es hier den *Wild- und Erholungspark*, in dem fast alle Wildarten heimisch sind. Hier befinden sich außerdem ein Vogelgehege, zwei Fischteiche, ein großer Spielplatz, die überdachte Grillhütte und die Gaststätte »Jägerstube«. Ein weiterer Anziehungspunkt im Park ist das »Waldwichtelhaus«. Hier wird

Wild- und Erholungspark
Meißner-Germerode
ab Germerode ausgeschildert
Tel. 0 56 57 / 75 91
geöffnet: April-Okt. Di.-So.
10-18 Uhr, Nov.-März Sa.,
So. 10-17 Uhr
15. Dez.-15. Jan. geschlossen
Kinder 2 DM, Erw. 5 DM

in einem Museum durch Sehen, Fühlen, Riechen, Hören erspürt, wie das komplexe Biosystem Wald funktioniert. Es können beispielsweise Klangkörper aus verschiedenen heimischen Holzarten bedient oder durch Mikroskope Käfer bestaunt werden. Wanderfreunde kommen in dem Luftkurort Germerode am Fuße des Hohen Meißners auch auf ihre Kosten, Wanderwege sind reichlich vorhanden.

Der Besuch hier kann gut kombiniert werden mit einem Abstecher zur ehemaligen Bergarbeitersiedlung Abterode. Sehenswert im Ort ist die gotische Pfarrkirche. Räuberbanden haben ihr zugesetzt, Langhaus und Chor zeigen noch die Spuren davon. Zur Kirche gehört ein schöner alter Friedhof. Von Abterode führt eine Straße zum *Besucherbergwerk Grube Gustav* im Höllental. Über 400 Jahre lang wurde hier in der Kupferschiefermine das kostbare Erz abgebaut. Im alten Stollen werden dem Besucher fachmännisch Fördermaschinen und Gesteinsarten erklärt. Das Wort Höllental kommt übrigens nicht von »Hölle«, sondern wieder von Frau Holle!

Bad Sooden-Allendorf: Am Brunnen vor dem Tore

Salz war in Bad Sooden-Allendorf das A und O des Lebens. Es galt als etwas ganz Wertvolles, und die Prise Salz gehörte früher nicht nur auf den Tisch der Wohlhabenden, sondern in größeren Mengen auch in ihre Vorratskammern. Da es noch keine Kühlschränke und Gefriertruhen gab, wurde nämlich alles, was länger halten sollte, eingesalzen. Gewonnen wurde das Salz hier schon vor über 2000 Jahren aus Salzquellen. Das salzhaltige Wasser kam in großen Pfannen auf ein großes Feuer. Es mußte dann so lange kochen, bis das Wasser verdampft war und nur noch das Rohsalz zurückblieb. Anfangs wurde dafür Holzkohle benutzt, dann verfeuerte man Braunkohle. Die Region um den Meißner bot beide Rohstoffe. Zu Beginn des vorigen Jahrhunderts verlor die Salzgewinnung an Bedeutung, seitdem rieselt das salzige Naß zu Gesundheitszwecken über die großen Reisigwände des Gradierwerkes im alten Salinenbereich. Zu einer unterhaltsamen Reise durch die Geschichte des weißen Goldes lädt das *Salzmuseum* im Ortsteil Sooden ein. Mit dem Salz hat auch das Brunnenfest an Pfingsten zu tun. Da kann man miterleben, wie aus 1000 Liter kochendem Salzwasser 80 Pfund Salz werden. Auch Kinder dürfen umrühren helfen.

Besucherbergwerk
Grube Gustav
im Höllental
Tel. 0 56 57 / 75 00
geöffnet: 15. März-31. Okt.
Di.-So. 13-16 Uhr
Extratermine für Gruppen
nach Voranmeldung
Führungsdauer: ca. 1 Stunde
Kinder 4 DM, Erw. 6 DM

Kur GmbH
Landgraf-Philipp-Platz 1
37242 Bad Sooden-Allendorf
Tel. 0 56 52 / 95 87 18
Fax 0 56 52 / 95 87 13
E-Mail:
Kur-GmbH.BSA@t-online.de
www.bad-sooden-allendorf.de

Salzmuseum im Söder Tor
Tel. 0 56 52 / 41 07
geöffnet: Mi. 15-17,
So. 14-17 Uhr
Gruppen nach Vereinbarung
Kinder 0,50 DM, Erw. 1 DM

Sole-Hallen-Bewegungsbad
Am Gradierwerk
37242 Bad Sooden-Allendorf
Tel. 0 56 52 / 95 87 80
geöffnet: Mo.-Fr. 9-13, 14-21,
Sa, So. 9-19 Uhr
Kinder 7,20 DM,
Erw. 10,20 DM (2 Stunden)

Grenzmuseum Schifflersgrund
37318 Asbach-Sickenberg
Tel. 03 60 87 / 9 84 09
Fax 03 60 87 / 9 84 14
geöffnet: März-Okt. 10-17,
Nov.-Febr. 13-16 Uhr
Kinder frei, Erw. 3 DM
E-Mail: GreMu1991@aol.com
www.grenzmuseum.de

Mit dem alten Zimmersbrunnen vor den Toren der Allendorfer Altstadt hat es auch etwas auf sich: Er soll als Vorbild gedient haben für das berühmte Volkslied »Am Brunnen vor dem Tore«. Der Besucher sollte es dem Sänger dieses Liedes gleichtun und im Städtchen etwas verweilen und vielleicht auch träumen. Fachwerk vom Feinsten werden ihm geboten, ein idyllisches Flußufer an der Werra, viele Ausflugsmöglichkeiten in die waldreiche Umgebung. Ein *Sole-Bewegungsbad* bietet Freizeitspaß für jedermann. An die jüngste Geschichte wird erinnert im *Grenzmuseum Schifflersgrund*. Hier blieb an der nahen deutsch-deutschen Grenze zu Thüringen ein Stück DDR-Mauer mit Wachtturm erhalten.

Witzenhausen und die Kirschen

In Witzenhausen werden nicht ständig Witze erzählt. Die Stadt verdankt ihren Namen einem Bischof namens »Witta«. Was Witzenhausen einmalig macht, sind die Kirschen. Sie gedeihen gut in dem milden Klima, und so reiht sich Plantage an Plantage. Über 150.000 Kirschbäume sind es, die im Frühjahr die Landschaft mit ihrer Blüte in Weiß tauchen und um die Erntezeit zum Selberpflücken einladen. Im Juli ist dann die Kesper- oder Kirschenkirmes, eröffnet von ihrer Majestät, der Kirschenkönigin. Dann fließt aus dem Marktbrunnen Kirschsaft, und in den Restaurants gibt es als Beilage zu fast allen Speisen Kirschen, selbst zum Steak. Aufregend ist das »Kesperkernweitspucken«, bei dem jeder mitmachen kann. Alle stellen sich in einer Reihe auf und versuchen mit aufge-

Kirschblüte bei Witzenhausen

217

Tourist Information
Ermschwerder Str. 2
37213 Witzenhausen
Tel. 0 55 42 / 6 00 10
Fax 0 55 42 / 60 01 23
E-Mail: tourist-
information@witzenhausen.de
www.witzenhausen.de

Gewächshaus für tropische
Nutzpflanzen
Steinstr. 19
37213 Witzenhausen
Tel. 0 55 42 / 98 12 31
geöffnet:
Mi., Fr., Sa. 14-16 Uhr,
So. von Okt.-April 15-16,
Mai-Sept. 16-17 Uhr
Samstag 15 Uhr Führung
Kinder u. Erw. 3 DM

Museum für Völkerkunde
Steinstr. 19
37213 Witzenhausen
Tel. 0 55 42 / 50 26 29
geöffnet: April-Okt.
nur für Gruppen nach
Vereinbarung

Mineralwasser-Frei- u.
Hallenbad
Am Sande (Bürgerhaus)
37213 Witzenhausen
Tel. 0 55 42 / 5 08 61
Freibad (beheizt): geöffnet
Mai-Sept. tägl. 9-19 Uhr
Hallenbad: geöffnet Sept.-Mai
tägl. außer Do.,
unterschiedliche Zeiten
Kinder 3 DM, Erw. 4,50 DM,
unbegrenzt

Campingplatz Werratal
Sigrid Rudolph
Am Sande 11
37213 Witzenhausen
Tel. 0 55 42 / 14 65
Fax 0 55 42 / 7 24 18
auch Boots- und
Fahrradverleih

blasenen Backen, die Kerne so weit wie möglich zu spucken. Wer es am besten kann, bekommt einen Preis. Die richtig schöne rote Frucht am Werraufer ist übrigens nicht zum Kosten da. Sie gehört zum Projekt »Kunst am Werratal-Radweg«, mit dem eine Art Freiluftgalerie zur Freude der Radler geschaffen wurde.

Nicht nur Kirschen reifen in Witzenhausen, sondern auch Orangen, Zitronen und Bananen. So macht das *Gewächshaus für tropische Nutzpflanzen* einen umweltfreundlichen Trip zu den Zonen des Äquators möglich. Rund 300 verschiedene Pflanzenarten gedeihen hier. Für Gruppen empfiehlt sich dann noch ein Besuch im *Museum für Völkerkunde*. Es verdankt Landwirten seinen Ursprung, die in den Tropen waren und Masken, Schmuck und Gebrauchsgegenstände als Souvenirs mitbrachten. Gewächshaus und Museum gehen auf Institute der Kaiserzeit zurück, als Deutschland noch Kolonien hatte. Damals wurde in Witzenhausen deutsches Personal für die Tropen ausgebildet. Heute unterhält die Universität Kassel hier am Ort Institute. Viele Menschen aus anderen Kontinenten kommen hierher, um Landwirtschaft zu studieren.

Abkühlung nach so viel Tropen bringt ein erfrischendes Bad im *Freibad* oder eine Kanufahrt auf der Werra. Einen Boots- und Fahrradverleih gibt es beim *Campingplatz*. Radfahrer können auf dem Radweg an der Werra bis nach Thüringen oder nach Niedersachsen radeln. Wer lieber Rollschuh fährt, ist auf der Rollschuhbahn »An der Schlagd« gut aufgehoben.

Jugendburg und Erlebnispark

Einmal auf einer richtigen Burg aufwachen, im Morgenlicht von hoch oben ins Tal schauen, im Rittersaal speisen: Dieser Traum wird wahr in der *Jugendburg Ludwigstein*. Die noch von den hessischen Landgrafen gegründete Burg wurde 1920 vom Jugendverband der »Wandervögel« übernommen. Sie ist heute Jugendherberge und Archiv der deutschen Jugendbewegung zugleich. Die Jugendburg gilt als beliebtes Ziel für Klassenfahrten, Wochenendfreizeiten und Bildungsveranstaltungen. Drinnen lockt ein Hallenbad, bei der Burg sind Spielwiesen, Zeltplatz und Grillmöglichkeiten. Auch für Gäste, die nicht auf der Burg wohnen, werden

Jugendburg Ludwigstein

Burgführungen mit der Erkundung von Turm und Verlies angeboten.

Zum schönen Ambiente gehören auch die Ausblicke. Auf der gegenüberliegenden Werraseite, und damit schon in Thüringen, liegt die mächtige Burg Hanstein und sechs Kilometer weiter das romantische Schloß Berlepsch. Es soll Ähnlichkeit mit dem Schloß von König Drosselbart aus dem Märchen haben.

Ziegenhagen ist ein kleiner ruhiger Ort neun Kilometer von Witzenhausen entfernt. Hätte er nicht den *Erlebnispark Ziegenhagen,* kaum ein Reisender würde ihn kennen. So aber kommen zum alten Rittergut am Teich Fans von Oldtimern und Achterbahnfahrer. Für Kinder gibt es ein Märchenreich, Karussell, Abenteuer- und Familienspielplätze, Riesenrad und Rutsche. Der Park mit seinem Tiergehege, Restaurant und Museumsteil ist weitgehend so gestaltet, daß er auch von Rollstuhlfahrern benutzt werden kann.

Jugendburg Ludwigstein
Herbergsbetrieb und Tagungsstätte
37214 Witzenhausen-Wendershausen
Tel. 0 55 42 / 50 17 10
Fax 0 55 42 / 50 17 12
E-Mail:
jubiludwigstein@t-online.de
www.jugendburg-ludwig-stein.de

Erlebnispark Ziegenhagen mit Auto- u. Motorradmuseum
37217 Witzenhausen-Ziegenhagen
Tel. 0 55 45 / 2 46
Fax 0 55 45 / 63 72
geöffnet: April, September, Oktober 10-17, Mai-Aug. 9-18 Uhr, im März Sa., So. bei gutem Wetter
Kinder 12,50 DM, Schüler u. Erw. 15,50 DM

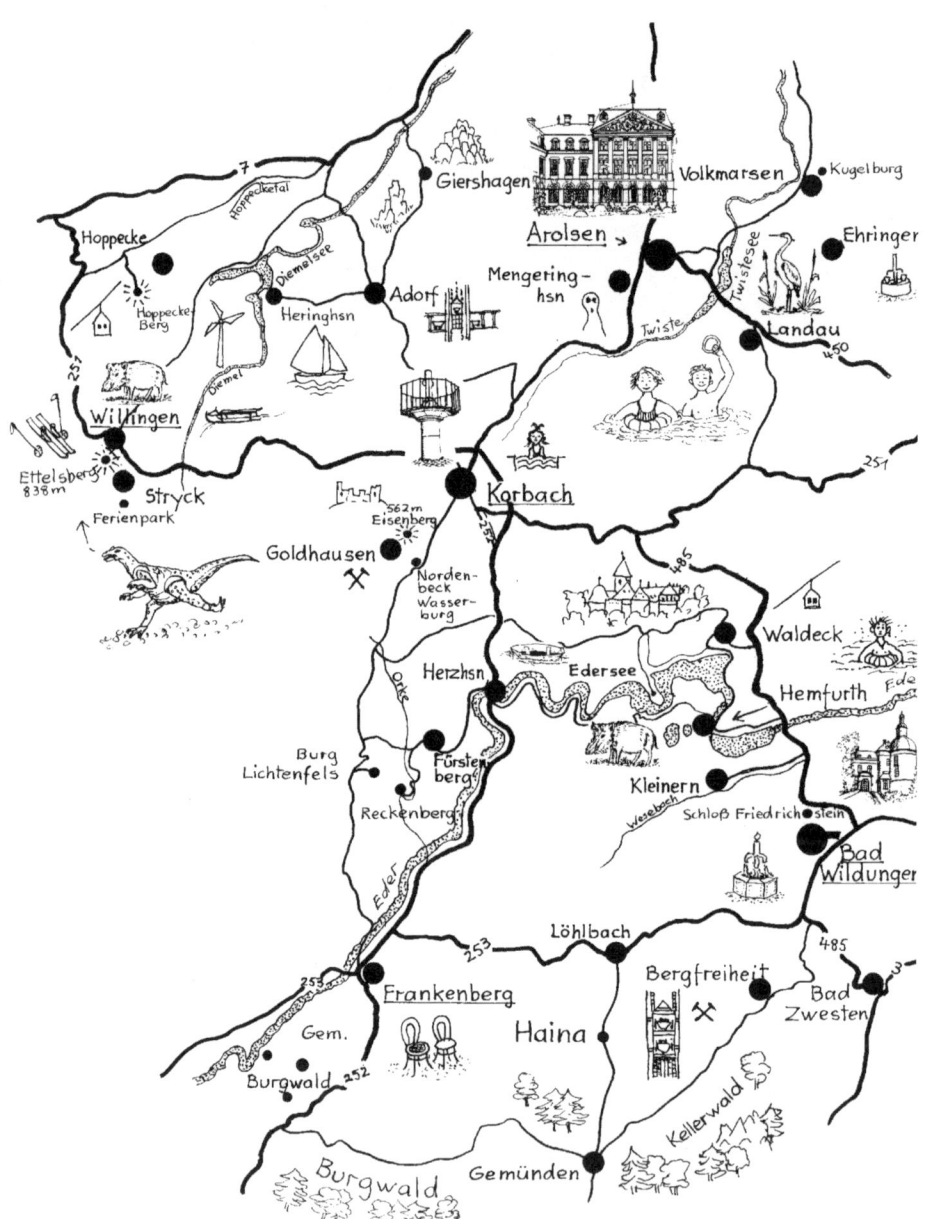

Hoppecke
Hoppecketal 7
Hoppecke Berg
Willingen
Ettelsberg 838m
Stryck
← Ferienpark
257

Giershagen
Diemelsee
Adorf
Heringhsn
Diemel

Arolsen →
Mengering- hsn
Volkmarsen
Kugelburg
Twistesee
Twiste
Ehringer
Landau
60
251

562m Eisenberg
Goldhausen
Norden- beck Wasser- burg

Korbach

Edersee
Waldeck
Hemfurth
Ede

Burg Lichtenfels
Herzhsn
Kleinern
Wesebach
Schloß Friedrichstein
Fürsten- berg
Reckenberg
Orke
Eder

Bad Wildunger

Löhlbach
485
Frankenberg
253
Gem.
Burgwald 252
Haina
Bergfreiheit
Bad Zwesten

Burgwald
Gemünden
Kellerwald

Landkreis Waldeck-Frankenberg

Wasser, Wald und Bodenschätze

Die Region Edersee gilt als das beliebteste Feriengebiet Hessens. Ihr Herzstück bildet Hessens größter See, der Edersee, dessen Maskottchen der Waschbär Eddi ist. Gleich drei weitere Stauseen, zu deren Ufern der Zugang frei ist, hat Waldeck-Frankenberg zu bieten, und so manches schöne Flüßchen lockt Natur- und Wasserfreunde. Schon um 1250 wurde hier der Bergbau urkundlich erwähnt. Man grub nach Eisenerz, Kupfer und sogar nach Gold. Im Kellerwald, der sich im Süden an die Edersee-Region anschließt, sollen sich heute noch beim Wandern Halbedelsteine finden lassen.

Noch ein Stück weiter südlich bildet der Burgwald das größte geschlossene Waldgebiet Hessens. Dem Wanderfreund wird bei so viel Grün das Herz aufgehen. Doch auch Rad- und Kanuwandern, Reiterurlaube, Ferien auf dem Bauernhof, Angeln und Wasserski sind möglich. Nördlich von Arolsen bildet der Ort Volkmarsen die Hochburg des Karnevals im Norden. Der Schlachtruf in den närrischen Tagen lautet dort: »Schurri, Schurri«. An Ostern werden an vielen Orten auf den Bergen Osterfeuer gezündet, und im Sommer finden überall Schützenfeste statt. Da die Bauern der Region recht arm waren, ist ihre Tracht nicht so phantasievoll und üppig wie beispielsweise der Schwälmer. Sie besteht aus blaugefärbten Leinenkitteln mit weißer Stickerei.

Touristikzentrale Waldeck-Ederbergland e.V.
Südring 2
34497 Korbach
Tel. 0 56 31 / 95 43 59
Fax 0 56 31 / 95 45 40
E-Mail: waldecker-land@t-online.de
www.waldeck-frankenberg.de

Der Edersee: Blaues Auge im Waldecker Land

Der Edersee erscheint von oben betrachtet wie ein blauer, langgezogener Punkt in einer zumeist grünen Landschaft. Das Wasser, das die Eder und ihre Zuflüsse in den Stausee transportieren, ist so sauber und klar, daß man meinte, damit sogar Bier brauen zu können. Mit Taucherbrille und ein wenig Glück kann man vielleicht in der Tiefe die Reste der früheren Dörfer Asel, Berich und Bringhausen entdecken. Ihre Bewohner mußten nach 1908 die Häuser verlassen, als mit dem Bau der rund 400 m langen und 47 m hohen Staumauer begonnen wurde. Es sollte der Wasserstand der Weser reguliert und das Edertal vor Hochwasser geschützt werden. So entstand die größte Talsperre im damaligen Kaiserreich.

221

*Der Edersee
mit Schloß Waldeck*

Personenschiffahrt Edersee
Tel. 0 56 23 / 54 15
Fax 0 56 23 / 51 49
Rundfahrten: April-Okt.
Kinder ab 6 DM, Erw. ab 9 DM

Edersee Touristic GmbH
Sachsenhäuser Str. 10
34513 Waldeck
Tel. 0 56 23 / 9 99 80
Fax 0 56 23 / 99 98 30

Durch das Aufstauen der Eder kam es zu einem 27 km langen und bis zu einem Kilometer breiten See. Das Wasser überflutete Häuser, Bauernhöfe, Brücken und Friedhöfe. Wenn im Herbst der Wasserstand sinkt, tauchen die Überreste mancher Gebäude wieder auf. In der kalten Jahreszeit ist der See oft zugefroren und wird so zu einer riesigen Schlittschuhbahn. Im Sommer gilt er als Paradies für Schwimmer, Segler und Surfer. Badeschuhe machen hier Sinn angesichts der spitzen Steine am Ufer. Das Wasser ist meist über 20 Grad warm. Mit der *Personenschiffahrt Edersee* geht es quer über den See. Die Schiffe nehmen auch Fahrräder mit, und Rollstuhlfahrer kommen problemlos an Bord. An zahlreichen Stellen des Sees gibt es Anlegestellen. Wenn der Wasserstand ausreicht, kann man sogar bis nach Herzhausen an der Mündung der Eder schippern. Wer sein Boot lieber selber lenken will, kann sich an einen der Tret- und Ruderbootverleiher, Kanu- und Kajakverleiher wenden oder an eine der Segel- oder Surfschulen. Sie verleihen auch Surfbretter und Boote und bieten Segelkurse schon für Kinder ab 6 Jahren an. Motorboote sind auf dem Edersee übrigens nicht erlaubt, Elektromotoren ausgenommen. Die Adressen der Bootsverleiher kennt die *Edersee Touristic GmbH*. Sie informiert auch über Fahrradverleiher, Kutsch- und Planwagenfahrten und über den Fahrplan der Weißen Flotte.

Edertal-Hemfurth: Geballte Energie

Der Spaziergang über die gewaltige Staumauer bei Edertal-Hemfurth ist ein Erlebnis. Kaum vorstellbar, was passierte, wenn sie bräche! Immerhin faßt der See rund 200 Millionen Kubikmeter Wasser. Hier am See stehen zur Erzeugung von Strom gleich mehrere große *Kraftwerke*. Gestaut wurden die Flüsse schon früher, um Strom im großen Stil erzeugen zu können. 1915/16 wurde das erste Kraftwerk in Betrieb genommen, und in die Stuben und Fabriken des Landkreises hielten Glühbirnen und Elektromotoren Einzug. Die modernste Anlage ist das Pumpspeicherwerk Waldeck II. Es liegt in einer Kaverne, also in einer tief in den Berg hineingebauten künstlichen Höhle. Sie gilt als die größte dieser Art auf der Welt. Der Zugang zu ihr führt durch einen langen Stollen. Eine Führung durch das Pumpspeicherwerk, bei dem zur Stromerzeugung nachts Wasser in höher gelegene Speicherbecken gepumpt wird, dauert etwa 1,5 Stunden. Sie schließt die Besichtigung des Informationszentrums »Energie« mit ein.

Nach der Besichtigung des Industriedenkmals schlagen wir einen Besuch auf dem Peterskopf vor. In den Sommermonaten fährt eine *Standseilbahn* hinauf zum Hochspeicherbecken. Einstieg ist gleich hinter dem Kavernenkraftwerk. Von oben hat man einen herrlichen Blick über den gesamten Edersee.

Spielplätze gibt es gleich zwei bei Hemfurth: den Abenteuerspielplatz »Am Rebachstrand« direkt am See und den Wasserspielplatz *Aquapark Hemfurth* an der Westseite der

Edersee-Kraftwerke
34549 Edertal-Hemfurth-Edersee
Tel. 0 56 23 / 94 80
Führungen: Ostern-31. Okt.
Di.-So. für Gruppen 9.30, 11.30 u. 14.30 Uhr
Di. u. Fr. Einzelbesucher ohne Voranmeldung
Eintritt frei

Standseilbahn
Tel. 0 56 23 / 94 80
Fahrzeiten stündlich:
Karfreitag-Okt. Di.-So.
Bergfahrt 10-17,
Talfahrt 10.15-18.15 Uhr
einfache Fahrt Kinder 6 DM,
Erw. 10 DM

Aquapark Hemfurth
An der Staumauer
34549 Edertal-Hemfurth-Edersee
geöffnet:
Frühjahr bis Herbst tägl.
Eintritt frei

Aquapark in Hemfurth

223

Staumauer. Hier gibt es ein Experimentierfeld, in dem nach Herzenslust mit Wasser, Sand und anderen Materialien »gematscht« werden darf. Parkplätze und Restaurants sind ganz in der Nähe. Der Aquapark hat Teiche, Hängebrücken, einen Wasserfall zum Drunterdurchlaufen und viele Wasserspiele.

In einer Viertelstunde ist man zu Fuß von der Staumauer im *Wildpark Edersee*. Er liegt im sogenannten Bericher Holz oberhalb des Sees in Richtung Bringhausen. Dort laufen Wildschweine, Steinböcke, Auerwild, Wisente, Wildpferde, Waschbären, Luchse und sogar Wölfe umher. Manche der Tiere lassen sich füttern und streicheln. Eine besondere Attraktion ist eine Greifvogelstation mit Adlern, Uhus, Falken und Geiern. Im Informationszentrum erfährt der Besucher außerdem Wissenswertes über die Natur, den Wald und die Tiere.

Wildpark Edersee von Edertal-Hemfurth-Edersee aus Richtung Bringhausen Tel. 0 56 23 / 43 70 geöffnet: Mai-Okt. tägl. 9-18, Nov.-Feb. tägl. 11-16, März-April tägl. 10-18 Uhr Kinder 3 DM, Erw. 5 DM

Waldeck: Das Schloß an der Waldecke

Hoch über dem Edersee liegt das *Schloß Waldeck*, neben der Staumauer das wichtigste Wahrzeichen des Edersees. Eine *Seilbahn* fährt zum Burgberg hinauf. Wie das Schloß zu seinem Namen kam, erzählt folgende Legende: Ein stolzer Ritter zog einst durch das Edertal und fragte einen Schäfer, ob er wohl einen schönen Platz für eine Burg wisse. Der wollte nicht gestört werden und antwortete deshalb nur kurz: »an der Waldecke«. Der Ritter folgte dem Hinweis und baute an der genannten Stelle eine Burg, die dann »Waldeck« hieß. Nach ihr wurde später auch die Stadt benannt.

Sie war und ist Wohnsitz der Waldecker Grafen und diente in der Vergangenheit verschiedenen Zwecken: Die Burg war Zuchthaus, Gericht, Lagerhaus und Försterei. Heute beherbergt sie ein Hotel und Restaurants. Ein Verlies und einen Burgbrunnen gibt es übrigens auch noch. Die Ausstellung »Hinter Schloß und Riegel« befaßt sich mit der Nutzung des Gebäudes als Zuchthaus. Eine Zelle ist nachgebaut, und ein Prügelbock gibt ein anschauliches Zeugnis vom Rechtsempfinden der damaligen Zeit.

In den Sommermonaten ist im Schloß und in der Stadt viel los. Es werden Ritterspiele veranstaltet, und zur Unterhaltung der kleinen Gäste wird ein eigenes Programm geboten. Über Angebote und die Termine gibt die *Edersee Touristic* Auskunft.

Extra-Tip: Wie wäre es daheim mit einem Rittermahl? Da die Ritter besondere Tischsitten und Gebräuche hatten, dürfen sie auch angewandt werden: 1. Man bedeckt sich mit einem Latz, um sich nicht zu bekleckern. 2. Das Essen wird auf hölzernen Brettern serviert. 3. Gibt es Suppe, wird gemeinsam aus einem Napf geschlürft, Schmatzlaute sind erlaubt. 4. Wird Braten gereicht, gibt es nur ein Messer für alle, es wird zum Schneiden benutzt, man nimmt ansonsten die Finger. 5. Zur Mahlzeit kommt Brot auf den Tisch, damit tunkt der zünftige Ritter Soße und Speisereste auf. 6. Auf der Tafel stehen Schälchen mit Wasser und Leinentücher, um anschließend die Hände zu reinigen.

Schloß Waldeck mit
Burgmuseum
34513 Waldeck
Tel. 0 56 23 / 58 90
geöffnet: April-Okt. 9-17.30
Uhr, Führungen alle 30 Min.
Kinder 2,50 DM, Erw. 3 DM

Ideal zum Spielen und Entspannen ist die »Welt der Sinne« direkt am See in Waldeck, mit Kräutergarten und großem Aktionsbereich. Einstieg in den Kletterwald bieten Indianerleitern, Sprossen, Kletternetze und Stangen; Hüpfplatten, ein Gurtsteg, eine große Drehscheibe fordern den Gleichgewichtssinn heraus. Ein modernes *Freibad* gibt es im Stadtteil Freienhagen.

Waldecker Bergbahn
34513 Waldeck
Tel. 0 56 23 / 53 54
Fahrzeiten: tägl. 9-17 Uhr
einfache Fahrt:
Kinder 2,50 DM, Erw. 4 DM

Edersee Touristic GmbH
Tel. 0 56 23 / 9 99 80

Freibad Freienhagen
geöffnet: Mai-Sept. 9-19 Uhr
Kinder 2,50 DM, Erw. 4 DM

Wer sich für das Leben im Bach interessiert, an einer Fledermaus-Exkursion oder an Naturerlebnisspielen teilnehmen will, ist bei der *Ökologischen Forschungsstation Waldeck* im Ortsteil Waldeck-Nieder-Werbe richtig. Diese Institution wendet sich an Kindergartengruppen und Schulklassen, aber auch an Erwachsene. Die Veranstaltungen finden meistens im Freien statt, also wetterfeste Kleidung mitbringen. Nieder-Werbe hat noch eine Besonderheit: die *Sommerrodelbahn*. Sie hat eine Fahrstrecke von 850 m und jede Menge Kurven. Ein Imbiß ist auch vorhanden.

Ökologische Forschungsstation
Reiherbachstraße 13
34513 Waldeck-Nieder-Werbe
Tel. 0 56 34 / 4 80

Sommerrodelbahn Edersee
34513 Waldeck-Nieder-Werbe
Tel. 0 56 34 / 66 46
geöffnet: Ostern-Ende Okt.
tägl. 9-18 Uhr
bei Sonnenschein im Winter
ab 11.30 Uhr
Kinder 2,50 DM, Erw. 3,50 DM

Bad Wildungen: Weltbad mit Schloß

Die Altstadt von *Bad Wildungen* liegt auf einem Hügel. Ihr besonderer Schatz ist die evangelische Stadtkirche mit den aufwendigen Fürstengräbern und dem Flügelaltar vom Meister Conrad von Soest aus dem Jahr 1403. Er zeigt Szenen aus der Kindheit Christi und seine Passion. Der Turm der Stadtkirche kann nach Absprache mit dem Pfarrer bestiegen werden. Der Blick von oben lohnt die Mühe! Mehr über die Geschichte der Region erfährt man im *Schloß Friedrichstein*. Es steht auf einer Bergkuppe und gehörte den Fürsten von Waldeck.

Magistrat der Stadt
Bad Wildungen
Bürgerbüro
Am Markt 1
34537 Bad Wildungen
Tel. 0 56 21 / 70 13 20
Fax 0 56 21 / 7 01 42

Kurmuseum
Brunnenallee 1
34537 Bad Wildungen
Tel. 0 56 21 / 7 29 42
geöffnet: tägl. 14-17 Uhr
Kinder frei, Erw. 2 DM

Schloß Friedrichstein
Museum und
Gesteinssammlung
34537 Bad Wildungen
Tel. 0 56 21 / 65 77
geöffnet: Di.-So. 10-13,
14-17 Uhr
Kinder 3 DM, Erw. 5 DM

Heloponte Freizeitbad
Hallen- und Freibad
Stresemannstr. 2
34537 Bad Wildungen
Tel. 0 56 21 / 16 00
geöffnet: Di.-Fr. 8-20.30,
Mo. 13-20.30,
Sa., So. 8-19.30 Uhr
Kinder 4,50 DM, Erw. 8 DM

Kupferbergwerk
Bad Wildungen-Bergfreiheit
Tel. 0 56 26 / 5 92
geöffnet: Mai-Nov.
Di.-So. 14-16,
Feb.-April
Di., Do., So. 14-15.30 Uhr
Gruppen nach Absprache
Kinder 1 DM, Erw. 3,50 DM

Ausgestellt sind eine Gesteinssammlung, historische Waffen und Orden, alte Jagdgeräte und die »Türkenbeute«. Das sind Gegenstände, die Landgraf Karl von Hessen-Kassel von einem Feldzug gegen die Türken mitgebracht hatte. Ein *Kurmuseum* gibt es in Bad Wildungen auch, denn schon im späten 15. Jahrhundert wurde die positive Wirkung der Sauerbrunnen entdeckt. Seit dieser Zeit kommen Kranke zu den Heilquellen, ein russischer Zar war auch schon da. Das moderne Freizeitbad *Heloponte* und vier schöne Kurparks mit Brunnen und üppigem Blumenschmuck hat Bad Wildungen, seit sich in der Gründerzeit der ruhige Ort zum Weltbad mauserte. Im Kurmuseum wird die Geschichte des Kurbetriebs und seine Bedeutung für den Ort vorgestellt. Medizinische Geräte sind auch dabei: zum Beispiel ein Blasenstein-Zertrümmerer. Dieses Gerät wurde von einem Bad Wildunger Kurarzt erfunden.

Bergfreiheit: Kupfer und Edelsteine

Südlich von Bad Wildungen im Urfftal liegt der kleine Ort Bergfreiheit, eine ehemalige Bergarbeitersiedlung. Hier wurde früher tief unter der Erde nach Kupfer gegraben. Heute ist der Bergbau eingestellt, geblieben ist das an der Straße nach Fischbach gelegene *Kupferbergwerk*. Durch niedrige und schmale Gänge geht es tief in die Erde hinab. Wie in vielen anderen Gruben arbeiteten auch in Bergfreiheit Kinder im Stollen. Da sie kleiner waren, kamen sie besser als die Er-

*Kupferbergwerk
in Wildungen-Bergfreiheit*

wachsenen in den engen Schächten voran. Mit diesen Kinderarbeitern soll das Märchen von Schneewittchen und den sieben Zwergen etwas zu tun haben. Das jedenfalls fand ein Märchenforscher heraus. Das harte Leben unter Tage verhinderte ihr Wachstum und ließ sie früh alt erscheinen.

Alles, was mit dem Bergbau in der Region Kellerwald zusammenhängt, ist im *Museum im Historischen Bergamt* zusammengetragen. Neben Kupfer gibt es auch Halbedelsteine, sogenannte Achate. Noch heute werden solche in der *Edelsteinschleiferei Lange* bearbeitet. Man kann dabei zuschauen, und die schönsten Exemplare sind ausgestellt. Zusätzlich gibt es hier eine Reptilienausstellung; das ist nämlich das Hobby von Herrn Lange.

Bergamtsmuseum
Kellerwaldstr. 18
34537 Bad Wildungen-Bergfreiheit
Tel. 0 56 26 / 17 36
geöffnet:
Di., Do., Sa. 15-17 Uhr,
Gruppen nach Absprache
Eintritt frei

Edelsteinschleiferei Lange
Im Urfftal 9
Bad Wildungen-Bergfreiheit
Tel. 0 56 26 / 3 43
geöffnet:
normale Verkaufszeiten
Schleiferei: Mo.-Fr. 15-17,
Sa.10-13 Uhr, Gruppen nach Absprache, Eintritt frei

Kloster Haina: Heimat der Familie Tischbein

Die mittelalterlichen Mönche der Zisterzienser errichteten ihre Klosterbauten immer in großer Abgeschiedenheit (s. Kloster Eberbach im Rheingau). Dies war auch der Fall beim *Kloster Haina* im Wohratal, mit dessen Bau zu Beginn des 13. Jahrhunderts begonnen wurde. Das Kloster wurde 1527 im Zuge der Reformation von Landgraf Philipp dem Großmütigen (s. Marburg) aufgelöst. Er errichtete hier ein Krankenhaus für die Landbevölkerung, in das neben körperlich Kranken zunehmend auch psychisch Kranke aufgenommen wurden. Für die damalige Zeit war das sehr ungewöhnlich. Später wurden dann in Haina ausschließlich psychisch Kranke untergebracht. Im Nationalsozialismus beteiligte man sich hier auch an sogenannten »Euthanasieaktionen«. Haina ist heute psychiatrisches Krankenhaus. Ein *Psychiatrie-Museum* dokumentiert den sich wandelnden Umgang mit den Kranken. Die Ausstellung ist eher für größere Kinder von Interesse. Vom Kloster selbst sind die großartige Klosterkirche, der Kreuzgang und der Kreuzgarten zu besichtigen. Außerdem blieb das Geburtshaus des Malers und Goethefreundes Heinrich Wilhelm Tischbein erhalten. Eine Ausstellung erinnert im *Tischbein-Haus* an sein Wirken. Heinrich Wilhelm erhielt von seiner Großmutter am Küchentisch in Haina den ersten Zeichenunterricht.

Kloster Haina
Tel. 0 64 56 / 3 45
oder Herr Helbig
Tel. 0 64 56 / 2 45
geöffnet: Mitte Mai-September 11-17 Uhr
Schüler 1 DM, Erw. 2 DM,
Familie 5 DM

Psychiatrie-Museum
35114 Haina (Kloster)
Tel. 0 64 56 / 9 10
geöffnet: April-Oktober
Di. 9-16, Sa. u. So.14-17 Uhr
Nov.-März jeden
1. Sa. u. So. 14-17 Uhr
Schüler 1 DM, Erw. 2 DM

Tischbein-Haus Haina
Wilhelm-Tischbein-Str.
35114 Haina (Kloster)
Tel. 0 64 56 / 92 97 43
geöffnet: werktags 9-13 Uhr,
Spende
Führungen nach Anmeldung,
auch am Wochenende

Stuhl Nr. 14, Thonet

Fremdenverkehrsamt
Stadthaus, Obermarkt 7-13
55066 Frankenberg
Tel. 0 64 51 / 50 51 13
Fax 0 64 51 / 50 52 03
E-Mail:
humeny.juergen@
frankenberg.de
www.frankenberg.de
Samstag, 10.30 Uhr kostenlose
Stadtführung

Frankenberg: Sitzgelegenheiten unter Dampf

Ohne es vielleicht zu wissen, ist sicher jeder schon einmal hautnah mit einem Gegenstand aus Frankenberg in Berührung gekommen: In dieser Stadt wurde nämlich 1889 die *Stuhlfabrik Thonet* gegründet. Zu einer Zeit, als sich die Leute ihre Möbel in der Regel noch einzeln vom Schreiner machen ließen, stellten die Brüder Thonet Stühle schon industriell als Massenware her. Dazu wurde Buchenholz unter Dampf erhitzt und gebogen. Heraus kamen sogenannte »Bugholzstühle«. Einige davon wurden richtig berühmt und fanden Platz in Caféhäusern und in so manchem Eß- und Wohnzimmer. Heute hat die Firma ihren Stammsitz in Kassel und liefert Stühle in alle Welt. Im firmeneigenen Museum sind alte und neue Stücke zu bewundern. Für Gruppen oder Schulklassen ist auch ein Blick auf die Produktion möglich. Im *Dampfmaschinenmuseum* Frankenberg entsteht eine interessante Schau rund um die größte funktionstüchtige Dampfmaschine

Zehntürmiges Rathaus in Frankenberg

Deutschlands. Dampframmen und Lokomobiles wurden in der Landwirtschaft und Industrie eingesetzt. Die ausgestellten Maschinen stammen aus der Zeit von 1890 bis 1945 und werden zum Teil in Funktion vorgeführt.

Frankenberg ist heute das wirtschaftliche Zentrum des oberen Edertals. Aber auch schon im Mittelalter spielte der Handel in der Fachwerkstadt eine große Rolle. Vom Selbstbewußtsein der Bürger zeugt das Rathaus mit seinen zehn Türmen, von ihrem Gottesglauben die schöne Liebfrauenkirche auf dem Kirchberg über der Altstadt.

Durchaus aktuell ist das Angebot für Kinder ab acht Jahre im *Jugendtreff Bootshaus*. Da werden Kurse in Street- und Breakdance angeboten, wird mit Experimentierfreudigen gekocht und im Mädchenclub debattiert. Wer lieber in der Natur unterwegs ist: Bei Frankenberg gibt es ein Wildgehege, in dem Schwarzwild, Rot- und Damwild lebt. Viele Tiere sind inzwischen so an die Menschen gewöhnt, daß sie sich streicheln lassen. Täglich um 15 Uhr werden die Tiere gefüttert. Der Ederhöhenweg führt durch das Gelände. Wanderfreunde sind überhaupt gut dran in Frankenberg. 32 Rund- und Streckenwege verzeichnet der Ort am Burgwald. Eine *Kanutour* auf dem Flüßchen Eder bis zum Edersee stellt zusätzlich ein besonderes Freizeiterlebnis dar.

Korbach: Ein Rathaus mit zwei Eingängen

In Korbach gab es eine alte und eine neue Stadt, die durch eine Mauer voneinander getrennt waren. Im Jahr 1377 wurden beide Städte vereint. Genau auf der Grenze aber bauten die Bürger ein Rathaus, das einen Eingang für die eine und einen für die andere Stadthälfte erhielt. Die Korbacher waren wohlhabende Kaufleute. Wo Geld ist, da herrscht auch Angst vor Dieben. Wurde früher ein Langfinger erwischt, ist er zur Abschreckung öffentlich am Pranger ausgestellt worden. Der Korbacher Pranger steht im früheren Zentrum der Altstadt am Alten Marktplatz. Stolz ist man hier noch auf die Brunnen, auch »Kümpe« genannt, und die Kirchen St. Nikolai und St. Kilian. Mehr über den Alltag und das Leben in der Stadt und der Region erfährt man im *Museum Korbach*. Hier weist in jedem Raum die Farbe Gelb auf Objekte und Texte hin, die speziell für Kinder und Jugendliche geeignet sind. So gibt es Informationen über die im Umland gefundenen, rund

Thonet Museum
Michael-Thonet-Str. 1
35066 Frankenberg
Tel. 0 64 51 / 50 80
geöffnet: Mo. 10-12, 14-17,
Mi., Fr. 14-17 Uhr
Eintritt frei, Führungen nach
Vereinbarung

Dampfmaschinenmuseum
Frankenberg
Otto-Stoelcker-Str. 19
Unternehmenspark Nord
35066 Frankenberg
Tel. 0 64 51 / 71 32 03

Kanutouren und Verleih
Kanu Vöhl
Am Pfarracker 10
35066 Frankenberg
Tel. 0 64 51 / 85 78

Jugendtreff Bootshaus
Hengstfurt 1
35066 Frankenberg
Tel. 0 64 51 / 71 68 24

Tourist Information
Rathaus, Stechbahn 1
34497 Korbach
Tel. 0 56 31 / 5 32 32
Fax 0 56 31 / 5 33 20

Museum Korbach
an der Kilianskirche
34497 Korbach
Tel. 0 56 31 / 5 32 89
geöffnet: Di.-Sa. 10.30-12.30,
14-17, So.10.30-17 Uhr
Nov.-März nur bis 16 Uhr
Schüler 1,50 DM, Erw. 3 DM

229

250 Millionen Jahre alten Fossilien. Spannend ist auch die Geschichte der Goldgräber am Eisenberg. Er liegt nicht weit von Korbach entfernt bei dem Dörfchen Goldhausen. Auch zur Ruine von Burg und Schloß Eisenberg lohnt ein kleiner Ausflug. Von ihrem Turm hat man eine schöne Aussicht über das Waldecker Land. Überhaupt ist Korbachs Umgebung reich an Burgen. In der Nähe Korbachs ist die Burg Lichtenfels, die auch von innen besichtigt werden kann. Bei Nordenbeck gibt es noch eine mittelalterliche Wasserburg, und noch etwas südlicher, im Orketal bei Fürstenberg, liegt in schöner Landschaft das Schloß Reckenberg.

Feste werden natürlich auch in Korbach gefeiert. Jeweils am zweiten Oktoberwochenende findet hier ein mittelalterlicher Markt statt. Handwerker, Künstler, fahrendes Volk, Markttreiben und köstliche Gerüche füllen dann die Innenstadt. Viele Fremde kommen auch am Heiligen Abend in die Stadt. Dann wird bei St. Kilian der alte Brauch des Christkind-

Blick über Korbach

wiegens feierlich begangen. Ein Chor singt dann in luftiger Höhe auf dem Turm. Während die Weihnachtslieder erklingen, werden, um das Christkind symbolisch in den Schlaf zu wiegen, Laternen an langen Seilen hin und her geschwenkt. Eine für Auge und Ohr gleichermaßen schöne Inszenierung.

Willingen: Sportparadies und Bergwerksstadt

Der Wintersport stellt in Willingen alles andere in den Schatten. In dem Ort entstand ein großes Wintersportstadion, in dem 38.000 Besucher Platz finden. Als architektonische Meisterleistung gilt der moderne Schanzenkopf der Sprungschanze. So ist Willingen in aller Munde, wenn in jedem Jahr im Januar die weltbesten Skispringer beim Weltcup von der Mühlenkopfschanze in die Tiefe des Tales springen, das Paradies genannt wird. Willingen liegt im »Upland« oder »Oberland«. Manche sagen auch »Hessisches Sauerland« dazu. Wer außerhalb der Skisaison kommt, braucht auf Attraktionen nicht zu verzichten. Immer lohnend ist neben dem Besuch im *Lagunen-Erlebnisbad* eine Fahrt mit der *Seilschwebebahn* hinauf zum 838 m hohen Ettelsberg.

Im Sommer lockt dann oben in der Hochheide der Gang in die Blaubeeren oder so manch anderer Spazierweg. Im Winter werden die Skier mitgenommen, und nach einer Stärkung in »Sigis Hütte« geht es durch die großen Waldgebiete zurück in den Ort. Im Winterparadies Willingen stehen zahlreiche Skischulen und Lifte für die kleinen und großen Fans bereit. Wer gern auf Langlaufski die Gegend erkunden möchte, der kann das auf rund 90 Kilometer Loipen tun. Eine führt auch an der berühmten Mühlenkopfschanze vorbei. Und weil Rodeln nicht nur im Winter schön ist, darf natürlich auch die *Sommerrodelbahn* im Skigebiet nicht fehlen. Sie ist 700 m lang.

Unterhalb des Ettelsbergs liegt ein *Wild- und Freizeitpark*. In einer Mischung aus Zoo und Wildgehege leben dort viele heimische Tiere wie Wildschweine und Rothirsche, aber auch Bären, Affen, Papageien und Strauße. Ein Streichelzoo und einen Märchenpark gibt es, und abgerundet wird das Ganze durch ein Oldtimer-Museum, den Spielplatz, die Seilbahn, eine Parkeisenbahn und das Waldkino.

Im oberen Strycktal südwestlich von Willingen beginnt ein Naturschutzgebiet. In diesem Hochmoor wachsen Erlen, Birken und seltene Pflanzen wie Korallenwurz, Kriechweide,

Kur- u. Touristik-Service
Waldecker Str. 12
34508 Willingen
Tel. 0 56 32 / 40 11 80
Fax 0 56 32 / 40 11 50
E-Mail:
willingen@willingen.de
www.willingen.de

Lagunen-Erlebnisbad
Am Hagen
34508 Willingen
Tel. 0 56 32 / 60 23
geöffnet: tägl. 9-23, letzter
Einlaß 21.30 Uhr
1,5 Stunden: Kinder 1,50 DM,
Schüler 6,50, Erw. 13 DM

Seilschwebebahn Ettelsberg
Zur Hoppecke 5
34508 Willingen
Tel. 0 56 32 / 67 15
Fahrzeiten: tägl. 9-17 Uhr
einfache Fahrt: Kinder 6 DM,
Erw. 8 DM

Sommerrodelbahn
Gebr. Rummel
Itterbacherstr. 3
34508 Willingen-Ritzhagen
Tel. 0 56 32 / 6 95 49 oder
62 74
geöffnet: tägl. ab 9 Uhr
Kinder bis 4 Jahre frei, ab 4
Jahre 2,50 DM, Erw. 3,50 DM

Wild- und Freizeitpark
Willingen
Am Ettelsberg
34508 Willingen
Tel. 0 56 32 / 6 91 98
geöffnet: tägl. 9-18 Uhr
Kinder bis 3 Jahre frei, danach
9 DM, Erw. 13 DM

Haus der Natur
Briloner Str. 62
34508 Willingen
Tel. 0 56 32 / 40 11 80
Fax 0 56 32 / 40 11 50
geöffnet: 1. Mai-31. Okt. Mo.,
Di. u. Do.10-12 u.15-17,
Sa., So. 15-17 Uhr
Nov.-April, Mi., Sa. 15-17 Uhr
in den Ferien Mo., Di., Do
10-12 u.15-17 Uhr

Schieferbergwerk Christine
Schwalefelder Straße
34508 Willingen
Tel. 0 56 33 / 66 11
Führungen: Mi., Do., Fr. Sa. 10
u.11, 15 u.16, So. 10 u.11 Uhr,
Nov.-März nur vormittags
Kinder 2 DM, Erw. 4 DM
(mit Kurkarte)
Führungen f. Gruppen jeder-
zeit n. Vereinbarung

Tourist Information Diemelsee
Kirchstr. 6
34519 Diemelsee-
Heringhausen
Tel. 0 56 33 / 9 11 33
Fax 0 56 33 / 9 11 34

Bootsverleih Reimann
Diemelsee Heringhausen
Tel. 0 56 33 / 99 22 11

Besucherbergwerk Grube
Christiane

Fieberklee und verschiedene Orchideenarten. Führungen werden durch das Gebiet mit einem Förster gemacht. Mehr über die Natur, die Pflanzen- und Tierwelt erfährt man im ökologischen Informationszentrum *Haus der Natur* in der Nähe des Bahnhofs in Willingen. Dort werden auf 400 qm Ausstellungsfläche in Bildern und kurzen Texten sehr anschaulich die Wechselbeziehungen zwischen Lebewesen und Umwelt im Bereich des Naturparks Diemelsee gezeigt.

In Willingen sind viele Häuser mit Schieferplatten gedeckt, die seit 1859 in den Bergwerken von Willingen zutage gefördert wurden. Heute wird wegen mangelnder Rentabilität kein Schiefer mehr abgebaut. Geblieben ist lediglich das *Bergwerk Christine*, das besichtigt werden kann. Die Stollen ziehen sich über mehrere Stockwerke tief in den Berg hinein. Bei 8 Grad Kälte ahnt der Besucher, wie hart die Arbeit unter Tage war.

Naturpark Diemelsee:
Talsperre und Besucherbergwerk

Hochwasserkatastrophen entlang von Diemel und Weser führten zu Beginn des 20. Jahrhunderts zum Bau der Diemeltalsperre. Sie liegt inmitten des Naturparks Diemelsee. Die Staumauer hat eine Länge von 220 m und eine Höhe von 42 m. Das Wasser treibt hinter der Staumauer in einem Kraftwerk zwei große Turbinen an. Aber auch rund um den See wird Energie gewonnen: Dort stehen fast 40 große Windkraftanlagen, die umweltfreundlich Strom erzeugen. Manche finden, die Windräder störten das Landschaftsbild. Andere halten sie für extra schön. Mit oder ohne Windräder, der Diemelsee ist ein beliebtes Ausflugsgebiet für Wasserfreunde, Segler und Angler. Das kostenlose Strandbad bietet eine Wasserrutsche und einen großen Spielplatz. Ein Kiosk hält Leckereien bereit, Tret-, Ruder- und Elektroboote können gemietet werden. Im Winter empfiehlt sich ein Besuch im *Hallen- und Bewegungsbad* in Diemelsee-Heringhausen. Hit im Sommer ist eine Seerundfahrt mit dem Ausflugsschiff. Es hält an der Staumauer und in Heringhausen. Dort findet ihr auch einen Miniaturpark mit zahlreichen Bauwerken aus der Region Waldeck-Frankenberg im Kleinformat.

Am Rande des Naturparks Diemelsee liegt Adorf, was soviel heißt wie »Dorf am Wasser«. Rund um Adorf zeugen Klippen und Bodenaufschlüsse von einer 300 Millionen Jahre alten Erdgeschichte. Auch heute finden Hobby- und Berufsgeologen dort noch Fossilien. Die Klippe an der Straße Adorf-Giershagen ist ein geologisch bedeutsames Naturdenkmal. Mineralienfreunde wandern zu den stillgelegten Coelestingruben bei Wirmighausen, benannt nach dem Heiligen Coelestin. Eisenerz wurde vom 13. Jahrhundert bis fast in die Gegenwart hinein am Rand von Adorf in der *Grube Christiane* abgebaut. 1986 eröffneten frühere Bergleute dort ein *Besucherbergwerk*. Auf einer 1,2 km langen Untertagestrecke erläutern die ehemaligen Knappen Technik und Arbeitsbedingungen unter Tage. Im angeschlossenen Bergbaumuseum sind weitere interessante Informationen zu erhalten und zahlreiche Mineralien zu sehen.

Bad Arolsen: Zu Besuch beim Fürsten

Bad Arolsen ist ein Städtchen, das am Reißbrett entstand. Die Straßen sollten symmetrisch verlaufen und immer in Bezug stehen zum *Residenzschloß*. Erhalten blieb im Stil des 18. Jahrhunderts die Schloßstraße mit ihren Beamtenhäusern, von denen das Schreibersche Haus zu besichtigen ist. Die Geburtsstätte des Bildhauers Christian Daniel Rauch und das Stammhaus der Malerfamilie Kaulbach sind ebenfalls für die Öffentlichkeit zugänglich.

Im Schloß lebt noch heute mit seiner Familie der »Fürst zu Waldeck und Pyrmont«. Das Gebäude ahmt das Schloß des Sonnenkönigs von Versailles bei Paris nach und wurde nach 1710 erbaut. Zwar geriet es ein wenig kleiner als sein berühmtes Vorbild, steht jenem aber in der Prachtentfaltung nicht nach. Besonders schön sind der »Steinerne Saal«, die Schloßkapelle und die große Bibliothek. In anderen Räumen des Schlosses werden regelmäßig große Kunstausstellungen gezeigt. Der Schloßgarten darf betreten werden.

Seit Generationen in Familienbesitz ist auch die *Brauerei* gleich neben dem Schloß, die einzige im Waldecker Land. Sie pflegt die alte Braukunst bis heute und kann nach vorheriger Absprache besichtigt werden. Im angeschlossenen *Hofbrauhaus* wird gutes und deftiges Essen serviert. Weniger mit dem Essen, aber mit Theater und Musik haben die Arolser Barockfestspiele zu tun, die immer zwischen Ende Mai und An-

Hallen- u. Bewegungsbad
Diemelsee
Kirchstr. 33
34519 Diemelsee-
Heringhausen
Tel. 0 56 33 / 9 11 35
geöffnet: Mo.-Fr. 9-12, 14-22,
Sa. 9-12, 14-20, So. 8-20 Uhr
in den Ferien durchgehend
offen
Kinder 3,50 DM, Erw. 5,50 DM

Ausflugsschiff auf dem
Diemelsee
Tel. 0 29 91 / 64 41

Besucherbergwerk Christiane
Straße Diemelsee-Adorf
Richtung Bredelar/Padberg
Tel. 0 56 33 / 59 55
geöffnet: April-Okt. Mi. 14-17,
Sa. 13-17, So. 10-17 Uhr
Kinder 3 DM, Erw. 6 DM

Gäste- und
Gesundheitszentrum
Landauer Str. 1
34454 Bad Arolsen
Tel. 0 56 91 / 8 94 40
Fax 0 56 91 / 51 21
www.arolsen.de

Residenzschloß Arolsen
Schloßstraße
34454 Bad Arolsen
Tel. 0 56 91 / 8 95 50
Fax 0 56 91 / 89 30 46
geöffnet: April-Okt. 10-15 Uhr,
außer Mo., Gruppen nach
Anmeldung auch sonst
Kinder 1,50 DM, Erw. 6 DM

Brauerei u. Hofbrauhaus
Kaulbachstr. 33
34454 Bad Arolsen
Tel. 0 56 91 / 20 28 29

fang Juni stattfinden. Am zweiten August-Wochenende findet der schon seit bald 300 Jahren begangene, viertägige Kram- und Viehmarkt statt. Er ist der größte Jahrmarkt in Nordhessen und Umgebung.

Ein Stadtteil von Bad Arolsen ist Mengeringshausen mit seinen vielen guterhaltenen Fachwerkhäusern. In der alten Burg befindet sich heute ein Hotel, in dem auf Bestellung der Burggeist erscheint. Das Freibad ist im Sommer ein prima Erholungsort. Das gilt auch für den »Weißen Stein« mit Grillhütte, Angelteich, Waldsport- und Naturlehrpfad. Vom Flugplatz aus, hoch über Bad Arolsen, gehen Flüge über das Waldecker Land mit Flugzeug oder Heißluftballon. Ein gutes Ausflugslokal gibt es dort auch.

Der Twistesee: Treffpunkt der Ausdauersportler

Wenige Kilometer vor Bad Arolsen im Bereich des Stadtteils Wetterburg liegt der Twistesee, ein künstlicher See, der wie Eder- und Diemelsee zum Hochwasserschutz entstand. Der Twistesee gilt als eine der saubersten Talsperren Deutschlands, frei von jeglicher Abwassereinleitung. Nicht nur deshalb eignet er sich bestens zum Schwimmen. Nahezu überall kann man hier baden, nicht nur am kostenlos zugänglichen Sandbadestrand mit großer Liegewiese, Umkleidekabinen, Rutsche und Wasserpumpe. Paddeln, Rudern, Surfen und Wasserski sind erlaubt, Motorboote dagegen verboten. Im Winter friert der See oft vollständig zu. Dann heißt es die Schlittschuhe anziehen oder die Eishockeyschläger rausholen.

Rund um den See führt ein sieben Kilometer langer Rad- und Wanderweg. Auch die großen Waldgebiete der Gegend sind ideal für Wanderungen und Waldläufe. Der Twistesee ist daher bekannt als Ausdauersport-Zentrum. Immer wieder finden hier Volkswanderungen, Marathon- und Triathlon-Wettkämpfe statt. Das Vorstaubecken im Süden des Sees ist Naturschutzgebiet. Dort lassen sich das ganze Jahr hindurch seltene Vögel beobachten. Wer einmal an einem ganz besonderen Ort essen und trinken möchte: Im Überlauftrichter direkt vor der Staumauer befindet sich ein Restaurant.

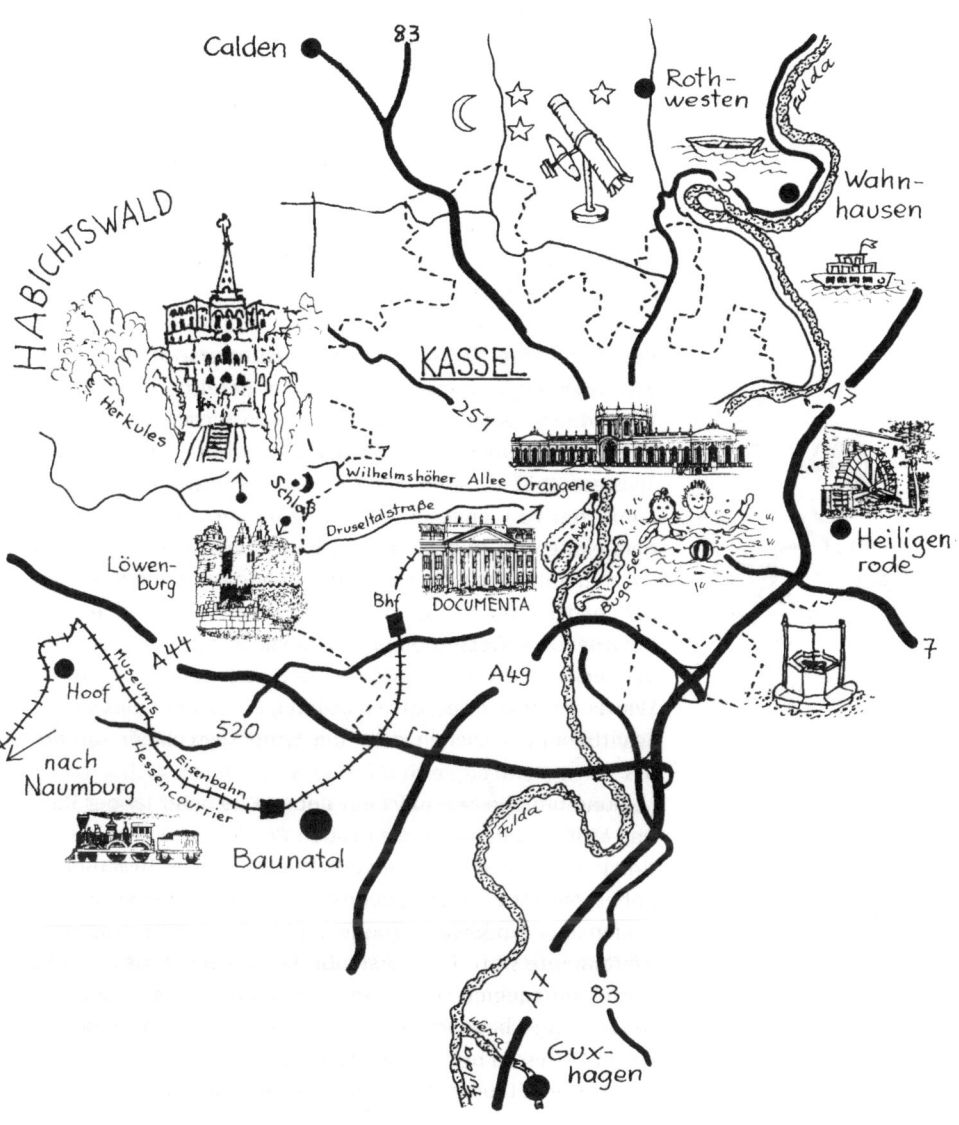

Calden   83   Roth-westen   Wahn-hausen

HABICHTSWALD

Herkules

KASSEL

251

Schloß   Wilhelmshöher Allee   Orangerie

Druseltalstraße

Löwen-burg   Bhf   DOCUMENTA

Heiligen-rode

7

A44   Museums

Hoof   520

Eisenbahn   A49

Hessencourrier

nach Naumburg

Baunatal

Fulda

A7   83   Gux-hagen

Kassel

Smily vom Kasseler Kinderbüro

Kassel-Service-GmbH
Königsplatz 53
34117 Kassel
Tel. 05 61 / 7 07 71 63
Fax 05 61 / 7 07 71 69
E-Mail: KSG@Kassel.de
www.kassel.de
spezielle Kinderführungen ab
130 DM pro Gruppe

Tourist Information
im IC-Bahnhof
34131 Kassel-Wilhelmshöhe
Tel. 05 61 / 3 40 54

documenta
Museum Fridericianum und
documentahalle
Friedrichsplatz 18
34117 Kassel
Tel. 05 61 / 7 07 27 20
Fax 05 61 / 77 45 78
Straßenbahn 1-9, Halt:
Friedrichsplatz

Kasseler Kinderbüro
Haus der Jugend
Mühlengasse 15
34125 Kassel
Tel. 05 61 / 7 87 52 54
geöffnet: Mo.-Do. 10-17,
Fr. 9-13 Uhr
Bus 18, 19, Straßenbahn 8,
Halt: Altmarkt

Spitzhacke und Himmelsstürmer

Kassel ist heute die zweitgrößte Stadt in Hessen. Ein fränkischer Königshof mit Namen »Chassalla« wird erstmals im Jahr 913 erwähnt, später residierten hier Landgrafen und Kurfürsten. Um 1800 hatten die Franzosen in Kassel kurz das Sagen, danach war die Stadt vorübergehend fest in preußischer Hand. Während dieser Zeit entstanden viele große Fabriken, in denen Eisenbahnwaggons und Waffen gebaut wurden. Diese Industriezweige gaben den Ausschlag für die Zerstörung der gesamten Innenstadt während des Zweiten Weltkrieges im Oktober 1943.

Heute ist Kassel mit seiner Hochschule eine Stadt der Kunst. Um 1770 entstand mit dem »Fridericianum« der erste öffentlich zugängliche Museumsbau des Kontinents. Alle fünf Jahre findet hier die *documenta* statt, weltweit eine der wichtigsten Ausstellungen moderner Kunst. Im Jahr 2002 wird die XI. documenta realisiert. Manches von den vergangenen documenta-Ausstellungen ist in Kassel geblieben, beispielsweise die riesige Spitzhacke von Claes Oldenburg an der Fuldaaue oder die Figur des »Himmelstürmers« von Jonathan Borofsky vor dem KulturBahnhof im Kasseler Hauptbahnhof. Für junge Kunstliebhaber und solche, die es werden wollen, gibt es die documenta für Kinder mit speziellen Führungen und Aktionen zu Malerei, Fotokunst und Videos. Wer mehr über Kassel erfahren möchte, dem empfehlen wir das witzige und zugleich informative Buch von Arthur Klose: »Geheimnisvolles Kassel. Eine Entdeckungsreise mit Bobby und Molly durch die documenta-Stadt«.

Im *Kasseler Kinderbüro* erhalten Kinder Informationen über interessante Veranstaltungen und Projekte. Kassel hat eine eigene Kinderbeauftragte, die im Kinderbüro zu finden ist. Das Kinderbüro ermutigt Kinder, bei der Stadtplanung und in der allgemeinen Politik mitzuwirken. Sie können Vorschläge und Ideen dem Kinderbüro mitteilen. Die Kinderbeauftragte geht aber auch dorthin, wo Kinder schon aktiv geworden sind. Die Wünsche werden gesammelt und den Politikern im Rathaus vorgetragen. Auf diese Weise sind schon gute Spielplätze in der Stadt entstanden, und manches Wohnviertel wurde kinderfreundlicher.

Bergpark Wilhelmshöhe: Kraftprotz Herkules

Als Wächter über der Stadt steht in Kassel-Wilhelmshöhe der *Herkules*. Das Wahrzeichen Kassels ist der schwerste Mann der Welt und über neun Meter groß, seine Füße sind 1,50 Meter lang, und der Brustumfang beträgt stattliche fünf Meter. Der Held der Antike stützt sich auf seine Keule, über der das Fell des Löwen hängt, den er der Sage nach mit bloßen Händen erwürgt haben soll. Errichtet wurde die Figur aus Kupfer 1713 im Auftrag des Landgrafen Karl, der in dem Halbgott ein Vorbild für sich selbst sah. Herkules, der den Riesen Encelades mit einem Steinbrocken zu Fall brachte, steht auf dem 63 m hohen achteckigen Sockel, dem »Oktogon«. Hier beginnen die Kaskaden, die hohen Steinstufen, über die Wasser hinabstürzt.

Herkules und Oktogon
34131 Kassel-Wilhelmshöhe
Tel. 05 61 / 31 24 56
geöffnet: 15. März-15. Nov.
Di.-So. 10-17 Uhr
Bus 1, Straßenbahn 23, Halt:
Wilhelmshöhe

Extra-Tip: Den antiken Helden kann man in seiner ganzen Größe erleben beim Hören seiner abenteuerlichen Lebensgeschichte. Die Heldentaten von Herkules neu erzählt hat Dimiter Inkiov. Wirklich schön in Szene gesetzt sind sie auf der CD beziehungsweise MC, die bei Igel-Records erschienen ist.

Wasserspiele
Bergpark Wilhelmshöhe
Betriebszeiten: Himmelfahrt-
3. Okt. Mi.,
So. 14.30-15.45 Uhr
Juni-Sept. am 1. Sa. im Monat
um 22 Uhr beleuchtet

Es lohnt sich, den Kassel-Besuch mit einem Aufenthalt im größten Bergpark Europas zu beginnen. Im Zusammenspiel von Natur, Architektur und Skulpturenschmuck ist er eine großartige barocke Anlage. Seen, alte und seltene Bäume, Wiesenhänge, Wasserfälle und Fontänen bilden immer wie-

Löwenburg
Bergpark Wilhelmshöhe
34131 Kassel
Tel. 05 61 / 9 35 72 00
geöffnet: März-Okt. Di.-So. 10-17, Nov.-Feb. Di.-So. 10-16 Uhr
Mittagspause 12-13 Uhr
Kinder 4 DM, Erw. 6 DM
Bus 23, Halt: Löwenburg

*Die Löwenburg
im Bergpark Wilhelmshöhe*

237

der überraschend schöne Motive. Dazwischen versteckt sind kleine Tempel, eine Eremitage und die Teufelsbrücke. Besonders schön ist es auf der Wilhelmshöhe beim »Park- und Lichterfest« am vierten Samstag im August. Ein Laternenumzug findet statt, und abends gibt es ein großes Feuerwerk.

Die *Löwenburg* mit Türmen, Wehrgängen, Zugbrücke und Fallgitter wurde schon als Ruine geplant und gebaut. Landgraf Wilhelm IX., der im Mittelalter eine ideale Epoche sah, wurde bei seinem Bauvorhaben von der Lektüre des zeitgenössischen Romans »Löwenritter« inspiriert. Die Löwenburg ist heute Museum; es gibt Altäre, Glasfenster, Waffen und Rüstungen, und die fürstlichen Wohnräume sind zu bestaunen.

Auch *Schloß Wilhelmshöhe* am unteren Ende des Bergparks geht auf Landgraf Wilhelm IX., den späteren Kurfürsten Wilhelm I., zurück. 1786 wurde mit dem Bau begonnen. Inzwischen sind die fürstlichen Räume ebenfalls in Museen umgewandelt worden. Sie beherbergen eine Sammlung antiker Plastiken und die Galerie mit Bildern alter Meister, darunter auch einige Meisterwerke Rembrandts. Gegenstück zu Schloß Wilhelmshöhe ist das neun Kilometer entfernte Sommerschloß Wilhelmsthal in Calden (s. dort). Die großartigen Bauten wurden übrigens weitgehend mit dem Verkauf von Soldaten bezahlt. »Ab nach Kassel« ist ein bekannter Spruch: Zwangsweise angeworben, mußten Männer aus ganz Hessen in fremden Heeren kämpfen. Ihre Verschiffung nach Amerika erfolgte von Karlshafen aus (s. dort).

Der Besuch im Bergpark ist gut zu verbinden mit einem Aufenthalt in der allerdings etwas teuren *Kurhessen-Therme* im Stadtteil Wilhelmshöhe. Das Thermalsolebad wartet mit einer Wasser-Erlebniswelt auf, die in zwei Stunden kaum zu durchschwimmen ist.

Die Waschbären im *Kleintierzoo am Rammelsberg* haben kein eigenes Schwimmbad, sind aber wie die Hasen, Enten, Schafe und Affen schön anzusehen.

Berühmtes und Kurioses in Kasseler Museen

Geboren wurden Jacob und Wilhelm in Hanau (s. dort), in Steinau (s. dort) verbrachten sie ihre Kindheit. In Kassel, dem Geburtsort der Mutter, besuchten sie das Gymnasium. Hier fanden sie später auch eine Anstellung als Wissenschaftler

Museum Schloß Wilhelmshöhe
34131 Kassel
Tel. 05 61 / 9 37 77
geöffnet: Di.-So. 10-17 Uhr
Schüler 5 DM, Erw. 7 DM

Kurhessen Therme
Wilhelmshöher Allee 361
34131 Kassel
Tel. 05 61 / 31 80 80
Fax 05 61 / 3 18 08 13
geöffnet: tägl. 9-23,
Mi., Fr., Sa. 9-24 Uhr
Kinder bis 6 Jahre frei, Schüler
u. Erw. 1,5 Stunden 21 DM,
Tageskarte 47 DM
Straßenbahn 1,
Halt: Kurhessentherme

Kleintierzoo am Rammelsberg
Tel. 05 61 / 31 33 51
geöffnet: Mo.-Fr.14-18,
Sa. u. So. 9-18 Uhr
vorm. nach Vereinbarung
Spende
Straßenbahn 1,
Halt: Kunoldstraße

und Bibliothekare. In Kassel begannen sie, die meist nur mündlich weitergegebenen Märchen und Sagen zu sammeln und aufzuschreiben. Die meisten hat ihnen die Gastwirtstochter Dorothea Viehmann, die »Viehmännin« aus dem kleinen Dorf Niederzwehren bei Kassel, erzählt. 1812 erschien der erste schmale Band der Grimmschen Märchen, von Jahr zu Jahr kamen neue hinzu. Mittlerweile gibt es unzählige Auflagen, und in 140 verschiedene Sprachen sind die Hausmärchen übersetzt worden. Kassel hat ein eigenes *Brüder-Grimm-Museum*, das Bücher, Handschriften, Bilder und andere Erinnerungsstücke zeigt. Besonders anrührend sind die Kinderbriefe der beiden an ihre Eltern.

Die hessischen Landgrafen legten im 17. Jahrhundert mit ihrem »Naturalienkabinett« den Grundstock zur Sammlung des *Naturkundemuseums*. Die älteste systematische Pflanzensammlung Europas und eine Gesteinssammlung wurden durch zahlreiche Sammlungen erweitert. In großen Lebensrauminszenierungen werden Bisam, Braunbär und Rothirsch in ihrem natürlichen Umfeld präsentiert.

Wie lebten altsteinzeitliche Jäger und Sammler, welche Waffen benutzten sie? Wo siedelten die Kelten, wo die Germanen? Wie haben die Bauern ihre Äcker bearbeitet, als es noch keine Traktoren gab? Diese und viele andere Fragen werden im *Hessischen Landesmuseum* beantwortet. Rund 400.000 Jahre Geschichte sind im Schnelldurchgang erlebbar.

Bei uns und in vielen anderen Ländern der Welt besteht

Gruppentageskarten für alle Museen
Kinder 3 DM, Erw. 5 DM
Informationen zur Museumspädagogik
in den einzelnen Museen
Tel. 05 61 / 31 28 28

Brüder-Grimm-Museum
Schöne Aussicht 2
34117 Kassel
Tel. 05 61 / 78 72 32
und 7 87 20 33
geöffnet: tägl. 10-17 Uhr
Kinder 1 DM, Erw. 3 DM
Bus 12, Straßenbahn 1-9,
Halt: Rathaus

Naturkundemuseum
im Ottoneum
Steinweg 2
34117 Kassel
Tel. 05 61 / 7 87 40 14
Fax 05 61 / 7 87 40 58
geöffnet: Di.-So. 10-17 Uhr
Schüler 2 DM, Erw. 3 DM
Straßenbahn 1-9,
Halt: Friedrichsplatz

Hessisches Landesmuseum u.
Deutsches Tapetenmuseum
Brüder-Grimm-Platz 5
34117 Kassel
Tel. 05 61 / 7 84 60 od.
77 57 12 (Tapetenmuseum)
geöffnet: Di.-So. 10-17 Uhr
Kinder 3 DM, Erw. 5 DM
Straßenbahn 1-9,
Halt: Rathaus

Im Museum

schon lange die Vorliebe, Wände mit Tapeten zu zieren. Dabei wurden edle Materialien wie Seide, Leinen, Wachstuch und auch Leder benutzt. Sie wurden bedruckt, mit Silber und Gold belegt oder bemalt – oft kamen ganze Landschaften und Theaterszenen auf diese Weise in den Innenraum. Welch unterschiedliche und ausnehmend schöne Tapeten es gab, zeigt das *Deutsche Tapetenmuseum* in Kassel. Es ist weltweit das einzige seiner Art.

Museum für Sepulkralkultur
Weinbergstr. 25-27
34117 Kassel
Tel. 05 61 / 91 89 30
geöffnet: Di.-So. 10-17,
Mi. 20 Uhr
Schüler 4 DM, Erw. 6 DM
Straßenbahn 1-9,
Halt: Rathaus

Das *Museum für Sepulkralkultur* sammelt alles, was mit dem Tod und der Bestattung von Menschen zu tun hat. Das Wort »Sepulkral« kommt aus dem Lateinischen und bedeutet Grabmal. Im Museum werden interessante Sonderausstellungen organisiert. Für viele ist es nicht selbstverständlich, über den Tod zu sprechen, um so wichtiger ist dieses einmalige Museum. Der Besuch empfiehlt sich für Eltern mit größeren Kindern.

Die Karlsaue: Barockpark mit Kulturzelt

Die Karlsaue ist nach dem Landgrafen Karl benannt. Um 1700 ließ er sich auf dem Gelände bei der Fulda als Sommerresidenz ein Orangerieschloß errichten. Hier ist heute das *Museum für Astronomie und Technikgeschichte* untergebracht. Von der goldenen Planetenuhr aus dem Jahr 1561 über die Hochdruckdampfpumpe des Denis Papin bis zum ersten Computer, den Konrad Zuse entwickelte, wird hier der geschichtliche Bogen gespannt. Der Zuse-Computer ist im Vergleich zum heutigen PC ein Riesengerät. Zum Museum gehört ein *Planetarium*, unter dessen zehn Meter großer Kuppel der Sternenhimmel mit seinen verschiedenen Sternzeichen projiziert wird.

Museum für Astronomie und
Technikgeschichte
In der Orangerie, Karlsaue 20 c
34117 Kassel
Tel. 05 61 / 7 15 43
geöffnet: Di.-So. 10-17 Uhr,
Vorführungen Di., Do.,
Sa. 14, Mi., Fr., So. 15 Uhr
Kinder 5 DM, Erw. 7 DM,
Museum mit Planetarium:
Kinder 7 DM, Erw. 9 DM
Straßenbahn 1-9,
Halt: Friedrichsplatz

Ein Barockpark mit Wasserkanälen und reichem Skulpturenschmuck schließt sich an die Orangerie an. Im Park der Karlsaue kann man inmitten der Rasenflächen, Hecken und an den Wasserbecken wunderbar spazierengehen. Auch die »Blumeninsel Siebenbergen« mit vielen schönen und seltenen Pflanzen ist hier. Nahe der Gärtnerplatzbrücke gibt es einen Wasserspielplatz, und im Sommer lädt ein Badesee in der Fuldaaue zum Schwimmen ein. Weil der See zur Bundesgartenausstellung 1981 künstlich angelegt wurde, heißt er auch »Buga-See«. Das Bade-, Spiel-, Surf- und Sonnenvergnügen ist kostenlos, auch FKK ist möglich.

In den Sommermonaten steht an der Fuldaaue das »Kulturzelt«, in dem unter anderem auch Theaterstücke, Lesungen und Musik für Kinder angeboten werden. Ende Juli oder Anfang August findet das Wasser- und Altstadtfest »Zissel« statt. Früher war es eine Art Erntedankfest für die Schiffer, heute ist es die größte Kirmes in Nordhessen. Auf der Fulda und an ihren Ufern herrscht dann mit Gauklern, Riesenrädern und Schaulustigen sehr viel Trubel. Es gibt einen Bootskorso und das nächtliche Fuldaschwimmen mit brennenden Kerzen und Feuerwerk. Wie es zu der eigenartigen Bezeichnung für das Fest kam und was sie bedeutet, ist nicht geklärt. Wahrscheinlich steht sie mit der Redewendung »Geld verzisseln«, also Geld ausgeben, in Verbindung.

Theater, Filme und Bücher für Kinder

Kassel hat kein festes Haus für Kindertheater, das *Staatstheater* spielt im Schauspielhaus und im Opernfoyer aber auch für Kinder. Es werden zusätzlich Probenbesuche, und Diskussionen zu einzelnen Stücken angeboten. An jedem zweiten Dienstag im Monat trifft sich ein Kinder-Theaterclub zu Spielaktionen.

Raum für freie Gruppen, wie das witzige »Theater Lakupaka«, das »Spielraumtheater« und das *Kasseler Figurentheater*, bietet das städtische Kulturhaus am »Dock 4« gleich beim Museum Fridericianum. Über die Spieltermine der genannten Gruppen in Kassel und in Nordhessen informiert das *Kindertheaterbürooo*. So wird im Mai und Juni Märchentheater im Landkreis Kassel gespielt, und beim »Kultursommer Nordhessen« im Juli/August gibt es »Kindertheater in Scheunen«.

Kinderkino wird täglich um 15.15 Uhr im *Filmladen* gezeigt. Er organisiert auch im Frühjahr und im Herbst das Kinderfilmfest. Zehn Tage lang werden dann an jedem Tag mehrere Filme gezeigt, der erste schon frühmorgens zur besten Schulzeit. Leseratten versorgt die *Kinder- und Jugendbücherei* mit Stoff. Über die Buchausleihe hinaus werden Führungen für Kindergartengruppen und Schulklassen angeboten. In den Sommerferien gibt es eine Woche lang ein Kreativ-Programm rund um das Buch. Vergleichbare Aktivitäten während der Ferien richten die Jugendhäuser in der Stadt aus.

Staatstheater Kassel
Friedrichsplatz
Tel. 05 61 / 1 09 42 22
Theaterpädagogische
Angebote
Petra Weimann,
Tel. 05 61 / 1 09 44 00
Straßenbahn 1-9,
Halt: Friedrichsplatz

Kasseler Figurentheater
Kulturhaus Dock 4
34117 Kassel
Tel. 05 61 / 4 91 41 28

Kindertheaterbürooo
Kirchweg 66
34119 Kassel
Tel. 05 61 / 71 06 89
www.kindertheaterbuerooo.de

Filmladen
Goethestr. 31
34119 Kassel
Tel. 05 61 / 70 76 40
Straßenbahn 7,
Halt: Goethestraße

Kinder- und Jugendbücherei
Oberste Gasse 24
34117 Kassel
Tel. 05 61 / 7 87 40 54
Fax 05 61 / 1 27 60
geöffnet: Mo.-Do. 13-18,
Fr. 9-13 Uhr
Straßenbahn 1-9,
Halt: Königsplatz

Hessencourrier e.V. Kassel
Kaulenbergstraße 5
34131 Kassel
Tel. 05 61 / 3 59 25
Fahrkartenverkauf: Kassel-
Naumburger Eisenbahn,
Wilhelmshöher Allee 252
Deutsches Reisebüro, Obere
Karlsstr.15, und im Bahnhof
Wilhelmshöhe
Fahrzeiten: April-Ende Okt.,
im Dez. auch Nikolausfahrten
Fahrt hin u. zurück Kinder
13 DM, Erw. 24 DM

Raum für Natur
Burgstr. 15
34311 Naumburg
Tel. 0 56 25 / 79 09 12
Erlebnisraum geöffnet: April-
Okt. Di. 16-19, Sa. 9-12 Uhr
nach Vereinbarung u. zu den
Fahrzeiten des
Hessencourriers

Passagierschiffe
Rehbein-Linie Kassel
Anlegestelle »Die
Schlagd/Rondell«
an der Karlsaue
Tel. 05 61 / 1 85 05
Fax 05 61 / 10 28 39
Fahrzeiten: 1. Mai-15. Sept.
tägliche Fahrten, Di., Do., So.
nach Hann. Münden
1. Sa. im Monat
Bad Karlshafen
Preise: Kinder ab 6 DM,
Erw. ab 10 DM
Bus 18,19, Straßenbahn 3, 4, 6,
7, 8, Halt: Altmarkt

Personenschiffahrt Söllner
Anlegestelle »Die
Schlagd/Rondell«
an der Karlsaue
Tel. 05 61 / 77 46 70
Fax 05 61 / 77 77 76
Fahrzeiten: 1. Mai-Anfang
Sept. Mi., Sa., So.,
16. Juni-Aug. tägl.
Preise: Kinder ab 6 DM,
Erw. ab 10 DM

Freie Fahrt und Leinen los

Der *Hessencourrier* ist eine fahrende Museumseisenbahn. Die Lokführer, der Schaffner und alle anderen im Dienst tragen historische Uniformen. Entsprechend gemächlich geht es mit diesem dampfbetriebenen Bummelzug zu. Die Dampfloks sind 40 und 50 Jahre alt, die Waggons aber stammen zum Teil noch aus dem 19. Jahrhundert. Zusammen rattern sie in den Sommermonaten über die eingleisige Schienenstrecke 30 km in Richtung Westen zum hübschen Städtchen Naumburg im Habichtswald. Die Fahrt dauert eineinhalb bis zwei Stunden, denn der Courrier hält sehr oft. Blumenpflücken während der Fahrt ist allerdings verboten! In Naumburg angekommen, kann man sich noch das Eisenbahnmuseum am Bahnhof anschauen. Wer länger bleiben will, macht noch einen Ausflug zur nahen Weidelsburg (s. dort) oder einen Besuch im Informationszentrum *Raum für Natur*. Dort kann die Natur ganz wörtlich gemeint »begriffen« werden. In einem Erlebnisraum wird gespielt, angeschaut und getestet. Dabei geht es um die Landschaft, Geschichte und Kultur, um Tiere, Pflanzen, Wasser und Klima.

Die dampfgetriebenen Vorgänger der heutigen Ausflugdampfer tuckerten schon 1707 über die Fulda. Die Abfahrt der *Passagierschiffe* ist beim alten Kasseler Hafen an der Karlsaue, ihre Route verläuft vorbei an den Ausläufern des Kaufunger Waldes durch das abwechslungsreiche Fuldatal. Es werden mehrere kleine Ortschaften passiert; Fahrtende ist beim Stausee bei Wahnhausen. Ein besonderes Erlebnis ist die Fahrt durch eine Schleuse mit einem Höhenunterschied von 8,5 Metern. Wer möchte, kann an den Anlegestellen aussteigen, Besichtigungen machen, wandern und spielen. Es werden auch längere Fahrten bis nach Hannoversch-Münden angeboten, wo die Fulda in die Weser mündet. Von dort geht es dann noch weiter bis nach Bad Karlshafen (s. dort). Zurück nach Kassel kommt man mit dem Bus oder der Bahn oder am nächsten Tag wieder mit dem Schiff. Räder werden kostenlos auf dem Schiff befördert. So kann ein Stück des Weges auch als Radwanderung gestaltet werden. Schön ist es auch, einen Teil oder die ganze Tour mit dem Paddel- oder Ruderboot zurückzulegen.

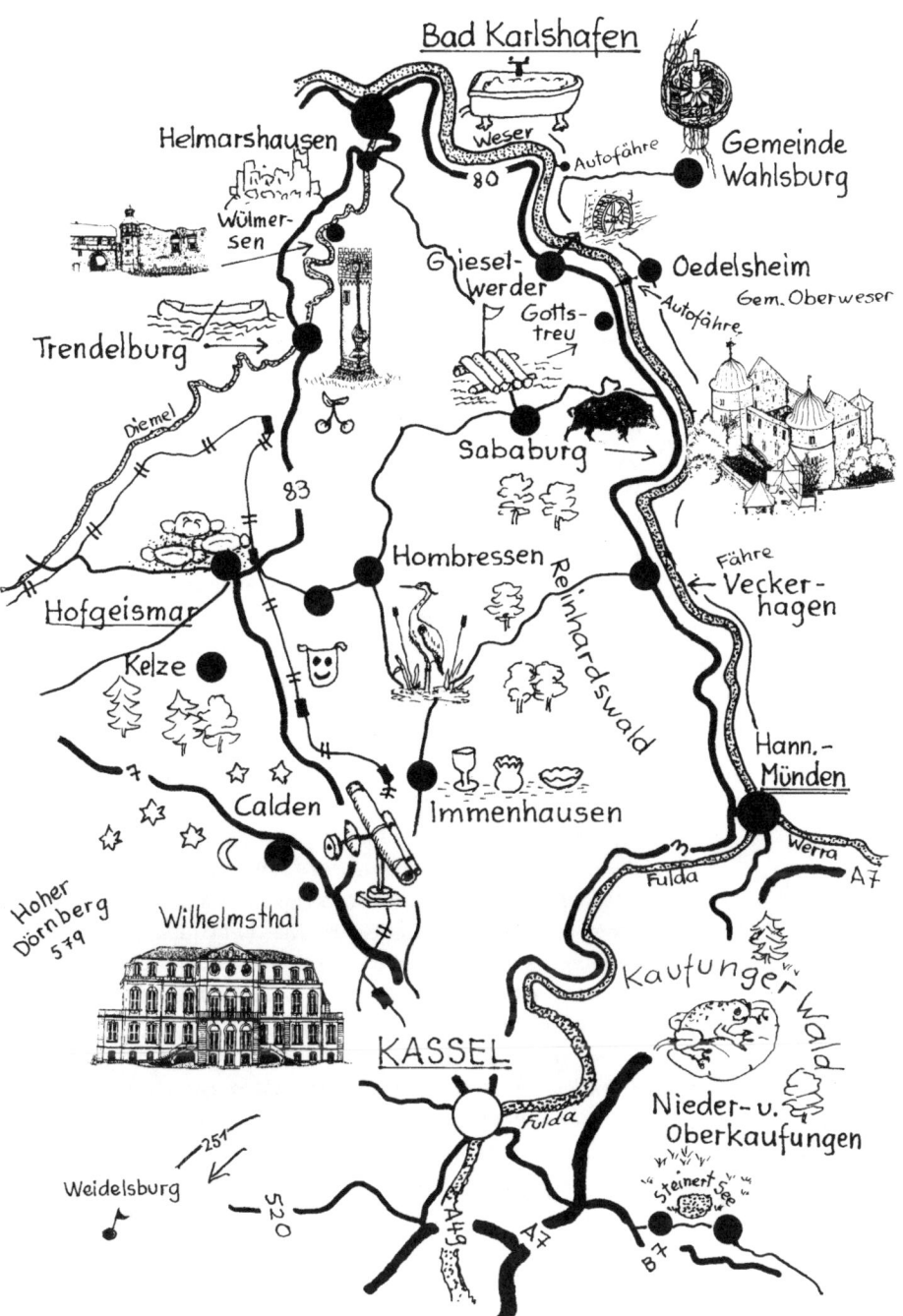

Bad Karlshafen

Helmarshausen

Wülmersen

Trendelburg

Weser

80

Autofähre

Gemeinde Wahlsburg

Oedelsheim

Gem. Oberweser

Gieselwerder

Gottstreu

Autofähre

Diemel

83

Sababurg

Hofgeismar

Hombressen

Reinhardswald

Fähre Veckerhagen

Kelze

Hann.-Münden

Werra

A7

Calden

Immenhausen

Fulda

Hoher Dörnberg 579

Wilhelmsthal

Kaufunger Wald

KASSEL

Fulda

Nieder- u. Oberkaufungen

Weidelsburg

251

520

A49

A7

B7

Steinert See

Landkreis Kassel

Graf Reinhard und das Glück im Spiel

Dem Grafen Reinhard gehörte einst alles Land, alle Dörfer und Höfe zwischen den Flüssen Diemel und Weser. Er soll ein echter Spieler gewesen und dabei einmal sein ganzes Hab und Gut verloren haben. Doch bevor er alles abgab, bat der Graf seinen Gegner darum, noch einmal sein Land bestellen und ernten zu dürfen. Es wurde ihm erlaubt, und Reinhard säte überall Eicheln und Bucheckern aus. Da Bäume bekanntlich viele Jahre brauchen, bis sie gefällt werden können, blieb Graf Reinhard noch lange Herr seines Besitzes. Der Legende nach ist auf diese Weise der Laubwald des Reinhardswaldes entstanden. Im Osten schließt sich der Kaufunger Wald an, im Westen der Habichtswald. Hier, so heißt es, sei Emanuel Geibel zu dem berühmten Volkslied »Der Mai ist gekommen« inspiriert worden.

In den Mittelgebirgen wurde früher nach Kupfer und sogar nach Gold gegraben. In den dichten Wäldern befanden sich Glashütten. Aus Kalk, Pottasche und Sand bestand die Glasmasse, die später bei großer Hitze vom Glasbläser in die richtige Form gebracht wurde. In Immenhausen und Bad Karlshafen wird noch heute mundgeblasenes Glas hergestellt. Forscher sind der Ansicht, das Märchen vom Schneewittchen mit dem »Spieglein an der Wand« und ihrem gläsernen Sarg sei nicht zufällig in dieser Region entstanden, in der die Glasherstellung eine große Rolle spielte. Dementsprechend geht auch ein gutes Stück der von Hanau (s. dort) nach Bremen führenden »Deutschen Märchenstraße« durch den Landkreis Kassel. Zusätzlich gibt es hier auch einen Märchenlandweg mit Wanderwegen, die an 25 Ortschaften der Region vorbeiführen.

Vor rund 300 Jahren holte Landgraf Karl Flüchtlinge aus Frankreich hierher, die in ihrer Heimat wegen ihres Glaubens verfolgt wurden. So entstand Hessens nördlichste Stadt, Bad Karlshafen (s. dort). In vielen kleineren Orten wie Gottstreu, Gewissenruh, Carlsdorf ist die Erinnerung an die Geschichte der Hugenotten noch lebendig. In Kelze wird mit einem Fest an ein besonderes Ereignis aus dieser Zeit erinnert. Bei der Flucht aus Frankreich soll ein kleines Mädchen verlorengegangen sein. Nach langem Suchen fanden es die Eltern wie-

Fremdenverkehrsverband
Touristikregion Kassel-Land
Kasinoweg 22
34369 Hofgeismar
Tel. 0 56 71 / 8 00 12 55
Fax 0 56 71 / 8 00 12 50

der. Aus Freude darüber feiern seither die Bewohner von Kelze ein Fest mit einem Umzug, in dessen Mittelpunkt ein kleines Mädchen als Festkönigin steht. Sie wird von den Mädchen des Dorfes gewählt.

Oberkaufungen: Vom mühsamen Gang der Rösser

Oberkaufungen, südöstlich von Kassel, liegt in einem Bergbaugebiet mit großem Braunkohlevorkommen. 1823 begann man mit der Kohleförderung. Es war Schwerstarbeit, den Förderwagen aus dem im Berg gelegenen Schacht in die Höhe zu ziehen. In Oberkaufungen leisteten dies nicht Menschen, sondern Pferde in einem sogenannten Göpelwerk. Die beiden Tiere liefen im Kreis und zogen dabei einen Balken hinter sich her, der eine große Kurbelwelle in Gang setzte. Auf diese Welle wickelte sich das lange Seil, an dem der Wagen mit der Kohle aus dem Berg geholt wurde. Die Konstruktion ist in dem 14eckigen Holzhaus, das über dem Schacht errichtet wurde, noch heute zu sehen. Ein ehemaliger Bergmann führt durch die Anlage des Bergwerkmuseums mit Göpelwerk.

Der Ort Kaufungen entstand um eine vor knapp 1000 Jahren errichtete Kaiserpfalz. An ihre Stelle trat wenig später das Benediktinerinnenstift, das als bedeutender romanischer Bau weithin sichtbar auf einer Anhöhe über der Stadt steht. Im Ort selbst ist noch so manches hübsche Plätzchen zu entdecken. Über das nicht einfache Leben früher informiert das *Regionalmuseum »Alte Schule«*. Es gibt dort noch einen historischen Klassenraum und Spielzeug von früher. Mineralien und Gerätschaften aus der Kaufunger Bergbautätigkeit sind ausgestellt, außerdem ein Kolonialwarenladen, eine Bauernstube mit Küche und verschiedene Werkstätten.

Der Erholungs- und Freizeitpark Steinertsee entstand in einer ehemaligen Braunkohlegrube zwischen Ober- und Niederkaufungen. Heute sind auf dem Gelände Feuchtbiotope, kleine Teiche für Frösche und Molche und Vogelschutzgehölze angelegt. Seltene Vogelarten, vor allem Wasservögel, haben hier ihren Lebensraum. Baden sollte man im Steinertsee nicht, er hat gefährliche Strömungen. Es gibt hier genügend andere Möglichkeiten, um sich zu vergnügen. Im Winter mit Rodeln und Schlittschuhlaufen, im Sommer am Kinderspiel-

Gemeindeverwaltung
Kaufungen
Leipziger Str. 463
34260 Kaufungen
Tel. 0 56 05 / 80 20

Bergwerkmuseum mit
Göpelwerk
Freudentalstr.
34260 Kaufungen-
Oberkaufungen
Tel. 0 56 05 / 73 07
geöffnet: April-Okt., So. 11-12
Uhr und nach Voranmeldung
Schüler 1 DM, Erw. 2 DM,
Klassen 25 DM

Regionalmuseum
»Alte Schule«
Schulstr. 33
34260 Kaufungen-
Oberkaufungen
Tel. 0 56 05 / 73
geöffnet: Mi., Do.,
Sa. 14-17, So. 10-17 Uhr
Schüler 1 DM, Erw. 3 DM

platz oder auf den Grünflächen und der Liegewiese. Es gibt eine Grillhütte, einen Radfahrhügel, Reitwege und zwei Reitervereine. Die vielleicht größte Attraktion ist die Freilichtanlage des Modellbahnclubs Kassel. Auf etwa 1000 m Gleise fahren dort von Ostern bis September/Oktober Miniaturdampfloks. Mitfahren ist möglich, Eisenbahnfreunde kommen deshalb von weit her.

Weidelsburg: Orchideen und starke Frauen

Der *Hohe Dörnberg*, mitten im Habichtswald, ist gewissermaßen der Hausberg Kassels. Er ist mit 578 m der höchste Berg der Region. Auf ihm finden sich Reste einer frühgeschichtlichen Anlage und bizarre mythisch anmutende Felskuppen. Sie werden »Helfensteine« und »Wichtelkirche« genannt. Der Dörnberg ist bei Wanderern und Segelfliegern sehr beliebt. Hier wachsen unter anderem Trockenrasen und Orchideen.

Die *Weidelsburg* auf dem Weidelsberg mitten im Naturpark Habichtswald ist die mächtigste Burgruine Nordhessens. Die fast rechteckige Anlage der Wehrburg wurde aus dicken Basaltsteinen errichtet. Eine von Türmen verstärkte Ringmauer schützte die Kernburg, deren große Wohntürme abweisend in den Himmel ragen. Die Burg sicherte die Grenze zwischen Thüringen und Hessen und hat eine wechselvolle Geschichte. Eine rührende Episode soll sich 1448 bei der Belagerung durch die Landgrafen von Hessen ereignet haben: Die Burgleute um Ritter Reinhard waren eingeschlossen, die Vorräte wurden knapp, die Lage erschien ausweglos. Da machte sich Reinhards Gattin Agnes zum Lager des Landgrafen auf. Sie fiel vor ihm nieder und bat um die Gunst, mit dem Gut frei abziehen zu dürfen, das ihr und ihren Mägden am teuersten sei und das sie zu tragen vermöchten. Der Landgraf gewährte ihr die Gnade, und die Frauen zogen hinaus. Auf ihren Rücken aber trugen sie ihre Männer und Liebsten.

Kleine Orte in der Region Habichtswald wie Wolfhagen, Zierenberg und Naumburg an der Elbe haben ihren ländlichen Charakter und ihr historisches Erscheinungsbild bewahrt. Naumburg hat ein Naturschutzinformationszentrum, ein Heimat- und ein Eisenbahnmuseum. Die gemütlichste Art, von Kassel (s. dort) dorthin zu gelangen, ist die mit dem

Hoher Dörnberg
Verkehrsamt der Gemeinde Habichtswald
Wolfhagener Str. 42
Tel. 0 56 06 / 59 96 20

Weidelsburg
frei zugänglich
an der B 251 bei Ippinghausen

Hessencourrier
Tel. 05 61 / 3 59 25

Hessencourrier, einer historischen Bahn. Die Fahrt dauert zwei Stunden.

Calden: Rokokoschloß und Sternwarte

Kostbar geschliffene Spiegel, spiegelblankes Parkett und eine »Schönheitsgalerie« mit über 50 Gemälden von Herrschaften, die seinerzeit den Ton angaben, machen den Reiz von *Schloß Wilhelmsthal* südöstlich von Calden aus. Wenn dem Landgrafen Wilhelm im Sommer sein prächtiges Schloß auf der Wilhelmshöhe in Kassel (s. dort) zu groß erschien, zog er sich hierher zurück. Der Park mit seinem alten Baumbestand, Springbrunnen, Teich und Grotte ist besonders schön im Frühjahr, wenn die vielen Kirschbäume blühen.

In Calden kann man die Sterne ganz nah heranholen. Hier in der *Sternwarte* stehen unter runden Kuppeln ein 30 Zentimeter großes Spiegelteleskop und ein Fernrohr mit drei Metern Brennweite. Im Freien sind drei weitere Fernrohre montiert. Betreut wird die Sternwarte vom privaten »Astronomischen Arbeitskreis Calden«. Seine Mitglieder machen den Blick in die Tiefe des Weltalls möglich. Etwas außerhalb des Ortes befindet sich der Flugplatz Calden. Hier können Kurse im Segelfliegen absolviert werden.

Schloß u. Schloßpark
Wilhelmsthal
34379 Calden
Tel. 0 56 74 / 68 98
geöffnet: März-Okt. Di.-So. 10-17, Nov.-Feb. Di.-So. 10-16 Uhr
Kinder 5 DM, Erw. 7 DM

Sternwarte Calden
Schachtener Weg
34379 Calden
Tel. 0 56 74 / 72 76
geöffnet: bei klarem Himmel, im Winter Fr. ab 20.30, Sommer Fr. ab 21.30 Uhr u. bei besonderen Himmelsereignissen

Hofgeismar: Stutenwecken und Osterhasenumzug

Im hübschen Hofgeismar feiern die Kinder ein besonderes Fest. Der reiche und mächtige Herr von Schöneberg hinterließ seiner schönen jungen Frau ein großes Vermögen und einen Sohn. Der Hofmeister hatte es auf die Witwe abgesehen. Der Junge war ihm im Weg. Also brachte er ihn in den Wald und tötete ihn. Seiner Mutter aber berichtete er, das Kind sei verschwunden. Schulkinder aus Hofgeismar fanden schließlich die Leiche. In ihrer Trauer vermachte die Frau den Kindern ihr ganzes Geld.

In Erinnerung an diese Legende erhalten am Mittwoch vor Ostern um 10 Uhr alle Kinder Hofgeismars in der Altstädter Kirche einen »Stutenwecken«. Das ist eine Art süßes Brötchen. Am Ostersonntag wird dann weiter mit Osterhasenumzug und buntem Kinderprogramm gefeiert. Etwas Besonderes ist auch der Hofgeismarer Weihnachtsmarkt mit Märchenvorstellungen, Zaubereien und Kindertheater. Spaß macht zu allen Zeiten die Erkundung von Hofgeismars Altstadt im Rah-

Tourist-Information
Märchenland-Reinhardswald
Markt 5
34369 Hofgeismar
Tel. 0 56 71 / 5 07 04 00
Fax 0 56 71 / 50 08 39
E-Mail:
Stadt-Hofgeismar@t-online.de
www.hofgeismar.de
www.reinhardswald.de

Stadtmuseum Hofgeismar
Petriplatz 2
34369 Hofgeismar
Tel. 0 56 71 / 47 91 od. 34 76
geöffnet: Mo., Di., Do. 10-12, Mi. 15-18, Fr. 17-19, So. 11-13, 15-18 Uhr
Eintritt frei

Apothekenmuseum
Apothekenstraße
34369 Hofgeismar
Tel. 0 56 71 / 7 37
geöffnet: Mo., Di., Do. 10-12,
Mi. 15-18, Fr. 17-19, So. 11-13,
15-18 Uhr
Kinder 1 DM, Erw. 2 DM

BaP, Bad am Park
Schöneberger Str.
Tel. 0 56 71 / 18 10
ganzjährig geöffnet:
Mo.-Fr. 7.30-20.30,
Sa. u. So. 9-20.30 Uhr
Schüler 3 DM, Erw. 6 DM

Waldschwimmbad Kelze
Hofgeismar-Kelze
Tel. 0 56 71 / 89 40
geöffnet: Mai-Sept.
tägl. 9-18 Uhr
Kinder 0,50 DM, Erw. 1 DM

Vogelpark Hombressen
34369 Hofgeismar-
Hombressen
Tel. 0 56 71 / 64 15
jederzeit frei zugänglich

Tourist Information
Trendelburg
Marktplatz 1
34388 Trendelburg
Tel. 0 56 75 / 74 99 18
Information zu den
Stadtrundgängen:
Fremdenverkehrsamt
Hofgeismar
Tel. 0 56 71 / 99 90 34

Burghotel Trendelburg
Tel. 0 56 75 / 90 90
Fax 0 56 75 / 93 62

men einer Rallye. Da heißt es, Rathaus, Hochzeitshaus, das Sälbertor und die Reste der Mauern zu finden. Unterlagen dazu gibt es bei der Stadt. Beim Besuch im *Stadtmuseum* am Petriplatz sieht man eine Abteilung für Vor- und Frühgeschichte, eine zur Stadtgeschichte und zur Geschichte der jüdischen Mitbürger. Interessant ist auch das *Apothekenmuseum* im »Steinernen Haus« mit seiner Sammlung von Gegenständen, die früher zur Herstellung von Arzneimitteln gebraucht wurden. Originalgetreu wurde hier die alte »Hirsch-Apotheke« wiederaufgebaut; im Freien gibt es einen Apothekergarten.

Die Heilkunst spielte in Hofgeismar seit dem 18. Jahrhundert eine große Rolle. Beim »Gesundbrunnen« etwas außerhalb der Stadt wurde gekurt. Heute ist dort die Evangelische Akademie untergebracht. Im Park beim runden Brunnentempel und dem kleinen See kann man einen hübschen Spaziergang unternehmen.

Auch Schwimmbäder zur Erholung fehlen in Hofgeismar nicht. Das *BaP*, das Bad am Park, lohnt zu jeder Jahreszeit. Im Sommer lockt im Ortsteil Kelze ein *Waldschwimmbad*. Für Tierliebhaber gibt es im Ortsteil Hombressen einen *Vogel- und Tierpark*.

Trendelburg: Rapunzel und Trendula

Wahrzeichen des Städtchens Trendelburg ist die trutzige Burg; ihren Namen soll sie von der Riesin Trendula haben. Schon von weitem grüßen ihre Mauern, Dächer und Türme. Berühmteste Bewohnerin der *Trendelburg* war vielleicht »Rapunzel« aus dem Grimmschen Märchen mit ihrem langen goldenen Zopf. In der ehemaligen Wehrburg befindet sich heute ein Restaurant und ein Hotel. Im Café kann man die schöne Atmosphäre im Innenhof und die Aussicht über die Zinnen genießen.

Bei einem speziellen *Stadtrundgang* für Kinder wird der Rapunzelturm besucht, und auch über die Riesin Trendula wird viel erzählt. Spannend ist auch die abendliche Märchenwald-Exkursion zur sogenannten Drachenhöhle. Sie dauert etwa zwei Stunden, und man sollte dazu feste Schuhe anziehen.

Der Ort Trendelburg liegt malerisch an der Diemel. Er hat einen Campingplatz, ein Freibad und Reiterhöfe. Übernachtungen im Stroh, Fahrrad- oder Kanutouren sind ebenfalls möglich.

Der »Nasse Wolkenbruch« befindet sich nahe der Straße, die von Trendelburg nach Friedrichsfeld führt. Der Wolkenbruch ist ein etwa 60 m tiefer Trichter in der Erde mit einem kleinen, schwarzen See auf dem Grund. Dort soll der Sage nach die Riesin Trendula versunken sein. Entstanden ist der Erdtrichter schon vor Urzeiten, als Sandsteinschichten in die darunterliegende ausgelaugte Salzschicht einbrachen. Der »trockene Wolkenbruch«, ein Stückchen weiter, ist ein etwas kleinerer Erdtrichter ohne See.

In einem echten Schloß schlafen und noch preiswert dazu, das ist im *Wasserschloß Wülmersen* möglich. Das Herrenhaus an der Diemel mit Scheune, Schmiede, Brauhaus und Ställen wurde zur Jugendbegegnungsstätte ausgebaut. Im ehemaligen Schafstall ist das Agrarhistorische Aktionsmuseum untergebracht. Jedes Jahr gibt es eine neue Wechselausstellung, 2001 eine zum Thema »Milch«.

Wasserschloß Wülmersen
34388 Trendelburg
Tel. 0 56 75 / 15 23
Fax 0 56 75 / 72 00 02
Führungen auf Anfrage möglich
Agrarhistorisches Aktionsmuseum
geöffnet: werktags 8-15 Uhr

Sababurg: Dornröschenschloß und Tierpark

Mitten im Reinhardswald liegt im dichten Grün die märchenhafte *Sababurg*, mit Hotel, Standesamt und Restaurant Anziehungspunkt für rund 3 Millionen Besucher pro Jahr. Die Sababurg gilt als Heimat von Dornröschen, der wohl bekanntesten Gestalt aus den Märchen der Brüder Grimm. Die Märchensammler weilten selbst eine Zeitlang auf der Sababurg.

Die Sababurg
mit Tierpark

249

Auf märchenhafte Weise soll die Burg zu ihrem Namen gekommen sein: Ein mächtiger König hatte einst drei Riesinnen
als Töchter: Bramba, Trenda und Saba. Jeder Tochter baute er
eine eigene Burg. So entstanden neben der Bramburg, die
jenseits der Weser liegt, auch die Trendelburg an der Diemel
(s. dort) und die Sababurg. Die Sababurg war einst Jagdschloß der Landgrafen von Hessen. Von der einstigen Anlage
gibt es noch einen großen Rittersaal und ein geheimnisvolles
Kellergewölbe. Dort unten, direkt unter einem der mächtigen Rundtürme, soll einmal ein Silberschatz versteckt gewesen sein. Heute haben dort Theaterstücke, Märchen- und Mu-
sikaufführungen ihren Platz, organisiert vom privaten Verein
SabaBurgTheater. Im Sommer wird zusätzlich auf einer Freilichtbühne gespielt.

Dornröschenschloß Sababurg
Hofgeismar-Sababurg
Tel. 0 56 71 / 80 80
geöffnet: tägl. 9-18 Uhr
Eintritt frei, Rundgang Kinder
0,75 DM, Erw. 1,50 DM
Restaurant tägl. ab 11 Uhr
geöffnet

SabaBurgTheater
Tel. 0 56 71 / 13 92

Tierpark Sababurg
geöffnet: Nov.-Febr. 10-16,
März u. Okt. 9-17,
April-Sept. 8-19 Uhr
Kinder ab 5 Jahren 4 DM,
Erw. 7 DM

Der *Tierpark* bei der Sababurg ist einer der ältesten zoolo-
gischen Parks in Europa. Landgraf Wilhelm IV. ließ ihn im
Jahr 1571 einrichten. Umschlossen war er zuerst von einer
mächtigen Dornenhecke, später wurde eine Mauer gebaut.
Nach dem Tod des Landgrafen fiel der Tiergarten in einen
langen Schlaf. Gute 400 Jahre später wurde es hier wieder lebendig. Der Tierpark diente von da an vor allem der Arter-
haltung von Tieren, die in grauer Vorzeit in Europas Wäldern
gelebt hatten. Hier sind Wisente, Auerochsen, Wildpferde,
Rentiere, Hirsche, Damwild, Wölfe und Füchse zu sehen, aber
auch viele Vogelarten fühlen sich hier heimisch. In einem alten Fachwerkhaus ist außerdem ein Forst- und Jagdmuseum
eingerichtet. Es informiert über den Wald und die ökologisch
sinnvolle Nutzung der Natur. Wer wissen will, wie aus Holz
Holzkohle wird, kann dem Köhler bei der Arbeit zusehen.
Lämmer, Ziegen und Hasen streicheln ist im Kinderzoo angesagt. Natürlich sind auch ein Spielplatz, Ponys und eine Mini-
Eisenbahn da.

Tarzan und seine Freundin Jane sind in Europas ältestem
und größtem »Urwald« nahe der Sababurg nicht zu finden,
dafür 1000jährige Eichen, mächtige Buchen, Erlen, Birken,
Ebereschen und Wildobst. »Urwald« wird das Wald- und Naturschutzgebiet mitten im Reinhardswald genannt, weil dort
schon seit vielen Jahren keine Bäume mehr gefällt werden.
Der Wald bleibt sich selbst überlassen und wächst ebenso
dicht und üppig wie die Urwälder in Übersee. Der Besuch
hier ist ein besonderes Naturerlebnis.

Bad Karlshafen: Die nördlichste Stadt Hessens

Karlshafen ist eine Stadt, die am Zeichentisch entworfen wurde. Landgraf Karl von Hessen-Kassel ließ sie vor mehr als 300 Jahren am Zusammenfluß von Diemel und Weser errichten. Gebaut wurde sie mit streng gegliederten schlichten Häusern für Glaubensflüchtlinge aus Frankreich, die Hugenotten. Hessen hatte durch Kriege und Hungersnöte gelitten, die neuen Bewohner versprachen eine Belebung von Gewerbe und Wirtschaft. Im *Deutschen Hugenottenmuseum* in einer ehemaligen Tabakfabrik ist die Geschichte ihrer Verfolgung und Ansiedlung in Hessen anschaulich aufbereitet.

Zugleich plante der Landgraf den Bau eines Kanals von Karlshafen nach Kassel, um bei der Weserschiffahrt Zölle beim Passieren fremder Gebiete einzusparen. Doch über die Hafenbauten im Zentrum hinaus gedieh das Projekt nicht. 30 Jahre nach dem Ende des Traums vom eigenen landgräflichen Hafen wurde tief unten in der Erde eine Sole entdeckt. Aus Karlshafen wurde eine Salzstadt mit Gradierwerken, Siedehäusern und Pumpstationen. 100 Jahre später begann der Kurbetrieb. In Bad Karlshafen spazieren seither die Kurgäste durch den Kurgarten. Das Planschen im Heilwasser des beheizten *Freibads* ist ein Vergnügen. Es wird mit Sole-Mineralwasser aus der Gesundheit versprechenden Quelle versorgt. Ein *Hallenbad* gibt es südlich von Bad Karlshafen im Ortsteil Helmarshausen. Dort liegt auch die Ruine der über 1000 Jahre alten *Krukenburg*. Unterhalb der Burg befindet sich ein *Bergzoo* mit Schwarzwild und Damwild, Lamas und Nasenbären.

Von Bad Karlshafen aus geht es zu Fuß oder mit dem Fahrrad an der Weser entlang. Schön ist auch die Fahrt mit dem Paddelboot oder einem Personenschiff auf dem Fluß.

An der Weser: Mühlen und Wasserkraft

45 Kilometer schöne Weser-Flußlandschaft liegt zwischen Bad Karlshafen und Hannoversch-Münden, das schon zu Niedersachsen gehört. Im kleinen Ort Gieselwerder legen die Ausflugsschiffe an. Wenn genug Wasser im Fluß ist, mindestens eine Handbreit unterm Kiel, fahren sie von hier aus gemütlich flußab- oder aufwärts. Wer selbst steuern will: Im Ortsteil Gottstreu-Weißehütte werden Boote vermietet und

Kurverwaltung Karlshafen
Rathaus, Hafenplatz 8
34385 Bad Karlshafen
Tel. 0 56 72 / 99 99 22

Deutsches Hugenotten-
Museum
Am Hafenplatz 9a
Bad Karlshafen
Tel. 0 56 72 / 14 10
geöffnet: März-Dez. Di.-Fr.
9-12, 14-18, Fr., Sa. 14-18,
So. 11-18 Uhr
Kinder 2 DM, Erw. 3,50 DM

Sole-Mineral-Freibad
An der Saline
34385 Bad Karlshafen
Tel. 0 56 72 / 28 82
geöffnet: Mitte Mai-Mitte
Sept. tägl. 7-19 Uhr
Kinder 2 DM, Erw. 4 DM

Hallenbad
Am Bürgerhaus
34385 Bad Karlshafen-
Helmarshausen
Tel. 0 56 72 / 10 54
geöffnet: Mitte Sept.-Mitte
Mai Di.-Fr. 8-12, 14.30-20, Sa.
8-12, 14.30-18, So. 8-12 Uhr
Kinder 2 DM, Erw. 4 DM

Krukenburg
34385 Bad Karlshafen-
Helmarshausen
geöffnet: Mai-Okt.
tägl. 9.30-17 Uhr
Kinder 1 DM, Erw. 2 DM

Bergzoo
Tel: 0 56 72 / 17 88
geöffnet: täglich 9-18 Uhr

*Freilichtmuseum Mühlenplatz
bei Gieselwerder*

Gemeindeverwaltung
Oberweser
Brückenstr. 1
Oberweser
Tel. 0 55 72 / 93 73 14

Freilichtmuseum Mühlenplatz
Tel. 0 55 72 / 15 10
geöffnet: April-Sept. tägl. 9-
18, 1.-15. Okt. tägl. 9-17 Uhr
Kinder 1,50 DM, Erw. 3 DM

Technik-Live-Museum
Wahlsburg, Mühlenstr. 2
Informationen über:
Gemeinde Lippoldsberg
37194 Wahlsburg-
Lippoldsberg
Tel. 0 55 72 / 18 27
Herr Jährmann
Tel. 0 55 72 / 9 37 80

EAM – Abteilung
Öffentlichkeitsarbeit
Tel. 05 61 / 9 33 10 56
geöffnet: Mo., Fr. 10-12, Mi.
13-16 Uhr u.
nach Vereinbarung
Eintritt frei
www.eam.de

Floßfahrten angeboten. Gieselwerder selbst hat außer einer alten Mühle und den Resten einer Wasserburg noch eine andere Attraktion: In einem *Freilichtmuseum* sind rund 50 der schönsten Gebäude der Welt im Miniaturformat nachgebaut: Mühlen, Häuser, Kirchen, Burgen, Schlösser, darunter Neuschwanstein, die Wartburg, die Fachwerk-Rathäuser aus Michelstadt, Alsfeld und Melsungen.

Lohnend ist auch ein Abstecher auf die andere Seite der Weser. Man gelangt von Gieselwerder aus über die Weserbrücke dorthin oder nimmt die Fähre. Zur Gemeinde Lippoldsberg mit ihrer ehrwürdigen romanischen Klosterkirche gehört Wahlsburg. Modernste Wasserkraftanlagen stehen hier. Im *Technik-Live-Museum* der Energie-Aktiengesellschaft Mitteldeutschland (EAM) kann der Besucher aus nächster Nähe verfolgen, wie auf umweltfreundliche Art Strom erzeugt wird. An der Stelle des heutigen Gebäudes befanden sich früher die Klostermühle, eine Schmiede, ein Eisenhammerwerk und ein Sägewerk. Angetrieben wurden und werden die Maschinen durch das Wasser des Mühlengrabens, das vom Flüßchen Schwülme abgeleitet ist.

Feste / Veranstaltungen

Fastnacht
Besondere Züge in Büdingen, Fulda und Seligenstadt
Rosenmontag: Umzug mit Tanz des »Bajaß«, Herbstein
Fastnachtsdienstag: Winteraustreiben in Langenthal
Sonntag nach Fastnacht: Hutzelfest in der Rhön

Februar
Hutzelfest, Steinau a.d. Straße

März
Barbarossamarkt, Gelnhausen
Brezeltag in Hilders

Ostern
Stuteweckentag, Hofgeismar
Osterhasenfest, Hofgeismar
Osterfeuer, Limburg
Ostereiermarkt, Mardorf
Ostermarkt, Ronneburg
Ostermarkt, Veste Otzberg

April
Dippemess, Frankfurt
Walpurgisfeuer, Veste Otzberg

Mai
Maimarkt, Tann

Pfingsten
Ritterfest, Auerbacher Schloß
Brunnenfest, Bad Sooden-Allendorf
Wäldchestag, Frankfurt
Bienenmarkt, Michelstadt
Mühlenfest, Ottrau
Salatkirmes, Schwalmstadt-Ziegenhain

Juni
Festspiele, Bad Hersfeld

Spielfest, Bad-Nauheim
Altstadtfest, Büdingen
Brüder-Grimm-Märchenfestspiele, Hanau
Dampfmaschinentage, Großauheim
Wildparkfest, Klein-Auheim
Ausschußfest, Laubach
Altstadtfest, Limburg
Johannesfest, Schwalmstadt-Treysa
Kulturtage für Kinder, Wiesbaden-Freudenberg

Hessische Sommerferien
Ritterfest, Auerbacher Schloß
Bad Homburger Sommer
Lamboyfest, Hanau
Kinderfest, Ronneburg
Märchenfest, Steinau a.d. Straße
Kindersommer, Wiesbadener

Juli
Pferdemarkt und Zuchtviehschau, Beerfelden
Wiesenmarkt, Erbach
Openflair-Festival, Eschwege
Lindenfest Geisenheim
Brüder-Grimm-Märchenfestspiele, Hanau
Zissel, Kassel
Rosenfest, Bad Nauheim-Steinfurth
Heimat- u. Strandfest, Rotenburg
Harlekinade, Wabern
Kirschenkirmes, Witzenhausen

August
Kram- u. Viehmarkt, Bad Arolsen
Mückenstürmerfest, Bad Hersfeld
Laternenfest, Bad Homburg
Mainfest, Frankfurt
Museumsuferfest, Frankfurt
Brüder-Grimm-Märchenfestspiele, Hanau
Park- u. Lichterfest, Kassel
Lichterfest, Laubach
Ramba-Zamba, Marburg
Hutzelkirmes, Schwalmstadt-Treysa

September
Gallus-Markt mit Kirmes, Büdingen
Dippemess, Frankfurt
Museumsuferfest, Frankfurt
Rochusmarkt, Großauheim
Töpfermarkt, Lauterbach
Burgfest, Ronneburg
Wirtefest, Tann

Oktober
Lullusfest, Bad Hersfeld
Drachenfest, Bad Nauheim
Halloween, Burg Frankenstein
Schelmenmarkt, Gelnhausen
Mittelalterlicher Markt, Korbach
Kalter Markt, Ortenberg
Burgfest, Ronneburg
Mondstermer-Kirmes, Ottrau
Reichelsheimer Märchen- u. Sagentage

November
St. Martinsfeuer, Limburg
Katharinen-Markt, Steinau a.d. Straße

Advent
Weihnachtsmärkte in verschiedenen Orten, u.a.:
Erbach, Frankfurt, Hofgeismar, Michelstadt, Veste Otzberg,
Ronneburg, Rotenburg, Schlitz
24. Dezember: Christkindwiegen Alsfeld, Korbach, Lauter-
bach

Silvester
Vier Tage lang vor Silvester: Silvesterwürfeln, Kirchhain
31. Dezember: Silvesterwürfeln, Laubach

Reiseziele

Archäologische Stätten

Ringwälle, Altkönig 84, 85, 86, 102
Englischer Garten Eulbach 21
Dünsberg, Gleiberger Land 151
Glauberg, Wetterau 37, 102
Grube Messel bei Darmstadt 45
Römerkastell Hainburg, Odenwald 21, 22, 23
Steinerwald, Rhein 30
Heidetränk Oppidum, Taunus 84
Saalburg, Taunus 89, 90
Odenwald Limes, Würzberg 21, 22, 26
Steinkammergrab, Züschen 197

Badeseen

Aartalsee, Bischoffen/Hohenahr, siehe Lahn-Dill 147
Badesee, Bensheim 26
Badesee Weimar, Niederweimar 178
Bärensee, siehe Hanau 123
Bensheimer Badesee
Birkensee, Hanau 123
Buga-See, Kassel 240
Diemelsee, bei Diemelsee 232, 234
Edersee, Waldeck 221, 222, 223
Fuldaaue bei Bebra 199, 207
Gederner See, Gedern 105
Groß-Krotzenburger See, siehe Hanau
Guckaisee, Poppenhausen 140
Hattsteinweiher, Usingen 92
Kinzigsee, siehe Hanau 123
Klein-Krotzenburger See 120
Knüllteich, Knüll 192
Königssee Zellhausen, siehe Seligenstadt 120
Krombach-Talsperre, Driedorf-Mademühlen, s. Lahn-Dill 147
Lahn-Park bei Wetzlar, siehe Lahn-Dill 148
Langener Badesee, siehe Frankfurt 60
Mainflinger See, siehe Seligenstadt 120
Naturbad Burg-Wallenstein, Knüllwald-Wallenstein 192
Naturbadesee Silbersee, Frielendorf 192

Naturbadesee Stockelache, Borken-Kleinenglis 195
Nidda-Stausee, Schotten 108
Perfstaussee, Biedenkopf
Singliser See, Borken-Singlis 195
Stausee, Bad Soden-Salmünster 117
Twistesee, bei Bad Arolsen 234
Ulmbachtalsperre, Greifenstein-Beilstein 164
Waldschwimmbad, Lorsch 30

Berge
Altkönig, Taunus 85
Bechtelsberg, Schwalm 190
Böllstein, Odenwald 23
Christenberg, siehe Marburg-Biedenkopf 181, 182
Dünsberg, Gleiberger Land 151
Ettelsberg, Willingen 231
Großer Feldberg, Taunus 81, 84, 85, 93
Hoher Dörnberg, Habichtswald 246
Hoherodskopf, Vogelsberg 93, 106, 107
Kleiner Feldberg, Taunus 85
Knüllköpfchen, Knüll 191, 192
Melibokus, Bergstraße 27, 31
Milseburg, Rhön 139, 142
Pferdskopf, Rhön 140
Pferdskopf, Taunus 92, 93
Sackpfeife, Biedenkopf 171
Taufstein, Vogelsberg 106, 107
Wachtküppel, Rhön 140
Wasserkuppe, Rhön 134, 135

Bergwerke, Höhlen
Besucherbergwerk Bertsch, Bad Wildungen-Bergfreiheit 226
Besucherbergwerk Christiane, Diemelsee-Adorf 232, 233
Besucherbergwerk Grube Gustav, Hölltal bei Meißner-Ab-
    terode 216
Besucherbergwerk Grube Ludwig, Wald-Michelbach 15
Grube Fortuna, Solms-Oberbiel 155, 156
Kubacher Kristallhöhle, Weilburg-Kubach 161
Räuber-Leichtweis-Höhle, Wiesbaden 71, 72
Schieferbergwerk Christine, Willingen 232
Teufelshöhle, Steinau 131

Botanik und Ökologie
Akademie für Natur- und Umweltschutz e.V., Wetzlar 154, 155
Aukamm-Naturerlebnistal u. Ökologiezentrum, Wiesbaden 70
Beratungsgarten Lohrberg, Frankfurt 62
Bienenkunde-Institut, Oberursel 84
Bienenkundezentrum Kartause, Felsberg-Gensungen 197
Botanischer Garten, Gießen 148
Botanische Gärten, Marburg 176, 177
Geogarten im Opelzoo, Kronberg 87
Gewächshaus für tropische Nutzpflanzen, Witzenhausen 218
Haus der Natur, Willingen 232
Kinderfarm Darmstadt-Arheiligen 40
Kräutergarten, Bebra-Weiterode 207, 208
Jugendwaldheim Roßdorf 181
Maislabyrinth, Lahnthal 183
Naturlehrgebiet Treysa, Schwalmstadt-Treysa 189
Naturschutzhaus Weilbacher Kiesgruben 82
Naturschutz-Informationszentrum Kühkopf 43
Naturschutzzentrum Amöneburg 180
Naturschutzinformationszentrum »Raum für Natur«, Naumburg 242
Naturschutzzentrum Hoherodskopf, Vogelsberg 107
Naturzentrum Wildpark Knüll, Homberg-Allmutshausen 192
Ökologische Forschungsstation Waldeck, Waldeck-Nieder-Werbe 225
Ökologisches Informationszentrum »Haus der Natur«, Willingen 232
Palmengarten, Frankfurt 54, 55, 56
Raum für Natur, Naumburg 242
Schulbauernhof Allendorf/Lunda 181
StadtWaldHaus, Frankfurt 63
Umweltzentrum Fuldaaue 138
Umwelt-Informationszentrum Kühkopf, bei Darmstadt 43

Burgen
Burg Breuberg, Odenwald 23, 24
Burg Frankenstein, Darmstadt 41, 42
Burg Friedberg 97, 98
Burg Greifenstein 163, 164

Burg Herzberg, Hersfeld-Rotenburg 201, 202
Burg Hohenberg, Homberg/Efze 193
Burg Königstein, Taunus 87
Burg Kronberg, Taunus 86
Burg Rodenstein, Odenwald 16
Burg Schadeck, Neckarsteinach 18
Ebersburg, Rhön 139
Felsburg, Felsberg 197
Krukenburg, Bad Helmarshausen 251
Kurfürstliche Burg, Eltville 76
Löwenburg, Kassel 237
Milseburg, Rhön 142
Ronneburg, Altwiedermus 124
Sababurg, Reinhardswald 249, 250
Starkenburg, Heppenheim 27
Schloß Braunfels 157
Schloß Auerbach, Bergstraße 31
Schloß Steinau, Steinau a.d. Straße 130
Trendelburg, Reinhardswald 248, 249
Veste Otzberg, Odenwald 25
Wasserburg, Friedewald 206
Weidelsburg, Habichtswald 246

Firmenbesichtigungen
Altes Backhaus, Riebelsdorf 190
Back- u. Schokoladenwaren Eberhardt, Reichelsheim 15
Brauerei, Bad Arolsen 233
Brücker Mühle, Amöneburg 181
Erdfunkstelle Usingen 92
Edelsteinschleiferei Lange, Bad Wildungen-Bergfreiheit 227
Feuerwache, Fulda 138
Feuerwehr, Frankfurt 62
Flughafen, Frankfurt 49
Glocken- u. Kunstgießerei Rincker, Sinn 164, 165
Harlekinäum, Scherzartikel, Wiesbaden-Erbenheim 71
Hessisches Landgestüt, Dillenburg 167, 168
Hessischer Rundfunk, Frankfurt 59
Holzspielwaren Kramer, Beerfurth 15
Hutfabrik Wegener, Lauterbach-Blitzenrod 111
Kavernenkraftwerk Edersee, Edertal-Hemfurth 223
Kelterei Heil, Laubus-Eschbach 94

Koziol Geschenkartikel, Erbach 20
Ludwigs Töpferstube, Lauterbach 110
Mainova, Frankfurt 62
Milchwirtschaftliche Lehranstalt, Gelnhausen 127
Mohrenkopffabrik, Schotten-Wingershausen 108
Poppehuiser Bauernrunde, Poppenhausen 140
Steinmühle, Ottrau 190
Technik-Live-Museum, Gieselwerder 252
Thonet-Museum, Stuhlfabrik Thonet, Frankenberg 228, 229
Töpferwerkstätten, Marjoß 132

Freizeitparks und Sommerrodelbahnen
Erlebnispark Ziegenhagen, Witzenhausen-Ziegenhagen 219
Familienfreizeitpark Lochmühle, Wehrheim/Taunus 90
Freizeit- und Erholungszentrum Werra-Meißner 212
Freizeit- und Sportzentrum, Bad Hersfeld 205
Märchenland Merkenfritz, Hirzenhain-Merkenfritz 105
Salzberger Erlebnispark, Neuenstein-Aua 202, 203
Taunus Wunderland, Schlangenbad 68
Wild- u. Freizeitpark Willingen 231
Sommerrodelbahn Edersee, Waldeck-Nieder-Werbe 225
Sommerrodelbahn Hoherodskopf, Vogelsberg 107
Sommerrodelbahn Märchenwiese, Wasserkuppe 142
Sommerrodelbahn Skigebiet Ritzhagen, Willingen-Ritzhagen
    231
Sommerrodelbahn u. Freizeitzentrum, Sackpfeife bei Bieden-
    kopf 185

Historische Eisenbahnen
Dampfbahnclub Taunus e.V., Oberursel 84
Eisenbahnfreunde Wetterau e.V., Bad Nauheim 100
Freizeit-Express, Knüll 192
Hessencourrier e.V., Kassel 242
Lahnfahrten, Limburg 163

Die wichtigsten Museen
Anatomisches Museum, Marburg 175
Ausstellungsgebäude Mathildenhöhe, Darmstadt 38
Bergbau- u. Stadtmuseum, Weilburg 159
Bergbaumuseum Borken 194
Bergwerksmuseum »Roßgang«, Kaufungen 245

Brüder-Grimm-Haus, Steinau 129
Deutsches Elfenbeinmuseum Erbach 20
Deutsches Feuerwehrmuseum, Fulda 138
Deutsches Filmmuseum, Frankfurt 54
Deutsches Leder- und Schuhmuseum, Offenbach 64
Deutsches Segelflugmuseum, Wasserkuppe, Rhön 142
Eisenbahnmuseum Kranichstein, Darmstadt 44
Erfahrungsfeld Freudenberg, Wiesbaden 71
Explora, Frankfurt 55
Freilichtmuseum Hessenpark, Neu-Anspach 90, 91
Glockenmuseum, Burg Greifenstein 164
Goethehaus u. Goethemuseum, Frankfurt 48
Heimatmuseum, Homberg/Efze 193
Heinrich-Hoffmann-Museum, Frankfurt 54
Hessisches Landesmuseum, Darmstadt 37
Hessisches Landesmuseum, Kassel 239
Hessisches Puppenmuseum, Hanau-Wilhelmsbad 122
Hohhaus-Museum Lauterbach (Heimatmuseum) 110
Jagdmuseum, Jagdschloß Kranichstein, Darmstadt 44
Kinder-Akademie-Fulda, Fulda 136
Kindermuseum/Historisches Museum, Frankfurt 51
Kindheits- u. Schulmuseum, Marburg 73, 74
Kutschenmuseum im Hess. Landgestüt, Dillenburg 167, 168
Liebig-Museum, Gießen 150
Mineralogisches Museum, Marburg 175
Mittelalterliches Foltermuseum, Rüdesheim 78
Museum Bad Hersfeld, Heimatmuseum 205
Museum der Schwalm, Schwalmstadt-Ziegenhain 188
Museum für Astronomie u. Technikgeschichte, Kassel 240
Museum für Kommunikation, Frankfurt 54
Museum für Sepulkralkultur, Kassel 240
Museum für Völkerkunde, Witzenhausen 218
Museum für Vor- u. Frühgeschichte, Frankfurt 53
Museum im Landgrafenschloß, Marburg 172, 173
Museum Schloß Lichtenberg, Odenwald 15
Museum Schloß Wilhelmshöhe, Kassel 238
Museum Wiesbaden (Kunst, Naturkunde, Antike) 70
Museumszentrum Lorsch (Kloster, Tabak, Volkskunde) 29
Naturmuseum Senckenberg, Frankfurt 54
Historisches Museum, Hanau-Philippsruhe 123
Rhöner Museumsdorf, Tann 143

Rosenmuseum Steinfurth 97
Saalburgmuseum, Saalburg-Kastell, Taunus 90
Salzmuseum, Bad Sooden-Allendorf 216
Schloßmuseum Darmstadt 36
Siegfried's Mechanisches Musikkabinett, Rüdesheim 78
Spielzeug- u. Odenwaldmuseum Michelstadt 23
Stadt- u. Industriemuseum, Wetzlar 154
Tapetenmuseum, Kassel 239
Vonderau-Museum, Fulda (Kulturgeschichte, Naturkunde) 137
Vortaunusmuseum, Oberursel 83
Werra-Kalibergbau-Museum, Heringen 206
Zeppelinmuseum, Zeppelinheim 49

Lehrpfade
Archäologischer Pfad, Dünsberg 151
Geologischer Wanderpfad, Abtsroda 140
Jagdlehrpfad, Kranichstein 44
Naturerlebnis Erlensee, Kirchhain 183
Naturerlebnispfad Iba 207, 208
Naturlehrpfad Amöneburg 180
Planetenlehrpfad, Marburg 176, 177
Schwarzbach-Planetenweg, Kriftel 82
Waldlernpfad Frau-Holle-Teich, Meißner 213, 214
Vogellehrpfad, Greifenstein 164
Weinlagenweg, Bergstraße 26
Lehrpfad im Windenergiepark, Ulrichstein 106

Sehenswürdigkeiten in der Natur
Aukamm-Erlebnistal, Wiesbaden70
Basalt-Felswand, Steinwand 140
Eschbacher Klippen, Eschbach 91, 92
Felsenmeer, Lautertal 33,34
Frau-Holle-Teich, Meißner 213
Haseltal, Spessart 128
Kalbe, Meißner 215
Kitzkammer, Meißner 215
Marmorsteinbrüche, Villmar 162
Monte Kali, Heringen 205, 206
Naturschutzgebiet Borkener See, Borken 195
Naturschutzgebiet Kühkopf 42, 43
Naturschutzgebiet Rohrlache, Heringen 206

Naturschutzgebiet Strycktal b. Willingen 231, 232
Rotes Moor, Rhön 141
Schweinsberger Moor 179
Steinbrüche, Mühlheim-Dietesheim 64
Steinwand, Rhön 140
Windenergiepark, Ulrichstein 106

Parks
Bergpark Wilhelmshöhe, Kassel 237
Englischer Garten Eulbach, Odenwald 21
Herrengarten, Darmstadt 37, 38
Karlsaue, Kassel 240, 241
Schloßpark Biebrich, Wiesbaden 74
Schloßpark Fasanerie, Eichenzell 139
Schloßpark, Laubach 113
Schloßpark Philippsruhe, Hanau 123
Schloßpark Wilhelmsbad, Hanau 122
Schloßpark Wilhelmsthal, Calden 247
Staatspark Fürstenlager, Bergstraße 32

Sternwarten
Sternwarte Burgsolms, Solms-Burgsolms 156
Sternwarte Calden 247
Sternwarte Starkenburg 27
Volkssternwarte Bad Nauheim 99
Volkssternwarte Darmstadt 40
Volkssternwarte Frankfurt 62

Tierparks und Zoologische Gärten
Adlerwarte, Rüdesheim 79
Bergtierpark Fürth-Erlenbach 28
Bergzoo Krukenburg, Helmarshausen 251
Englischer Garten Eulbach 21
Falknerei Großer Feldberg, Taunus 85
Hochwildschutzpark Ehrengrund, Gersfeld 139, 140
Kleintierzoo am Rammelsberg, Kassel 238
Ponyhof, Landgut Ebental, Rüdesheim 79
Reiterhof Kranichstein, Darmstadt 44
Schwarzwildfütterung Würzberg 21
Tierfreigehege Opelzoo, Kronberg 87
Tierpark Braunfels 158

Tierpark Fasanerie, Wiesbaden-Klarenthal 74
Vivarium Darmstadt 40
Vogel- und Tierpark Hombressen 248
Vogelburg Weilrod 93
Vogelpark am Bruchsee 28
Vogelpark Bensheim 26
Vogelpark Birkengarten, Lorsch 30
Vogelpark Herborn-Uckersdorf 165
Vogelpark Schotten 108
Vogelschutzwarte Frankfurt 62
Wild- u. Erholungspark Meißner-Germerode 215
Wild- u. Freizeitpark Willingen 231
Wildgehege Heienbachtal, Rotenburg 210
Wildpark »Alte Fasanerie«, Klein-Auheim 120
Wildpark Brudergrund, Erbach 20
Wildpark Dillenburg-Donsbach 168
Wildpark Edersee, Edertal-Hemfurth 224
Wildpark Knüll, Homberg-Allmuthshausen 192
Wildpark Tiergarten, Braunfels 158
Wildpark Tiergarten Weilburg, Weilburg-Hirschhausen 160
Zoologischer Garten, Frankfurt 55

Unterkünfte
Boglerhaus am Knüllköpfchen 191
Camp ErNa, Wasserkuppe, Rhön 134
Camp Seepark, Kirchheim 202
Feriendörfer Seepark, Kirchheim 202
Ferienwohnpark Silbersee, Frielendorf 192
Jugendburg Ludwigstein, Witzenhausen 218
Jugenddorf Meißner, Meißner 215
Jugendwaldheim Hasselroth, s. Gelnhausen 128
Jugendzeltplatz Weilburg 160
Kinderbauernhof Wiesbaden 70
Naturfreundehaus Brombacher Hütte,
siehe Pferdskopf, Taunus 93
Naturfreundehaus Meißnerhaus, Meißner 215
Ökologisches Schullandheim, Licherode 210
Schullandheim Wegscheide 128
Umwelt-Jugendherberge Hoherodskopf 107
Wanderheim Steinkautenhütte, Marburg 178
Wasserschloß Wülmersen 249

Ortsregister

Abterode (Meißner) 216
Abtsroda (Poppenhausen)140
Adorf (Diemelsee) 232, 233
Allendorf Lunda 181
Allmuthshausen (Homberg/Efze) 192
Alsfeld 106, 113, 114, 201, 252
Altweilnau 93
Altwiedermus/Ronneburg 124
Amönau 182
Amöneburg 179, 180, 181, 182

Bad Arolsen 233, 234
Bad Hersfeld 201, 203, 204, 205
Bad Homburg 81, 85, 88, 89, 90
Bad Karlshafen 242, 244, 251
Bad Sooden-Allendorf 216
Bad Wildungen 225, 226, 227
Bebra 206, 207, 209
Beerfelden 16, 18, 19, 42
Beerfurth 15
Bensheim 26, 31
Bensheim-Auerbach 26, 31, 32
Bergfreiheit (Bad Wildungen) 226, 227
Biedenkopf 170, 171, 180, 183, 184, 185
Birkenau 26
Blitzenrod (Lauterbach) 111
Borken 194, 195
Braunfels 157, 158
Breuberg 23, 24
Burgsolms (Solms) 156, 157
Butzbach 97

Calden 238, 247
Christenröde (Neukirchen) 190

Darmstadt 10, 15, 26, 27, 30, 31, 32, 36, 37, 38, 39, 40, 41, 44,
   45, 69, 102
Dietesheim (Mühlheim) 64

Dillenburg 166, 167, 168
Donsbach (Dillenburg) 168

Ebersburg 139
Edertal 221, 223, 224, 229
Eichenzell 139
Eltville 76, 77
Eppstein 86
Erbach 18, 19, 20
Eschbach 91, 92, 94
Eschwege 212, 214
Eulbach 20, 21

Falkenstein (Kronberg) 86
Felsberg 33, 34, 197
Frankenberg 221, 228, 229, 232
Frankfurt 11, 45, 47, 48. 49, 50, 51, 52, 54, 55, 56, 57, 58, 60,
    61, 62, 63, 69, 75, 85, 94, 106, 117, 119, 123, 127, 128, 129,
    201
Friedberg 97, 98
Friedewald 206
Frielendorf 192, 193
Fritzlar 106, 135, 180, 195, 196, 197, 204
Fulda 53, 106, 134, 135, 136, 137, 138, 139, 143, 180
Fürstenberg (Lichtenfels) 230

Gaudernbach (Weilburg) 159
Gedern 105, 106
Geisenheim 78
Gelnhausen 11, 117, 125, 126, 127, 128, 129
Gensungen (Felsberg) 197
Germerode (Meißner) 215, 216
Gersfeld 134, 139, 140
Giershagen 233
Gieselwerder (Oberweser) 11, 251, 252
Gießen 147, 148, 149, 150, 151, 153
Glauberg 37, 102
Goldhausen (Korbach) 230
Gottstreu-Weißhütte (Oberweser) 244, 251
Greifenstein 163, 164
Großauheim 120

Groß-Umstadt 25
Guxhagen 199

Haina 227
Hanau 52, 117, 120, 121, 122, 123
Helmarshausen (Bad Karlshafen) 251
Hemfurth/Edersee (Edertal) 223, 224
Heppenheim 26, 27, 28
Herborn 165
Herbstein 108, 109
Heringen 205, 206
Heringhausen (Diemelsee) 232
Heuchelheim-Kinzenbach 152
Hirschhausen (Weilburg) 160
Hirschhorn 15, 16, 17, 18
Hirzenhain 104, 105
Hofgeismar 244, 247, 248
Homberg/Efze 187, 191, 193
Hombressen (Hofgeismar) 248

Iba 207, 208
Ilbenstadt 97
Immenhausen 244

Kassel 11, 69, 122
Kaufungen 245
Kelze (Hofgeismar) 248
Kirchhain 113, 178, 179, 183
Kirchheim 202, 203
Klein-Auheim 120
Klein-Krotzenburg 120
Kleinsassen (Hofbieber) 142, 143
Königstein 52, 86, 87
Korbach 221, 229, 230
Kriftel 81, 82, 176
Kronberg 86, 87
Kubach (Weilburg) 160, 161

Langenthal (Hirschhorn) 15, 16
Laubach 97, 112, 113
Laubuse-Eschbach 94

Lauterbach 11, 97, 105, 109, 110, 111, 112
Lich 147
Licherode (Alheim) 210
Lichtenberg 15
Limburg 147, 163
Lindheim 97, 102

Marbach (Marburg) 178
Marburg 10, 82, 113, 156, 170, 171, 172, 173, 174, 175, 176,
    177, 178, 182, 227
Mardorf 179
Marjoß 132
Meißner 212 ff.
Mellnau 182
Melsungen 198, 199, 252
Mengeringshausen (Bad Arolsen) 234
Merkenfritz (Hirzenhain) 104, 105
Michelbach (Schotten) 15, 20, 108
Michelstadt 22, 23, 118, 252
Morschen 198, 198
Mühlheim-Dietesheim 64
Münchhausen 182
Münzenberg 97, 98, 100

Naumburg 242, 246
Neckarsteinach 17, 18
Neuenstein-Aua 202, 203
Neukirchen 189, 190
Nieder-Werbe (Waldeck) 225
Nordenbeck (Korbach) 230

Ober-Mockstadt 97
Oberrosphe (Wetter) 182
Oberursel 11, 81, 83, 84, 85, 89
Oberweser 253
Oestrich 76, 77
Offenbach 11, 52, 63, 64
Ortenberg 104, 106
Ottrau 187, 190
Ottrau-Schorbach 190
Otzberg 25, 26

Pfungstadt 42
Philippsruhe (Hanau) 122
Poppenhausen 134, 140

Rauischholzhausen 179
Reichelsheim 15, 16, 17
Riebelsdorf (Neukirchen) 190
Rodenstein 16
Rotenburg 201, 208, 209, 210
Roßberg 181
Rückershausen 190
Rumpenheim 63, 64
Runkel 161, 162

Sababurg 249, 250
Schlangenbad 68
Schlitz 112
Schorbach (Ottrau) 190
Schotten 106, 107, 108
Schröck 179
Schwalmstadt 187
Schwarzenborn 192
Schweinsberg 179, 180
Seligenstadt 23, 52, 117, 118, 119, 123
Sinn 11, 164
Solms-Oberbiel 155
Solz (Bebra) 207
Spangenberg 199
Steinau 117, 129, 130, 131, 132, 238
Steinwand (Poppenhausen) 140

Tann 143
Trendelburg 248, 249, 250
Treysa (Schwalmstadt) 187, 188, 189

Uckersdorf (Herborn) 165
Ulrichstein 106
Usingen 92

Villmar 162
Vockerode (Meißner) 215

Volkmarsen 221

Wabern 187
Wahlsburg 252
Waldeck 221, 224, 225, 230, 232, 233, 234
Wald-Michelbach 15
Wallenstein (Knüllwald) 192
Wehrda (Marburg) 172, 178
Weilburg 153, 155, 158, 159, 160, 161
Weimar (Marburg) 178
Weilrod 93
Weiterode (Bebra) 207, 208
Wendershausen (Witzenhausen) 219
Wetzlar 147, 148, 151, 152, 153, 154, 155
Wiesbaden 11, 52, 67, 68, 69, 70, 71, 72, 73, 74, 75
Wilhelmsbad (Hanau) 121, 122
Willingen 231, 232
Wingershausen (Schotten) 108
Winkel (Oestrich-Winkel) 75, 77, 113
Witzenhausen 217, 218, 219
Wülmersen 249
Würzberg (Michelstadt) 16, 21

Zeppelinheim 49
Ziegenhagen (Witzenhausen) 219
Ziegenhain (Schwalmstadt) 187, 188
Züschen (Fritzlar) 197

Gegen die
sonntägliche Langeweile!

Werner Kölbl
Verrückt spielen
113 Ideen, mit Kindern einen Nachmittag
zu verbringen
126 Seiten · gebunden
DM 19,80 · öS 145,– · sFr 19,–
Ab 01.01.2001: € 9,90 (D)
ISBN 3-8218-3567-2

Alle Eltern kennen das Gefühl: Es ist Zeit da, es sind Kinder da, aber es
mangelt an Ideen. Den Zoo kennen die Kinder längst auswendig, alle Filme
sind geguckt und alle Spiele gespielt. Aber haben Sie schon mal Ihre Garde-
robe von Ihren Kindern zusammenstellen lassen, ein Test-Essen bei Fast
food-Ketten veranstaltet, einen ganzen Tag gelogen oder ein Iglu gebaut?

Mit diesem Feuerwerk origineller Vorschläge zum Zeitvertreib mit Kindern
hängen Sie die Glotze um Längen ab.

**Gute Laune für Eltern
und Kids garantiert!**

Kaiserstraße 66
60329 Frankfurt
Telefon: 069 / 25 60 03-0
Fax: 069 / 25 60 03-30
www.eichborn.de

Wir schicken Ihnen gern ein Verlagsverzeichnis.